U0662152

你所不知的电动汽车

# 图解电动汽车
# 结构与原理

吴文琳 编著

中国电力出版社
CHINA ELECTRIC POWER PRESS

## 内 容 提 要

　　本书采用大量图片生动地介绍了纯电动汽车(含增程式电动汽车)、混合动力汽车(含插电式混合动力)及燃料电池汽车的构造与原理,全方位展现了一个你所不知的电动汽车世界。

　　全书分成 12 章,内容包括电动汽车概述、电动汽车用动力电池系统、电动汽车驱动电机及传动系统、纯电动汽车、电动汽车辅助系统、电动汽车电气系统、增程式电动汽车、混合动力汽车、插电式混合动力汽车、燃料电池电动汽车、电动汽车充电技术以及电动汽车的驾驶及维护知识。

　　本书是一本非常实用的电动汽车科普读物。全书文字精炼,语言通俗易懂,资料翔实、全面、可靠,可供汽车行业人员、电动汽车车主阅读使用,也可作为大专院校相关汽车专业的辅助教材。

**图书在版编目(CIP)数据**

你所不知的电动汽车——图解电动汽车结构与原理/吴文琳编著 . —北京:中国电力出版社,2020.3
ISBN 978 - 7 - 5198 - 4065 - 5

Ⅰ.①你…　Ⅱ.①吴…　Ⅲ.①电动汽车－图解　Ⅳ.①U469.72 - 64

中国版本图书馆 CIP 数据核字(2019)第 256934 号

出版发行:中国电力出版社
地　　　址:北京市东城区北京站西街 19 号(邮政编码 100005)
网　　　址:http://www.cepp.sgcc.com.cn
责任编辑:杨　扬 (010 - 63412524)
责任校对:王小鹏
装帧设计:王红柳
责任印制:杨晓东

印　　刷:三河市航远印刷有限公司
版　　次:2020 年 3 月第一版
印　　次:2020 年 3 月北京第一次印刷
开　　本:787 毫米×1092 毫米　16 开本
印　　张:15.25
字　　数:341 千字
印　　数:0001－3000 册
定　　价:69.00 元

# 前　言

随着电动汽车技术的快速发展，需要了解电动汽车知识和技术的人员也在不断增加。由于电动汽车结构新颖，技术先进，车型复杂，目前大部分人还不熟悉其结构与工作原理。为了满足广大电动汽车驾驶人和维修工实际工作的需要，我们编写了本书，以飨读者。

本书采用大量图片生动地展示了纯电动汽车（含增程式电动汽车）、混合动力汽车（含插电式混合动力）及燃料电池汽车的构造与原理。

全书分成12章，内容包括电动汽车概述、电动汽车用动力电池系统、电动汽车驱动电机及传动系统、纯电动汽车、电动汽车辅助系统、电动汽车电气系统、增程式电动汽车、混合动力汽车、插电式混合动力汽车、燃料电池电动汽车、电动汽车充电技术以及电动汽车的驾驶及维护知识。

本书由吴文琳编著，参加编写的人员还有林瑞玉、林志强、林国强、黄志松、林志坚、何木泉、杨光明、林宇猛、陈谕磊、李剑文等。在本书编写过程中，编者参阅了大量的文献资料，在此谨向各位文献资料的作者以及对本书给予帮助的同事、同行表示深切的谢意。

由于编者水平有限，加之电动汽车技术的不断发展更新，书中不足之处在所难免，敬请广大读者批评指正，以便修订和改正。希望本书的出版能对普及电动汽车知识，以及发展电动汽车起到积极的引导和促进作用，共同促进此学科的发展。

编者

# 目 录

# 第1章 你了解电动汽车吗

电动汽车是主要以电池为能量源（即全部或部分是蓄电池，而不是汽油或柴油等石油产品），以电力作为驱动系统动力源的汽车（即至少有一种动力源为车载电源，全部或部分由电机驱动行驶），符合道路交通、安全法规各项要求的汽车。

## 一、什么是电动汽车

### 1. 谁发明了电动汽车?

1839 年，苏格兰人罗伯特·安德森（Robert Anderson）使用不可充电电池制造了第一辆纯电动汽车，如图 1-1 所示。

1881 年，法国工程师古斯塔夫·特鲁夫（Gustave Trouve）制造了以铅酸电池为动力的三轮车，第一辆可以充电的电动车就问世了，如图 1-2 所示。

图 1-1　第一辆不可充电电池的纯电动汽车

明明我才是世界第一

图 1-2　第一辆可以充电的电动车

1891 年，轮毂电机发明；1897 年，出现电动出租车。而后充电桩就问世了。如图 1-3 所示为正在充电的电动汽车。

第一辆混合动力的车辆罗纳·保时捷由斐迪南．保时捷（Ferdinand Porsche）于 1889 年制成，如图 1-4 所示。大量生产的混合动力车则在 1990 年才出现，分别为丰田普锐斯（Prius）和本田 Insight。世上第一辆油电混合动力车是汽油电力混合动力。

图 1-3　正在充电的电动汽车

图 1-4　第一辆混合动力汽车

## 2. 什么是电动汽车？

电动汽车（Electric Vehicle，EV）是主要以电池为能量源，即全部或部分是蓄电池而不是汽油（或柴油）等石油产品，以电力作为驱动系统动力源的汽车，亦即至少有一种动力源为车载电源，全部或部分由电机驱动行驶，符合道路交通、安全法规各项要求的汽车。它是纯电动汽车、混合动力汽车，包括普通（油电）混合动力汽车和插电式混合动力汽车和燃料电池电动汽车的总称。电动汽车外观及构造示意图如图1-5所示。

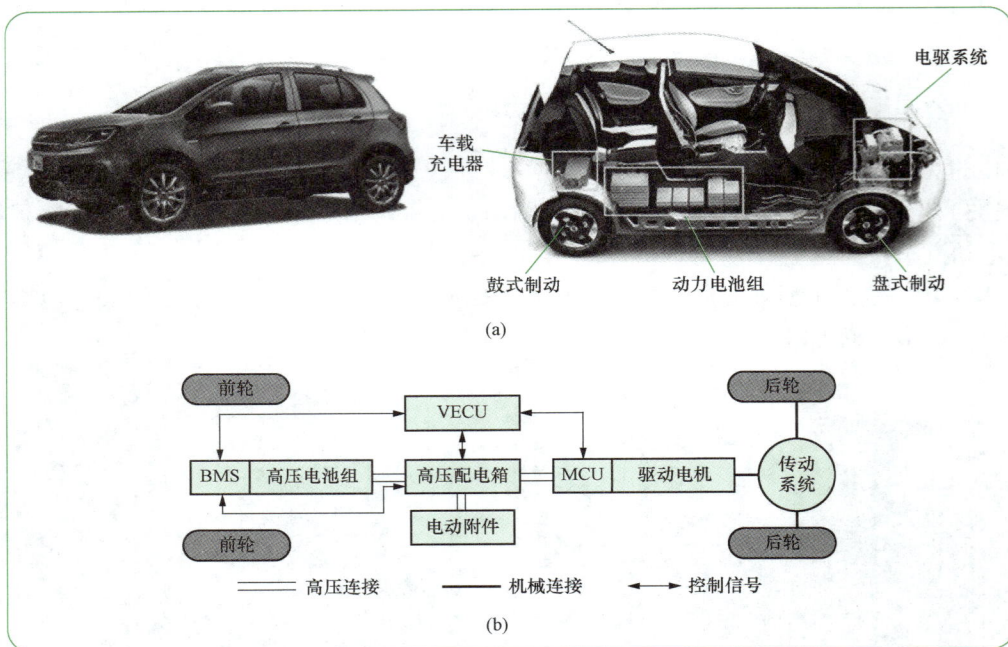

(a)

(b)

图1-5 电动汽车构造与构造示意图
（a）外观及构造图；（b）构造示意图

## 3. 电动汽车与传统燃油汽车有哪些不同？

传统的燃油（汽、柴油）汽车是指装备3个或4个以上车轮，能独立依靠自身动力驱动，在陆地行驶的非轨道运载交通工具，它通常由发动机、底盘、电气设备、车身4部分组成，如图1-6所示。

（1）发动机。发动机包括本体、点火系、冷却系、润滑系、启动装置、燃料供应系统等。

（2）电气设备。电气设备由电源和用电设备等组成。

（3）底盘。底盘由传动系、行驶系、转向系和制动系四部分组成。

（4）车身。车身是组成车体的骨架结构，提供乘坐、载货空间。

纯电动汽车与传统的燃油汽车在结构上没有很大的区别，但由于取消了发动机，传动机构等发生了改变，根据驱动方式不同，部分部件已经简化或者取消。电动汽车与传统燃油汽车的最大区别在于动力系统，电动汽车增加了动力电池、电机、电控系统及车载充电机等组件，其总体结构如图1-7所示。电动汽车与传统燃油汽车的区别如图1-8所示。

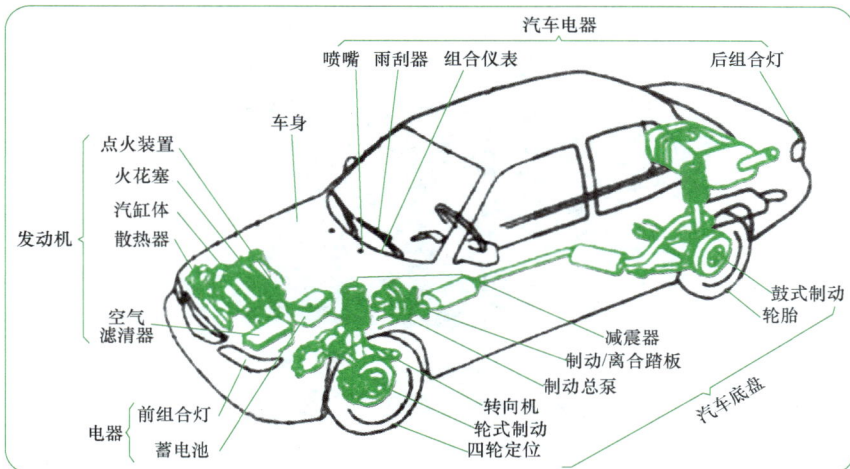

图1-6 传统的燃油（汽、柴油）汽车基本构造

图1-7 电动汽车的总体结构

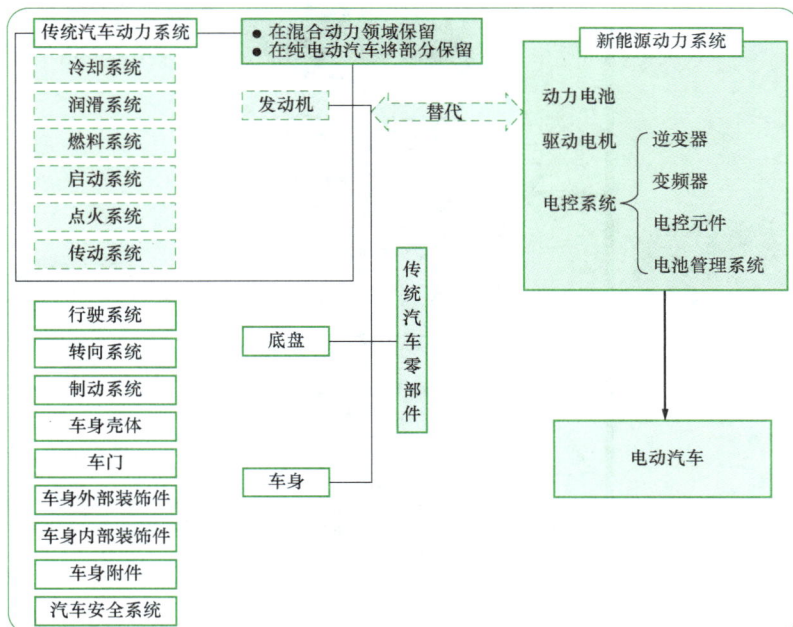

图1-8 电动汽车与传统燃油汽车的区别

纯电动汽车的电机相当于传统汽车的发动机，蓄电池相当于传统汽车的燃油箱。发动机机舱的部件不再是发动机，而是电控系统（控制器）、车载充电机、低压蓄电池等，如图1-9所示。

图1-9　电动汽车发动机机舱部件分布图

## 二、　电动汽车家族成员

电动汽车的类型主要有三大类型，分别为：①纯电动汽车（EV/BEV）；②混合动力汽车，包括非插电式（普通）混合动力汽车（HEV）和插电式混合动力汽车（PHEV）；③燃料电池电动汽车（FCEV）。电动汽车的分类如图1-10所示。

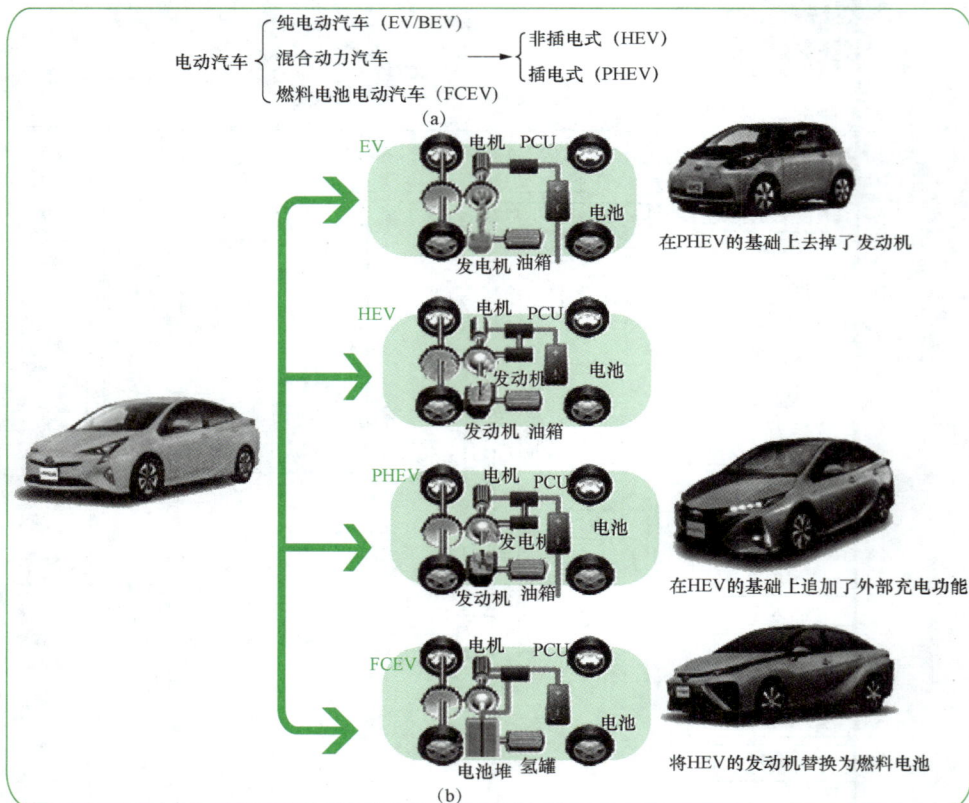

图1-10　电动汽车的分类

纯电动、插电混动与油电混动车型的关系，为了方便理解，可以从电池与油箱的关系开始认知。电池占据部分油箱空间，电池与油箱二者同时存在便可认为是混动车型，不需要外接电源充电的便可以简单理解为油电混动，需要外接电源的便是插电混动。电池把油箱全部取代便是纯电动车型。

1. 什么是纯电动汽车？

（1）纯电动汽车（BEV）。纯电动汽车完全由可充电动力电池（如铅酸电池、镍镉电池、镍氢电池或锂离子电池等）或其他能量储存装置为汽车提供动力源，通过动力电池向电机提供电能，驱动电机运转，从而推动汽车前进。大部分纯电动汽车直接采用电机驱动，有一部分纯电动汽车把电机装在发动机舱内，也有一部分直接以车轮作为4台电机的转子，能量由电缆传递，用电机来驱动汽车行驶。纯电动汽车如图1-11（a）所示。

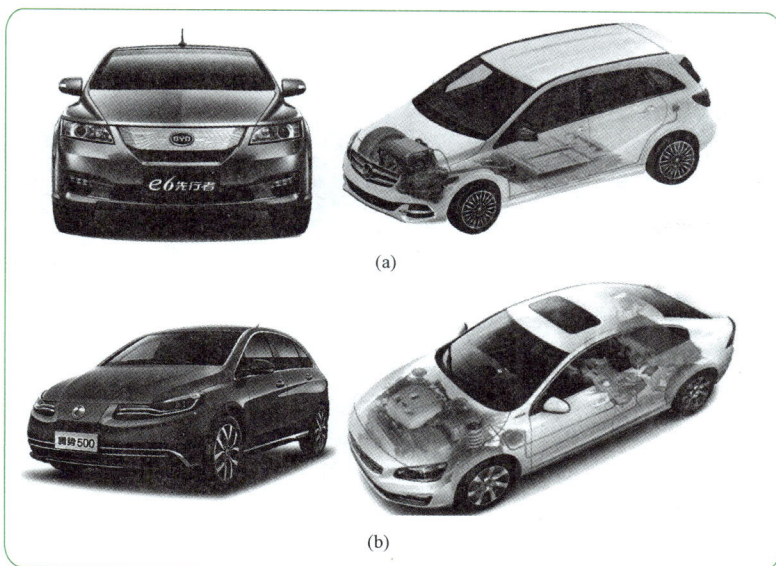

图1-11 电动汽车
(a) 纯电动汽车（BEV）；(b) 增程式电动汽车（E-REV）

（2）增程式电动汽车（E-REV）。增程式电动汽车又称"双充式"电动汽车，如图1-11（b）所示，它是在纯电动汽车的基础上增加增程器（由小功率发动机和与发电机串联集成在一起共同组成）而成，起到发电并向动力电池充电的作用。增程式电动汽车是一种配有外充电和车载供电功能的纯电动车（也有人将其归类于混合动力车）。当电池组电量充足时，增程式电动汽车采用纯电动模式行驶，而当电量不足时，车内的内燃机发动机起动，带动发电机为电池充电，提供电机运行的电力。增程式电动汽车也能够像插电式混合动力汽车一样，通过外接电源进行充电。

1）与纯电动汽车相比，增程式电动汽车可以随时在加油站加油，续驶里程得到很大提高。当动力电池SOC值降低到阈值时，转为增程模式运行，避免了动力电池的过放电，电池寿命可以得到延长。

2）增程式电动汽车与油电混合电动汽车有所差别，但增程式电动汽车本质上还是充电式重度混合（强混动力）动力车，只不过是其内燃机（发动机）只发电不驱动车轮，驱动全靠电动机，而油电混合动力车的内燃机既要发电又要驱动车轮。

3）与插电式混合动力汽车相比，增程式电动汽车在电能充足条件下行驶时发动机不参与工作。因此，增程式电动汽车并不需要像插电式混合动力汽车那样对其工作模式进行特定的说明。

4）与燃料电池电动汽车相比，其电池成本更低，技术也更为成熟，燃料电池转换效率高，对环境无污染。

**2. 什么是混合动力汽车?**

（1）混合动力汽车（HEV）。混合动力汽车是指驱动系统有两个或多个能同时运转的单个驱动联合组成的车辆，目前主要是以电力驱动，同时搭载汽油或柴油内燃机，如图1-12（a）所示。

(a)　　　　　　　　　　　　　　　　　　　　　　(b)

图 1-12　混合动力汽车
(a) 普通油电式混合动力汽车；(b) 插电式混合动力汽车

按照燃料种类的不同，混合动力汽车又可以分为汽油混合动力和柴油混合动力两种。目前国内市场上，混合动力汽车的主流是汽油混合动力，但在国际市场上，柴油混合动力车型的发展也很快。

（2）插电（plug-in）式混合动力车。在混合动力汽车中，还有插电式混合动力汽车，如图1-12（b）所示。插电是指可以通过外接电源来对动力电池组进行充电。插电式混合动力车与普通式混合动力汽车的区别在于：普通式混合动力汽车的电池容量很小，仅在起/停、加速/减速的时候供应/回收能量，不能外部充电，不能用纯电模式较长距离行驶；插电式混合动力汽车的电池相对比较大，可以外部充电，可以用纯电模式行驶，在电池电量耗尽后再以混合模式（以内燃机为主）行驶，并适时向电池充电。

**3. 什么是燃料电池电动汽车（FCEV）?**

燃料电池电动汽车如图1-13所示，它是利用氢气和空气中的氧在催化剂的作用下，在电池中经电化学反应，而不是经过燃烧，直接变成电能作为主要动力源驱动的汽车。燃料电池严格来说不能算是一种电池，实际上是一种发电系统。单个的燃料电池必须结合成燃料电池组，以便获得必需的动力，满足车辆使用的要求。燃料电池工作时只要加氢气即可，不需要外部补充电能。

动力电池
冷却装置
氢瓶
燃料电池
驱动电机

图 1-13 燃料电池电动汽车

## 三、 电动汽车的安全防护措施

**1. 电动汽车高压电压分级是怎样规定的?**

中华人民共和国国家标准《电动汽车 安全要求 第3部分：人员触电防护》（GB/T 18384.3—2015）第4条，电路的电压分级中明确规定：

根据电路的工作电压，将电路电压等级分为 A 和 B 两级。A 电压等级的最大工作电压，直流为 $0<U\leqslant60V$；交流（rms）为 $0<U\leqslant30V$。

B 电压等级的最大工作电压，直流为 $60<U\leqslant1500V$；交流（rms）为 $30<U\leqslant1000V$。

对于 A 级电压，不需要进行触电防护；对于任何 B 级电压电路的带电部件，都应为危险接触人员提供防护。直接接触防护应由带电部件的基本绝缘提供或由遮挡、外壳或两者结合来提供。所有的防护及规定都是从安全的角度出发，防止人体及电气设备因触电或短路发生故障、造成事故。

应遵循车上零部件所附的所有警告标签的要求，如 ⚠ 警告标记表明：为了减少人员受到伤害或者车辆受到严重损伤，所陈述的步骤必须严格遵循，或者必须仔细考虑所提供的信息。

**2. 电动汽车的安全防护措施有哪些?**

（1）为防止意外触及高压电。对高压部件均采用特殊的标识或颜色。电动汽车通常采用高压警示标识和高压警示颜色两种形式进行高压标识。

1）高压警示标识。每辆电动汽车的高压组件壳体上都带有一个标识，均可通过标识直观看出高压电可能带来的危险，所用警示牌基于国际标准危险电压警告标识。高压警示标识采用黄色底色或红色底色，图形上布置有高压触电国家标准符号，如图 1-14 所示。所有高压用电设备，比如 PTC（空调加热器）、DC/DC 转换器、电机控制器、高压控制盒、充电口和车载充电机等上面都贴有高压危险的标识牌，如图 1-15 所示。

2）高压警示颜色。电动汽车上高压系统的所有高电压电缆、高电压电缆的插头以及高压安全插头都使用橙色，电缆并用橙色波纹管对其进行防护，以区分低压系统的黑色线束，如图 1-16 所示。

图 1-14 高压警示标识

图 1-15 高压危险的标识牌

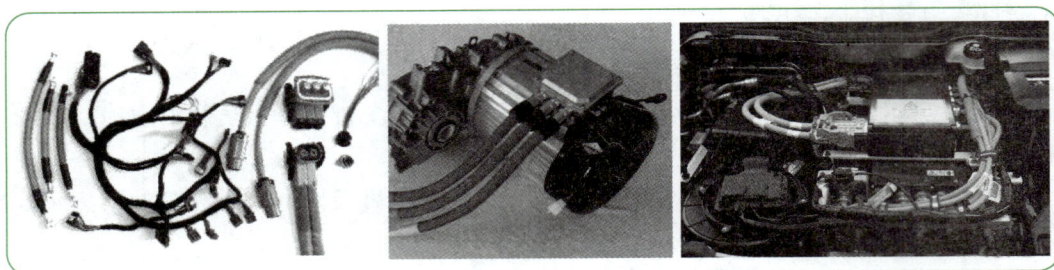

图 1-16 高压警示颜色

（2）**高压安全防护。**电动汽车的高压安全防护一般有电池的保护结构、苛刻的电池安全标准、高压触电及漏电绝缘保护、高压系统防水结构和车辆碰撞断电保护等，如图 1-17所示。

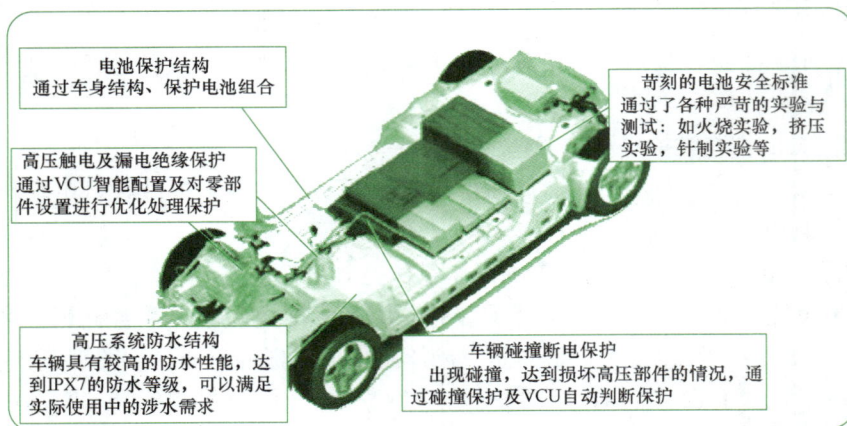

图 1-17 高压防护措施

电动汽车的电池一般安装在底盘或比较安全的保护区域，如图 1-18 所示。

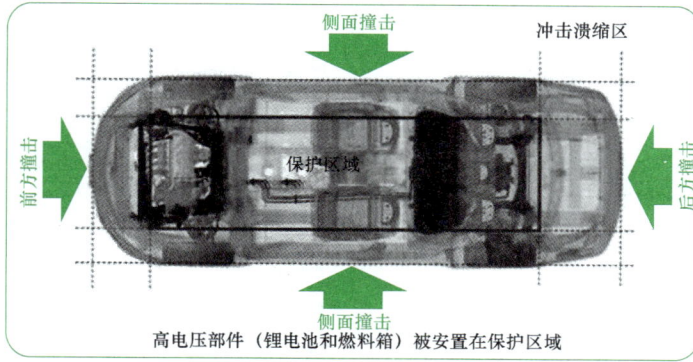

图1-18 电池安装在保护区域

# 第2章 电动汽车的能量来源——动力电池系统

电动车汽车用动力电池取代燃油箱作为动力源。它是能量的储存装置，除了能供给汽车驱动行驶所需的电能外，也是供应汽车上各种辅助装置的工作电源。

## 一、动力电池系统的组成与原理

### 1. 动力电池系统由哪些部分组成？

电池（Battery）是一种能量转化的装置，即能将化学能、内能（系指物体内部所有分子动能和分子势能之和）等形式的能直接转化为电能的装置，如图 2-1 所示。电动汽车用的动力电池为蓄电池，可以重复充电和放电。

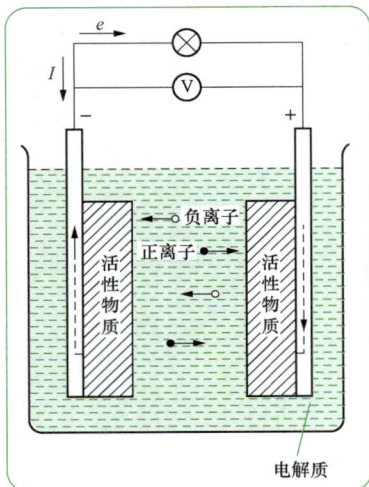

图 2-1　电池能量转换

动力电池是电动汽车的动力源，是能量的储存装置。它除了能供给汽车驱动行驶所需的电能外，也是汽车上各种辅助装置的工作电源。动力电池系统主要由动力电池模组、电池管理系统（BMS）、动力电池箱体及其他辅助器件 4 部分组成，如图 2-2 所示。

（1）动力电池组。电动汽车为得到高电压、大电流的动力电源，其上的动力电池组通过串并联组合而成。电动汽车动力电池组的组装关系如图 2-3 所示，其中动力电池组由动力电池模块组成，动力电池模块由单体动力电池组成。单体动力电池又称为单体电芯，是动力电池组中的最小单元。

• 特斯拉每 69 个单体电池并联为一组电池模块，再将 9 组电池模块串联为一层动力电池组，整个动力电池箱由 11 层动力电池组堆叠而成。

• 比亚迪 e5 动力电池组。

比亚迪 e5 动力电池组内部结构如图 2-4 所示，包含 13 个动力电池组（串联）、13 个 BIC（动力电池采集器）、2 个分压接触器。

（2）电池管理系统。电池管理系统是整个动力电池系统的神经中枢，可实时监控动力电池的使用情况，对动力电池的端电压、内阻、温度、电解液浓度、当前电池剩余电量、放电时间、放电电流或放电深度等动力蓄电池状态参数进行检测，并按动力电池对环境温度的要求进行调温控制，通过限流控制避免动力蓄电池过充、过放电，对有关参数进行显示和报警，其信号流向辅助系统的车载信息显示系统，以便驾驶员随时掌握并配合其操作，按需要及时对动力电池充电并进行维护保养。

图中标注（a）：

维修开关、上箱体、BMS、电池模块、进出水口、配电盒、冷却板、下箱体

预充电电阻、预充电继电器、主继电器、主继电器、直流充电继电器、直流充电继电器、连接器、电池包1、BMS、维修开关、电池包2、电流传感器、地

顶盖、电池模块、入风管、配电盒、冷却风扇、低压线束、底座、维修开关、电池管理系统、高压线束、出风管

(a)

动力电池系统：BMS | 箱体 | 模组 | 其他

BMS→神经中枢；箱体→铸铝或钢板+玻璃钢；模组→电池模组；其他→连接线束、电子电器元件、维修开关及辅助元器件

(b)

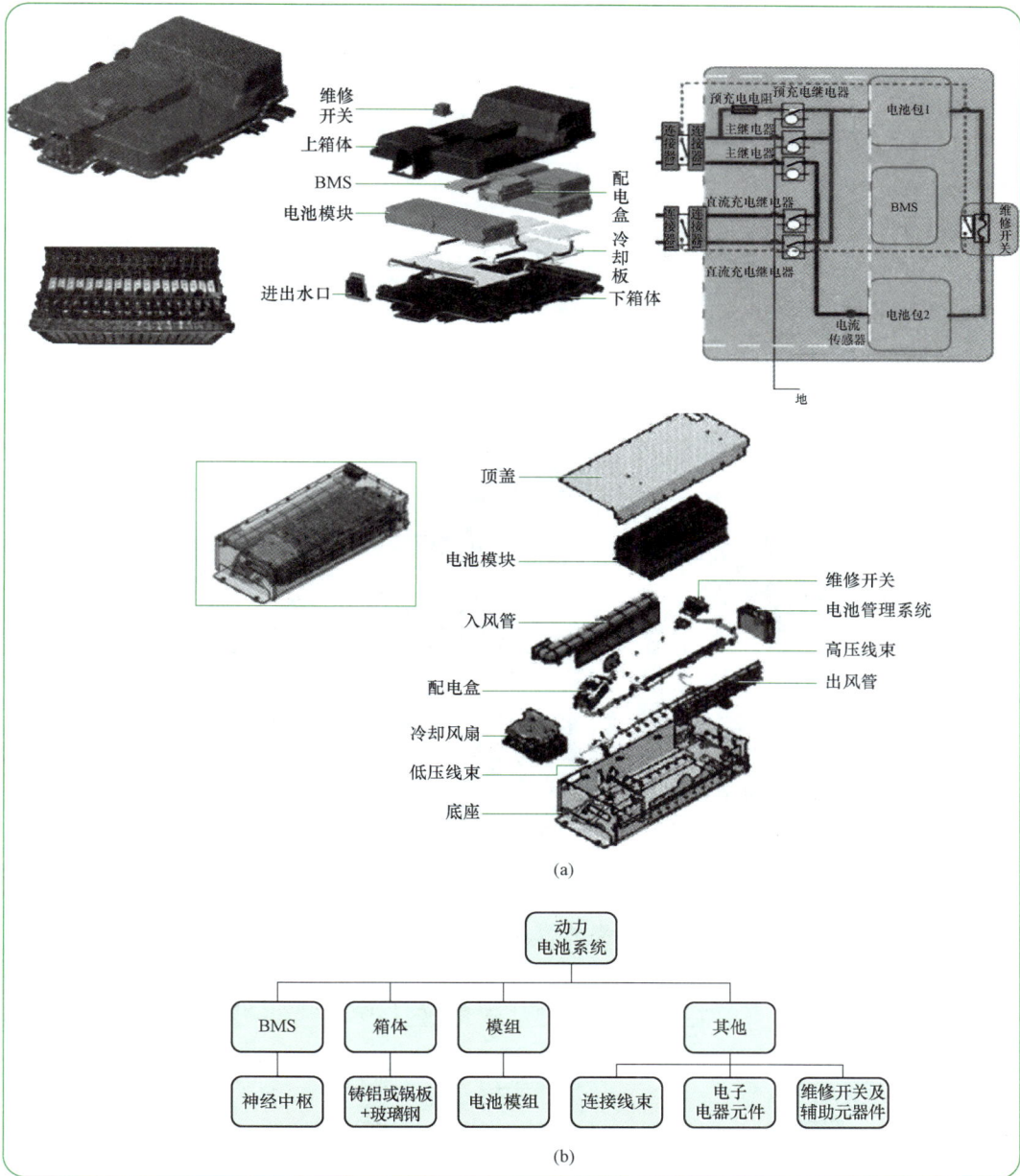

图2-2 动力电池系统组成

（a）动力电池系统组成；（b）动力电池系统组成示意图

（3）**辅助动力源**。辅助动力源是供给电动汽车其他各种辅助装置所需能源的动力电源，一般为12V或24V的直流低压电源，它主要给动力转向、制动力调节控制、照明、空调、电动窗门等各种辅助装置提供所需的能源；动力电池模组由多个电池模块或单体电芯串联组成。

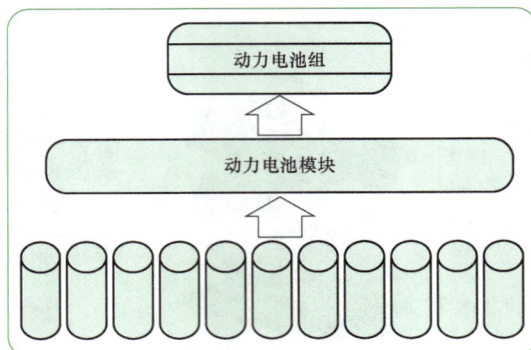

图 2-3　动力电池组的组装关系

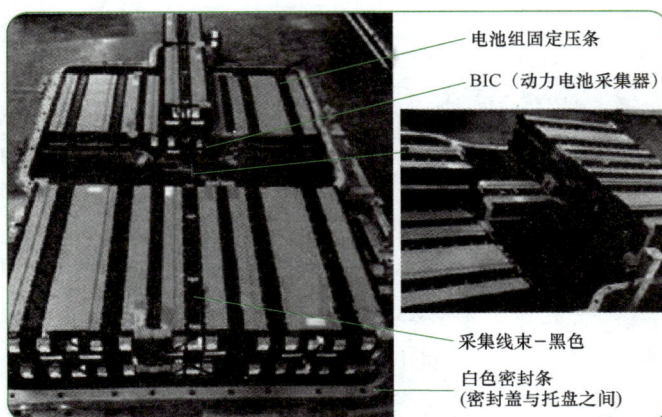

图 2-4　比亚迪 e5 动力电池组内部结构

（4）动力电池箱。动力电池箱用来放置动力电池模组，其组成如图 2-5 所示。

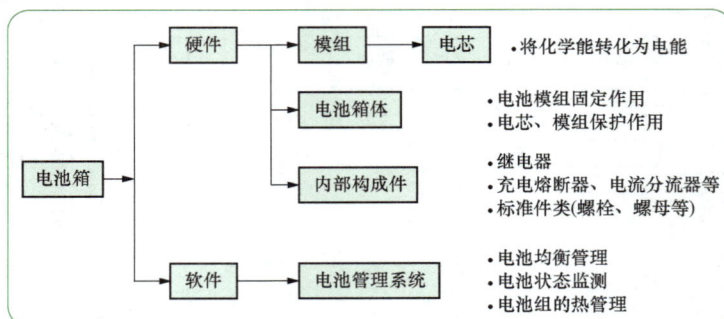

图 2-5　动力电池箱的组成

• 荣威 550 插电式混合动力汽车动力电池箱。

荣威 550 插电式混合动力汽车动力电池箱内部结构如图 2-6 所示。

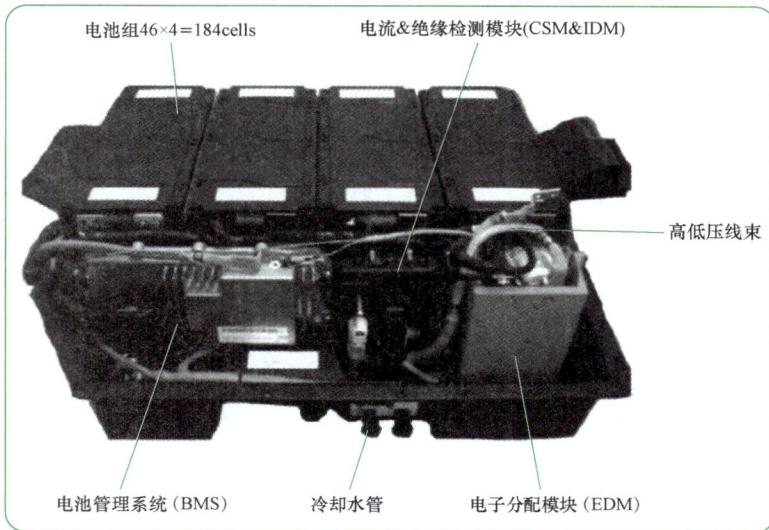

图 2-6　动力电池箱内部结构（荣威 550）

　　（5）**辅助元器件**。动力电池的辅助元件主要包括主继电器、预充继电器和预充电阻、加热继电器和熔断器、电流传感器、高压熔断器、高低压插接件和高低压线束等，如图 2-7 所示。

　　（6）**标签**。在动力电池壳体上还贴有两类标签，一类标签上表示出了电池的一些信息；另一类标签为高压警示标签，表示电池内部为高压，操作时请注意高压安全等，如图 2-8 所示。

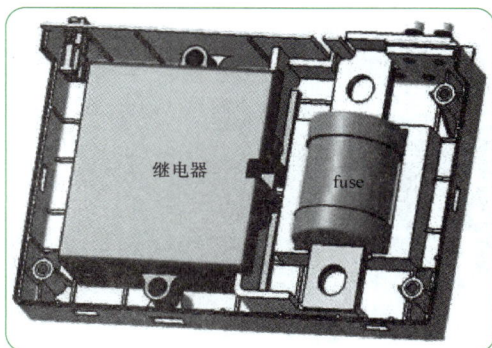

图 2-7　动力电池的辅助元件

图 2-8　动力蓄电池壳体上的两类标签

　　（7）**动力电池的安装位置**。大部分电动汽车的动力电池组安装在汽车底盘上，动力电池总成由动力电池、高压惯性开关、快充接口、慢充接口及慢充充电器和手动维修开关组成，其安装位置如图 2-9 所示。这样可使整车重量分布均衡，重心下降，行驶更加平稳并且留有大量空间，提高了汽车的实用性能。图 2-10 所示为某车型动力电池安装位置。

图 2-9　动力电池总成安装位置

图 2-10　某车型动力电池的安装位置

- 吉利帝豪 EV300 纯电动汽车。

吉利帝豪 EV300 纯电动汽车三元锂电池系统部件位置如图 2-11 所示，其电气原理框图如图 2-12 所示。

- 比亚迪 F3DM 电动汽车。

比亚迪 F3DM 电动汽车动力电池包共有 10 个模组，每个模组 10 个单体，电压采样线 101 条，温度采样线 110 条，正负极母线各 1 条，托盘 1 个，压条若干，其内部结构如图 2-13 所

示，动力电池安装位置如图 2-14 所示。

图 2-11 动力电池系统部件位置（吉利帝豪 EV300）

图 2-12 电气原理框图（吉利帝豪 EV300）

图 2-13 动力电池包内部结构（比亚迪 F3DM）

图 2-14 动力电池安装位置（比亚迪 F3DM）

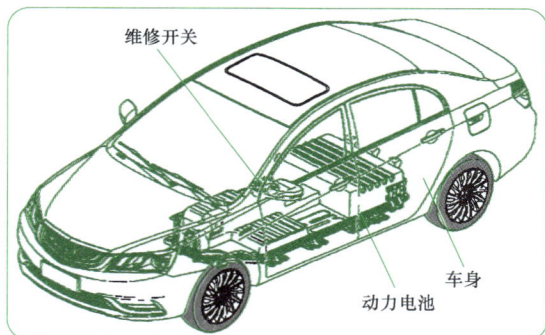

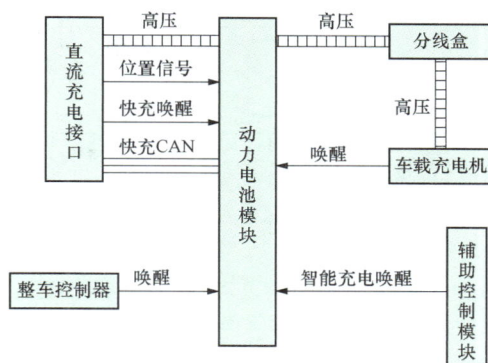

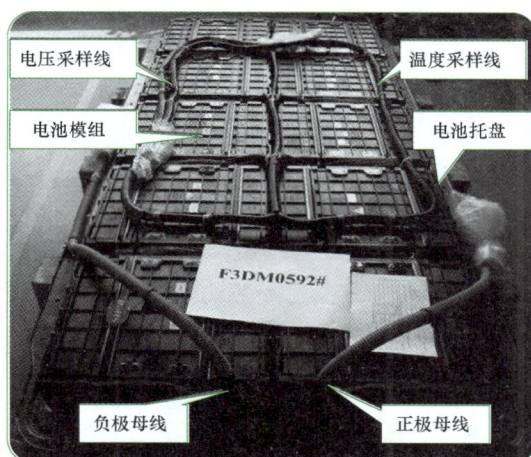

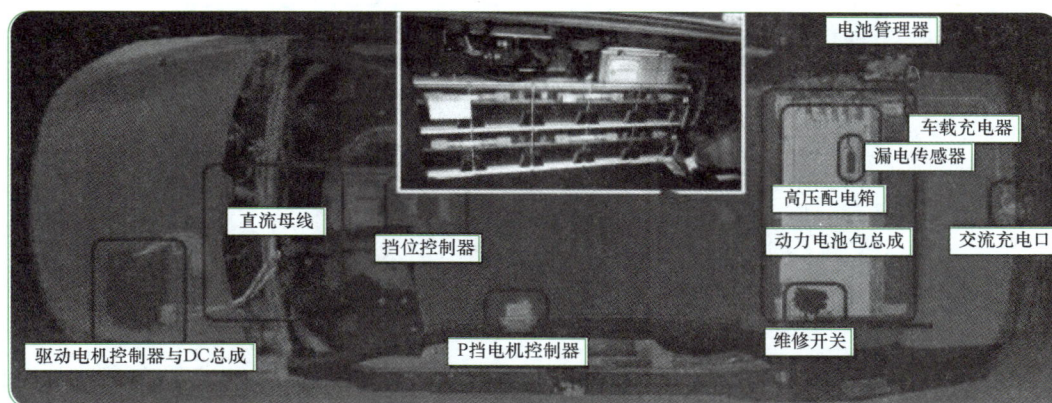

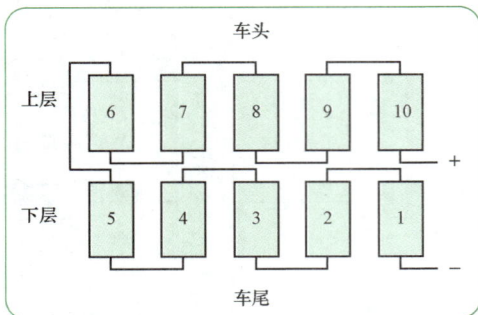

图 2-15 电池模组连接方式（比亚迪 F3DM）

比亚迪 F3DM 电池模组连接方式如图 2-15 所示。

• 2014 款比亚迪秦电池包。

2014 款比亚迪秦电池包（152 节，501.6V、26A·h）单体连接与成组分布如图 2-16 所示。

• 奥迪 A3 e-tron 的锂离子电池组。

奥迪 A3 e-tron 配备的锂离子电池组容量为 8.8kW·h，其外壳由铝材制成，内部包括 8 个模块共计 96 个单体电池。电池组及管理系统主要由电池模块、电池单元管理控制器和冷却系统等组成，其系统构造图如图 2-17 所示。

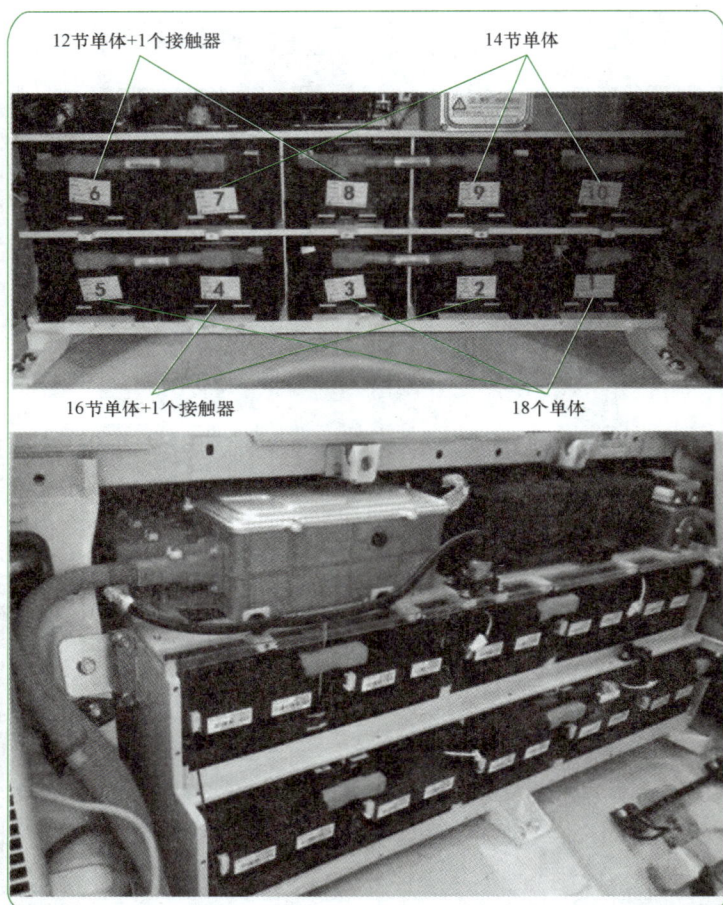

图 2-16 电池包单体连接与成组分布（比亚迪秦）

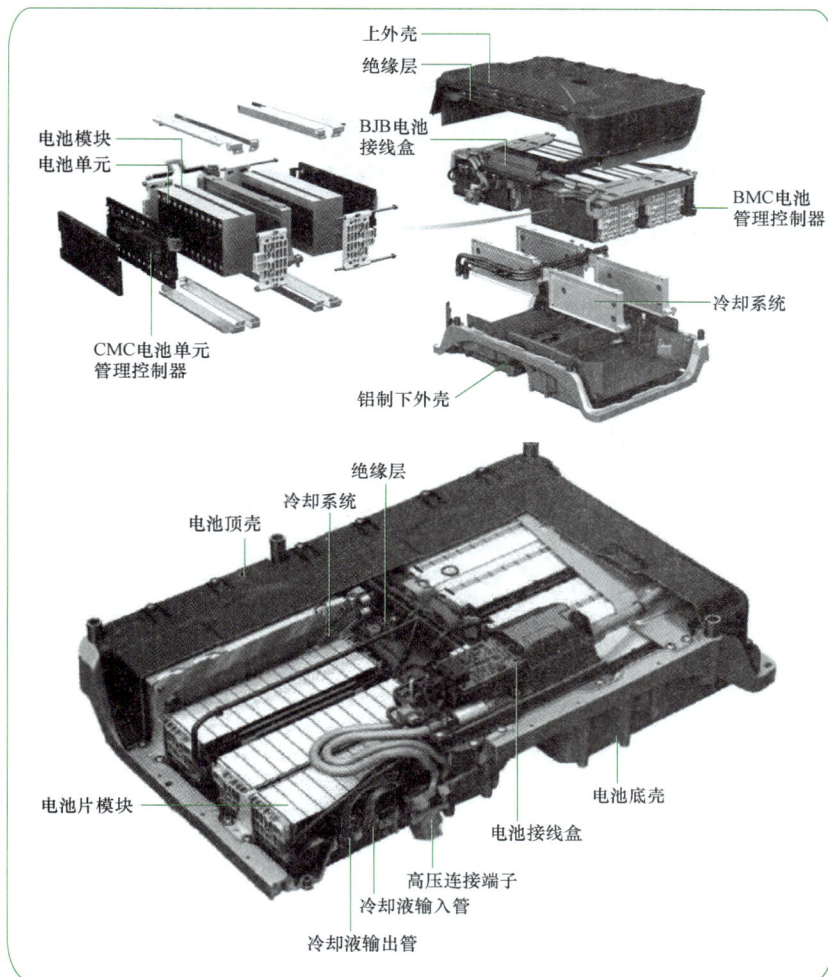

图 2-17　电动车电池组及管理系统构造图（奥迪 A3 e-tron）

**2. 动力电池系统的工作原理是怎样的？**

动力电池模组放置在一个密封并且屏蔽的动力电池箱内，动力电池系统使用可靠的高压接插件与高压控制盒相连，然后输出的直流电由电机控制器转变为三相脉冲高压电，驱动电机工作；系统内的 BMS 实时采集各电芯的电压、各传感器的温度值、电池系统的总电压值和总电流值等数据，实时监控动力电池的工作状态，并通过 CAN 线与 ECU 或充电机进行通信，对动力电池系统充放电等进行综合管理。

## 二、 动力电池的分类与主要性能指标

**1. 动力电池的类型有哪些？**

目前常见的电动汽车的动力电池有动力铅酸电池、镍氢电池、锂离子电池和 AGM 蓄电池，另外还有极具发展潜力的铝电池、锌电池和燃料电池等。其中锂离子电池还可分为钴酸锂

电池、磷酸铁锂电池、锰酸锂电池和三元锂电池等。图 2-18 所示为电动汽车动力电池的类型。

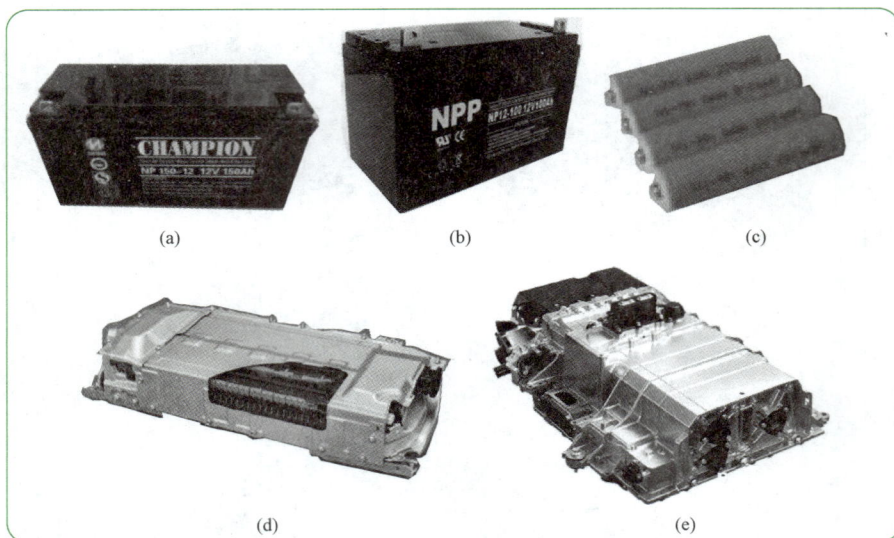

图 2-18　电动汽车动力电池的类型
（a）铅酸电池；（b）AGM 电池；（c）镍氢电池；（d）锂离子电池；（e）燃料电池

**2. 动力电池的主要性能指标有哪些？**

纯电动汽车的能量来源是动力蓄电池组，其主要性能指有电压、电池容量、SOC、比能量、能量密度、比功率和循环寿命等，这些参数表达了动力蓄电池性能的优劣，影响着车辆续驶能力。

（1）电压。

1）电动势：电池正极和负极之间的电位差 $E$，单位为伏特（V）。

2）开路电压：电池在开路时的端电压，一般开路电压与电池的电动势近似相等。

3）额定电压：电池在标准规定条件下工作时应达到的电压。

4）工作电压，在电池两端接上负载 $R$ 后，在放电过程中显示出的电压，也叫作负载电或放电电压。

5）终止电压：电池在一定标准所规定的放电条件下放电时，电池的电压将逐渐降低，电池再不宜继续放电时，电池的最低工作电压称为终止电压。

（2）电池容量。完全充电的蓄电池在规定条件下所释放出的总容量，单位是培·时（A·h）。电池容量的测量方法是在恒定的温度下，以恒定的放电速率对电池放电，当电池电压降到截止电压时，电池所放出的电量。

（3）电池的能量。电池的能量是在按一定标准所规定的放电制度下，电池所输出的电能，单位为瓦时（W·h）或千瓦时（kW·h）。

（4）放电率。放电率是指单体蓄电池或电池放电过程中的电流。

（5）比能量。比能量是指单位质量或单位体积的电池释放的能量，单位为瓦时/千克（W·h/kg）。

（6）比功率。比功率是指单位质量或单位体积的蓄电池所具有的输出能量的速率，单位为瓦/千克（W/kg）。

（7）荷电状态（Sstate of Cage，SoC）。SoC 表示当前蓄电池中按照规定放电条件可以释放的容放电容量与可用容量的百分比。

（8）放电深度（Depth of Discharge，DoD）。DoD 表示蓄电池放电状态的参数，等于实际放电容量占可用容量的百分比。

（9）循环寿命。循环寿命是指在指定的充放电终止条件下，以特定的充放电制度进行充放电，动力蓄电池在不能满足奉命终止标准前所能进行的循环数。一般把电池的额定容量降到额定值的 80% 作为一个循环。

## 三、 动力电池家族成员

### 1. 动力铅酸电池的结构与工作原理是怎样的?

（1）普通铅酸蓄电池的结构。普通铅酸电池的实物与构造如图 2-19 所示，通常由若干个单体电池串联而成。每个单体电池都是由正极板负极板和装在正极板和负极板之间的隔板组成。

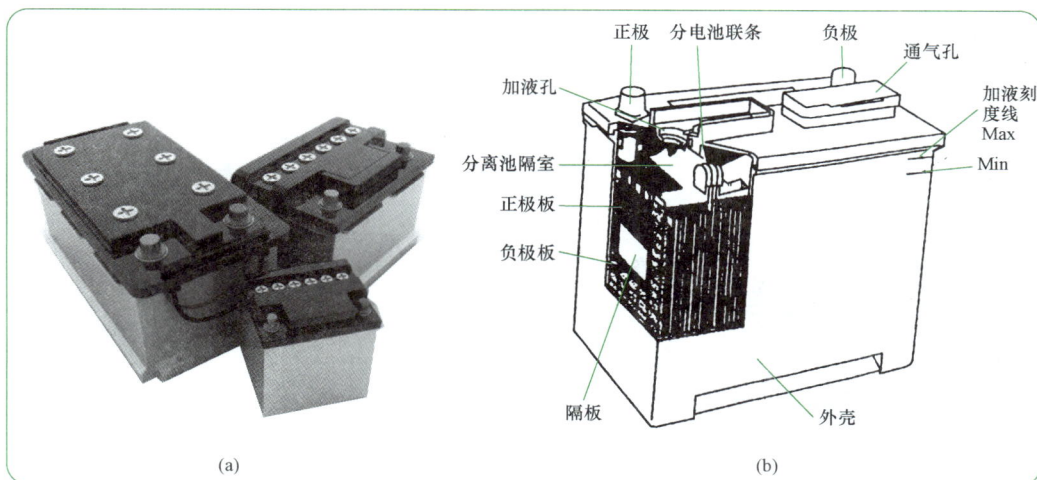

图 2-19  普通铅酸蓄电池的实物与构造
(a) 蓄电池实物图；(b) 蓄电池构造

（2）铅酸电池的工作原理。铅酸电池中发生的化学反应是可逆的。将蓄电池的化学能转换成电能的过程称为放电过程。将电能转换成蓄电池化学能的过程称为充电过程。蓄电池在充电与放电过程中，电能和化学能的相互转换是依靠极板上的活性物质和电解液中硫酸的化学反应来实现的。铅酸电池放电和充电的反应过程，是铅酸电池活性物质进行可逆化学变化的过程。铅酸电池的工作过程如图 2-20 所示。

（3）动力铅酸蓄电池的结构。动力铅酸蓄电池是在普通铅酸蓄电池的基础上发展起来的，铅酸蓄电池在外形上各不相同，但其主要构成部件相似，都是由极板、电解液、隔板、

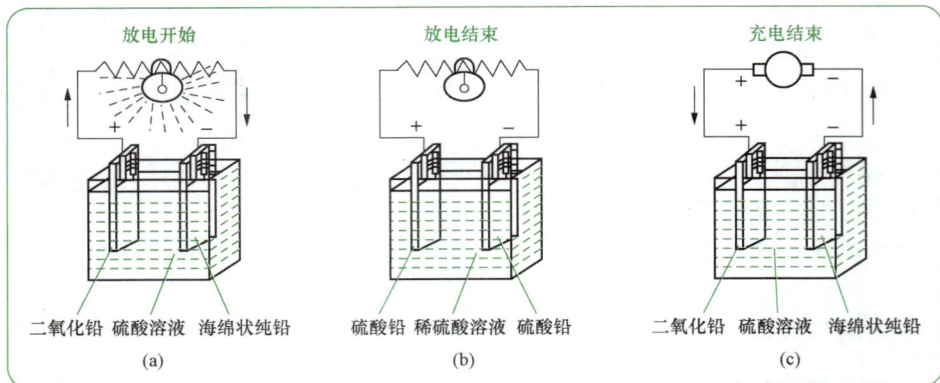

图 2-20　铅酸蓄电池的工作过程
（a）放电；（b）放电过程；（c）充电

电极、壳体等部分组成，其中极板分为正极板和负极板两种。铅酸蓄电池的充放电过程是依靠板上的活性物质和电解液中硫酸的化学反应来实现的。为防止因电解液减少而造成电池采用密封结构，故动力铅酸蓄电池又称为阀控式（AGM）铅酸蓄电池。图 2-21 所示为阀控密封式铅酸蓄电池外形及构造图。

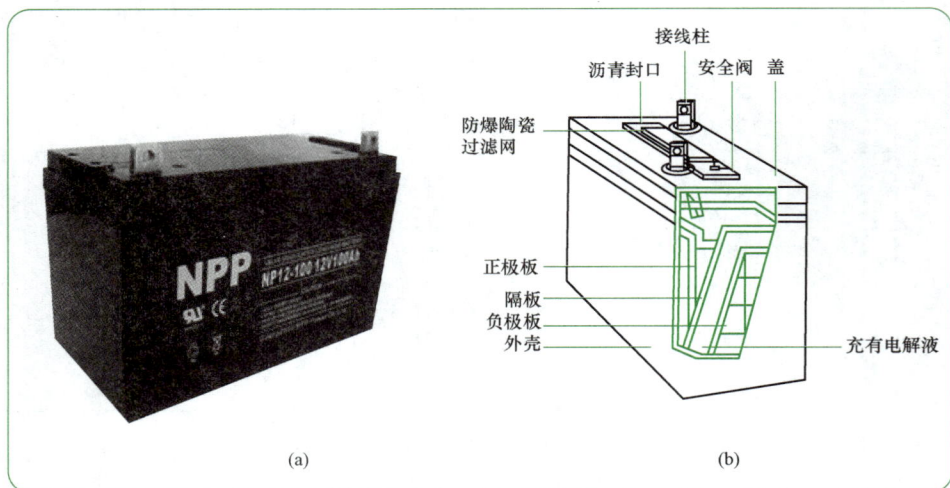

图 2-21　阀控密封式铅酸蓄电池外形及构造图
（a）实物图；（b）构造图

## 2. 镍镉电池的结构与工作原理是怎样的？

（1）镍镉电池的结构。镍镉（Ni-Cd）电池属于碱性蓄电池，每个单体电池都是由正极板、负极板和装在正极板和负极板之间的隔板组成。镍镉电池采用海绵状金属镉作负极活性物质，氢氧化镍作正极活恬物质，负极材料分别填充在穿孔的附镍钢带（或镍带）中，经拉浆、滚压、烧结、化成或成膏、烘干、压片等方法制成极板；用聚酰胺非织布等材料作隔离层；电解液通常为氢氧化镉或氢氧化钾溶液。图2-22所示为镍镉电池的基本构造。

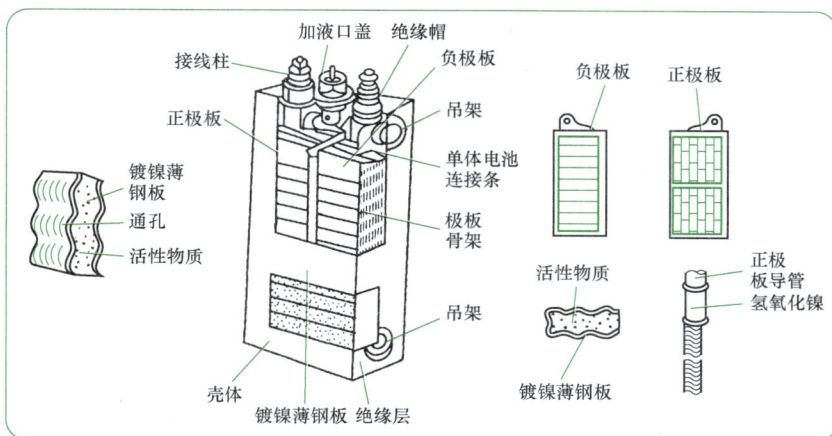

图2-22　镍镉电池的基本构造

（2）镍镉电池的工作原理。镍镉电池充电后，正极板上的活性物质变为氢氧化镍（NiOOH），负极板上的活性物质变为金属镉；镍镉电池放电后，正极板上的活性物质变为氢氧化亚镍，负极板上的活性物质变为氢氧化镉。

**3. 镍氢电池的结构原理是怎样的？**

镍氢（Ni-MH）电池和镍镉电池大体上具有相同的结构，但是镍氢电池用储氢合金（MmNis），取代了镉负电极，因此它具有较高比能量。除此之外，镍氢电池的其他特征和镍镉电池大体相同。

（1）镍氢电池的基本结构。镍氢电池由不锈钢壳体、正极板、负极板、隔膜及电解液等组成。镍氢电池的正极是活性物质氢氧化镍，由镍类活性物质、稀土合金粉与活性炭制备而成；镍氢电池的负极是储氢合金材料；电解液是由氢氧化钾（KOH）按一定比例配置构成的。在正、负极之间装有以纤维形式构成的隔膜，共同组成镍氢单体电池。在金属铂的催化作用下，完成充电和放电的可逆反应。

镍氢电池的外形有圆形和方形两种，如图2-23所示。每节电池的额定电压为13.2V（充电时最大电压16.0V），然后将电池按使用要求组合成不同电压和不同容量的镍氢电池总成（电池组），如图2-24所示。该种镍氢电池比能量达到70W·h/kg，能量密度达到165W·h/L，比功率在50%的放电深度下为220W/kg，在80%的放电深度下为200W/kg。可以大幅提高混合动力汽车的动力性能。

镍氢电池在混合动力汽车上得到了广泛应用，如日本丰田公司的普锐斯（Prius）混合动力汽车采用的就是288V、6.5A·h的镍氢动力电池。

（2）镍氢电池的工作原理。镍氢电池的工作原理如图2-25所示。在电池充电过程中，水在电解质溶液中分解为氢离子和氢氧离子。充电时，负极析出氢气，储存在容器中，正极由氢氧化亚镍变成氢氧化镍（NiOOH）和$H_2O$；放电时，氢气在负极上被消耗掉，正极由氢氧化镍变回成氢氧化亚镍。

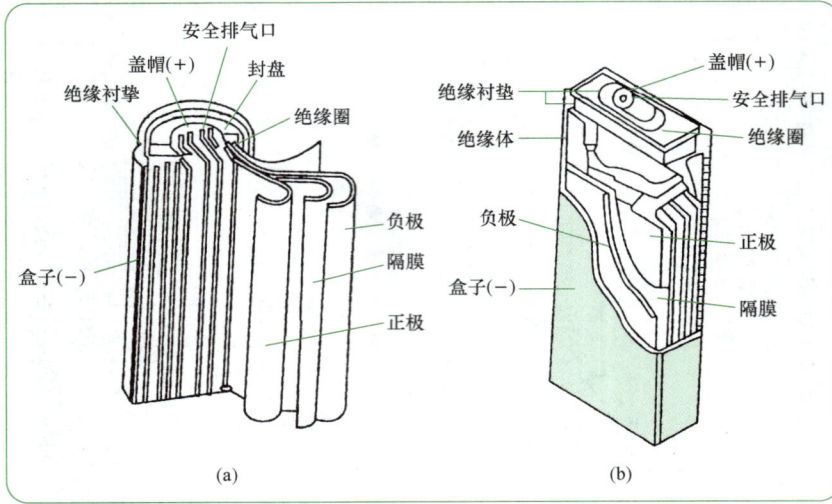

图 2-23 镍氢电池的基本构造
（a）圆形电池；（b）方形电池

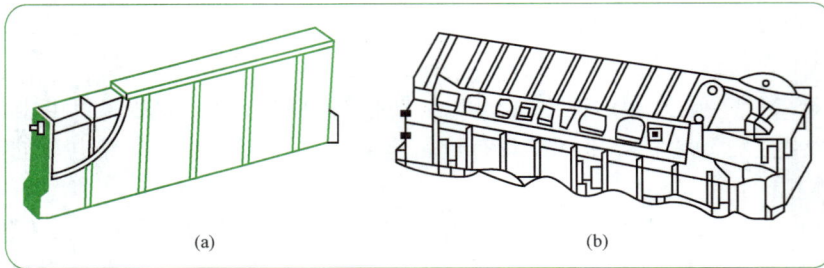

图 2-24 镍氢电池总成（电池组）
（a）电池组；（b）电池盒

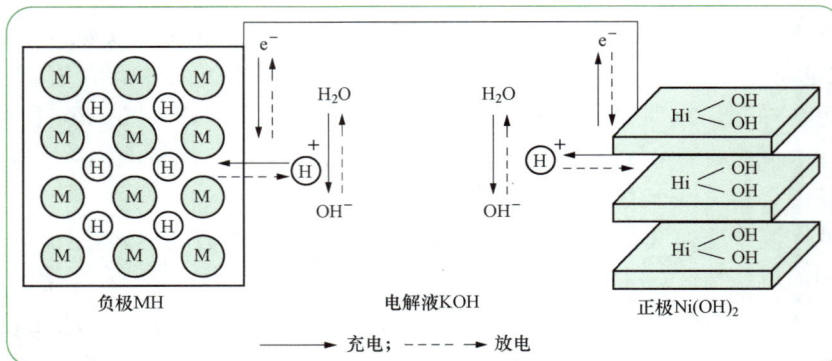

图 2-25 镍氢电池工作原理

正极：$Ni(OH)_2 + OH^- - e \xrightleftharpoons[\text{放电}]{\text{充电}} NiOOH + H_2O$

负极：$H_2O + e \xrightleftharpoons[\text{放电}]{\text{充电}} 1/2H_2 + OH^-$

总的电化学反应：$Ni(OH)_2 \xrightleftharpoons[\text{放电}]{\text{充电}} NiOOH + 1/2H_2$

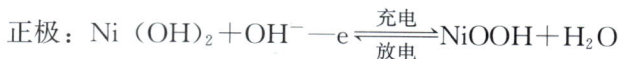

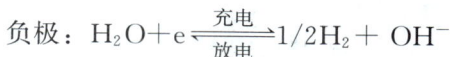

### 4. 锂离子电池结构原理是怎样的？

锂离子电池（Li—ion）是指以锂离子为反应活性物质的可充式电池，当电池放电到终止电压后能够再充电，以恢复到放电前的状态。锂离子电池通过涂布在电极上的活性材料存储和释放锂离子，即通过锂离子在电极活性材料上的脱嵌来储存电能。锂离子电池的本质实际上是利用锂离子的浓度差进行储能和放电，电池中不存在金属锂，故其安全性要比锂电池好，但锂离子电池的比能量要低于锂电池的比能量。

(1) 锂离子电池的基本结构。锂离子电池的形状主要有圆柱形和方形两种，如图2-26。此外还有扣式锂离子电池。无论是何种锂离子电池，其基本结构均由正极、负极、电解质、隔膜、正极引线、负极引线、中心端子、绝缘材料、安全阀、PTC（正温度控制端子）、电池壳。圆柱形和方形锂离子电池的结构分别如图2-26和图2-27所示。

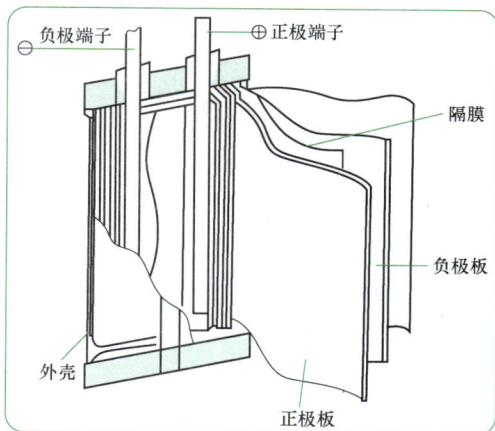

图2-26　方形锂离子电池结构

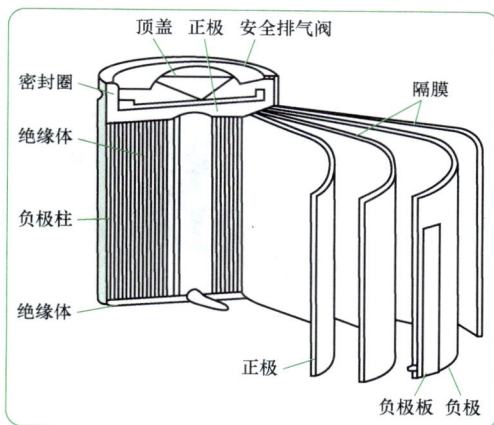

图2-27　圆柱形锂离子电池结构

根据正极材料的不同，锂离子电池可分为钴酸锂离子电池、锰酸锂离子电池、磷酸铁锂锂离子电池和三元材料锂离子电池等；根据所用电解质材料不同，可分为液态锂离子电池（Lithium - Ion Battery，LIB）和聚合物锂离子电池（Poly - mer Lithium - Ion Battery，LIP）两大类。其中三元材料锂离子电池以其能量密度高、安全性好等优点在电动汽车上得到了广泛的应用。

• 奥迪 R8 e - tron 电动汽车锂离子电池。

奥迪 R8 e - tron 电动汽车锂离子高压电池由7488个电池单元，以每144个为单位分布在52个模块中。每个模块重7.8千克（17.2磅），被排在中部通道和后部的5个"地板"上，铝板将"地板"单独分开，并形成电池的支撑结构，其电池构造如图2-28所示，电池分解图如图2-29所示。

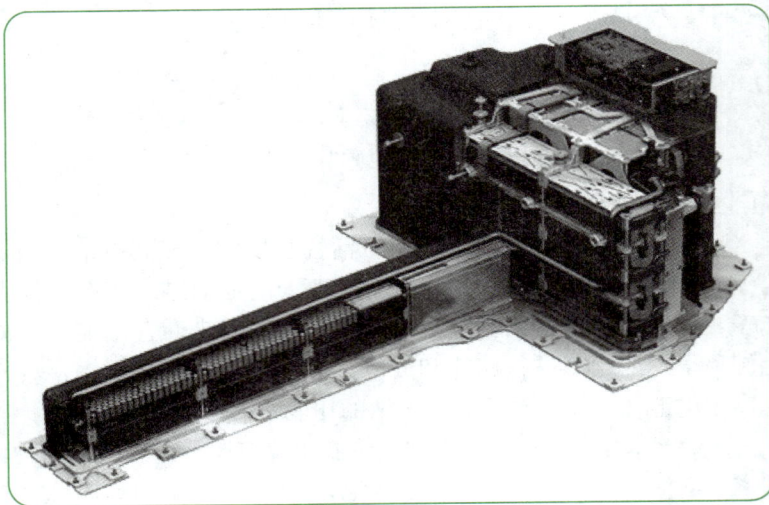

图 2-28　电动车锂离子高压电池构造图（奥迪 R8 e-tron）

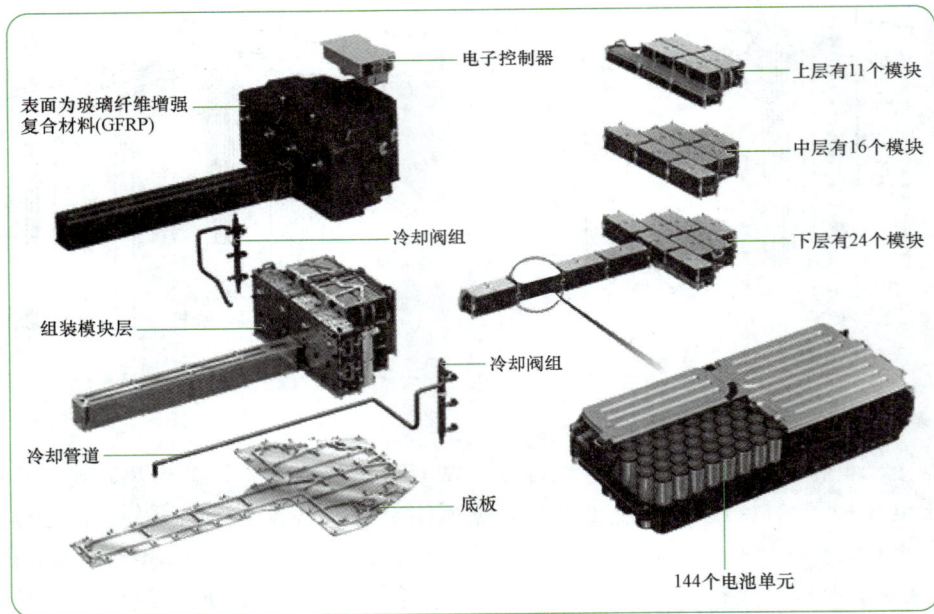

图 2-29　电动车锂离子高压电池分解图（奥迪 R8 e-tron）

（2）锂离子电池的工作原理。锂离子电池的工作原理如图 2-30 所示，当对电池进行充电时，电池的正极上有锂离子生成，锂离子（$Li^+$）从正极脱出经过电解液嵌入负极，负极处于富锂态，正极处于贫锂态；放电时则相反，锂离子（$Li^+$）从负极脱出，经过电解质嵌入到正极，正极处于富锂态，负极处于贫锂态。通常所说的电池容量指的就是放

电容量。

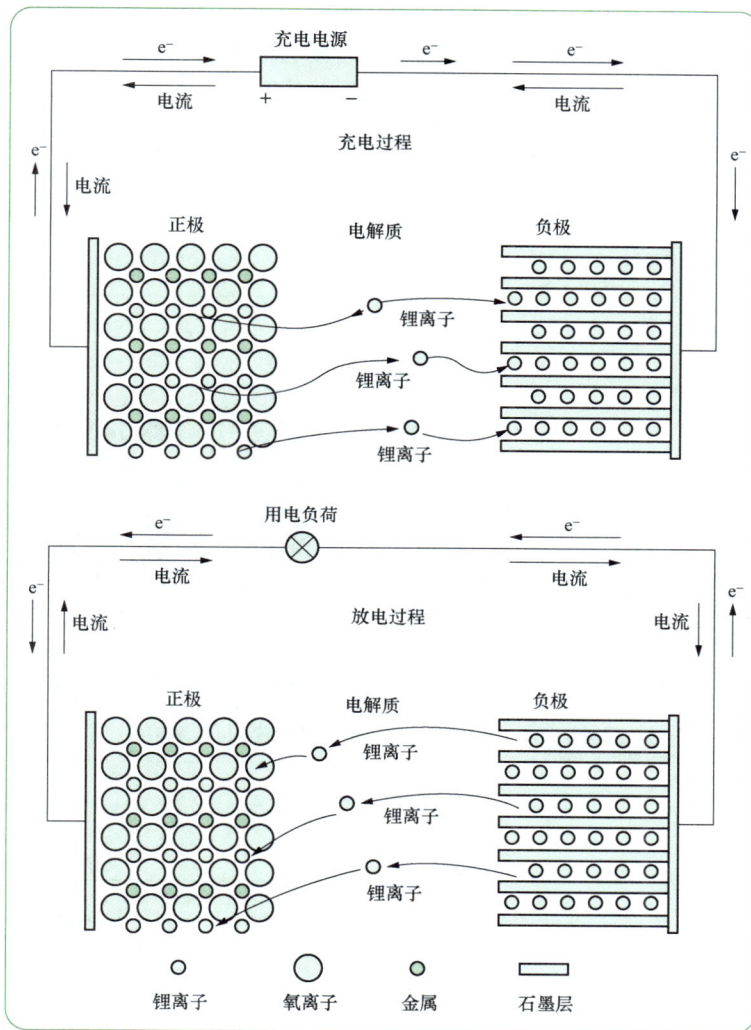

图 2-30 锂离子电池工作原理

锂离子电池的电极反应表达式如下。

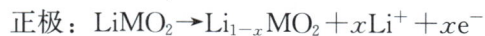

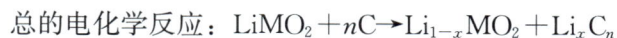

正极：$LiMO_2 \rightarrow Li_{1-x}MO_2 + xLi^+ + xe^-$

负极：$nC + xLi^+ + xe^- \rightarrow Li_xC_n$

总的电化学反应：$LiMO_2 + nC \rightarrow Li_{1-x}MO_2 + Li_xC_n$

其中，M 代表 Co、Ni、W、Mn 等金属元素。

锂离子电池的反应过程中既没有消耗电解液，也不产生气体，只是锂离子在正负极间移动，所以锂离子电池的结构可以做成完全封闭的。此外，正常条件下，锂离子电池的充放电过程中没有其他副反应，所以锂离子电池充电效率很高，甚至可以达到100%。

### 5. 磷酸铁锂电池的结构原理是怎样的?

磷酸铁锂($LiFePO_4$)电池就是指用磷酸铁锂作为正极材料的锂离子电池。磷酸铁锂电池的全名应是磷酸铁锂离子电池,简称为磷酸铁锂电池。磷酸铁锂作为电池的正极材料,其充电状态的热稳定性高,对电解液的氧化能力低,具有更好的安全性,可以用来做更大的电池。由于它特别适于作动力方面的应用,则往往会在名称中加入"动力"两字,即磷酸铁锂动力电池,也有人把它称为锂铁(LiFe)动力电池。

(1)**磷酸铁锂($LiFePO_4$)动力电池的结构。**电动汽车用磷酸铁锂动力电池组的外观与内部结构如图 2-31 所示。

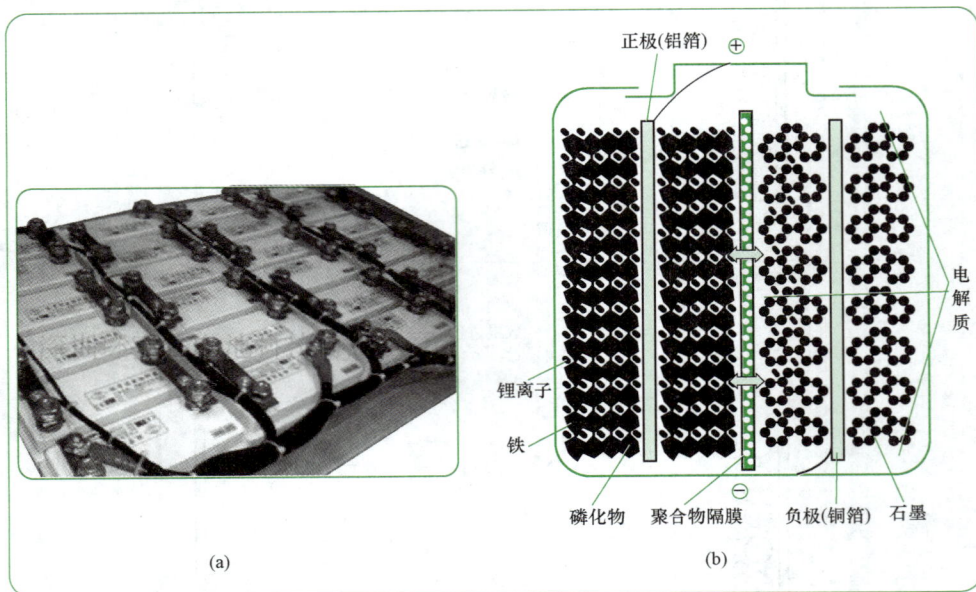

图 2-31　电动汽车用磷酸铁锂动力电池组的外观与内部结构

(2)**磷酸铁锂动力电池的工作原理。**电池充电时,正极材料中的锂离子($Li^+$)脱出来,经过电解液,穿过隔膜进入到负极材料中;电池放电时,锂离子($Li^+$)又从负极中脱出来,经过电解液,穿过隔膜回到正极材料中。锂离子电池充、放电时,只是锂离子在两极之间移动,电解液不发生变化。图 2-32 所示为磷酸铁锂电池的工作原理如图 2-32 所示。充电时,锂化合物正极材料中的锂离子通过隔板移动到作为负极的炭精材料的层间,形成充电电流;放电时,负极炭精材料层间的锂离子通过隔板移动到锂化合物正极材料中,形成放电电流。

### 6. 三元锂电池结构原理是怎样的?

三元锂电池又称为三元聚合物锂电池,指的是以镍、锰、钴三元材料作为正极材料,以石墨作为负极材料的电池,其以镍盐、锰盐、钴盐为原料,比例可以根据实际需要调整。三元锂离子电池组通过片层式液冷结构保证电池系统的环境温度适应性,在 $-30 \sim 60℃$ 的环境下电芯的各部分都能得到一致的冷却或加热效果。三元锂电池组的组成如图 2-33 所

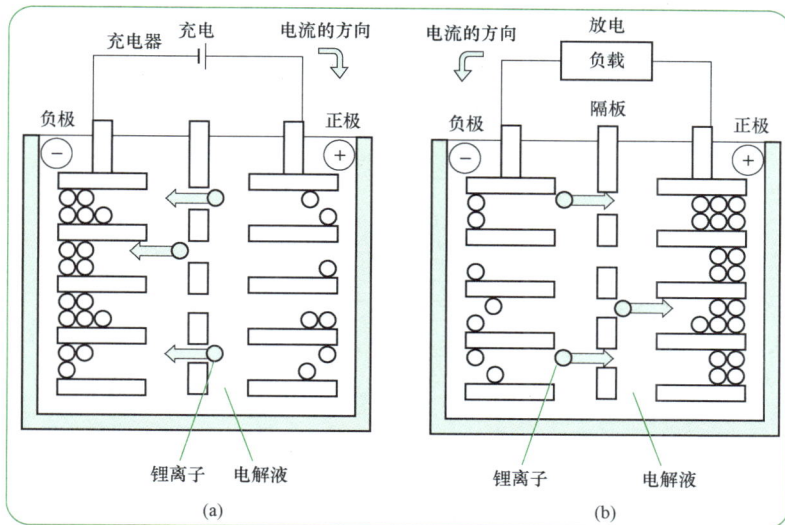

图 2-32 磷酸铁锂电池的内部结构与工作原理
(a) 充电时；(b) 放电时

示，电池单元模块位置如图 2-34 所示。

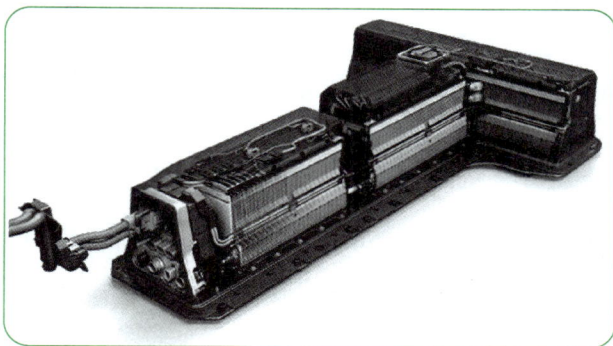

图 2-33 三元锂电池组的组成

图 2-34 电池单元模块位置

## 四、 动力电池管理系统

### 1. 电池管理系统 （BMS） 有哪些功能？

电池管理系统对纯电动汽车整车的安全运行、整车控制策略的选择、充电模式的选择以及运营成本等各方面都有很大的影响。电池管理系统无论在车辆运行过程中还是在充电过程中都要可靠地完成对电池状态的实时监控和故障诊断，并通过总线的方式告知车辆集成控制器或充电机，以便采用更加合理的控制策略，达到有效且高效使用电池的目的。

常见的动力电池管理系统的功能有数据采集、状态估计、热管理、数据通信、安全管理、能量管理和故障诊断等，如图 2-35 所示。

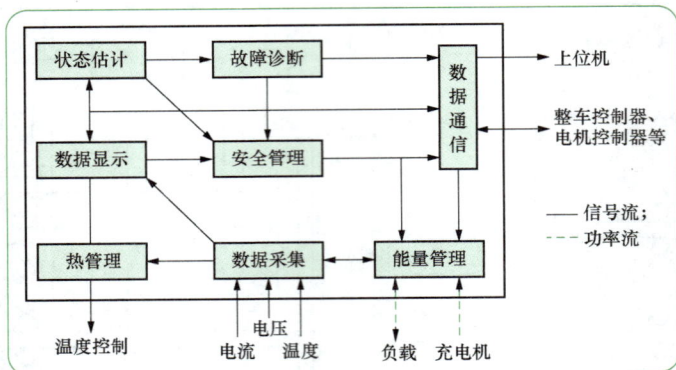

图 2-35　常见的动力电池管理系统的功能

（1）**数据采集**。数据采集是动力电池管理系统所有功能的基础，需要采集的数据信息有电池组总电压、电流、电池模块电压和温度。

（2）**状态估计**。状态估计包括 SOC 估计和 SOH 估计，SOC 提供电池剩余电量的信息，SOH 提供电池健康状态的信息，目前的动力电池管理系统都实现了 SOC 和 SOH 估计功能。

（3）**热管理**。热管理指 BMS 根据热管理控制策略进行工作，以使电池组处于最优工作温度范围。

（4）**数据通信**。数据通信指电池管理系统与整车控制器、电机控制器等车载设备及上位机等非车载设备进行数据交换的功能。

（5）**安全管理**。安全管理指在电池组的电压、电流、温度、SOC 等出现不安全状态时电池管理系统给予及时报警并进行断路等紧急处理。

（6）**能量管理**。能量管理指对电池组充放电过程的控制，其中包括对电池组内单体或模块进行电池均衡。

（7）**故障诊断**。故障诊断指使用相关技术及时发现电池组内出现故障的单体或模块。

图 2-36 所示为某电动汽车动力电池管理系统所具备的基本功能框图，典型的动力电池管理功能如图 2-37 所示。

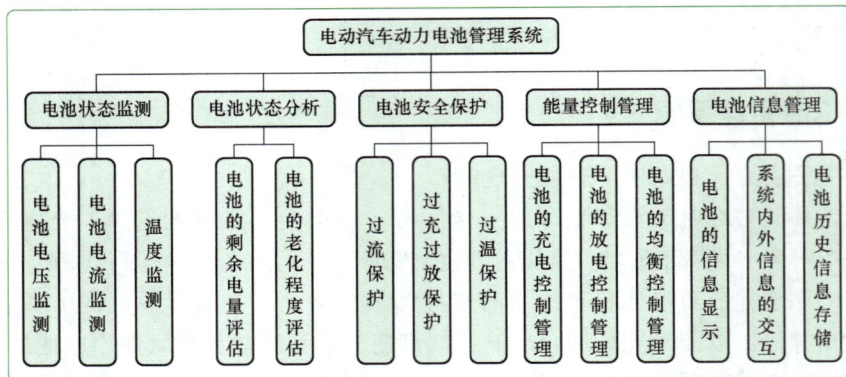

图 2-36　某电动汽车动力电池管理系统所具备的基本功能框图

目前电动汽车动力电池类型复杂,规格众多,性能不一,如锂离子电池、镍氢电池、燃料电池、动力铅酸电池等。对于不同的电动汽车,所选用的动力电池的要求也是不一样的,因此其电池管理系统也有一定的差别。

2. **动力电池管理系统由哪几部分组成?**

动力电池管理系统的组成包括硬件和软件两部分。硬件方面包括高压盒、从控盒、主控盒,以及采集电压、电流和温度等数据的电子元件,软件方面包括 SOC 值估算程序、通信及数据存储及充放电控制策略等。图 2-38 所示为电池管理系统实物图、内部构造图及内部关系图。

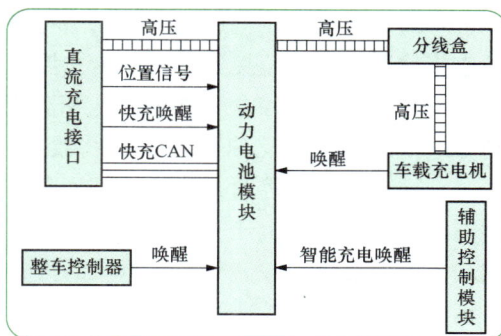

图 2-37 典型的动力电池管理功能

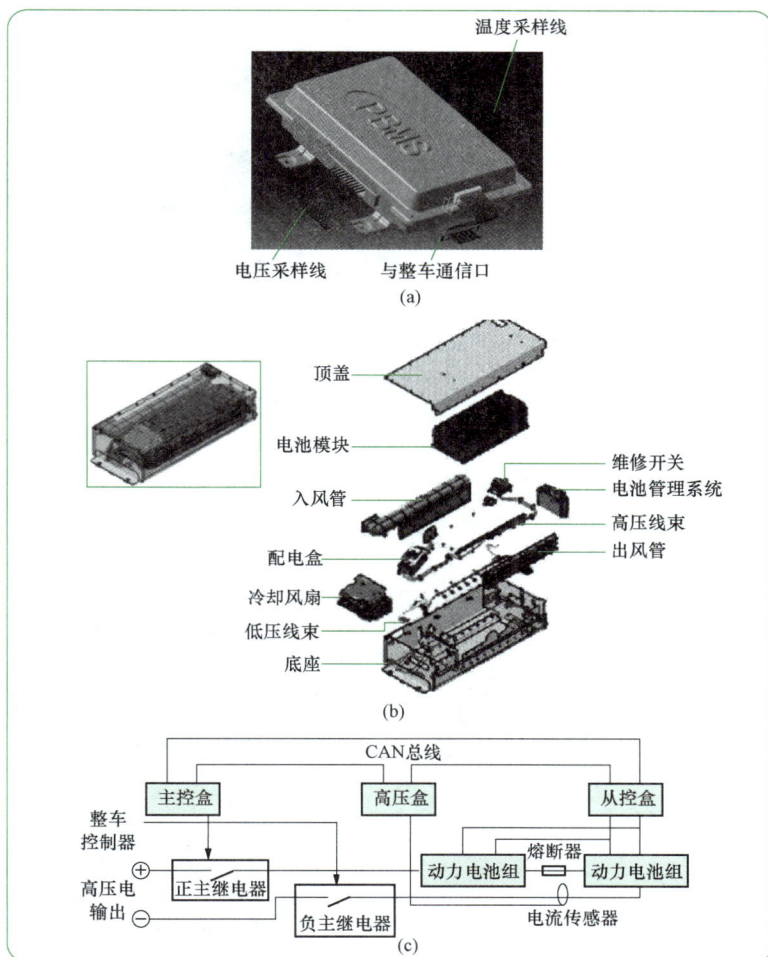

图 2-38 电池管理系统实物及内部构造图

(a) 实物图;(b) 内部构造图;(c) 内部关系图

（1）**高压盒**。高压盒用于监控动力电池组的总电压、总电流和绝缘性能，以及高压线束的连接情况，并将监控数据反馈给主控盒。

（2）**从控盒**。从控盒又称为电压和温度采集单元，主要用来监控动力电池单体的电压和动力电池组的温度及 SOC 值，并将数据反馈给主控盒。

（3）**主控盒**。主控盒是连接外部通信和内部通信的平台，其作用是接收从控盒反馈的实时温度和单体电池电压、接收高压盒反馈的总电压和总电流，控制与整车控制器的通信、控制动力电池加热、控制充放电电流的大小、控制正主继电器。

- 北汽 EV160 电池管理系统。

北汽 EV160 电池管理系统硬件如图 2-39 所示。

- 比亚迪动力电池管理系统。

比亚迪的动力电池管理系统（BMS）安装位置如图 2-40 所示。

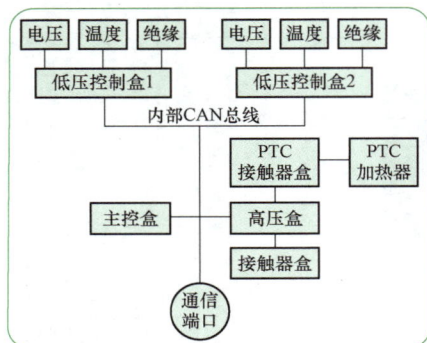

图 2-39 北汽 EV160 电池管理系统硬件

图 2-40 比亚迪的动力电池管理系统（BMS）安装位置

比亚迪的动力电池管理系统有分布式动力电池管理系统和集中式动力电池管理系统两种。

（1）**比亚迪分布式动力电池管理系统**。比亚迪 e6 采用的分布式动力电池管理由动力电池管理控制器（BMC）、动力电池信息采集器（BIC）、动力电池采样线组成。动力电池管理控制器位于高压电控单元后部，其安装位置如图 2-41 所示。电池管理模块安装位置如图 2-42 所示。

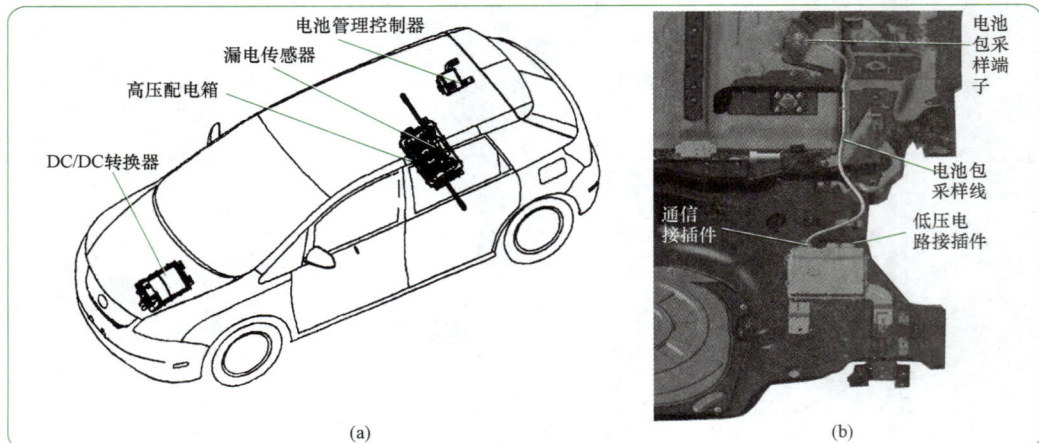

(a)

(b)

图 2-41 分布式动力电池管理控制器安装位置（比亚迪 e6）

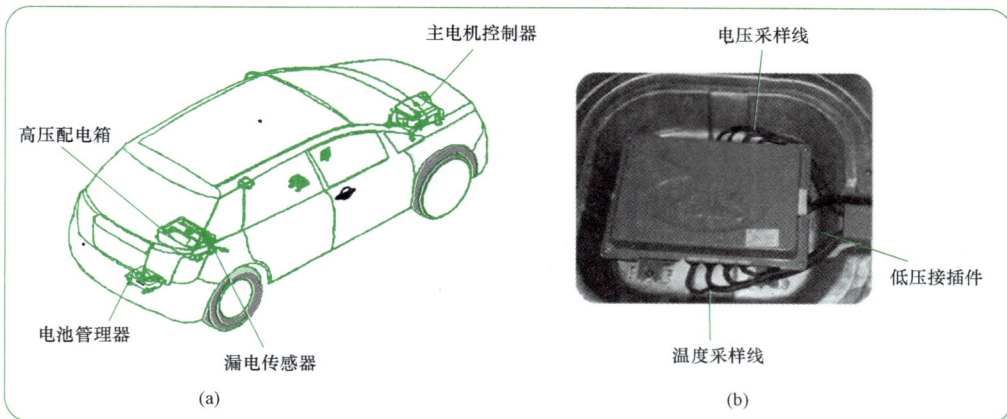

图 2-42 电池管理模块安装位置（比亚迪 e6）

（2）比亚迪 e6 集中式动力电池管理系统。集中式管理器动力包每个单体 3.3V，电池包标称电压 316.8V、容量 180A·h，一次充电 57kW·h，共 96 个单体，电压采样线束 1 条，温度采样线束 1 条，托盘 1 个。

3. 动力电池管理系统的工作原理是怎样的？

动力电池管理系统（BMS）的工作原理是，数据采集电路采集电池电压、电流和温度等状态信息数据后，通过 CAN 总线将数据传送给主控制单元，进行数据分析和处理，然后电池管理系统根据分析结果对系统内的相关功能模块发出控制指令（如控制风机开、关等），并向外界传递参数信息；同时，电池管理系统也能通过 CAN 总线与组合仪表及充电机等进行通信，实现参数显示、充电监控等功能。

## 五、 动力电池热管理系统

动力电池系统的热量主要是电池工作过程中电芯所产生的，因此，动力电池热管理系统即电池包热管理系统。将电池包温度控制在合理的范围内，使电池组发挥最佳的性能和寿命，以保证电池动力系统稳定运行。动力电池热管理系统的主要功能是：电池组温度的准确测量和监控；电池组温度过高时的有效散热和通风；低温条件下的快速加热；有害气体产生的有效通风。

1. 动力电池热管理系统的结构与原理是怎样的？

（1）结构。一般动力电池系统应在合适的温度范围内运行，从而实现最佳的功率输出和输入、最大的可用能量以及最长的循环寿命。动力电池是电动汽车的能量来源，电池温度因素对动力电池性能、寿命、安全性有着至关重要的影响，因此电动汽车都安装有热管理系统，其结构框图如图 2-43 所示。

从结构上看，电动车的热管理系统涵盖了电动汽车几乎所有的组成部分，主要范围包括动力电池、驱动电机、整车电控等。

动力电池组水平布置的热管理系统如图 2-44 所示。动力电池组垂直布置的热管理系统如图 2-45 所示。

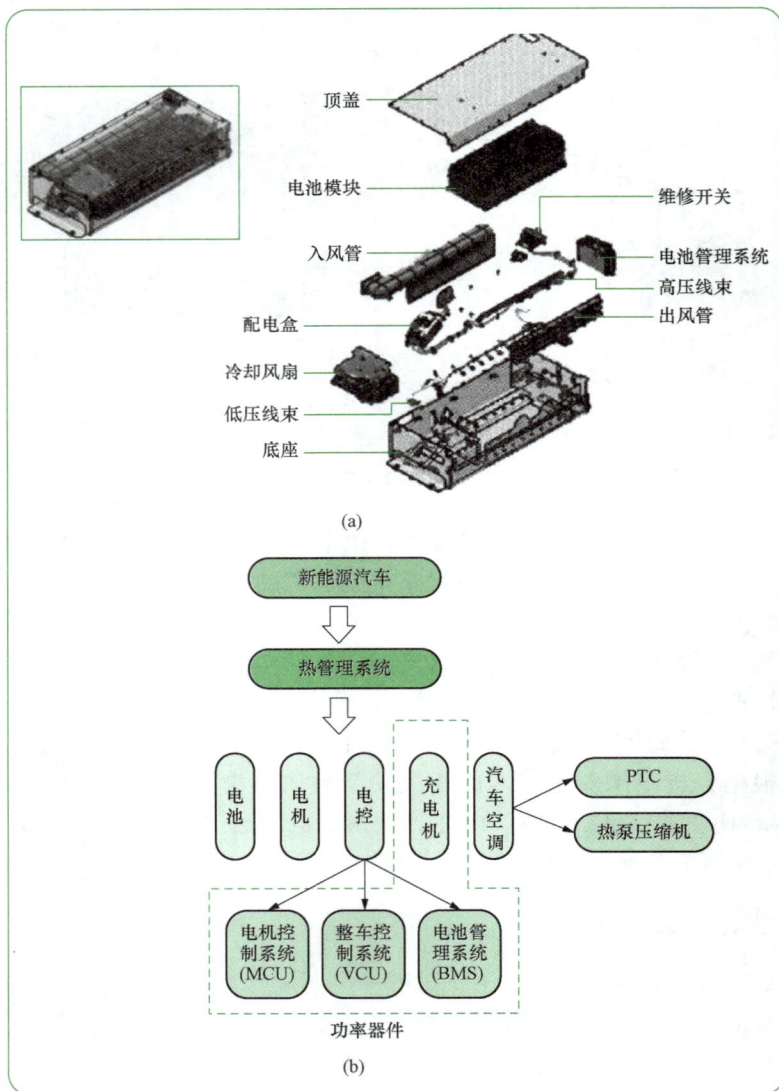

顶盖

电池模块

维修开关

入风管

电池管理系统

高压线束

配电盒

出风管

冷却风扇

低压线束

底座

(a)

新能源汽车

↓

热管理系统

⇩

电池　电机　电控　充电机　汽车空调

PTC

热泵压缩机

电机控制系统 (MCU)　整车控制系统 (VCU)　电池管理系统 (BMS)

功率器件

(b)

图 2-43　热管理系统结构框图

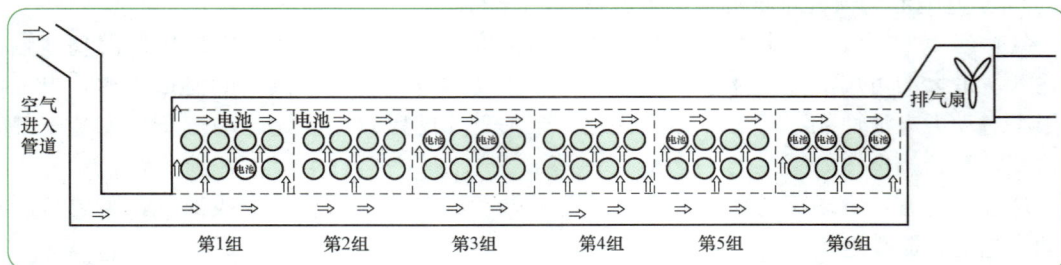

空气进入管道

排气扇

电池　电池　电池　电池　电池　电池

第1组　第2组　第3组　第4组　第5组　第6组

图 2-44　动力电池组水平布置的温度管理系统

（2）动力电池热管理系统的工作原理。在充放电过程中，电池本身会伴随产生一定热量，从而导致温度上升，而温度升高会影响电池的很多工作特性参数，如内阻、电压、SOC、可用容量、充放电效率和电池寿命等，最佳电池温度范围明显受限，为 25～40℃（指电池单体温度，而不是车外温度）。当处于较冷环境中时，动力电池的性能会降低，造成电动汽车整车性能降低，此时需要对动力电池进行加热。在寒冷环境中给动力电池加热比使动力电池散热更困难。

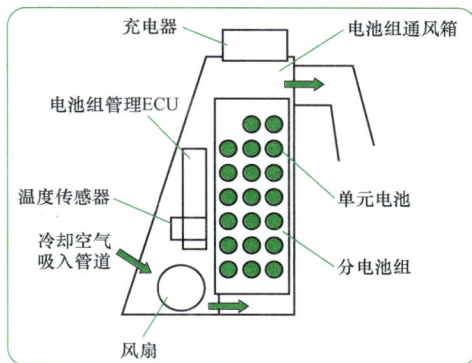

图 2-45 动力电池组垂直布置的温度管理系统

为了尽可能延长动力电池组的使用寿命并获得最大功率，需在温度范围内使用电池。动力电池组热管理系统可实现不加热也不冷却、冷却或加热 3 种运行状态。它主要是根据电池温度、车外温度以及动力电池组获取或输送的功率来启用这些运行状态，如图 2-46 所示。加热是通过单体电池外部的电加热丝，由电池管理系统控制的继电器给予通电或断电；冷却是通过 Sheet 电池片之间的冷却管路实现的，管路内的冷却液为水和乙二醇的混合物。在冷却管路和单体电池之间设有固化后非常坚硬的绝缘导胶质材料。

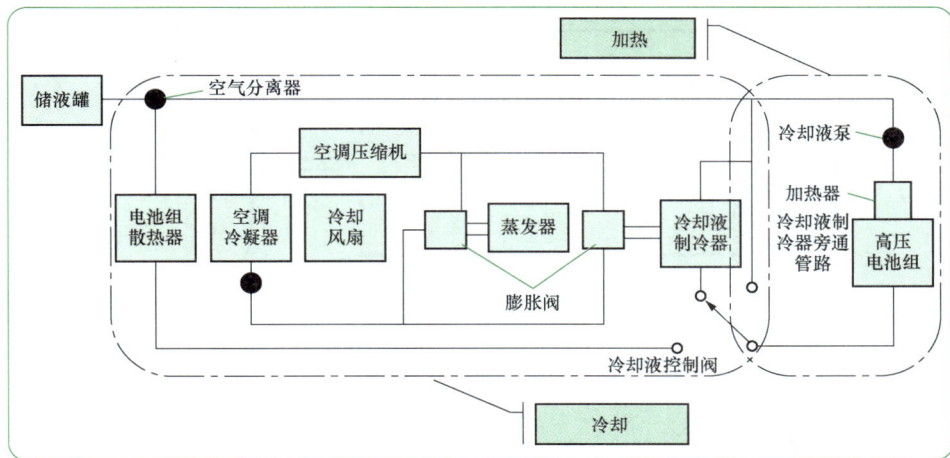

图 2-46 动力电池组热管理系统的工作原理

1）不加热也不冷却运行。如果电池温度已处于最佳范围内（25～40℃），就会启用不加热也不冷却的运行状态。此时，电池内的加热装置不通电；电动空调压缩机不运行或不进行动力电池组冷却运行，但必须对车内空间进行冷却时可以运行；动力电池组上的膨胀阀关闭。

2）冷却运行。冷却运行分为常规冷却和增强冷却两种运行状态。当电池温度增加约30℃时，就会开始常规冷却，如图 2-47 所示。此时电池管理系统通过一个按脉冲宽度调制的信号接通电动冷却液泵，冷却液进行循环并将少量热量从动力电池组带走去。只要冷却液温度低于电池模组，就可以只靠冷却液循环来却液电池模组。

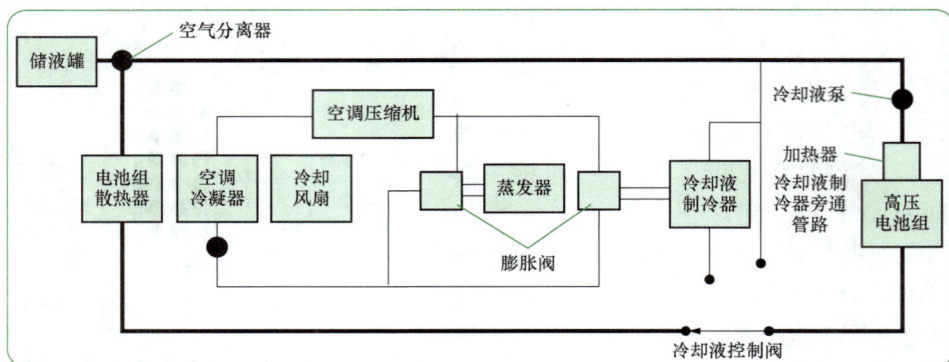

图 2-47　常规冷却

如果冷却液温度因此升高，无法将电池组维持在所需范围内（25～40℃）。在这种情况下必须启动增强冷却来降低冷却液温度，如图 2-48 所示。增强冷却需借助一个冷却液—制冷剂热交换器（即冷却液制冷器）进行，该冷却液制冷器是动力电池组冷却液循环和空调循环制冷剂之间的接口。

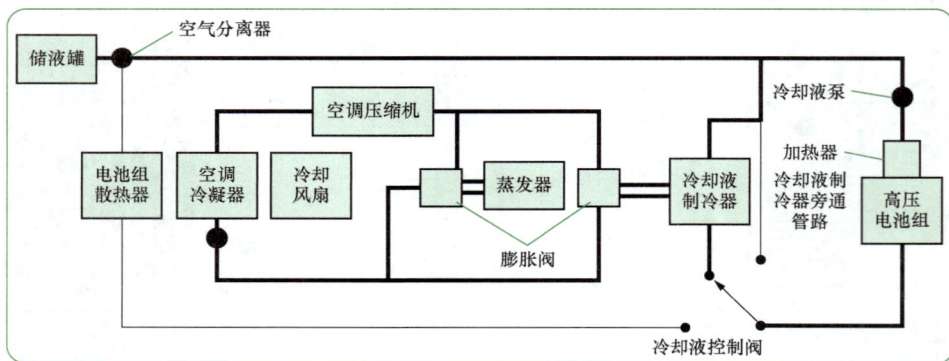

图 2-48　增强冷却

在冷却液制冷器接通的运行状态中，相关组件的工作方式是：电池管理系统发出冷却需求请求；高压电源管理许可后，电池管理系统控制电动冷却泵和冷却液制冷器上的冷却液控制阀。阀门接通，制冷剂因此流入冷却液制冷器。

3）加热运行。如果电池组温度在 25℃ 以下（特别是在冬天），则应进行加热。可通过充电电缆与电网连接并选择车辆温度调节功能来进行加热功能。图 2-49 所示为外置加热器加热，电动泵将输送冷却液流过加热器进行加热，然后再通过旁通阀接通，冷却液进行小循环。

**2. 动力电池组热管理系统的类型有哪些?**

从控制的角度看，目前的动力电池热管理系统可以分为主动式、被动式两类；从传热介质的角度看，动力电池热管理系统主要可分为气体冷却法、液体冷却法、相变材料冷却

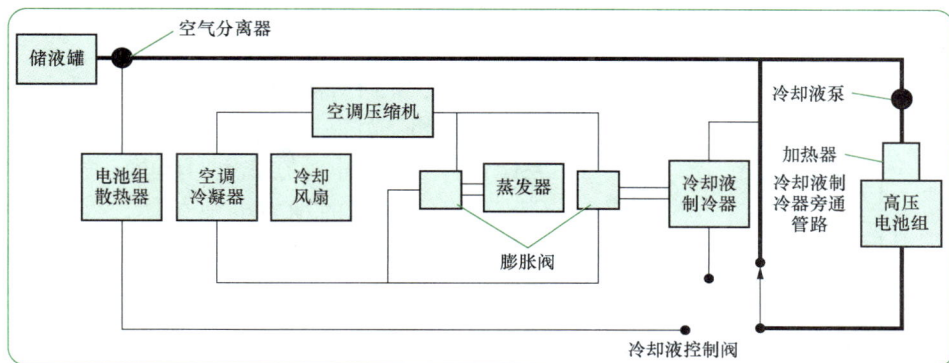

图 2-49　外置加热器加热控制

法、热管冷却法及一些带加热的热管理系统。

（1）气体冷却法。气体冷却法即采用空气作为传热介质，直接把空气引入动力电池，使其流过动力电池以达到散热目的，一般需有风扇、进出口风道等部件。气体冷却法主要包括自然对流冷却法和强迫空气对流冷却法。按照散热风道结构不同，气体冷却系统又可分为串行通风方式和并行通风方式两种，如图 2-50 所示。

1）串行通行方式。串行通风方式见图 2-50（a）。当电池需要散热时，风机工作，使空气从一侧进，从另一侧出。由图可见，冷空气进入后，在经过电池时会不断地被加热。因此在蓄电池入口一侧被空气带走的热量相对较多，而在电池出口一侧的散热效果相对较差。采用串行通风方式的蓄电池，其温度会沿空气的流向逐渐升高。由于采用串行通风方式的电池的散热均匀性不太理想，目前已较少采用。

2）并行通风方式。并行通风方式见

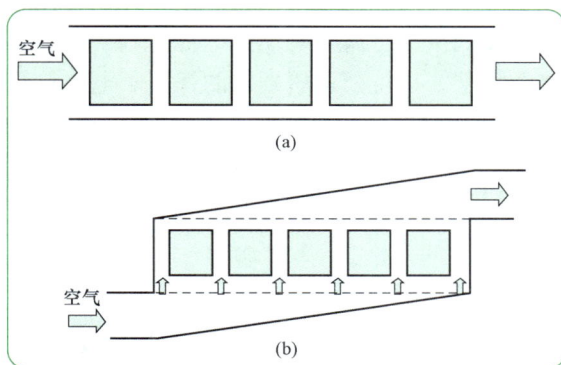

图 2-50　几种典型的气体冷却方式
(a) 串行通风方式；(b) 并行通风方式

图 2-50（b）。通过对电池的布置以及对楔形进排气通道的合理设计，可以确保进入每个电池缝隙之间的空气流量均匀，电池组各电池散热一致，电池温度的一致性好。并行通风方式是目前采用较多的散热方式。

（2）液体冷却法。液体冷却法即以液体为介质的传热，需在动力电池组与液体介质之间建立传热通道，比如水套，以对流和导热两种形式进行间接式加热和冷却，传热介质可以采用水、乙二醇，甚至制冷剂，也有把动力电池组沉浸在电解质的液体中直接传热，但必须采用绝缘措施，以免发生短路。液体冷却法主要有被动式液体冷却和主动式液体冷却两种。被动式液体冷却一般是通过液体-环境空气换热后再将其引入动力电池进行二次换热，而主动式则是通过发动机冷却液-液体介质换热器，或者电加热/燃油加热实现一级加热，以乘客舱空气/空调制冷剂—液体介质实现一级冷却。如图2-51所示为典型液体冷却系统的构成。

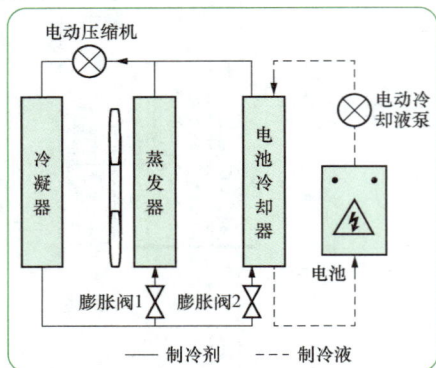

图2-51 典型液体冷却系统的构成

（3）相变材料冷却法。近年来在国外和国内出现了采用相变材料（PCM）冷却的动力电池热管理系统，针对动力电池在充电时吸热、放电时放热的特点，在全封闭的动力电池单体之间填充相变材料，靠相变材料的融化或凝固来工作。利用PCM进行动力电池冷却原理是，当动力电池进行大电流放电时，PCM吸收动力电池放出的热量，自身发生相变（熔化），而使动力电池温度迅速降低，此过程是系统把热量以相变热的形式储存在PCM中；在动力电池进行充电时，特别是在比较冷的天气环境下（亦即大气温度远低于相变温度），PCM再把热量排放到环境中去。相变材料用于动力电池热管理系统中不需要在动力电池连接处插入额外的冷却元件，也不需要动力电池组间的冷却通道或封装外部流体循环的冷却系统，更不需要耗费动力电池额外能量，同时对于寒冷环境下给动力电池进行加热也有借鉴作用。

（4）带加热的热管理系统。在较冷的环境中，动力电池性能会降低，造成电动汽车整车性能降低，此时需要对动力电池进行加热。在寒冷环境中给动力电池加热比使动力电池散热更困难。福特公司研发出的锂离子电池热管理即包括冷却和加热两种功能。

• 宝马X1 xDrive 25Le（F49 PHEV）插电式混动车型动力电池冷却系统。

在高端电动汽车中动力电池内部有与空调系统连通的制冷剂循环回路。宝马X1（F49 PHEV）插电式混动车型动力电池冷却系统采用的是空调循环冷却式，如图2-52所示。

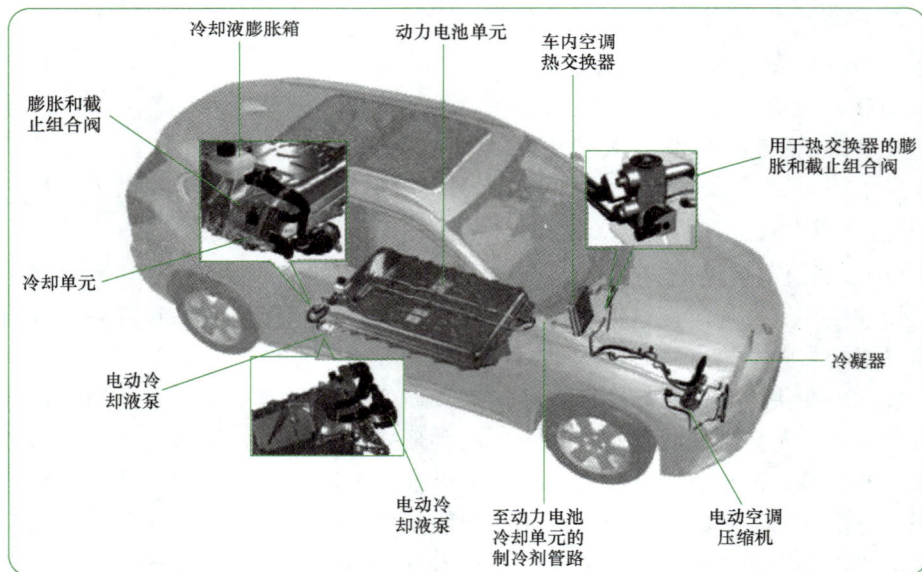

图2-52 插电式混动车型动力电池冷却系统（宝马X1）

其冷却液膨胀箱和冷却液管路如图 2-53 所示。

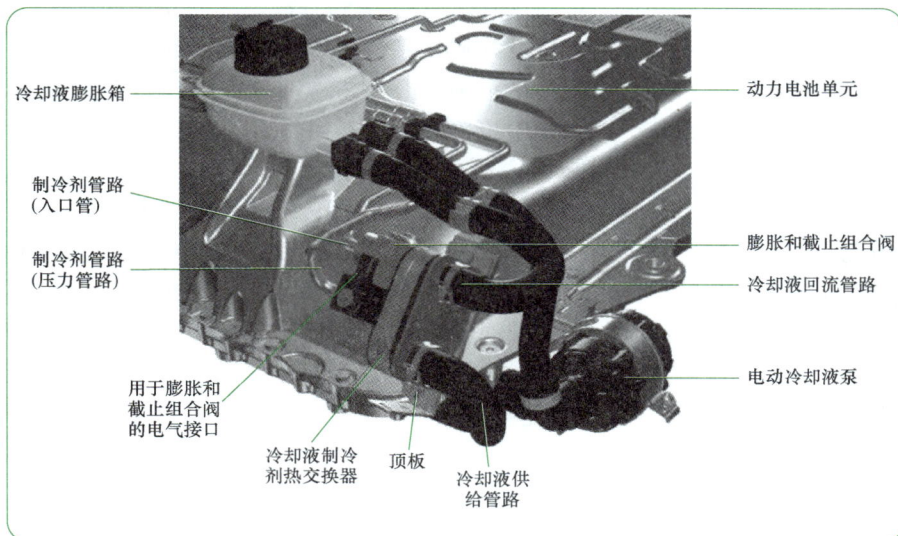

图 2-53 冷却液膨胀箱和冷却液管路（宝马 X1）

动力电池单元直接通过冷却液进行冷却，冷却液循环回路与制冷剂循环回路通过冷却液制冷剂热交换器（即冷却单元）连接。因此，空调系统制冷剂循环回路由两个并联支路构成。一个用于冷却车内空间，一个用于冷却动力电池单元。两个支路各有一个膨胀和截止组合阀，为两个相互独立的冷却系统，如图 2-54 所示。

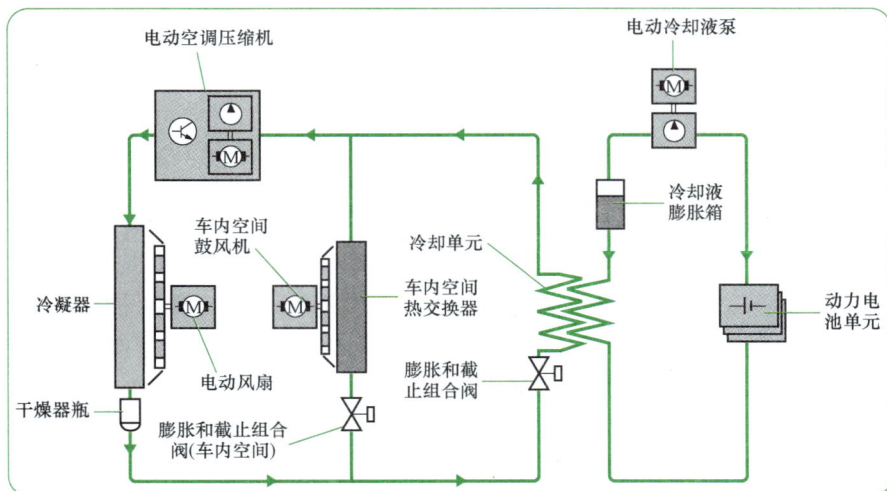

图 2-54 冷却系统示意图（宝马 X1）

电动冷却液泵通过冷却液循环回路输送冷却液。只要冷却液的温度低于电池模块，仅利用冷却液的循环流动便可冷却电池模块。若冷却液温度上升，不足以使电池模块的温度保持在预期范围内，则必须要降低冷却液的温度，需借助冷却液制冷剂热交换器（即冷却单元）。这是介于动力电池冷却液循环回路与空调系统制冷剂循环回路之间的接口。如果冷却单元上的膨胀和截止组合阀使用电气方式启用并打开，液态制冷剂将流入冷却单元并蒸发。这样可吸收环境空气热量，因此也是一种流经冷却液循环回路的冷却液。电动空调压缩机（EKK）再次压缩制冷剂并输送至电容器，制冷剂在此重新变为液体状态。

BMS负责控制电动水泵，电动水泵会在高压电池包温度上升到32.5℃时开启，在温度低于27.5℃时关闭，BMS发出要求电池冷却器膨胀阀关闭和水泵运转的信号。

ETC收到来自BMS的膨胀阀电磁阀开启的信号要求，ETC首先打开电池冷却器（Chiller）膨胀阀的电磁阀，并给EAC发启动信号。高压电池组最适宜温度值为20～30℃。

正常工作时，当高压电池组的冷却液温度在30℃以上时，ETC会限制乘客舱制冷量，冷却液温度在48℃以上，ETC会关闭乘客舱制冷功能，但除霜模式除外。

ETC只控制冷却液温度。BMS控制冷却液与BMS高压电池包内部的热量交换。

当车辆进入快速充电模式时，ETC会被网关模块唤醒，此时高压电池包冷却系统进入正常工作状态。

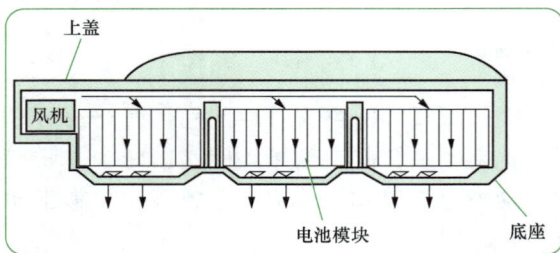

图2-55 电池包通风冷却系统图（RAV-4）

• 电动汽车RAV-4电池通风系统。

电动汽车RAV-4电池包通风冷却系统图如图2-55所示。

当汽车行驶时，它采用自然对流冷却法将外界空气吸入电池包，并从电池包底部小孔排出，而不使用风机。停车充电时，开启风机对电池包进行强迫制冷，属于强迫空气对流冷却法。从整个通风线路来看，它属于并行通风。此设计保证了最大限度的冷却面积，使冷却效果保持最佳。

• 荣威E50动力电池冷却系统。

荣威E50动力电池冷却系统主要由膨胀水箱、软管、冷却水泵、电池冷却器等组成，其结构如图2-56所示。

冷却系统利用热传导的原理，通过冷却液在各个独立的冷却系统回路中循环，使驱动电动机、逆变器（PEB）和动力电池包保持在最佳的工作温度。冷却液是50%的水和50%的有机技术（OAT）的混合物。冷却液要定期更换才能保持其最佳效率和耐腐蚀性。

（1）膨胀水箱。膨胀水箱装有泄压阀，安装在逆变器（PEB）托盘上，溢流管连接到电池冷却器的出液管上，出液管连接在冷却水管三通上。膨胀水箱外部带有"MAX"和"MIN"刻度标示，便于观察冷却液液位。

（2）软管。橡胶冷却液软管在各组件间传送冷却液，弹簧卡箍将软管固定到各组件上。动力电池冷却系统（ESS）软管布置在前舱内和后地板总成下。

（3）冷却水泵。动力电池冷却系统冷却液泵通过安装支架，并由2个螺栓固定在车身底盘上，经由其运转来循环高压电池包冷却系统。

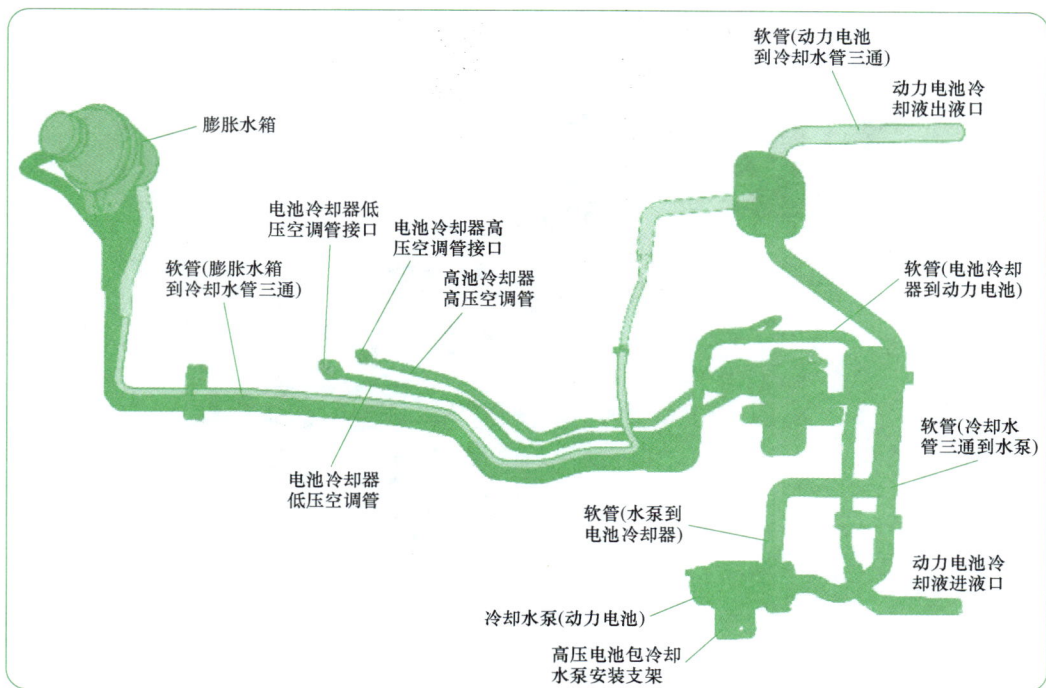

图 2-56 动力电池冷却系统结构（荣威 E50）

（4）电池冷却器。电池冷却器（Chiller）是动力电池冷却系统的一个关键部件，它负责将动力电池维持在一个适当的工作温度，使动力电池的放电性能处于最佳状态。电池冷却器（Chiller）主要由热交换器，带电磁阀的膨胀阀（TXV），管路接口和支架组成。热交换器主要用于动力电池冷却液和制冷系统的制冷剂的热交换，将动力电池冷却液中的热量转移到制冷剂中。

• 奥迪 A3 e-tron 插电式混合动力汽车动力电池冷却系统。

为保证动力电池在最佳温度状态下发挥出最佳性能，奥迪 A3 e-tron 的动力电池采用带低温回路的液体冷却系统，能够将电池温度控制在最佳范围内，确保电池组即便在环境温度较低的情况下也能获得最佳且持久的电力输出，如图 2-57 所示。

动力电池冷却系统是一个独立的调节系统，可以自如控制动力电池的温度。同时，这一系统还与热管理系统互补，使电池组、控制器和电机在各自理想的温度下工作。

• 丰田普锐斯 HV 电池冷却系统。

丰田普锐斯 HV 电池冷却系统主要由蓄电池、鼓风机及电控单元组成，如图 2-58 所示。行李厢右侧的冷却风扇可以通过后排座椅右侧的进气口吸出车内空气，之后从电池顶部右侧进入的空气从上到下流经蓄电池模块并将其加以冷却；然后，空气流经排气管和车内，最终排到车外。图 5-59 所示为丰田普锐斯 HV 电池冷却系统工作过程。

电池 ECU 控制冷却风扇的工作，根据 HV 电池内部的 3 个蓄电池温度传感器和进气温度传感器给出的信号将 HV 电池温度控制在合适的范围内。

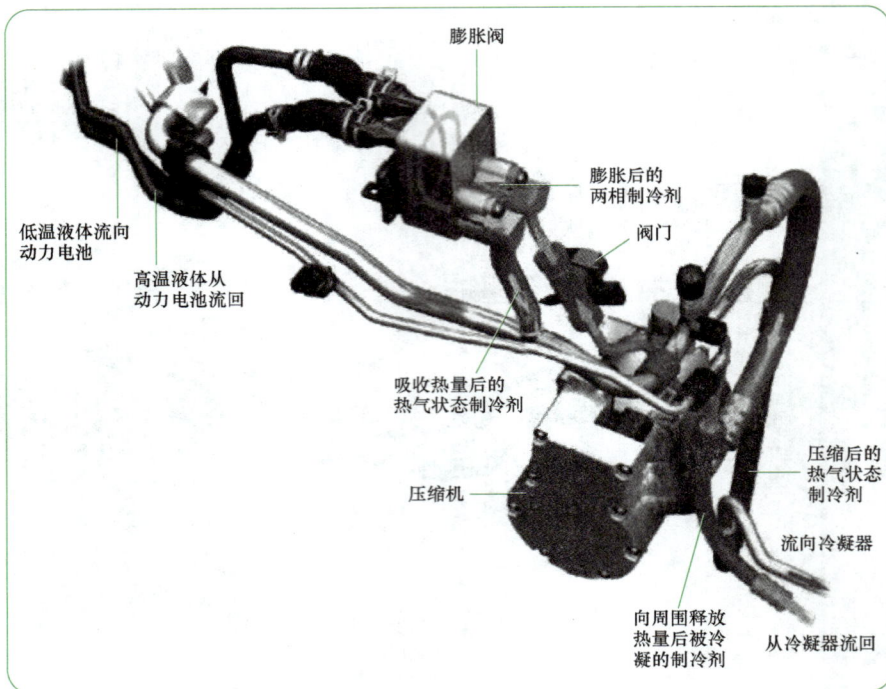

图 2-57　带低温回路的液体冷却系统构造图（奥迪 A3 e-tron）

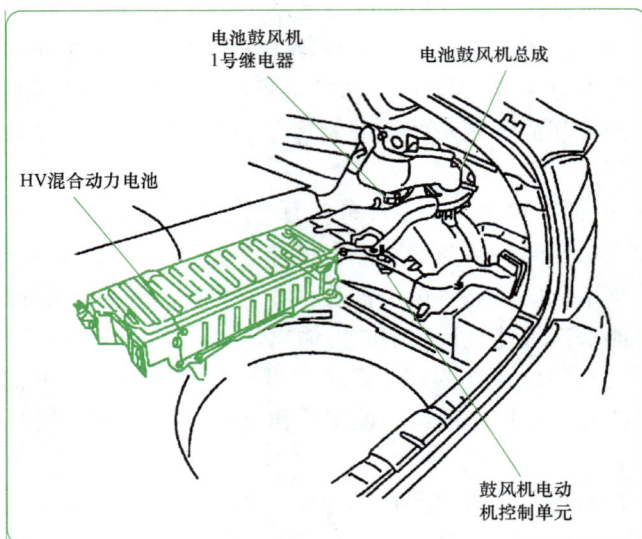

图 2-58　HV 电池冷却系统组成（丰田普锐斯）

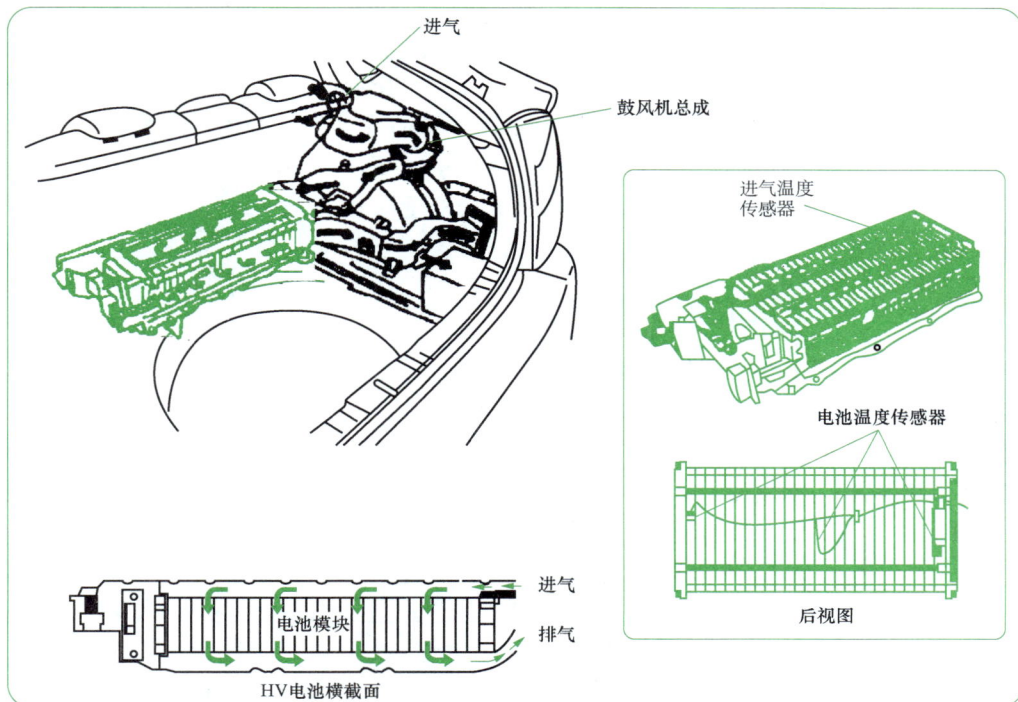

图 2-59 HV 电池冷却系统工作过程（丰田普锐斯）

# 第3章 电动汽车的心脏——驱动电机

电动汽车用驱动电机取代传统燃油汽车的发动机。如同燃油车的心脏是发动机，电动汽车的心脏是驱动电机，它是将电能转换为机械能的动力部件，起到驱动车辆前进与回收制动能量的作用。

## 一、驱动电机系统的组成与原理

### 1. 驱动电机系统由哪些部分组成?

电动汽车的电机驱动系统是电动汽车中把电能转换为机械能的动力部件，起到驱动车辆前进与回收制动能量的作用。电动汽车的驱动电机系统主要由动力电池、驱动电机、电机控制器和各种检测传感器等部分组成，电机驱动系统的基本组成框图如图3-1所示。图3-2所示为北汽EV160纯电动汽车驱动系统。

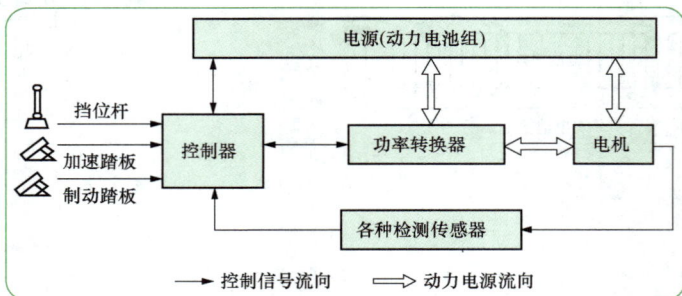

图3-1 电机驱动系统的基本组成框图

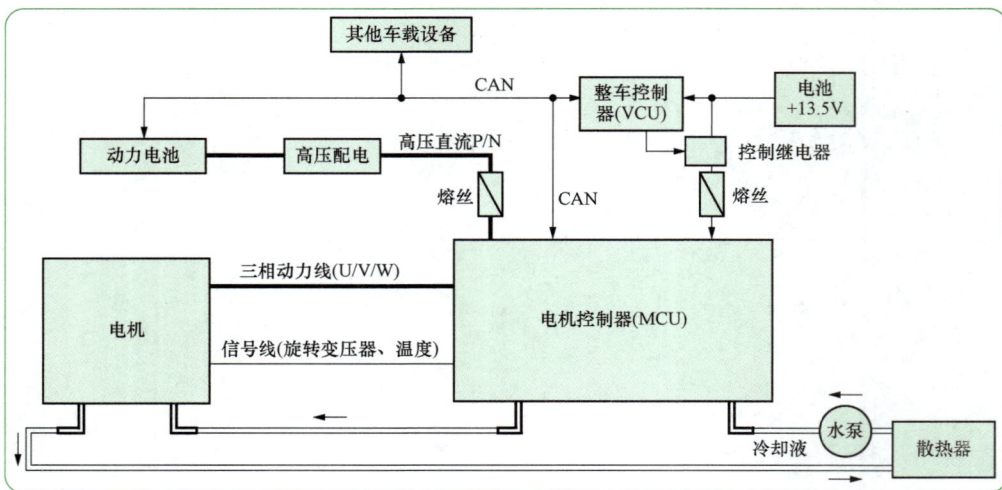

图3-2 纯电动汽车驱动系统（北汽EV160）

（1）**电机**。驱动电机的作用是将电源的电能转化为机械能，通过传动装置或直接驱动车轮和工作装置。一般要求具有电动与发电两项功能，按其类型可选用直流、交流、永磁无刷或开关磁阻等电机。

（2）**电能转换器**。按所选电机类型，有 DC/DC 电能转换器以及 DC/AC 电能转换器等形式，其作用是按所选电机驱动电流要求，将蓄电池的直流电转换为相应电压等级的直流、交流或脉冲电源。

（3）**各种检测传感器**。主要有电压、电流、速度、转矩以及温度等检测反馈，其作用是为提高和发送电机的调速特性。对永磁无刷电机或开关磁阻电机，还要求有电机转角位置检测。由于所选电机类型不同，控制器是按驾驶人操纵挡位杆、加速踏板和制动踏板等输入的前进、倒退、起步、加速、制动等信号，以及各种检测传感器反馈的信号，通过运算、逻辑判断、分析比较等适时向电能转换器发出相应的指令，使整个驱动系统有效运行。

（4）**电动汽车电机调速控制装置**。电机调速控制装置是为电动汽车的变速和方向变换等设置的，其作用是控制电机的电压或电流，完成电机的驱动转矩和旋转方向的控制。

驱动电机安装位置如图 3-3 所示，它通过高低压线束、冷却管路与整车其他系统连接。图 3-4 所示为电机系统连接图。

图 3-3　驱动电机安装位置

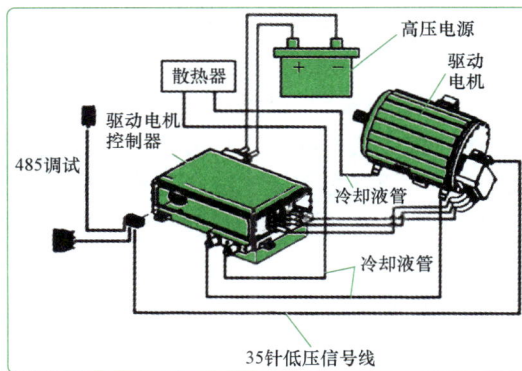

图 3-4　电机系统连接图

· 宝马 X1 插电式混合动力汽车驱动电机电机。

宝马 X1 插电式混合动力汽车驱动电机安装位置如图 3-5 所示。

**2. 驱动电机系统的工作原理是怎样的？**

在驱动电机系统中，驱动电机的输出动作主要是靠控制单元给定命令执行，即控制器输出命令。控制器主要是将输入的直流电逆变成电压、频率可调的三相交流电，供给配套的三相交流永磁同步电机使用。驱动电机系统的工作原理如图 3-6 所示。

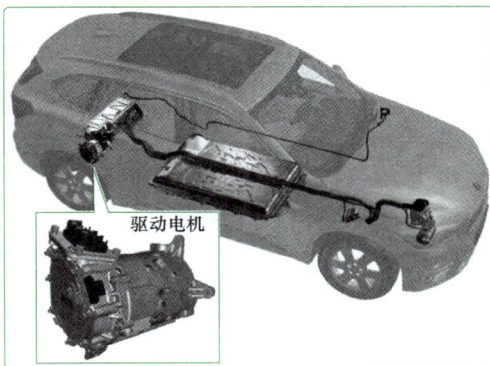

图 3-5　插电式混合动力汽车驱动电机安装位置
（宝马 X1）

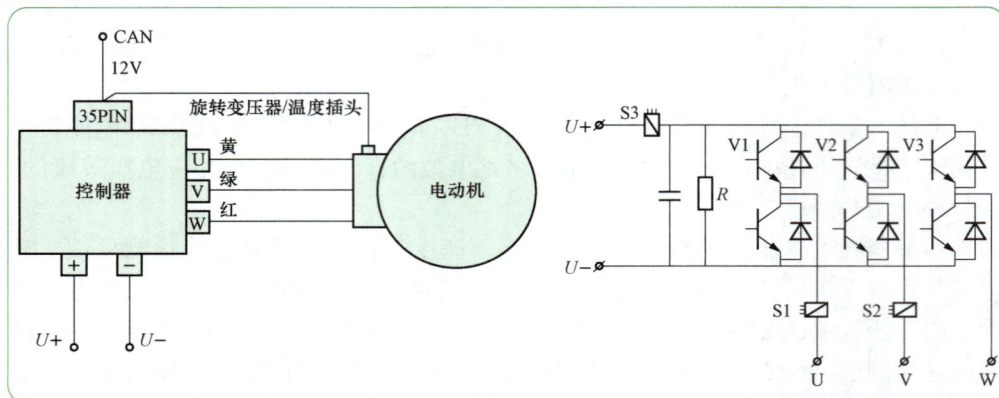

图 3-6  驱动电机系统的工作原理

### 3. 驱动电机系统接口类型和连接方式是怎样的?

驱动电机系统接口连接方式有电气接口、机械接口和冷却液管路接口 3 种。

(1) 电气接口。电气接口是连接驱动电机与控制器、控制器与整车的电气组件,包括动力电气接口及信号电气接口。

1) 动力电气接口是连接驱动电机与控制器、控制器与整车的动力电气组件,包括控制器动力输入接口、控制器动力输出接口、电机动力输入接口。动力电气接口的连接方式包括快速连接方式和固定连接方式。快速连接方式采用快速连接器连接,同一型号快速连接器的插头、插座之间应能完全互换;固定连接方式采用连接端子连接。

2) 信号电气接口是连接驱动电机与控制器、控制器与整车的信号电气组件,包括电机信号电气接口、控制器信号电气接口。

电机控制信号推荐采用 12 针或 8 针的法兰式连接器。图 3-7 和图 3-8 所示为 12 针电机控制信号连接器安装尺寸及安装方式。

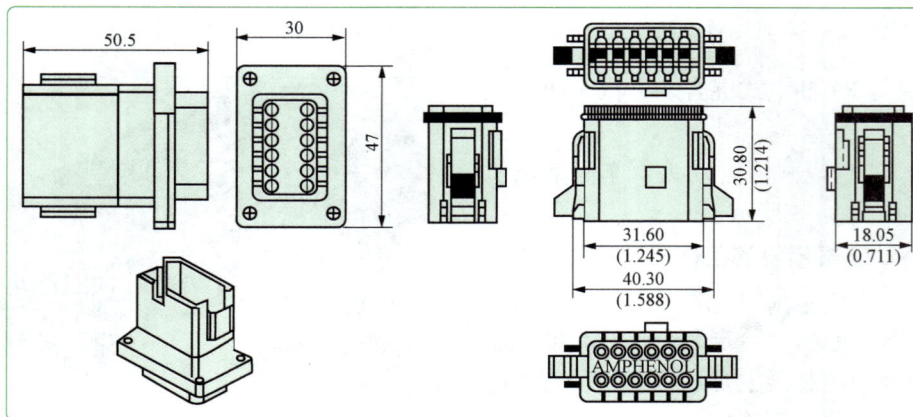

图 3-7  12 针电机控制信号连接器安装尺寸及安装方式

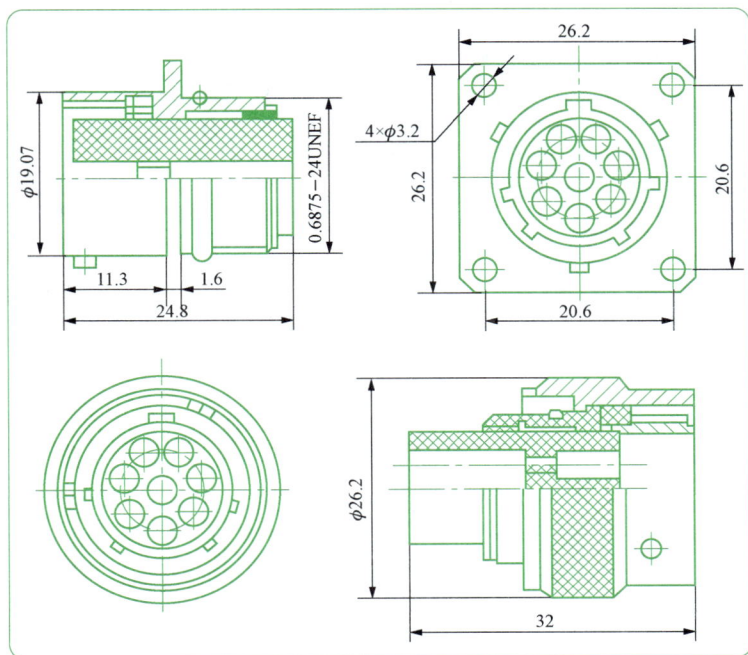

图 3-8 8针电机控制信号连接器安装尺寸及安装方式

（2）机械接口。机械接口是驱动电机系统与相关部件的机械连接部件，包括电机与传动部件接口等。其中，电机与控制器的安装方式由生产单位与用户协商确定，要满足整车抗振性和防护要求。电机与传动机构的连接方式由制造商与用户协商确定。纯电动乘用车用驱动电机与传动机构推荐采用渐开线外花键连接方式。

（3）冷却液管路接口。冷却液管路接口是驱动电机系统与整车冷却液管路的接口。使用冷却液的电机与控制器应按表 3-1 的要求选配冷却液接口。

表 3-1 冷却液管路接口尺寸优选序列

| 冷却液流量/（L/min） | 推荐冷却水管接头外径/mm |
| --- | --- |
| ＜12 | 14、16 |
| 12～8 | 16、20 |
| ＞18 | 22、25 |

### 4. 驱动电机的基本结构是怎样的？

电机是实现电能与机械能之间转换的一种设备。电动机利用通电线圈（也就是定子绕组）产生旋转磁场并作用于转子笼型闭合铝框形成磁电动力旋转转矩，其工作原理是磁场对电流作用，使电动机转动。电机主要由定子与转子组成，通电导线在磁场中受力运动的方向与电流方向和磁感线（磁场方向）方向有关。电机基本结构如图 3-9 所示。

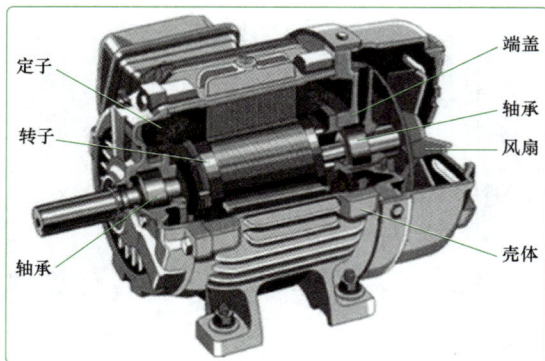

图 3-9　电机基本结构

## 二、驱动电机家族成员

### 1. 电机是怎样分类的?

按工作电源不同,电机可以分为直流电机和交流电机两大类。交流电机按转子磁场与定子磁场的转速是否相同,又可分为同步电机和异步电机(又称感应式)两大类。同步电机可分为永磁式同步电机、磁阻式同步电机和绕线式同步电机 3 种,异步电机则可分为三相异步电机和单相异步电机两种。另外,还有无刷直流电机和开关磁阻电机等类型。图 3-10 所示为驱动电机的分类。

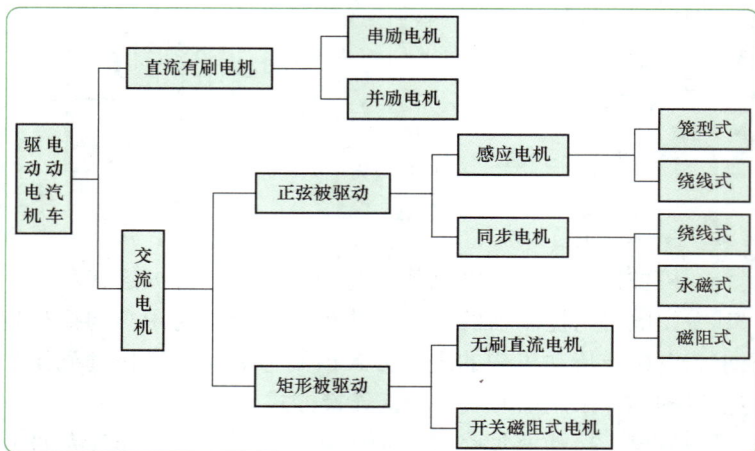

图 3-10　驱动电机的分类

电动汽车中常用的交流电机主要有异步电机、永磁电机、开关磁阻电机三大类。其中,异步电机主要应用在纯电动汽车(包括轿车及客车)中,永磁同步电机主要应用在混合动力汽车(包括轿车及客车)中,开关磁阻电机目前主要应用在客车中。大功率的永磁无刷直流电机技术还不是很成熟,开关磁阻电机也由于振动、噪声、转矩波动大等问题还未被大规模地使用。

### 2. 直流电机的结构与工作原理是怎样的?

(1) 直流电机的结构。直流电机主要由定子(固定部分)和电枢(旋转部分)两大部分组成,定子和转子之间的间隙称为空气隙。气隙并不是结构部件,只是定子的磁极与转子的电枢之间自然形成的缝隙。图 3-11 所示为直流电机的基本组成。直流电机的结构及剖面图如图 3-12 所示。

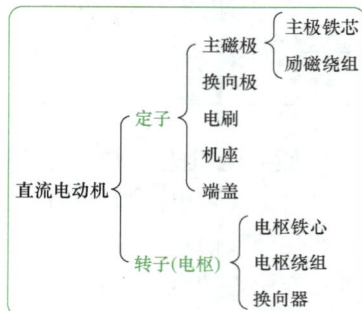

图 3-11　直流电机的基本组成

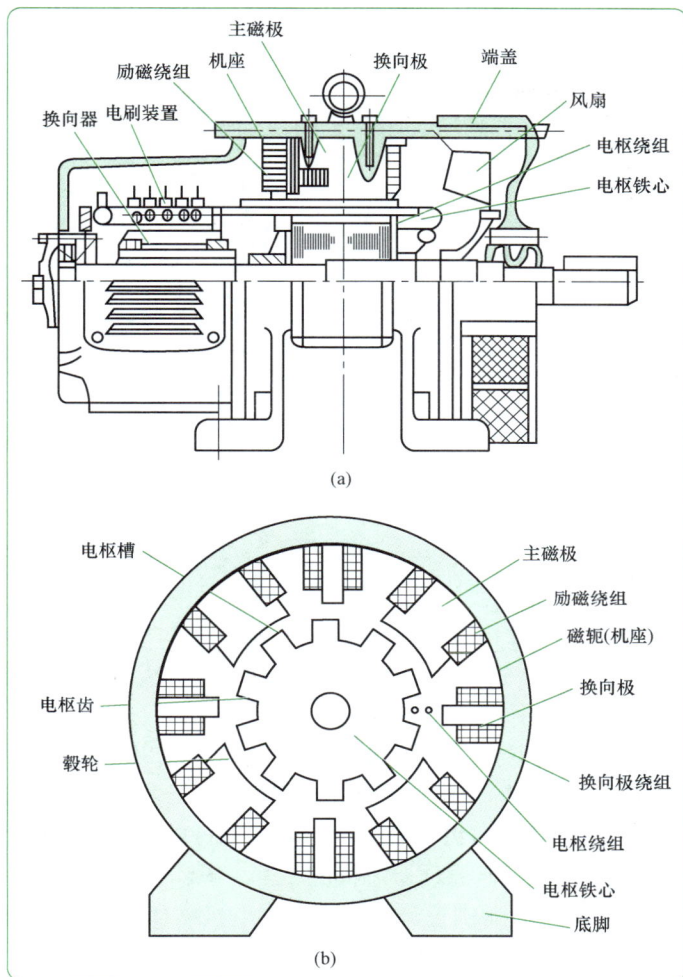

图 3-12　直流电机的结构及剖面图
（a）结构；（b）剖面图

1）定子。直流电机的定子也称为主磁极，主要由磁极铁心和磁极绕组构成。

2）转子。直流电机的转动部分称为转子，也称为电枢，主要由电枢铁心、换向器及电枢绕组成。电枢有多匝绕组，按一定的绕制方式嵌装在电枢铁心的槽中和换向片相连，使各组线圈的电动势相加。绕组端部用镀锌钢丝箍住，防止绕组因离心力而发生径向位移。

3）换向器。换向器的作用是使电枢绕组中的电流及时换向，将从电刷输入的直流电转换为电枢绕组的交流电。换向器装在电枢转轴的一端，它是由许多互相绝缘的铜质换向片叠成的圆环。

（2）直流电机工作原理。图 3-13 所示为直流电机工作原理。其中定子有一对 N、S 极，电枢的绕组末端分别接上两个换向片，正、负电刷 A 和分别与两个换向片接触。

如果电源的直流电加于电刷 A（正极）和 B（负极）上，则线圈 abcd 中流过电流，在

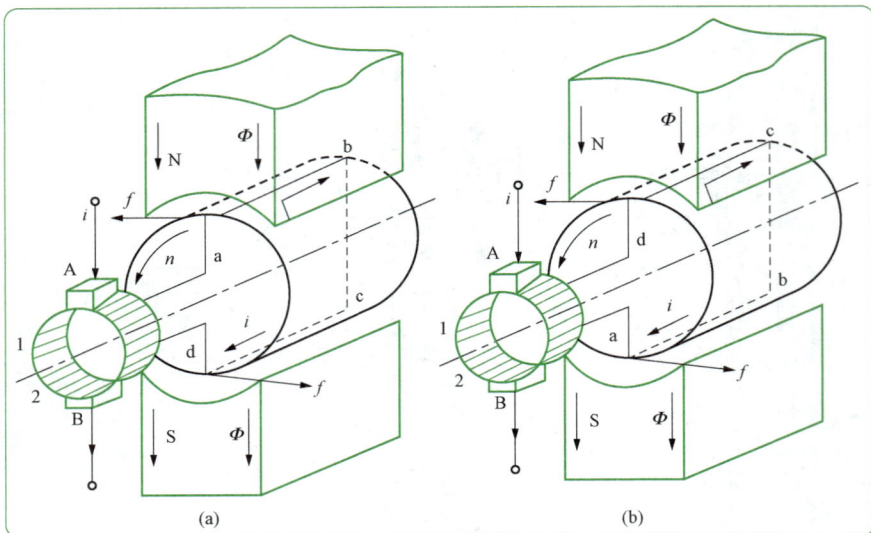

图 3-13　直流电机工作原理

(a) 导体 ab 处于 N 极下；(b) 导体 ab 处于 S 极上

导体 ab 中，电流由 a 到 b；在导体 cd 中，电流由 c 到 d，见图 3-13（a）。用左手定则可知导体 ab 所受到的磁场力从右向左，导体 cd 所受到的磁场力从左向右，这样形成的转矩 M 为逆时针方向。在该转矩作用下电枢将逆时针方向旋转。

当电枢转过了 180°，直流电仍由电刷 A 流入，电刷 B 流出，电流在电枢内的流向改变为 d 到 c，b 到 a，见图 3-13（b）。由左手定则可知导体 cd 所受到的磁场力从右向左，ab 所受磁场力从左向右，转矩 M 方向仍为逆时针，则可保持电枢持续逆时针转动。

**3. 无刷直流电机的结构与工作原理是怎样的？**

（1）无刷直流电机的结构。无刷直流电机主要由电机本体（包括定子、转子）、电子换向器和转子位置传感器 3 部分组成，如图 3-14 所示。

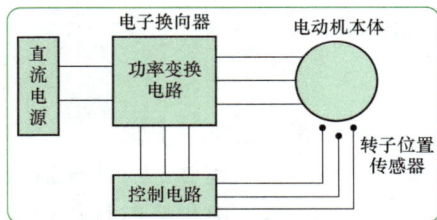

图 3-14　无刷直流电机的结构

1）电机本体。无刷直流电机的电机本体由定子和转子两部分组成。定子是电机本体的静止部分，它由导磁的定子铁心、导电的电枢绕组及固定铁心和绕组用的一些零部件、绝缘材料、引出部分等组成，如机壳、绝缘片、槽楔、引出线及环氧树脂等；转子是电机本体的转动部分，是产生励磁磁场的部件，由永磁体、导磁体和支撑零部件组成。

2）电子换向器。电子换向器由功率变换电路和控制电路构成，主要用来控制定子各绕组通电的顺序和时间。

3）转子位置传感器。转子位置传感器在无刷直流电机中起着检测转子磁极位置的作用，为功率开关电路提供正确的换向信息，即将转子磁极的位置信号转换成电信号，经位置信号处理电路后控制定子绕组换向。由于功率开关的导通顺序与转子转角同步，因而位置传感器与功率开关一起，起着与传统有刷直流电机的机械换向器和电刷相类似的作用。位置传感器的种类比较多，可分为电磁式位置传感器、光电式位置传感器、磁敏式位置传感器等。

（2）无刷直流电机的工作原理。无刷直流电机的工作原理与有刷直流电机的工作原理基本相同。无刷直流电机是利用电机转子位置传感器输出信号控制电子换向电路去驱动逆变器的功率开关器件，使电枢绕组依次馈电，从而在定子上产生跳跃式的旋转磁场，拖动电机转子旋转。同时，随着电机转子的转动，转子位置传感器又不断送出位置信号，以不断地改变电枢绕组的通电状态，使得在某一磁极下导体中的电流方向保持不变，这样电机就旋转起来。无刷直流电机的工作原理如图 3-15 所示。

图 3-15　无刷直流电机的工作原理

**4. 交流异步电机的结构与工作原理是怎样的？**

（1）三相交流异步电机的结构。交流电机分为交流同步电机和交流异步电机两大类。异步电机又称感应电机，它是一种由气隙旋转磁场与转子绕组感应电流相互作用产生电磁转矩，从而实现电能量转换为机械能量的交流电机。交流异步（感应）电机可以按转子结构或定子绕组相数来分类。按照转子结构，可分为笼型异步电机和绕线型异步电机；按照定子绕组相数来分，可分为单相异步电机、两相异步电机和三相异步电机。在电动汽车中，主要使用三相笼型异步电机。三相交流异步（感应）电机的基本结构如图 3-16 所示，其主要由定子和转子两大部分组成，定子和转子之间同样存在气隙，此外，还有端盖、轴承、机座和风扇等部件。

图 3-16　三相交流感应电动机的结构图

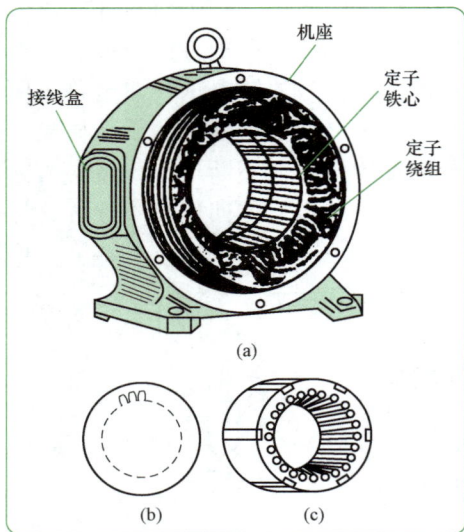

图 3-17　定子结构示意图
（a）定子装配图；（b）定子叠压前的单片定子；
（c）定子铁心

1）定子。定子一般由定子铁心、定子绕组和机座 3 部分组成，如图 3-17 所示。

2）转子。三相异步电机转子由转子铁心、转子绕组和转轴组成。交流异步电动机按照转子绕组不同，分为笼型转子和绕线转子两种，因此异步电动机也可分为笼型和绕线型两种。两种电机的转子构造虽然不同，但工作原理是一致的。在电动汽车的应用中，笼型异步电动机使用得较为广泛。

a. 笼型绕组。笼型电动机的转子有铜排转子和铸铝转子两种，如图 3-18 所示。100kW 以下的异步电机一般采用铸铝转子。

b. 绕线型绕组。绕线型转子如图 3-19 所示，绕线转子异步电机与定子绕组电机相似，它是在转子铁心的槽内嵌有三相对

称绕组，一般作星形连接，3 个端头分别接在与转轴绝缘的集电环上，通过电刷装置与外电路相接。它可以把外接电阻串联到转子绕组回路中去，以便改善异步电机的启动及调速性能。为了减少电刷引起的摩擦损耗，中等容量以上的电机还装有一种电刷短路装置。

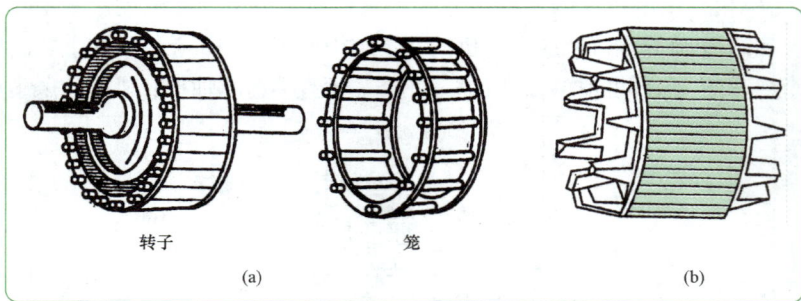

图 3-18　笼型绕组示意图
（a）铜排转子；（b）铸铝转子

3）其他部分及气隙。除了定子、转子外，还有端盖、风扇等。端盖除了起防护作用外，还装有轴承，可以用来支撑转子轴。风扇则用来通风冷却。

（2）交流异步电机的基本原理。交流异步电机的三相定子绕组在空间上互差 120°，连接成星形（Y）或三角形（△），图 3-20 所示为三相定子绕组布置。

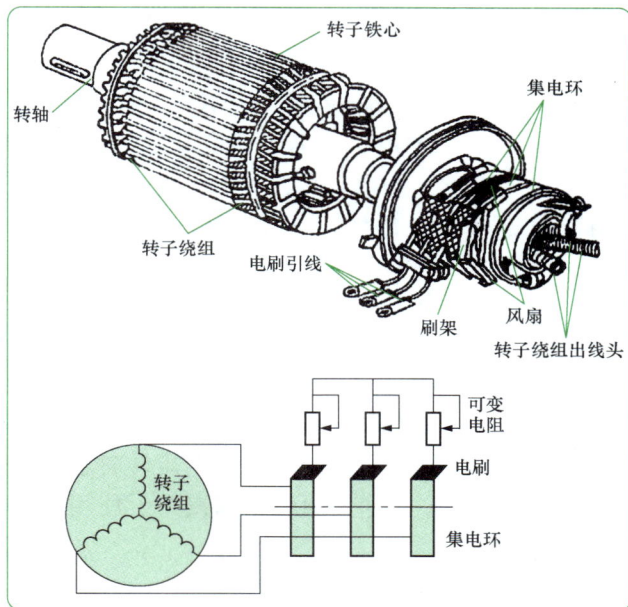

图 3-19 绕线型转子

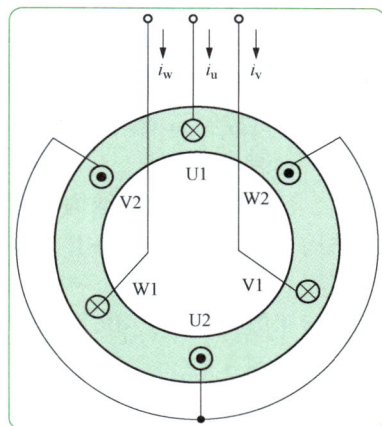

图 3-20 三相定子绕组布置

当在三相绕组中，通入 $i_u$、$i_v$、$i_w$ 三相交流电流，如图 3-21 所示，由右手螺旋定则可知，三相绕组周围均会产生磁场，且磁场会随着电流的变化而变化，当将三相绕组周围的磁场合成后，会形成一个旋转的磁场。当转子绕组处于旋转的磁场中，转子绕组会因为切割磁感线而产生感应电动势。感应电动势的方向可以用右手定则判断，由于转子绕组是闭合的，因此会有感应电流产生。由于感应电流的产生，此时转子绕组在磁场中会受到电磁力的作用，力的方向可由左手定则判断。由于转子绕组闭合回

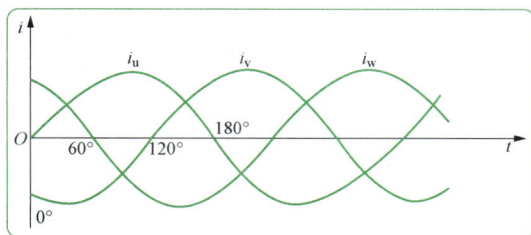

图 3-21 通入定子绕组的三相交流电流波形

路两边受到两个相反方向的电磁力的作用，因此会产生电磁转矩，使得转子绕组转动，转动方向和旋转磁场的方向一致。

交流异步电机适合大功率、低速车辆，尤其是驱动系统功率需求较大的大型电动客车，如国内主流客车企业生产的广汽 GZ6120EV1、金龙 XMQ6126YE、申沃 SWB6121EV2 等电动客车均采用三相交流异步电机系统。

**5. 永磁驱动电机结构原理是怎样的？**

永磁驱动电机有多种分类方法，根据输入电机接线端的电流种类可分为永磁直流驱动电机和永磁交流驱动电机。由于永磁交流驱动电机没有电刷、换向器或集电环，因此也可称为永磁无刷电机。根据输入电机接线端的交流波形，永磁无刷电机可分为永磁同步电机和永磁无刷直流电机。

输入永磁同步电动机的是交流正弦或近似正弦波，采用连续转子位置反馈信号来控制

换向；而输入永磁无刷直流电机的是交流方波，采用离散转子位置反馈信号控制换向。

已有的永磁电机可分为永磁直流电机、永磁同步电机、永磁无刷直流电机及永磁混合式电机4类，后3类由于没有传统直流电机的电刷和换向器，故统称为永磁无刷电机。

永磁混合式电机是一种既有永磁体又有励磁绕组的电机，永磁体通常嵌入转子之中，励磁绕组固定于定子上。

（1）永磁直流电机。用永磁体代替励磁绕组和磁极，传统的绕线式励磁直流电机就变成了永磁直流电机。与绕线励磁直流电机一样，永磁直流驱动电机的缺点是存在换向器和电刷。由于这类电机控制简单，在低功率的电动车如电动自行车和电动三轮车中仍然有所应用。

（2）永磁同步电机。

1）永磁同步电机的结构。永磁同步电机是利用永磁体建立励磁磁场的同步电机，它的基本结构与交流异步电机相似，也是由定子和转子组成。图3-22所示为永磁同步电机结构及剖面图。同步电机的定子由铁心和三相绕组组成，定子通入交流电产生旋转磁场，转子采用永磁体取代电枢绕组，磁场相互作用使转子转动。奥迪、通用电动汽车上使用的永磁同步电机如图3-23所示。

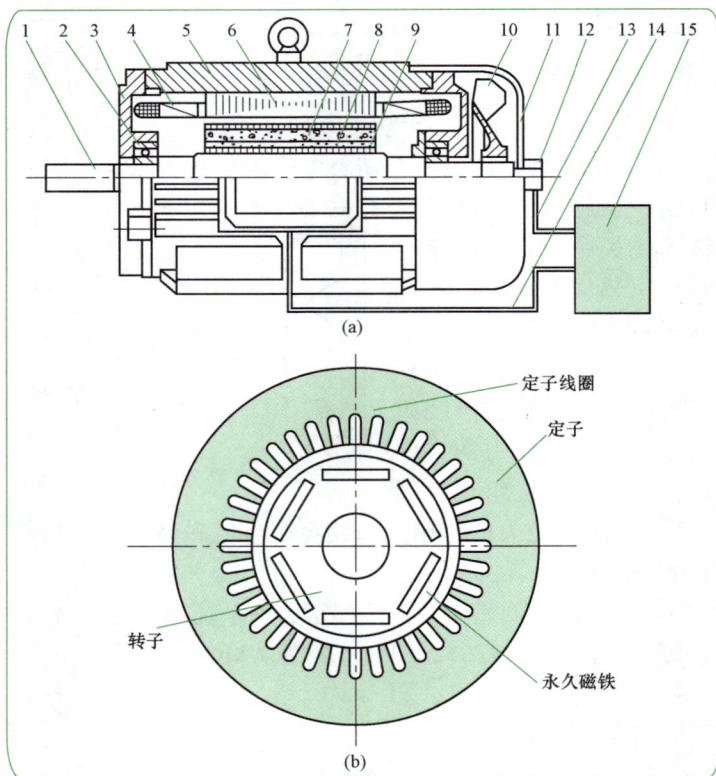

图3-22 永磁同步电机结构及剖面图
（a）结构；（b）剖面图
1—转轴；2—轴承；3—端盖；4—定子绕组；5—机座；6—定子铁心；7，8—永磁体；9—转子铁心；
10—风扇；11—风罩；12—位置和速度传感器；13、14—电缆；15—逆变器

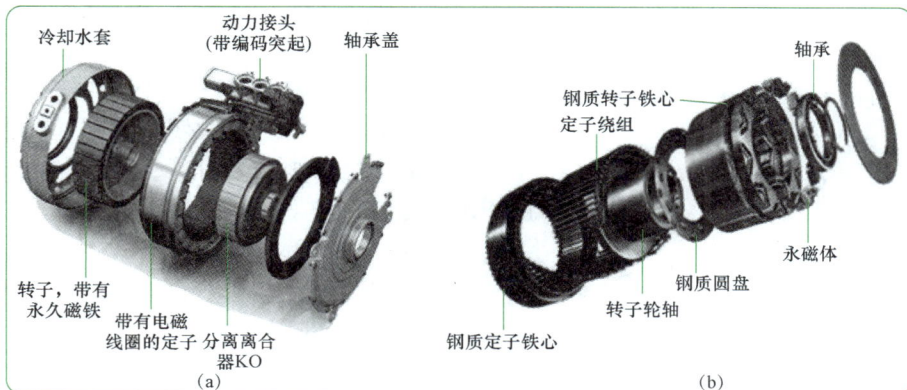

图 3-23 奥迪、通用电动汽车上使用的永磁同步电机
(a) 奥迪汽车；(b) 通用汽车

永磁同步电机转子结构与交流异步电机转子有很大不同，除了包含铁心外，还用永磁体取代了电枢绕组。永磁材料常用铁氧、铝镍钴及钕铁硼等。根据永磁体在转子上的安装位置不同，永磁同步电机的磁极结构可分为外置式和内置式 2 种。

a. 外置式转子。按照永磁体在转子上位置的不同，外置式转子结构又可分为凸出式和嵌入式两种，如图 3-24 所示。

b. 内置式转子。按永磁体磁化方向与转子旋转方向的相互关系，内置式转子结构又可分为径向式、切向式和混合式 3 种，如图 3-25 所示。

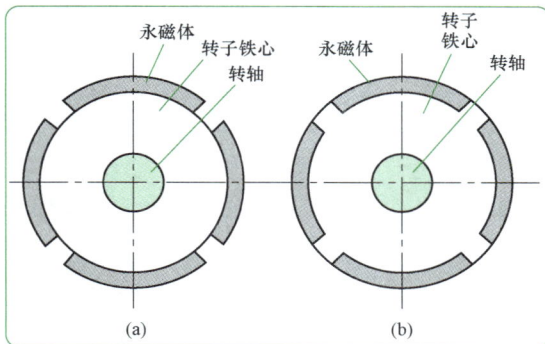

图 3-24 外置式永磁体转子
(a) 凸出式；(b) 嵌入式

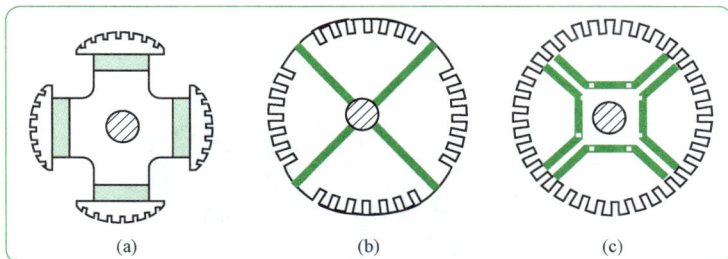

图 3-25 内置式转子结构
(a) 径向式；(b) 切向式；(c) 混合式

2) 永磁同步电机的工作原理。永磁同步电机的定子是三相对称绕组，三相正弦波电压在定子三相绕组中产生对称三相正弦波电流，并在气隙中产生旋转磁场。旋转磁场与已充

磁的磁极作用，带动转子或与旋转磁场同步旋转并力图使定、转子磁场轴线对齐。当外加负载转矩以后，转子磁场轴线将落后定子磁场轴线一个功率角，负载越大，功率角也越大，直到一个极限角度，电动机停止。图 3-26 所示为永磁同步电动机的工作原理。

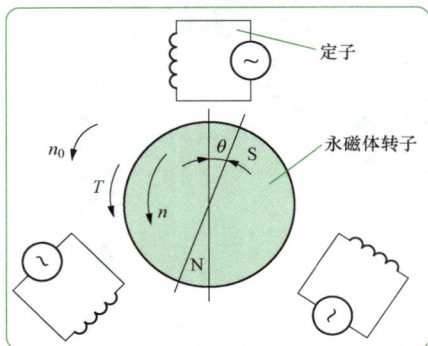

图 3-26 永磁同步电动机的工作原理

现在很多电动乘用车均使用永磁同步电机，如日系车中的丰田 2010 普锐斯，本田 Insight 和日产 LTIMA。在欧洲各国也大多采用永磁同步电机，如大众奥迪 A8 Hybrid、宝马 Active Hybrid7，我国现阶段推广应用的主要车型有比亚迪 e6、北汽 C30 等也普遍采用永磁同步电机。

• 比亚迪唐使用的驱动电机。

比亚迪唐使用的驱动电机为交流无刷永磁同步电机，通过采集电机旋转变压器信号进行工作。当车辆要行驶时，电动机通过旋转变压器检测到电动机的位置，位置信号通过控制器的处理，发送相关信号给控制器 IGBT，逻辑信号控制 IGBT 开断，控制器输出近似正弦波交流电。

旋转变压器是一种输出电压随转子转角变化的信号元件（当励磁绕组以一定频率的交流电压励磁时，输出绕组的电压幅值与转子转角成正、余弦函数关系，这种旋转变压器又称为正余弦旋转变压器；旋转变压器作为速度及位置检测，可以反馈给控制器进行监测，来准确控制电动机的转速及位置。比亚迪唐旋转变压器由旋转变压器线圈和信号盘等组成。旋转变压器线圈如图 3-27 所示，电动机内部构造如图 3-28 所示。

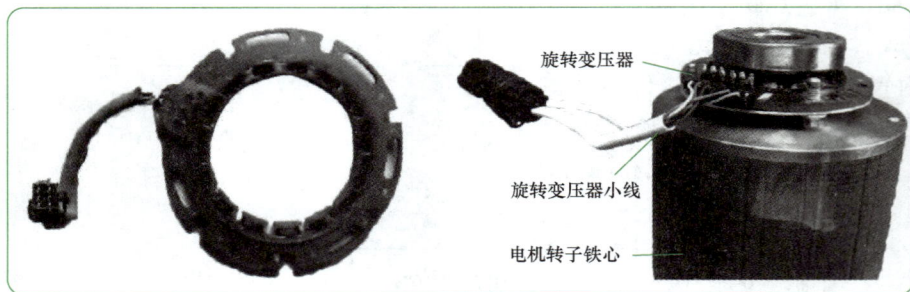

图 3-27 旋转变压器线圈

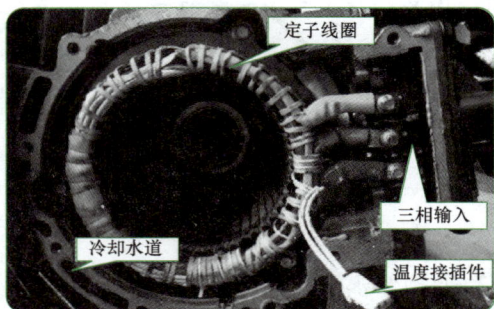

图 3-28 前驱电动机内部构造（比亚迪唐）

比亚迪唐前驱电机外部连接及冷却水管位置如图3-29所示。

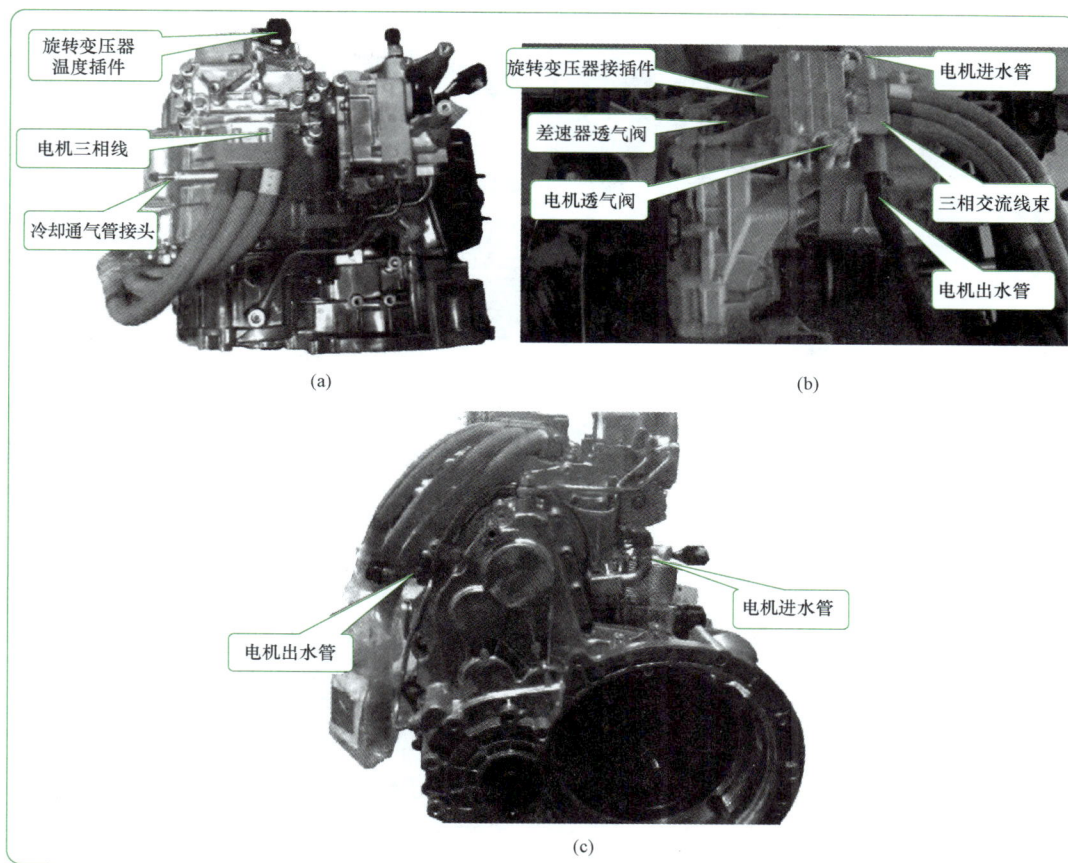

图3-29 前驱电机外部连接及冷却水管位置（比亚迪唐）
（a）电机外部连接；（b）冷却水管位置；（c）电动机进出水管位置

比亚迪唐后驱电机加、放油口及放水口位置如图3-30所示。

• 宝马F18 PHEV使用的驱动电机。

宝马F18 PHEV使用的电机是永久励磁式同步电机，它能将高压蓄电池的电能转换成动能，由此驱动车辆。车辆既能在电动模式中以不超过120km的时速行驶，也能对发动机提供支持，如在超车过程（加速功能）或在换挡时主动支持发动机的扭矩。相反的，在制动时和滑行模式中电机可将动能转化成电能并提供给高压蓄电池（能量回收）。

电机安装位置和辅助组件如图3-31所示，电机内部结构如图3-32所示。

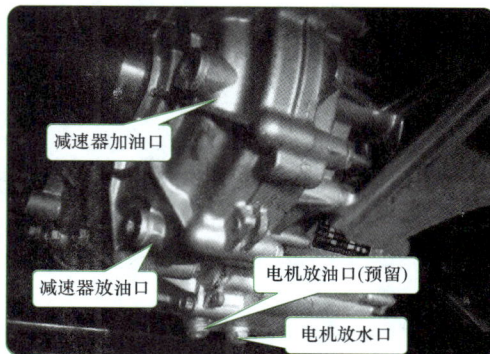

图3-30 后驱电机加、放油口及放水口位置（比亚迪唐）

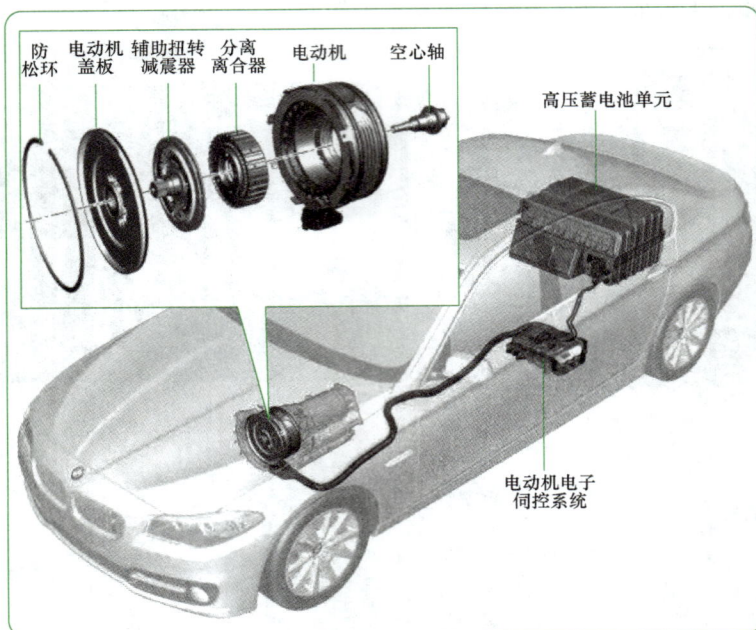

防松环　电动机盖板　辅助扭转减震器　分离离合器　电动机　空心轴

高压蓄电池单元

电动机电子伺控系统

图 3-31　电机安装位置和辅助组件（宝马 F18 PHEV）

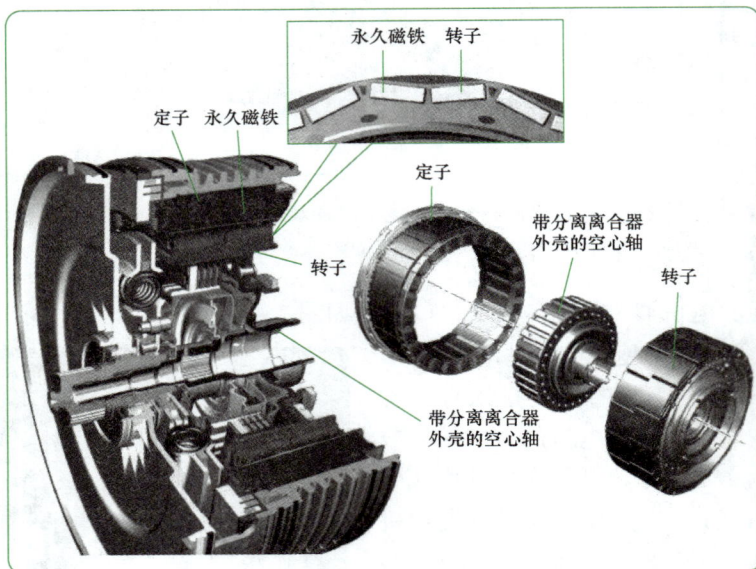

永久磁铁　转子

定子　永久磁铁

定子

带分离离合器外壳的空心轴

转子

转子

带分离离合器外壳的空心轴

图 3-32　电机内部结构（宝马 F18 PHEV）

　　电机外部接口如图 3-33 所示，自动变速箱壳体上有 4 个电动机接口，分别用于温度传感器、两根冷却液管、转子位置传感器、高压导线。电机传感器安装位置如图 3-34 所示。

变速箱钟形罩　　冷却液接口　冷却液接口　　冷却液通道

变速箱钟形罩　冷却液通道
温度传感器　　冷却液接口

冷却液接口
变速器
钟形罩

转子位置传
感器电气接口

温度
传感器

转子位置传
感器电气接口　　高压接口

冷却
液通道

高压接口

1　　4　　4　　3

1　2　3　4　　5

4　5　2

1

3

6

6

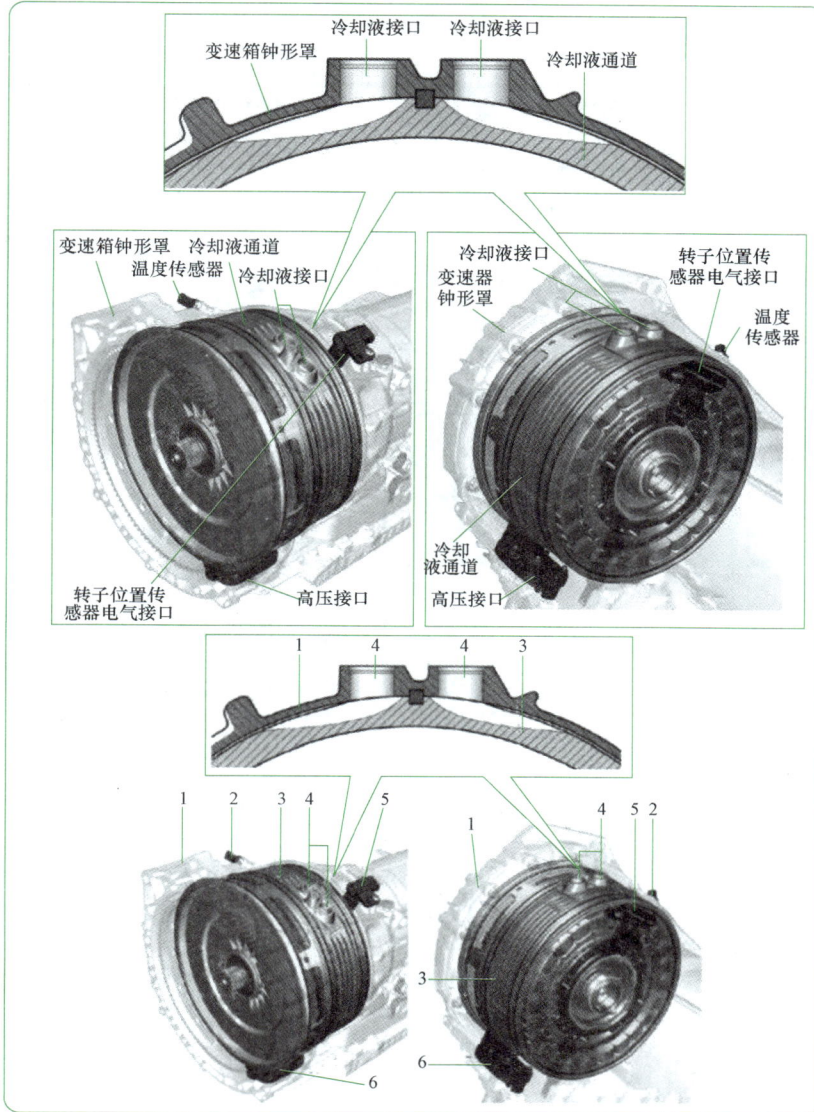

图 3-33　电机外部接口（宝马 F18 PHEV）

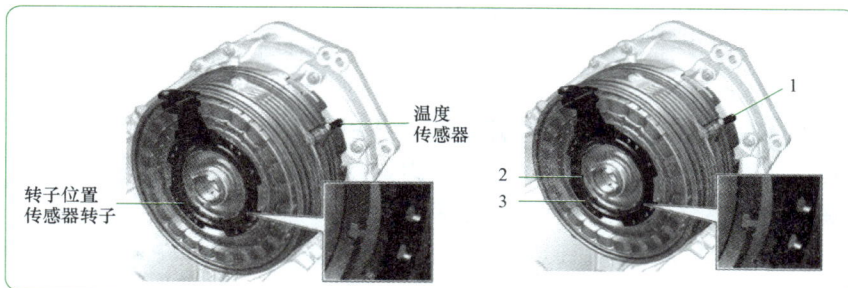

温度
传感器

1

转子位置
传感器转子

2

3

图 3-34　电机传感器安装位置（宝马 F18 PHEV）

发动机和电机的冷却液循环如图3-35所示。

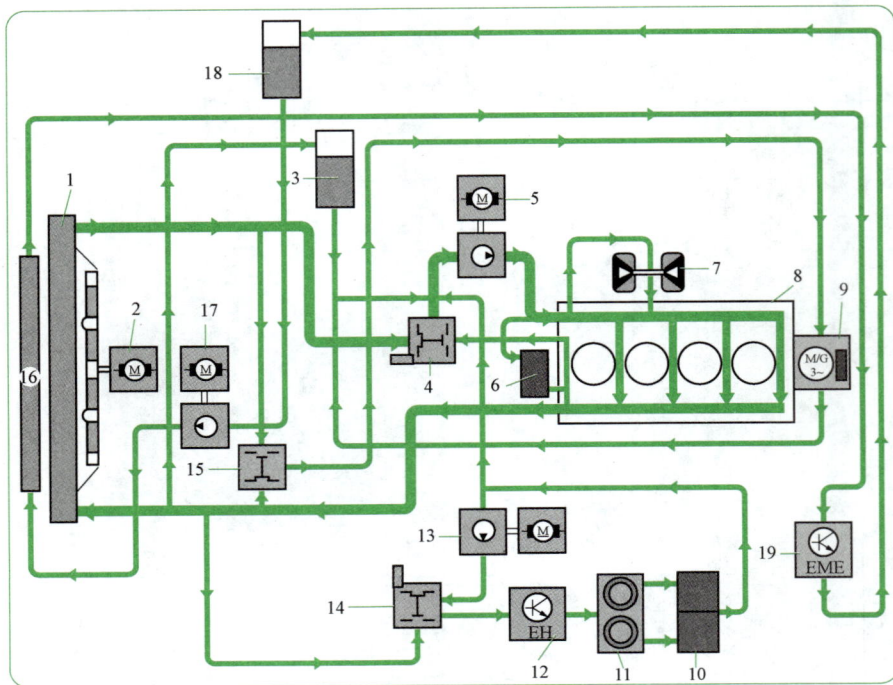

图3-35　发动机和电机的冷却液循环

1—冷却液-空气热交换器（发动机和电动机的冷却液循环）；2—电动风扇；3—冷却液热膨胀平衡罐
（发动机和电动机的冷却液循环）；4—特性曲线节温器；5—电动冷却液泵（发动机和电动机的
冷却液循环，400W）；6—发动机油冷却器；7—废气涡轮增压器；8—发动机；9—电机；
10—暖风热交换器；11—双水阀；12—电加热装置；13—加热循环回路的电动冷却液泵；
14—电动转换阀；15—电机节温器；16—冷却液-空气热交换器（电动机-电子伺控系统的
冷却液循环）；17—电动冷却液泵（电动机-电子伺控系统的冷却液循环，80W）；
18—冷却液热膨胀平衡罐（电动机-电子伺控系统的冷却液循环）；
19—电动机-电子伺控系统EME

（3）永磁无刷直流电机。永磁无刷直流电机是在传统直流电机基础上发展起来的，其电磁结构和传统直流电机一样，但是转子则是采用永磁材料制成的永磁体，电枢绕组放在定子上。转子采用径向永久磁铁做成的磁极，将磁铁插入转子内部，或将瓦形磁铁固定在转子表面上，转子上以电子换向器取代了机械电刷和换向器，消除了电的滑动接触机构。图3-36所示为永磁无刷直流电机的结构。

电机的定子绕组多做成三相对称星形接法，同三相异步电机十分相似。永磁无刷直流电机在工作时，定子中输入的电流的波形通常为方波。

**6. 开关磁阻电机的结构与工作原理是怎样的？**

（1）开关磁阻电机的结构。磁阻（SR）电机又称为可变磁阻（VR）电机，开关磁阻驱动电机系统一般由开关磁阻电机、功率转换器、传感器和控制器4部分组成，如图3-37所

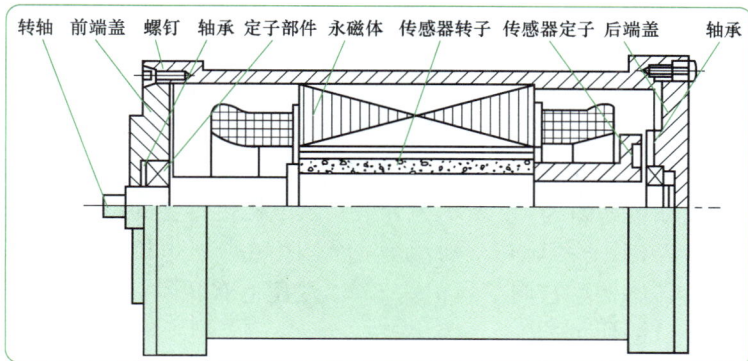

图 3-36 永磁无刷直流电机的结构

示。开关磁阻电机一般由定子和转子两大部分组成，其基本结构如图 3-38 所示。开关磁阻电机的定子和转子均为双凸极结构，依据磁路磁阻最小原理产生电磁转矩，使转子转动。定子双凸极上绕有集中绕组，转子凸极上没有绕组。

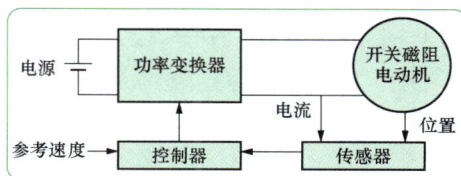

图 3-37 开关磁阻驱动电机系统

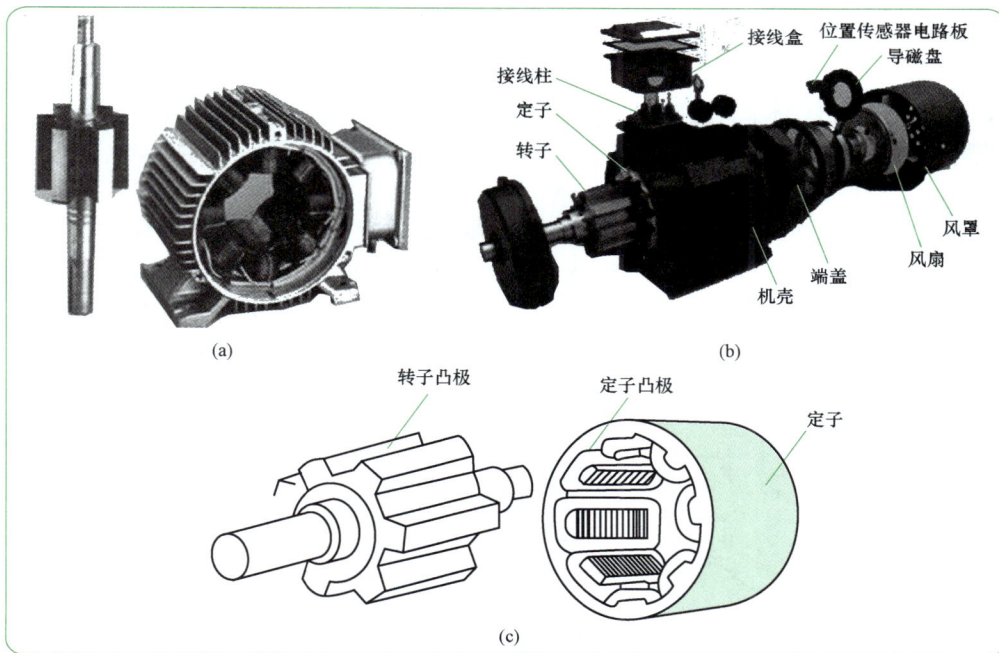

图 3-38 开关磁阻电机的基本结构

1）转子。转子由导磁性能良好的硅钢片叠压而成。转子的凸极上无绕组上，转子的凸极个数为偶数。

2）定子。开关磁阻电机的定子铁心也是由硅钢片叠压而成的，成对的凸极上绕有两个互相串联的绕组。定子的作用是定子绕组按顺序通电，产生的电磁力牵引转子转动。定子凸极的个数也是偶数，最少有 6 个，最多有 18 个。

3）传感器。传感器包括转子位置传感器和充电式位置检测器等。

a. 转子位置传感器。转子位置传感器包括霍尔式、电磁式、光电式和磁敏式多种，常设置在电机的非输出端，如图 3-39 所示为开关磁阻电机传感器的位置。转子位置的检测原理如图 3-40 所示。其中图 3-40（a）所示是一个四相 8/6 极电机的位置检测器的结构，它只设置 $S_P$ 与 $S_Q$ 两个传感器，它们空间相差 15°，磁盘上有间隔 30° 的 6 个磁槽，检测到的基本信号如图 3-40（b）所示。

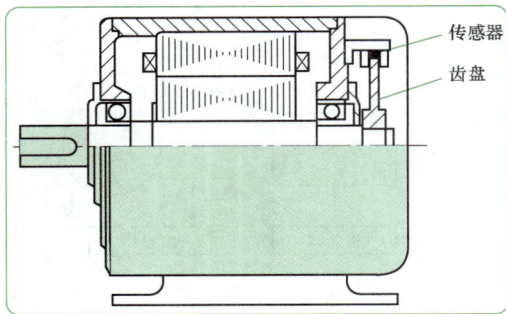

图 3-39　开关磁阻电机传感器的位置

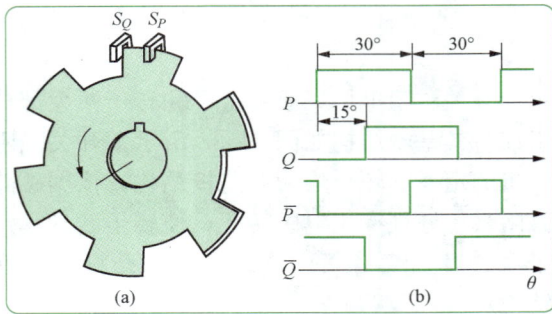

图 3-40　转子位置的检测原理
（a）位置检测器的结构；（b）检测到的基本信号

b. 光电式位置检测器。充电式位置检测器由齿盘与光电传感器组成。齿盘截面与转子截面相同，装在转子上，光电传感器装在定子上。当磁盘随转子转动时，光电传感器检测到转子齿的位置信号。

（2）开关磁阻电机的工作原理。开关磁阻电机的工作原理与传统的交、直流电机有着很大的差别。开关磁阻电机的工作遵循磁通总是沿磁阻最小路径闭合的原理。当定子、转子凸极中心线不重合时，所产生的磁场的磁力线是扭曲的，此时磁阻不是最小，这时磁场就会产生磁拉力，形成磁阻转矩，试图使相近的转子凸极旋转到与定子凸极中心线对齐，即磁阻最小的位置。

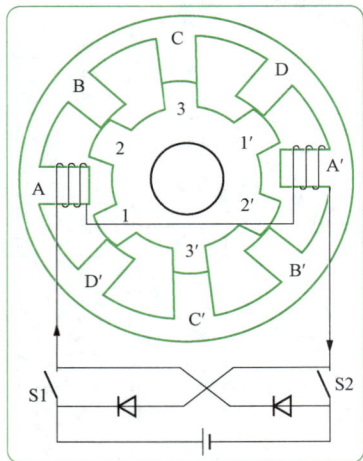

图 3-41　四相 8/6 极开关磁阻电机原理

图 3-41 为四相 8/6 极开关磁阻电机原理，定子绕组有 A、B、C、D 四相。图中仅画出其中一相绕组（A 相）的连接情况。当定子、转子凸极正对时，磁阻最小；当定子、转子凸极完全错开时，磁阻最大。当 B 相绕组施加电流时，由于磁通总是选择磁阻最小的路径闭合，为减少磁路的磁阻，转子将顺时针旋转，直到转子凸极 2 与定子凸极 B 的轴线重合。

当各电子开关依次控制 A、B、C、D4 个定子绕组通电时，转子就会不断受电磁力的作用而持续转动。如果定子绕组按 D→A→B→C 的顺序通电，则转子就会逆着励磁顺序以逆时针方向连续旋转。反之，若按 B→A→D→C 的顺序通电，则转子就会沿顺时针方向转动。

7. 轮毂电机驱动系统的结构与工作原理是怎样的?

（1）轮毂电机驱动系统的结构。轮毂电机技术又称为车轮内装式电机技术，是一种将电机、传动系统和制动系统融为一体的轮毂装置技术。轮毂电机驱动系统主要由电机、制动系统、电机控制器等组成，如图 3-42 所示。

（2）轮毂电机驱动的驱动方式。轮毂电机驱动的驱动方式有直接驱动和减速驱动两种。根据转子结构的不同，轮毂电机又可分为内转子式和外转子式电机两种形式。图 3-43 所示为直接驱动的外转子电机和减速驱动的内转子电机。

1）直接驱动方式。轮毂电机的直接驱动方式，多采用低速外转子式电机，见图 3-43（a），无减速装置，电机的外转子与车轮的轮辋固定或者集成在一起，车轮的转速与电机相同。

2）减速驱动方式。一般采用高速内转子式电机，见图 3-43（b），配备固定传动比的减速器，减速器布置在电机和车轮之间，起减速和增矩的作用，保证电动汽车在低速时能获得足够大的转矩。

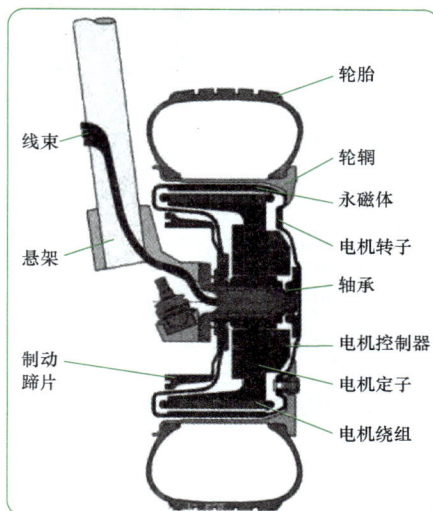

图 3-42 轮毂电机驱动系统的结构

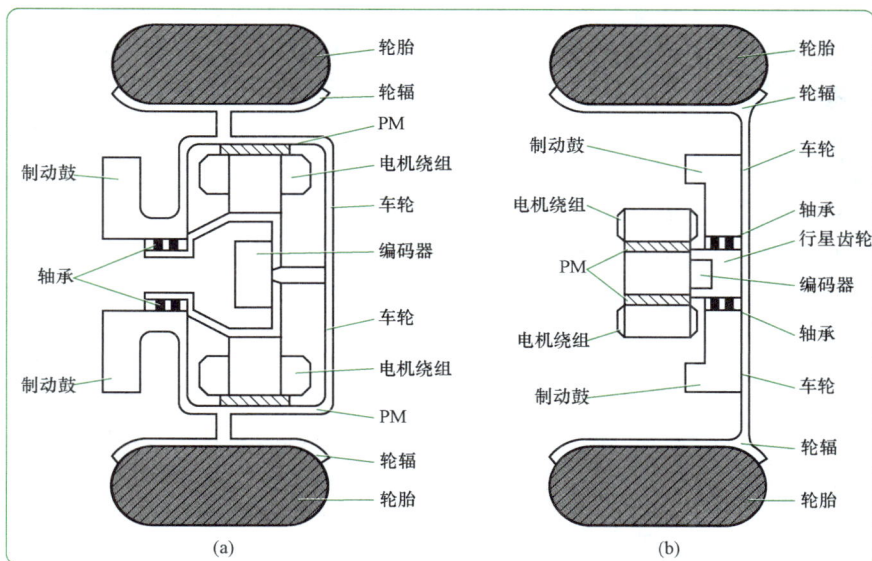

图 3-43 轮毂驱动电动机的结构

（a）直接驱动的外转子电机；（b）减速驱动的内转子电机

直接驱动的外转子式轮毂电机分解示意图如图 3-44 所示。

图 3-44 直接驱动的外转子式轮毂电机分解示意图

应用轮毂电机的汽车车型有本田 FCX concept、三菱 colt 和奇瑞瑞麒 X1 增程式电动汽车等。

（3）轮毂电动机的类型。轮毂电动机有永磁式、感应式、开关磁阻式 3 种类型。其中无刷永磁同步电动机已在国内外多种电动汽车中获得应用。感应（异步）式电动机的优点是结构简单、坚固耐用、成本低廉、运行可靠、转矩脉动小、噪声低、不需要位置传感器、转速极限高；缺点是驱动电路复杂、成本高，相对于永磁电动机而言，异步电动机效率和功率密谋偏低。开关磁阻式电动机的优点是结构简单、制造成本低廉、转速/转矩特性好等，适用于电动汽车驱动；缺点是设计和控制非常困难、运行噪声大。

## 三、驱动电机控制器

根据《电动汽车用驱动电机系统 第 1 部分：技术条件》（GB/T 18488.1—2015）对电机控制器的定义，电机控制器就是控制主牵引电源与电机之间能量传输的装置，由外界控制信号接口电路、电机控制电路和驱动电路组成。

### 1. 电机控制器有哪些主要功能和类型？

（1）电机控制器的主要功能。不同厂家生产的电机控制器功能不尽相同，但大体功能是：整车控制器（VCU）根据驾驶人意图发出各种指令，电机控制器响应并反馈，实时调整驱动电机输出，以实现整车的怠速控制、行驶（电机正转）、倒车（电机反转）、停车、能量回收（交流转换直流）以及驻坡（防溜车）等功能。电机控制器另一个重要功能是通信和保护，实时进行状态和故障检测，保护驱动电机系统和故障反馈，保障整车安全可靠运行。电机控制器在工作过程中管理和控制驱动电机的运转速度、方向以及将驱动电机作为逆变电机发电，类似于传统汽车发动机电控单元（ECU）。

（2）电机控制器的类型。电机控制器根据驱动电机的不同，可分为直流电机控制器、交流电机控制器和开关磁阻电机控制器三大类。直流电机控制器又分为有刷电机控制器与无刷电机控制器。直流有刷电机控制器又分为串励电机控制器和他励电机控制器。交流电机控制器可分为永磁同步电机控制器和异步电机控制器。图 3-45 所示为电机控制器的分类。

1）直流电机控制器一般采用脉

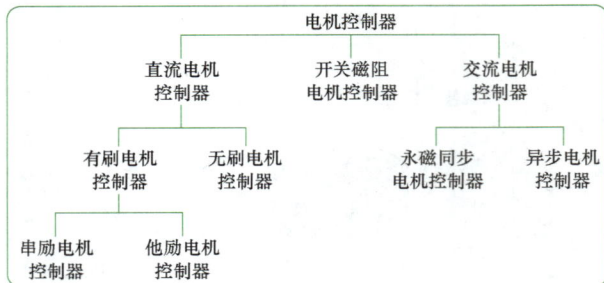

图 3-45 电机控制器的分类

宽调制（PWM）斩波控制方式。

2）交流感应电机控制器采用 PWM 方式实现高压直流到三相交流的电源变换，采用变频调速方式实现电机调速，采用矢量控制或直接转矩控制策略实现电机转矩控制的快速响应。

3）交流永磁电机驱动系统，包括正弦波永磁同步电机驱动系统和梯形波无刷直流电机驱动系统。其中正弦波永磁同步电机控制器采用 PWM 方式实现高压直流到三相交流的电源变换，采用变频调速方式实现电机调速；梯形波无刷直流电机控制通常采用"弱磁调速"方式实现电机的控制。

4）开关磁阻电机控制一般采用模糊滑模控制方法。

2. 电机控制器的组成与工作原理是怎样的？

（1）电机控制器的组成。电机控制器也称为逆变器（MCU），又称智能功率模块。它是整个驱动电机系统的控制中心，主要由逆变器和控制器两部分组成。电机控制器外形及组成框图如图 3-46 所示。逆变器接收动力电池传输的直流电，并逆变成三相电提供给驱动电机。

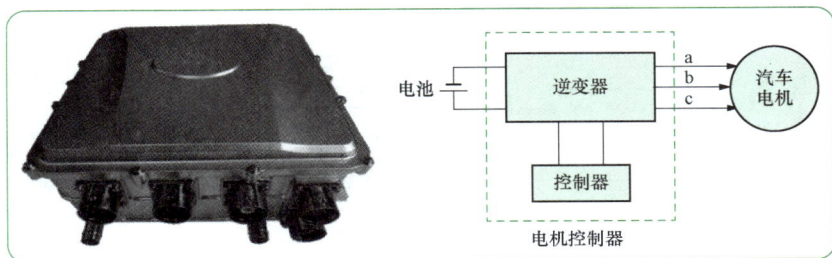

图 3-46 电机控制器外形及组成框图

机控制器上有高压直流输入插座，用两根橙色高压电缆（正、负各一根）与 BMS 相连接。还有一个橙色交流输出插座，将转换后的三相高压交流电输出至驱动电机，也可将驱动电机发出的交流电送回电机控制器，用于给动力蓄电池充电。

电机控制器内部包含 1 个 DC/AC 逆变器和 1 个 DC/DC 直流转换器。逆变器由 IGBT、直流母线电容、驱动和控制电路板等组成，实现直流（可变的电压、电流）与交流（可变的电压、电流、频率）之间的转变。直流转换器由高低压功率器件、变压器、电感、驱动和控制电路板等组成，实现直流高压向直流低压的能量传递。电机控制器还包含冷却器（通冷却液）给电子功率器件散热。电机控制器的结构及结构原理分别如图 3-47 及图 3-48 所示。

• 比亚迪 e6 双向逆变充放电式电机控制器 VTOG。

比亚迪 e6 双向逆变充放电式电机控制器是电压型逆变器，利用 IGBT 将直流电转换为交流电，额定电压为 330V，主要功能是根据电机和发电机等不同工况控制电机的正反转、功率、转矩、转速等。

驱动电动机控制器总成包含上、中、下 3 层，上、下层为电动机、充电控制单元，中层为水道冷却控制单元，总成还包括信号接插件（包含 12V 电源、CAN 线、挡位、加速踏

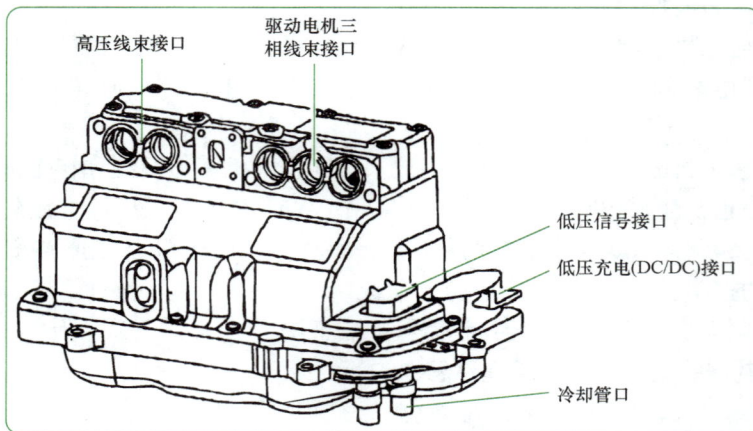

图 3-47 电机控制器结构

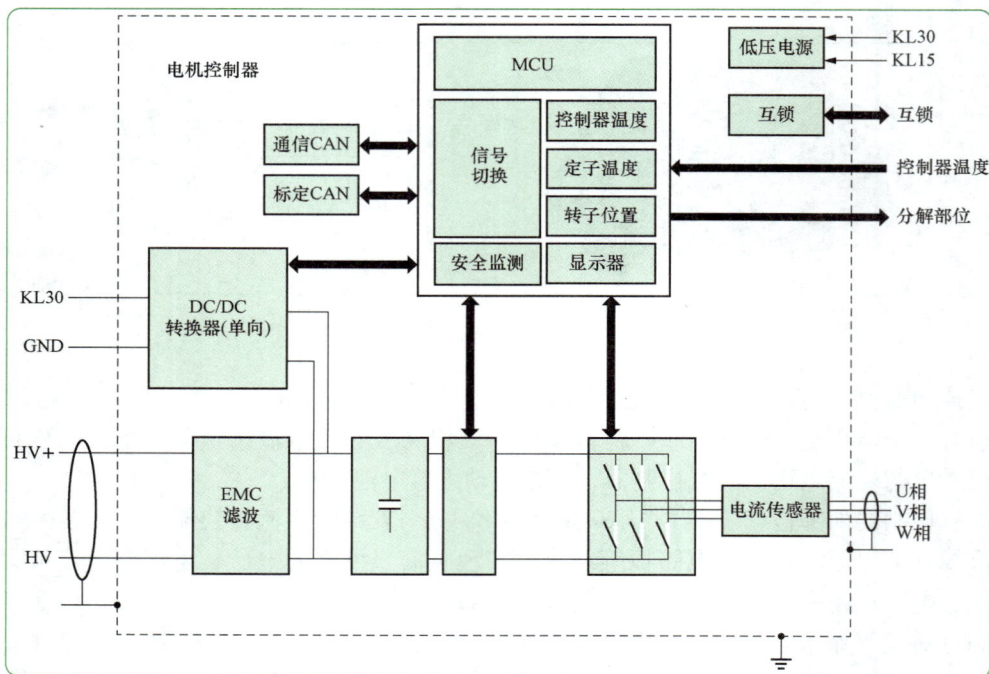

图 3-48 电机控制器结构原理

板、刹车、旋转变压器、电动机温度信号线、预充满信号线等），2 根动力电池正负极接插件、3 根电动机三相线接插件、2 个水套接头及其他周边附件。电机驱动器的连接如图 3-49 所示。

• 比亚迪 e6 集成化电机控制器。

目前，电机控制器日趋集成化，集成形式有单主驱动控制器、三合一控制器（集成

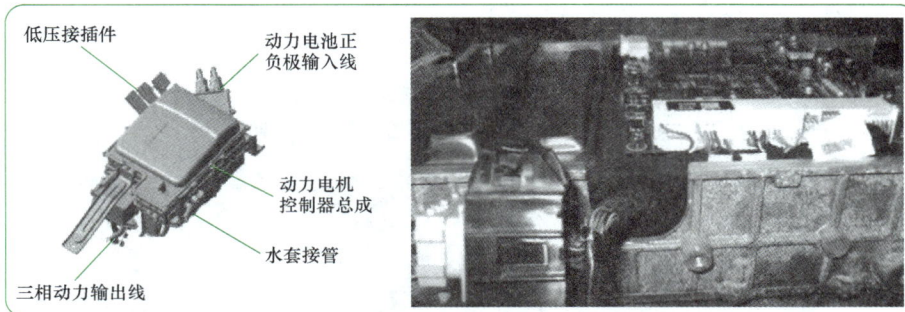

图 3-49 电动机驱动器的连接（比亚迪 e6）

EHPS 控制器＋ACM 控制器＋DC/DC）、五合一控制器（集成 EHPS 控制器＋ACM 控制器＋DC/DC＋PDU＋双源 EPS 控制器）、乘用车控制器（集成主驱＋DC/DC）等，集成化电机控制器如图 3-50 所示。

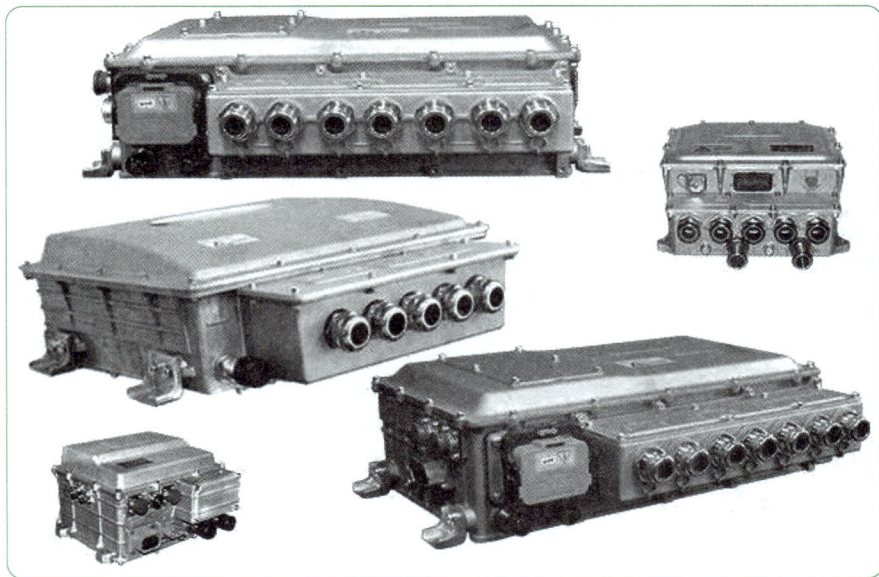

图 3-50 集成化电机控制器

由于电机控制器不断集成，其结构功能也日趋复杂，目前多合一集成后的电机控制包括下部分。

1）配电回路。为集成控制器各个支路提供配电，如熔断器、TM 接触器、电除霜回路供电、电动转向回路供电、电动空调回路供电等。

2）辅助电源。为控制电路提供电源（如 VCU），为驱动电路提供隔离电源。

3）IGBT 驱动回路。接收控制信号，驱动 IGBT 并反馈状态，提供隔离及保护。

4）DSP 电路。接收 VCU 控制指令并做出反馈，检测电机系统转速、温度等传感器信息，通过指令传输电机控制信号。

5) 结构与散热系统。为电机控制器提供散热，保障控制器安全。

电机控制器的安装位置如图 3-51 所示。

图 3-51　电机控制器的安装位置（比亚迪 e6）

• 吉利帝豪电动汽车电机控制系统。

吉利帝豪电动汽车电机控制系统安装位置如图 3-52 所示。电机控制系统电气原理框图如图 3-53 所示。

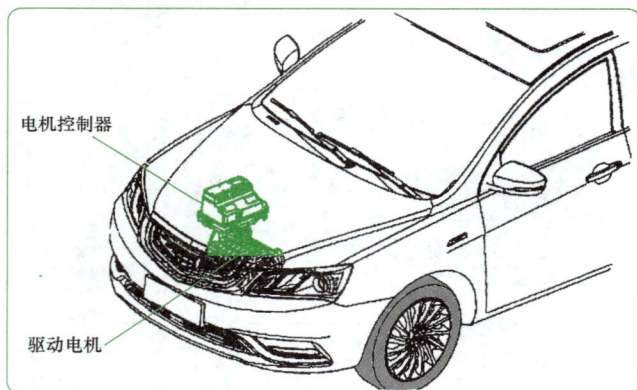

图 3-52　电机控制器安装位置（吉利帝豪）

（2）电机控制器的工作原理。电机控制系统通过 3 个传感器提供电机的工作信息：①电流传感器用以检测驱动电机工作的实际电流（包括母线、三相交流电流）；②电压传感器用以检测供给驱动电机控制器工作的实际电压（包括高压电池电压、12V 蓄电池电压）；③温度传感器用以检测驱动电机控制器系统的工作温度（包括 IGBT 模块的温度、主板温度和驱动电机温度）。在驱动电机系统中，驱动电机的输出动作主要是靠控制单元给定命令进行执行，即控制器输出命令。控制器主要是将输入的直流电逆变成电压、频率可调的三相交流电，供给配套的三相交流永磁同步电机使用。驱动电机控制器将动力蓄电池提供的直流电转化为交流电，然后输出给电机；通过电机的正转来实现整车加速、减速；通过电机的反转来实现倒车；其通过有效的控制策略，控制动力总成以最佳方式协调工作。电机控制器的工作原理如图 3-54 所示。

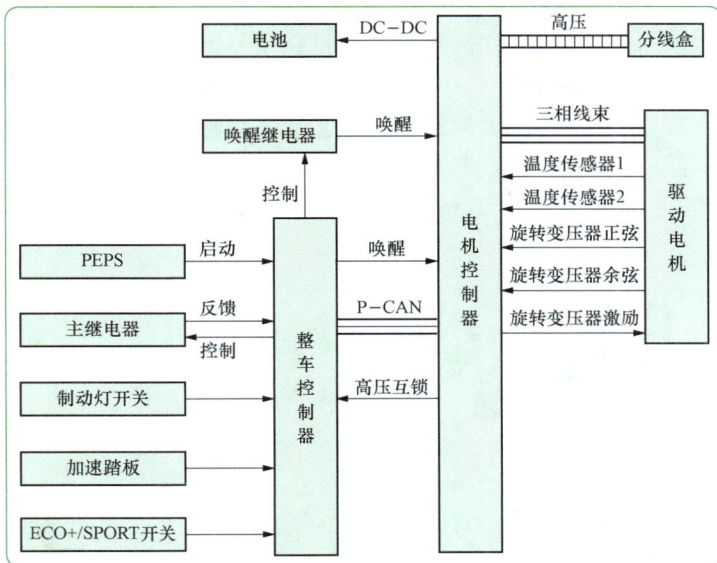

图 3-53 电机控制系统电气原理框图（吉利帝豪）

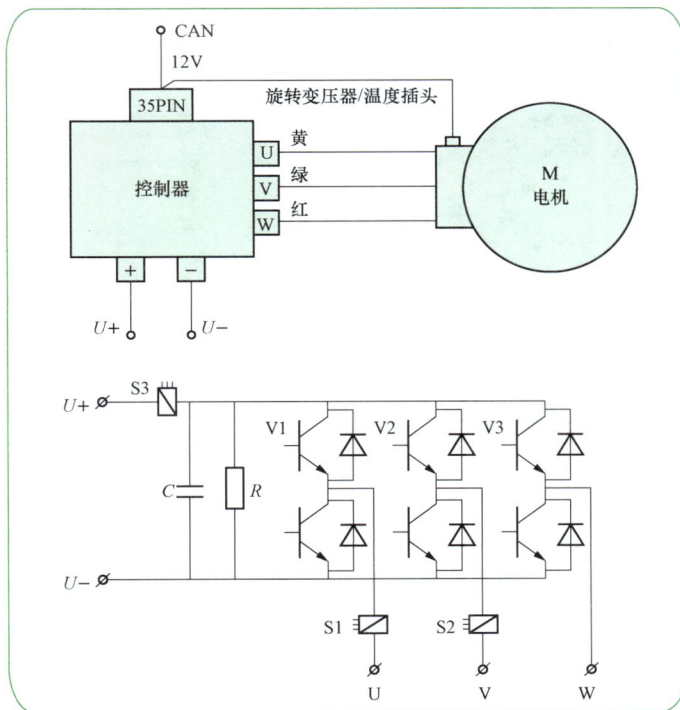

图 3-54 电机控制器的工作原理

• 众泰电动汽车驱动电机控制系统。

众泰电动汽车驱动电机控制系统原理如图 3-55 所示，驱动电机控制器通过插接件，将驱动电机、启动开关、仪表、挡位开关、加速踏板信号、制动信号等联系起来，从而使车辆有序行驶。启动钥匙打开 ON 挡，分线盒总正接触器吸合，高压电池两相直流电进入驱动电机控制器。驱动电机控制器先将两相直流转换三相直流电，再结合挡位、加速踏板模拟量等控制信号控制输出到驱动电机的电流，从而实现对车辆驱动系统的管理。

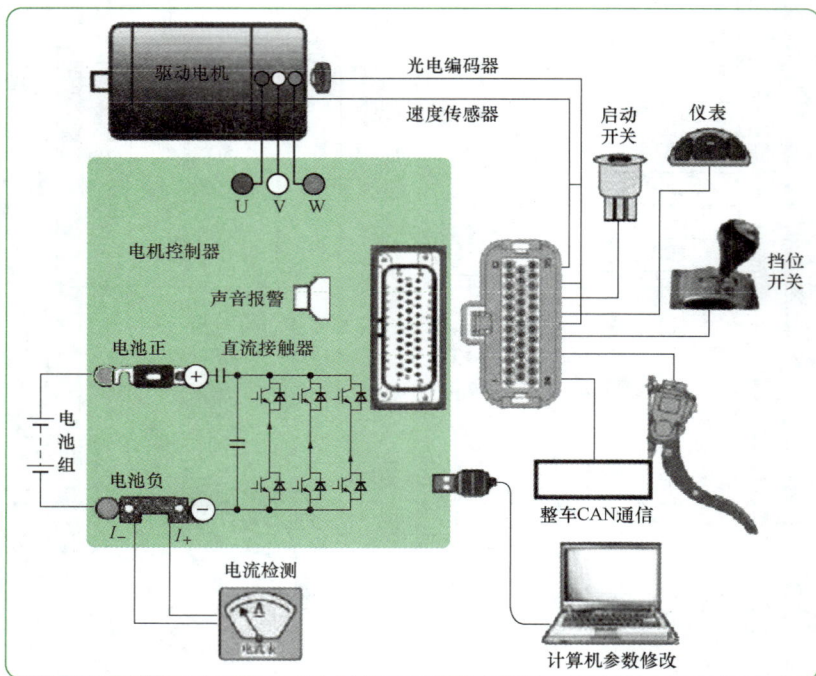

图 3-55　电动汽车驱动电机控制系统原理图（众泰）

## 四、 散热——电动汽车冷却系统

### 1. 电动汽车的冷却系统的作用及组成是怎样的？

（1）电动汽车的冷却系统作用。与传统燃油汽车基本相同，电动汽车冷却系统的作用是将驱动电机、电机控制器和动力电池等部件所产生的热量及时散发出去，保证它们在要求的温度范围内稳定高效地工作。但两者之间的结构和原理的差异，导致电动汽车的热源及散热方式有所不同。电动汽车电机的主要冷却方式有自然冷却、风冷和水冷3 种。

（2）电动汽车的冷却系统组成。如图 3-56 所示，冷却系统主要由冷却液回路和冷却风流道两个体系构成。冷却液在流经 MCU、充电机和电机等热源时，热源通过热传导将热量传递给冷却液，高温冷却液通过电动水泵提供的动力流经散热器时将热量通过热传导传递给散热器芯体，冷却空气通过热对流将热量带走，完成换热过程。膨胀罐在冷却系统中起提高冷却液沸点和提供冷却液加注口两大作用。

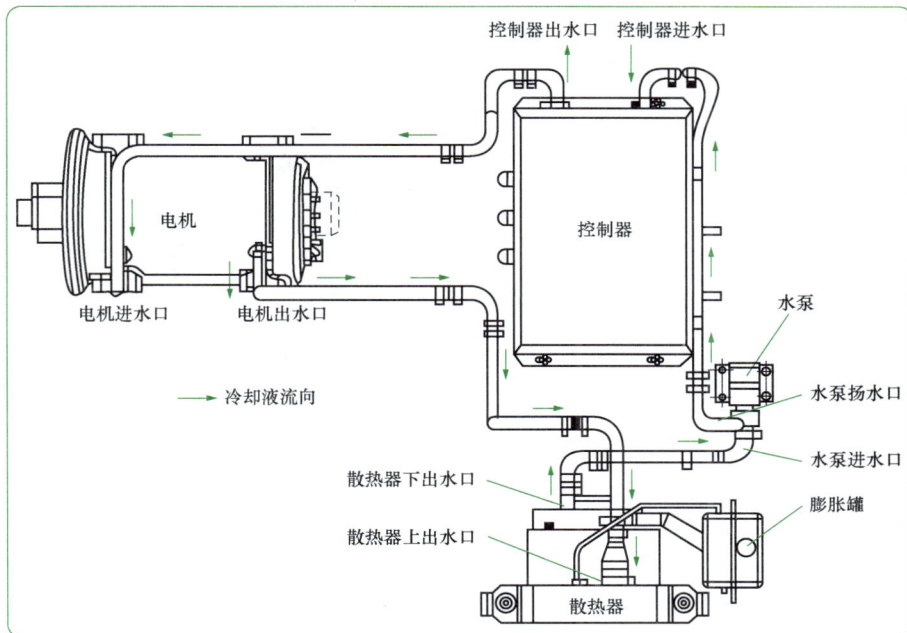

图 3-56  电动汽车冷却系统

1）电动水泵。电动水泵是整个冷却系统唯一的动力元件，负责对冷却液加压，促使冷却液在冷却系统中循环，带走系统散发的热量。电动水泵采用的是直流无刷离心水泵，由泵壳、水泵叶轮、轴承、永磁无刷直流电机、控制器构成。整个部件中没有动密封，浮动式转子和叶轮注塑成一体。严禁水泵在没有冷却液的情况下空载运行，否则将导致水泵的损坏。

2）电子风扇。电子风扇的作用是提高流经散热器、冷凝器的空气流速和流量，以增强散热器的散热能力，并冷却机舱其他附件。电子风扇分别由整车电源提供输入，根据电机、控制器、空调压力等参数由整车控制单元控制风扇运行。

3）膨胀罐。膨胀罐的作用是为冷却系统中冷却液的排气、膨胀和收缩提供受压容积，同时也作为冷却液加注口。

4）冷却管路总成。冷却管路的内外胶为三元乙丙橡胶，中间层由织物增强，耐温等级是Ⅰ级（125℃），爆破压力达到 1.3MPa。冷却管路端回有安装定位标识，装配时应注意要将标识与散热器上的定位标识对齐。

• 奥迪 Q5 电动汽车冷却系统。

奥迪 Q5 电动汽车冷却系统组成如图 3-57 所示。

• 荣威 E50 电动汽车冷却系统。

荣威 E50 电动汽车冷却系统分为两个独立的系统，分别是逆变器（PEB）/驱动电机冷

图3-57　电动汽车冷却系统组成（奥迪Q5）

却系统和高压电池冷却系统（ESS）。荣威E50逆变器（PEB）/驱动电机冷却系统主要由散热器、冷却风扇、膨胀水箱、冷却水泵、冷却液软管和冷却液温度传感器组成，如图3-58所示。逆变器（PEB）/驱动电机冷却系统控制原理如图3-59所示。

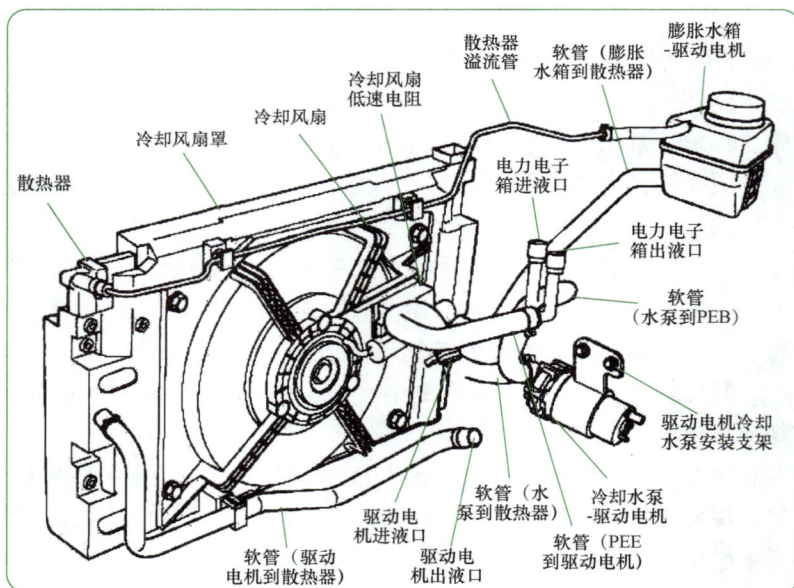

图3-58　逆变器（PEB）/驱动电机冷却系统（荣威E50）

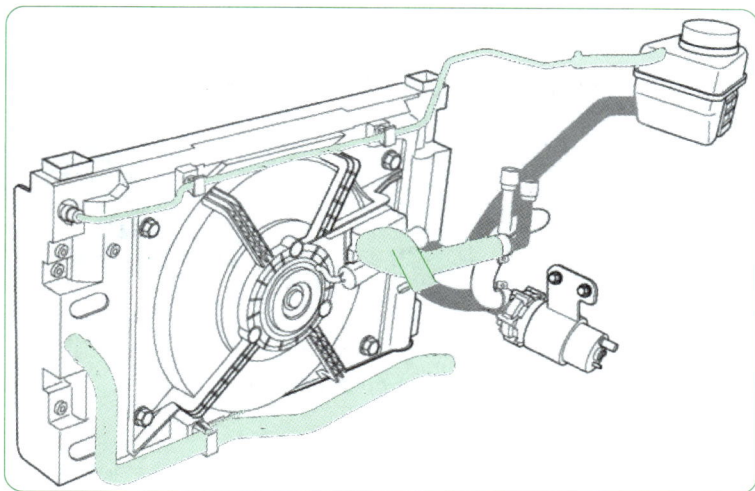

图 3-59 逆变器（PEB）/驱动电机冷却系统控制原理

**2. 电动汽车冷却系统的工作原理是怎样的？**

电动汽车冷却系统的电动水泵和冷却风扇的运行均由整车控制器（VCU）控制，电源来自高低电压转换器和低压蓄电池。由整车控制器根据整车热源（电机、电机控制器和充电器）温度信号通过控制水泵继电器使电动水泵工作运行与停止。同时根据整车控制器所收到的温度信号还可控制冷却风扇的高速或低速继电器工作，使冷却风扇进行高速或低速运转。

当工作时电动水泵电机旋转，带动和其固定连接的叶轮转动。水泵中的冷却液被叶轮带动一起旋转，在离心力的作用下被用向循环水泵壳体的边缘，同时产生一定的压力，然后从出水道或水管流出，进入电机控制器等热源部件。叶轮的中心处由冷却液被用出而压力降低，散热器中的冷却液在水泵进口与叶轮中心的压差作用下经水管被吸入叶轮中，实现冷却液的往复循环。

由于散热器风扇同时给冷凝器、散热器提供强制冷却风，所以散热器风扇运行策略受空调压力与整车热源温度的双向控制。两者择高不择低，即空调压力和汽车热源温度，无论哪一个达到起动冷却风扇的参数值，整车控制器都会起动冷却风扇使其运转。

## 五、 力量传递——电动汽车传动系统

**1. 电动汽车传动系统由哪些部分组成？**

由于电动汽车没有了传统的燃油发动机，因此在传动系统上和传统系统汽车有很大的区别，没有了发动机、离合器和变速器，只有电机、减速器、差速器和传动轴，结构大为简化。电动汽车传动系统如图 3-60 所示。

**2. 电动汽车的减速器/结构与工作原理是怎样的？**

（1）电动汽车的减速器。电动汽车的减速器是单速双极减速器，如图 3-61 所示，它是将减速器与差速器合二为一，制作在一个壳体中。传动机构部分主要包括输入轴组件、中

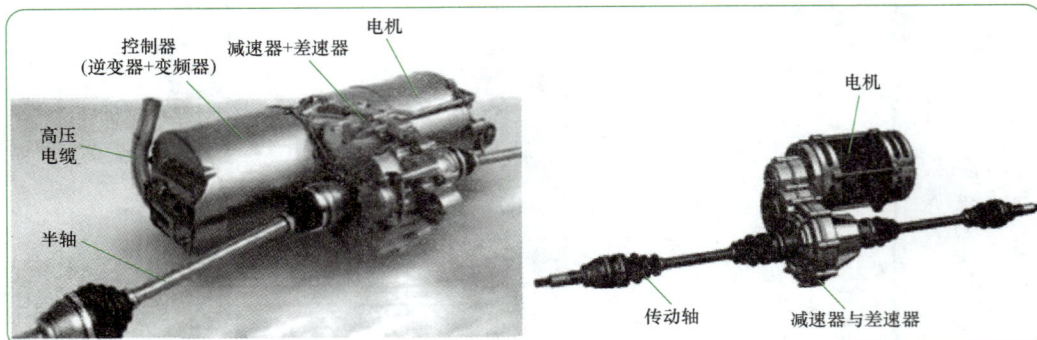

图 3-60  电动汽车传动系统

间轴组件、差速器组件与主减速器，其结构如图 3-62 所示。

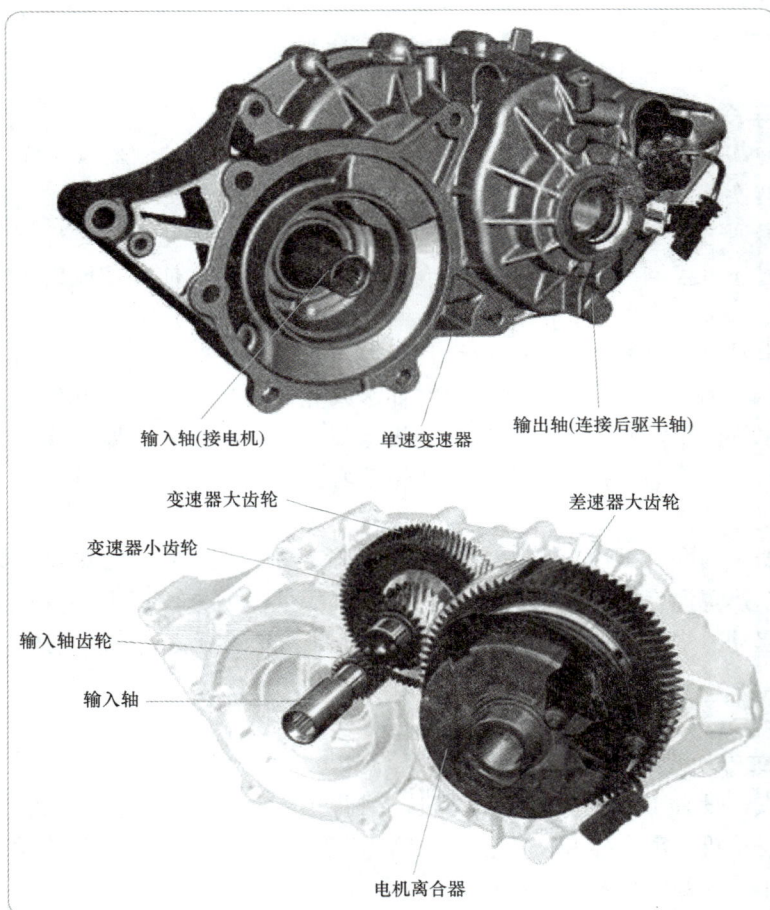

图 3-61  电动减速器总成

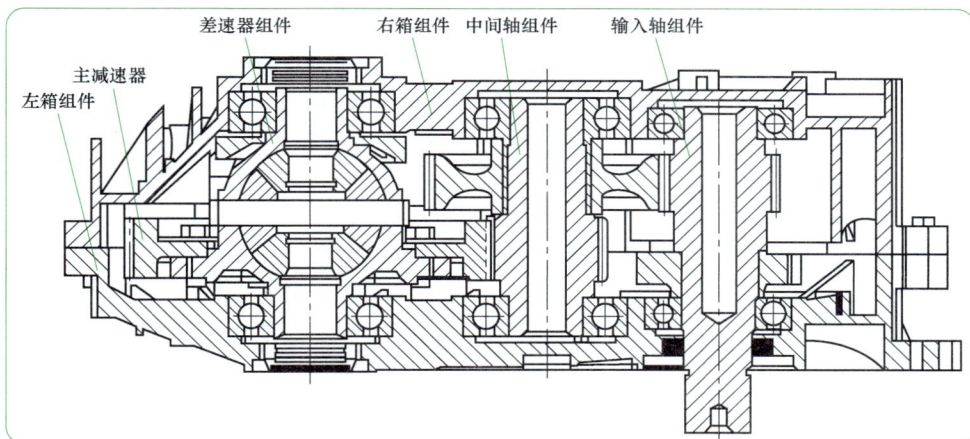

图 3-62 电动汽车减速器的传动机构结构

（2）电动汽车的减速器工作原理。减速器介于驱动电机和驱动半轴之间，驱动电机的动力输出轴通过花键直接与减速器输入轴齿轮连接。一方面减速器将驱动电机的动力传给驱动半轴，通过中间齿轮减速增扭后传递给差速器，再由差速器通过万向传动轴带动车轮，驱动车辆行驶。另一方面满足汽车转弯及在不平路面行驶时，左、右驱动轮以不同的转速旋转，保证车辆的平稳运行。不同车型减速器的传动比是不同的。

• 吉利帝豪 EV 减速器。

吉利帝豪 EV 减速器部件安装位置如图 3-63 所示，其结构分解如图 3-64 所示。减速器电气控制原理如图 3-65 所示。

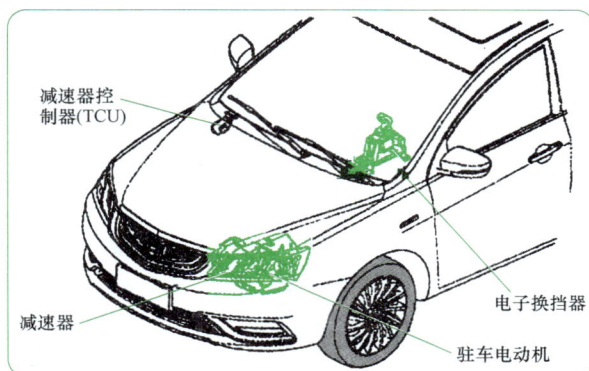

图 3-63 减速器部件安装位置（吉利帝豪 EV）

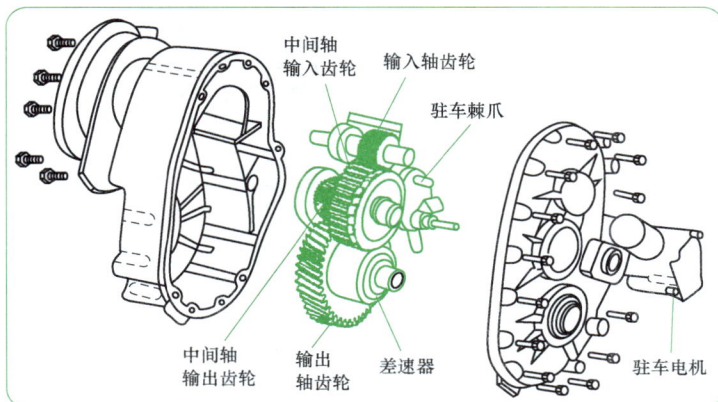

图 3-64 减速器部件结构分解图（吉利帝豪 EV）

• 广汽 GA5 插电混合动力汽车驱动系统及差速器。

广汽 GA5 插电混合动力汽车驱动系统部件分解如图 3-66 所示，差速器总成部件分解如图 3-67 所示。

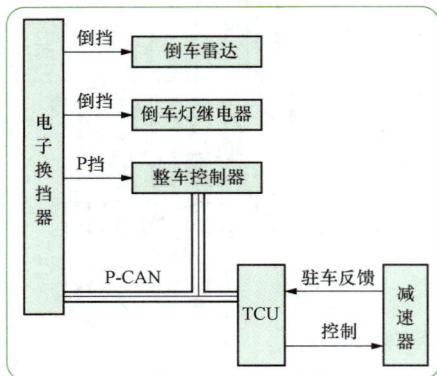

图 3-65　减速器电气控制原理（吉利帝豪 EV）

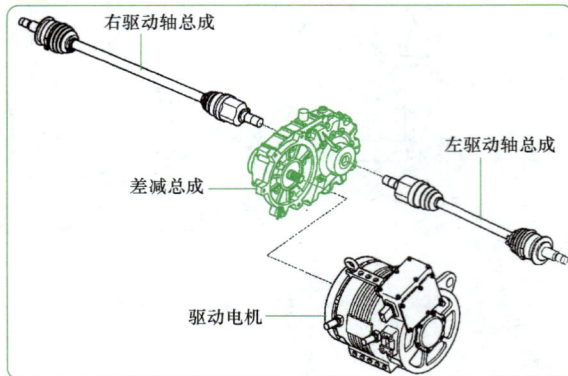

图 3-66　驱动系统部件分解（广汽 GA5）

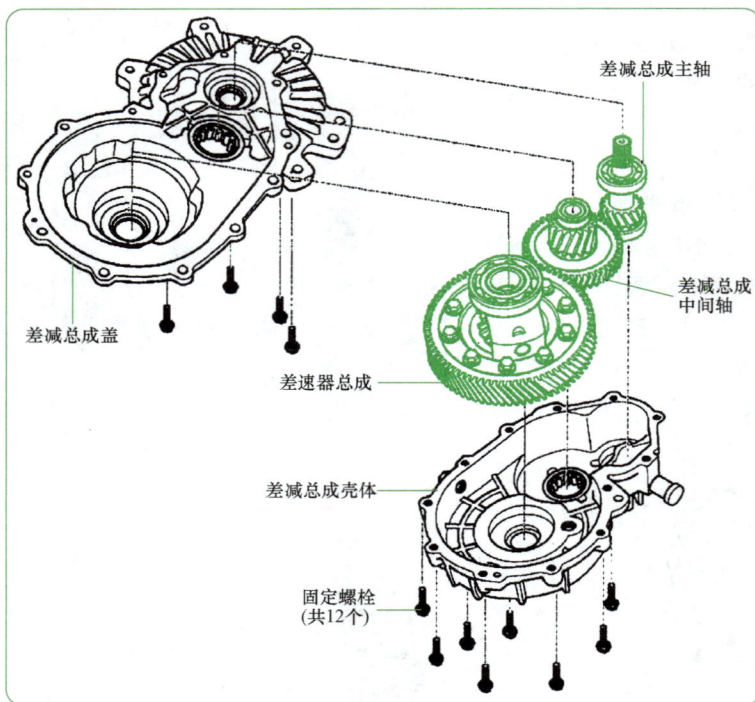

图 3-67　差速器总成部件分解（广汽 GA5）

• 日产启辰晨风 & 日产聆风电动汽车单速变速器。

日产启辰晨风 & 日产聆风电动汽车单速变速器传动比为 8.1938∶1，输入齿轮齿数为 17，主齿轮齿数（输入/输出）为 32/17，主减速器齿数为 74。单速变速器结构如图 3-68 所示。

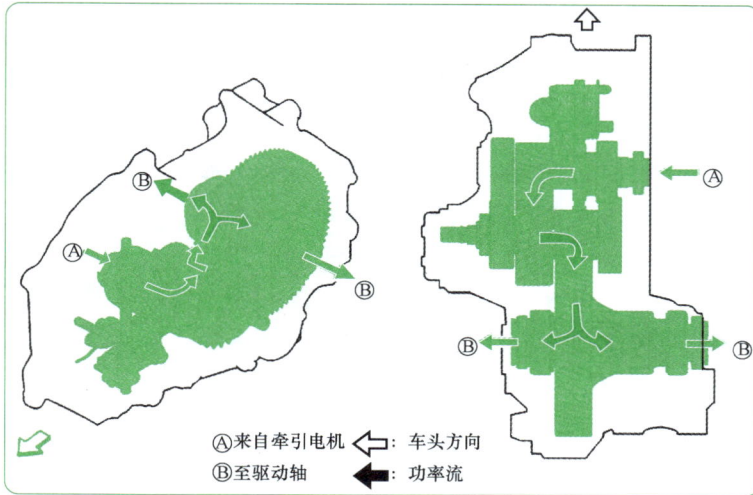

A 来自牵引电机 ⬅ 车头方向
B 至驱动轴 ⬅ 功率流

图3-68 电动车单速变速器结构（日产启辰晨风、日产聆风）

- 比亚迪唐减速器。

比亚迪唐减速器（日产启辰晨风、日产聆风）的安装位置如图3-69所示。

- 北汽EV系列电动汽车减速器。

北汽EV系列电动汽车的减速器动力传动机械部分依靠两级齿轮来实现减速增扭。其按功用和位置可分为右箱体、左箱体、输入轴组件、中间轴组件，差速器组件五大部分。动力传递路线为：驱动电机→输入轴→输入轴齿轮→中间轴齿轮→差速器半轴齿轮→左右半轴→左右车轮，如图3-70所示。

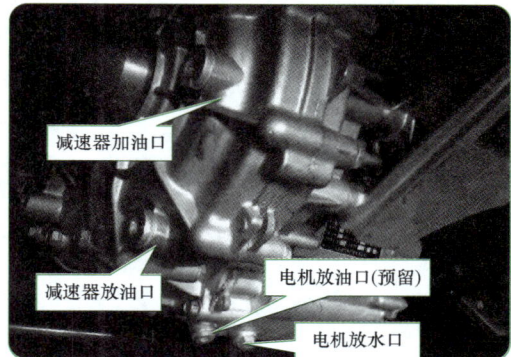

减速器加油口
减速器放油口
电机放油口(预留)
电机放水口

图3-69 减速器的安装位置（比亚迪唐）

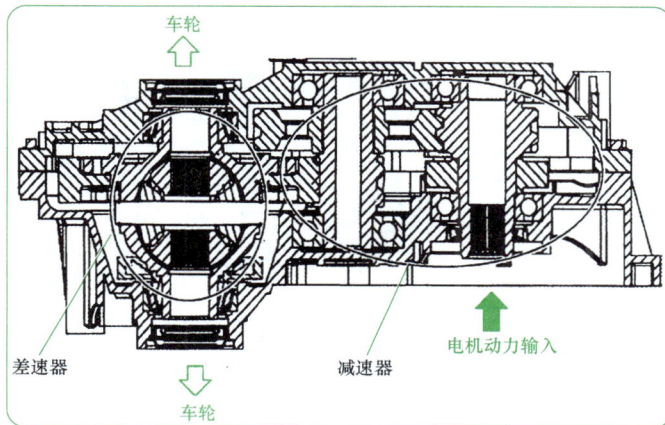

车轮
差速器
减速器
电机动力输入
车轮

图3-70 减速器动力传递路线（北汽EV系列）

# 第4章 电动汽车的神经网络——电气系统

遍布整个电动汽车的电气系统（整车控制系统）通常包括高压电气系统、低压电气系统和整车网络化控制系统三大部分。纯电动汽车的电气系统在传统燃油汽车车身和底盘的基础上增加了高压电源系统、电机驱动及控制系统、车载充电及电池管理系统、整车控制器和高低电压转换器等电气元件。车联网系统是汽车车载互联网系统，也是"汽车物联网"的简称，使车与路、车与车、车与城市网络实现互相连接，从而实现更智能、更安全的驾驶。

## 一、电气系统的组成与原理

### 1. 电动汽车电气系统由哪些部分组成？

纯电动汽车的电气系统在传统燃油汽车车身和底盘的基础上增加了高压电源系统、电机驱动及控制系统、车载充电及电池管理系统、整车控制器和高低电压转换器等电气元件。电动汽车的电气系统（整车控制系统）通常包括高压电气系统、低压电气系统和整车网络化控制系统三大部分。图4-1所示为电动汽车电气系统的组成。图4-2所示为配有蓄电池的电动汽车的电气系统。图4-3所示为电动汽车电气系统的结构原理。图4-4所示为少林纯电动客车电气系统结构原理。

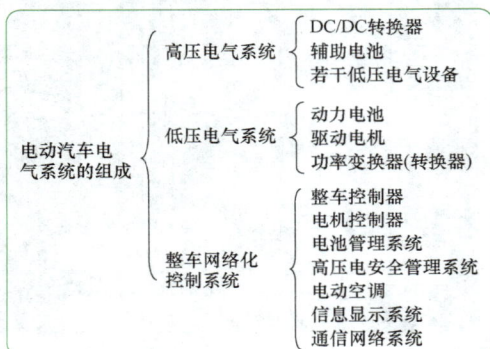

图 4-1　电动汽车电气系统的组成

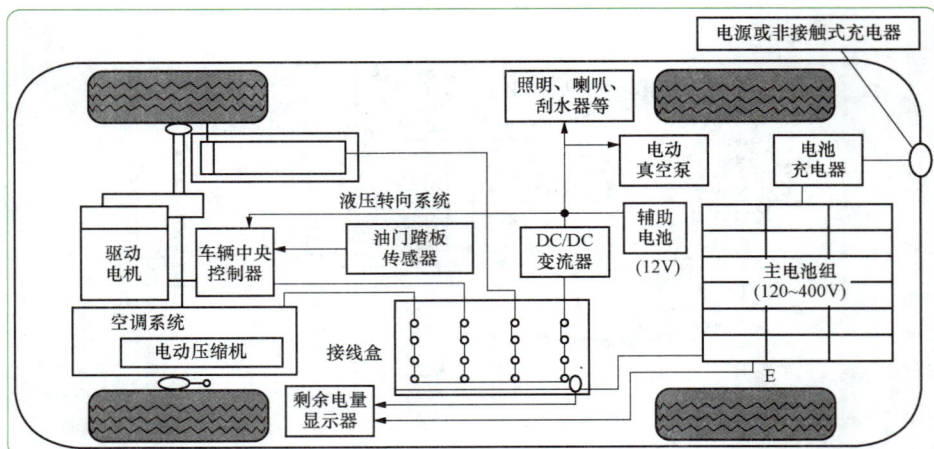

图 4-2　配有辅助电池的电动汽车的电气系统

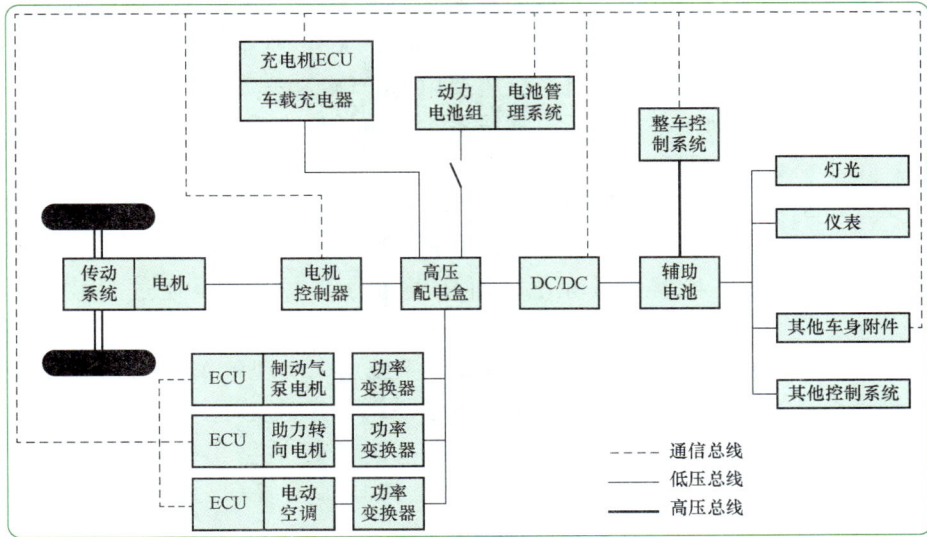

图 4-3 电动汽车电气系统的结构原理

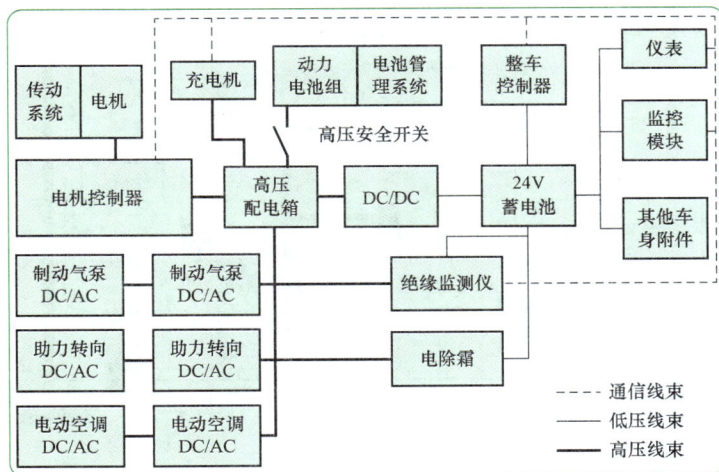

图 4-4 少林纯电动客车电气系统结构原理

（1）高压电气系统。在纯电动汽车上，高压电气系统主要是负责启动、行驶、充放电、空调动力等。在传统的燃油汽车中，电动助力转向系统、制动系统等主要由低压电气系统供电，而在电动汽车中，为了节约能源，对于功率较大的子系统，如制动气泵电机、电动助力转向系统和电动空调等一般采用高压供电。在电动汽车上，整车高压电气系统主要包括动力电池组、电驱动系统、DC/DC 电压转换器（又称功率变换器、转换器）、电动空调、电暖风、车载充电系统、非车载充电系统、高压线束及高压电安全管理系统等高压电气设备。

（2）低压电气系统。低压电气系统采用直流 12V 或 24V 电源（有的车为 42V）供电，一方面为灯光照明系统、仪表、娱乐系统及雨刷器等常规低压用电器供电，另一方面为整车控制器、电池管理系统、电机控制器、DC/DC 转换器及电动空调等高压设备的控制电路和辅助部件供电。低压电气系统主要由 DC/DC 功率变换器、辅助蓄电池和若干低压电气设备组成。电动汽车的低压电器设备主要包括灯光系统，仪表系统和娱乐系统、电动车窗、刮水器、除霜器和各种控制器等。电动汽车低压电气系统与燃油汽车低压电气系统的主要区别在于：燃油汽车的蓄电池由与发动机相连的发电机来充电，而电动汽车的辅助蓄电池则由动力蓄电池通过 DC/DC 转换器来充电。12V 低压电气系统由高压动力蓄电池通过 DC/DC 转换器为其充电，而高压动力蓄电池系统通过车载充电器进行充电。

（3）整车网络化控制系统。整车网络化控制系统用来实现整车控制器和电机控制器、以及电池管理系统、高压电安全管理系统、电动空调、车载充电机和非车载充电设备等控制单元之间的相互通信。整车网络化控制系统主要包括整车控制器、电机控制器、电池管理系统（BMS）、车身控制管理系统、信息显示系统和通信系统等，如图 4 - 5 所示。

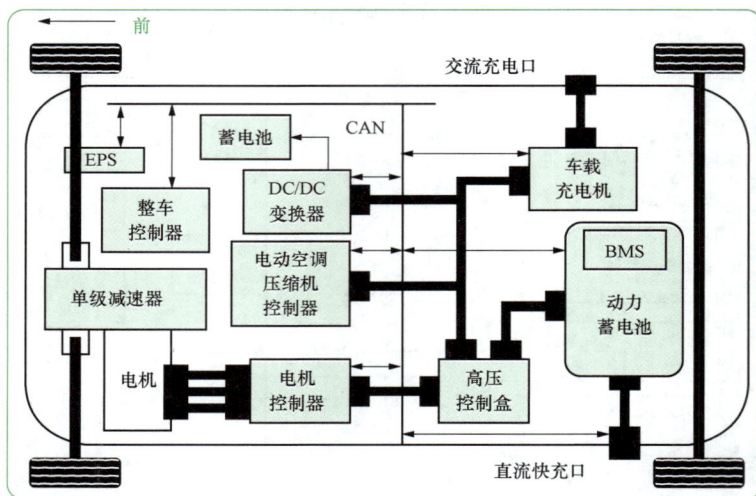

图 4 - 5　整车网络化控制系统的组成

## 2. 电气系统是怎样工作的？

整车控制器是全车控制系统的核心控制器件，主要功能为采集车辆信息、驾驶员意图，控制车辆运行，诊断车辆故障等。电动汽车各种电气设备的工作统一由整车控制系统协调控制。动力电池组通过 DC/DC 转换器将高压直流电转换为 12V 或 24V 低压直流电，为仪表、照明、制动系统和车身 DC 提供电能，并给辅助蓄电池（DC/AC）充电。

各子系统之间的信息传递通过网络通信系统实现，目前常用的通信总线有 CAN 总线、LIN 总线、Flexray 总线和 MOST 总线。

典型的电动汽车高低压电路原理如图 4 - 6 所示。

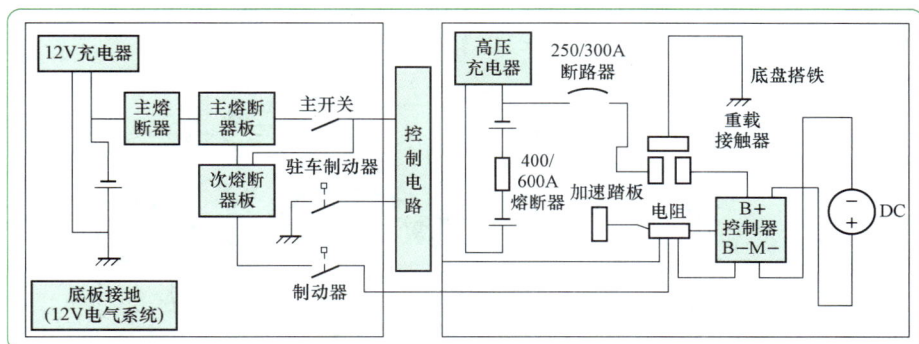

图4-6 典型的电动汽车高低压电路原理

## 二、高压电气系统

### 1. 高压系统的组成与原理是怎样的?

电动汽车高压系统是指电动汽车内部与动力电池直流母线相连或动力电池电源驱动的高压驱动零部件系统,主要由高压控制盒(高压继电器、熔断器、电阻器、主开关等)、车载充电机(如果配置)、DC/DC转换器等高电压电气设备组成,如图4-7所示。纯电动汽车高压系统框图如图4-8所示。在这些高压部件中只有动力电池是供电部件,其他都是高压用电部件,高压部件安装位置如图4-9所示。

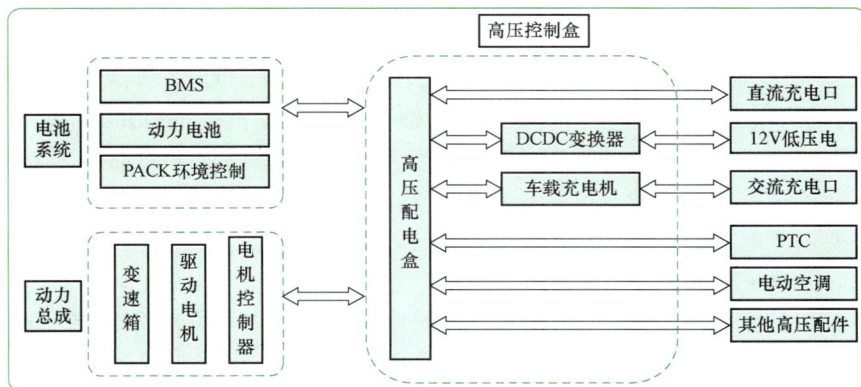

图4-7 高压电气系统的组成

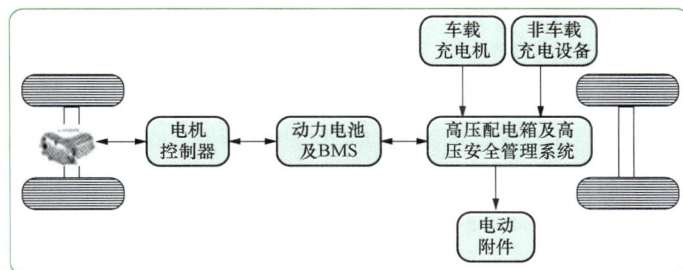

图4-8 纯电动汽车高压系统框图

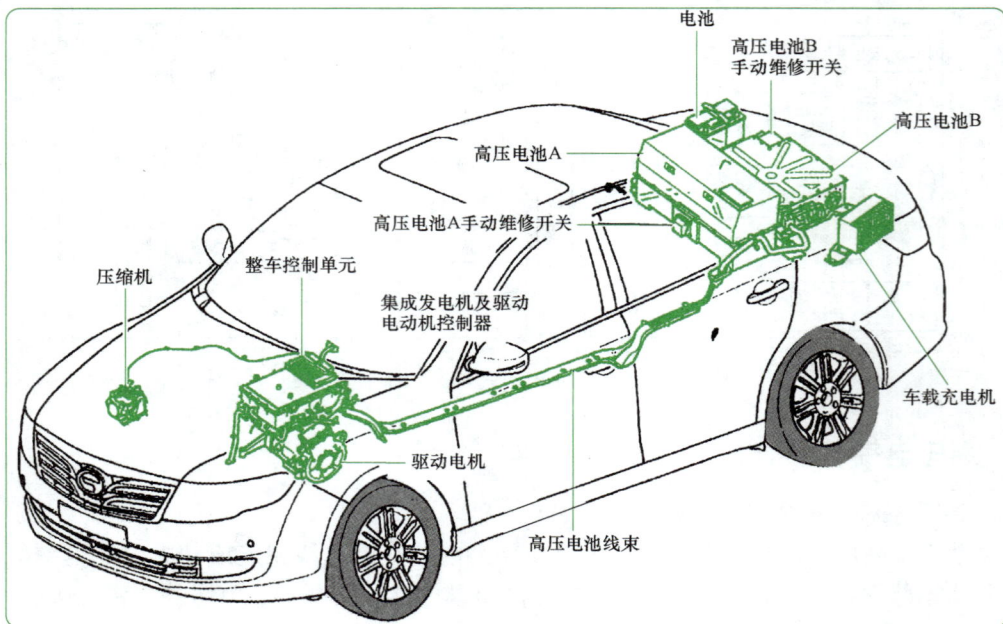

图 4-9　高压部件安装位置（广汽 GA5PHEV）

（1）高压电源。电动汽车的高压电源即为电动汽车动力电池，为了使电动汽车有更好的驾驶性能和更远的续驶里程，纯电动汽车的高压电源是由众多单体电池串联而成的动力电池包，其功能为储存能量和释放能量。

（2）低压电源。低压电源是由车载 12V 铅酸电池和 DC/DC 变转器并联提供的，DC/DC 变转器将动力电池的高压电转化为 13.8V 输出，是电动汽车的辅助电源。其主要功能主要为车身电气提供电能。电动汽车的辅助电源则由主电源通过 DC/DC 转换器来充电。

（3）车载充电系统。车载充电系统将电动汽车外部的能量转化为动力电池的能量储存起来，其主要由充电接口、车载充电机等组成。车载充电机上有充电状态指示灯，用来指示充电状态，并且采用了风冷形式进行冷却。

（4）高压配电系统。高压配电系统的功能是由供电的动力蓄电池将电能通过继电器、熔丝等配电器件，送到车辆的电机系统、充电系统、空调系统、PTC 加热系统、DC/DC 低压系统、电动助力转向系统等电气设备。它主要由动力蓄电池、高压控制盒、电机控制器、电机、车载充电机、DC/DC 转换器、空调压缩机、PTC 加热装置，快充口及慢充口组成。高压配电系统的主要部件是高压控制盒，它是一个电源分配的装置，类似于低压电路系统中的电器保险盒，主要由维修开关、电源管理系统、分流器、继电器、预充电阻、接触器、熔丝等组成。

• 北汽 EV160 电动汽车高压系统的结构。

北汽 EV160 电动汽车高压系统的结构如图 4-10 所示，它包括动力蓄电池、高压电源系统、配电系统和用电设备。充电系统包括快充口、慢充口和车载充电机等，用于对动力蓄电池进行充电；配电系统主要是高压控制盒，对高压电系统进行配电，控制高压电电流流向；用电设备包括电机控制器、动力电机、DC/DC 转换器、空调压缩机以及空调 PTC。

电动汽车高压系统随着电动汽车技术的不断发展，高压电器部分逐步将分体式高压系统进行集成，如将原来分离元件中的高压控制盒、车载充电机、PTC、空调压缩机、DC/DC 转换器的功能集成在一起，或是将高压控制盒、MCU（电机控制单元）、DC/DC 转换器、OBC（车载充电机）、PTC（车载加热器）功能集成为一体。北汽电动 EV 系列新款轿车将高压控制盒、车载充电机、DC/DC 转换器等相关模块集成为电源分配单元（PDU），电源分配单元的使用使车体变得更加整洁合理，后期维护方便。

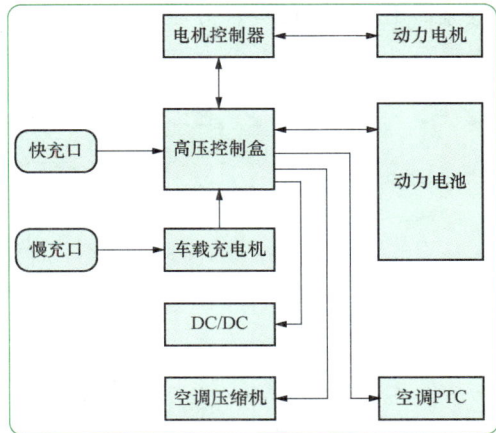

图 4-10 电动汽车高压系统的结构（北汽 EV160）

1）高压电控的集成化。高压电控系统受整车布置的影响，越来越多车型趋向于将 DC/DC 与 OBC 整合为二合一控制器，甚至将 PDU、DC/DC 与 OBC 整合为三合一控制器。高压电控的集成化如图 4-11 所示。可使成本降低、空间节省、高压线束减少、可靠性增强。

2）驱动系统的集成化。驱动系统的集成化如图 4-12 所示。驱动系统的集成化可使结构紧凑、可靠性高、成本低、效率高。

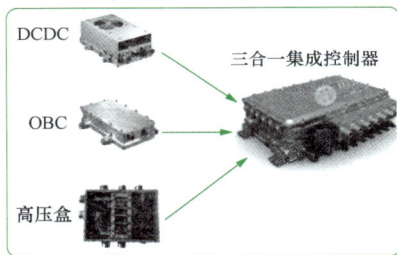

图 4-11 高压电控的集成化

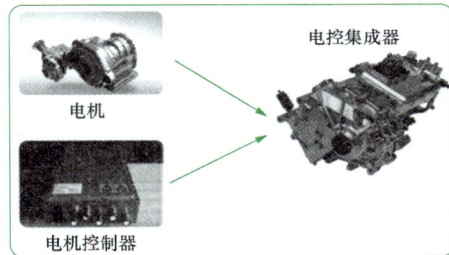

图 4-12 驱动系统的集成化

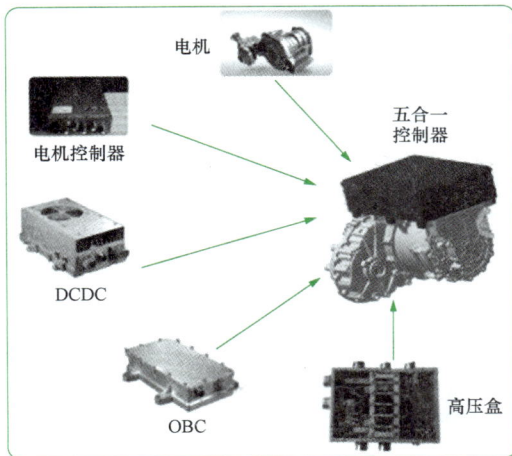

图 4-13 高压电气系统总集成

3）高压电气系统总集成。高压电气系统总集成如图 4-13 所示。

4）整车高压电气系统的原理。整车高压电气系统原理如图 4-14 所示。高压电源从电源的正极 D＋出发，首先通过位于驾驶人控制台的高压开关 DK1，该开关受低压控制，作为整车高压电源的总开关以及充电开关。经线路 2 可以进行充电操作，经线路 3 与主电机控制器（通过驱动电机驱动车辆行走）、直流电源转换器（给低压 24V 电源充电）、转向系统控制器（控制转向助力机构）、制动系统控制器（控制和驱动气泵打气提供制动能量）及冷暖一体化空调相连，最后经过分流器 FL 流回负极，分流器 FL 的作用是检测高压线路中的电流值。此外，在电池内部之间装有 350A 的熔断器 F，防止高压回路中电流过大。

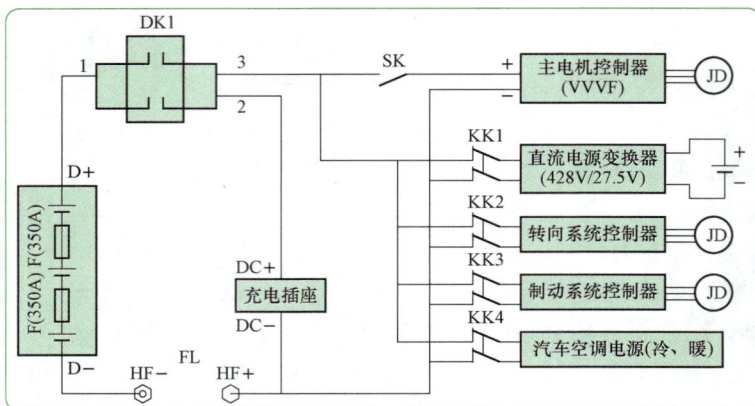

图 4-14　整车高压电气系统原理

## 2. 高压电气系统主要部件的结构原理是怎样的?

电动汽车高压电力系统如图 4-15 所示。

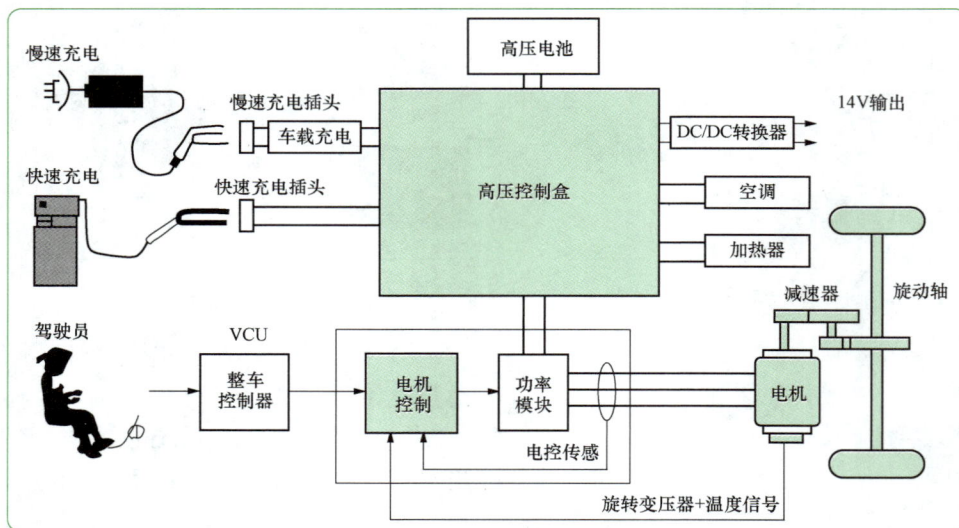

图 4-15　电动汽车高压电力系统

（1）**动力电池**。当电动汽车行驶时，高压电从动力电池经动力母线输出到高压控制盒，高压控制盒将电能分配给电机控制器，电机控制器驱动电机工作从而使车辆行驶。

1）当对动力电池进行慢速充电时，电流通过慢充口经交流充电线进入车载充电机。车载充电机将其转化为直流电后进入高压控制盒，通过高压控制盒给动力电池进行充电。

2）当对动力电池进行快速充电时，电流通过快充口经直流充电线进入高压控制盒，高压控制盒内部继电器吸合，通过高压母线给动力电池进行充电。

（2）**高压控制盒（高压配电箱）**。电动汽车高压控制盒也称为高压配电盒或高压配电

箱，是电动汽车、插电式混合动力汽车的高压电大电流分配单元。它用于在电动汽车高压电力系统的输电、配电、电能转换和消耗中起通断、控制或保护等作用，耐压等级在2000V 以上的电气单元，它位于电动汽车动力电池组与所有高压电负载之间。高压控制盒主要包括高压熔断器、高压母线、高压线排、电流电压传感器、高压接触器（继电器）、高压插接头等部件，某车型高压控制盒如图 4 - 16 所示。

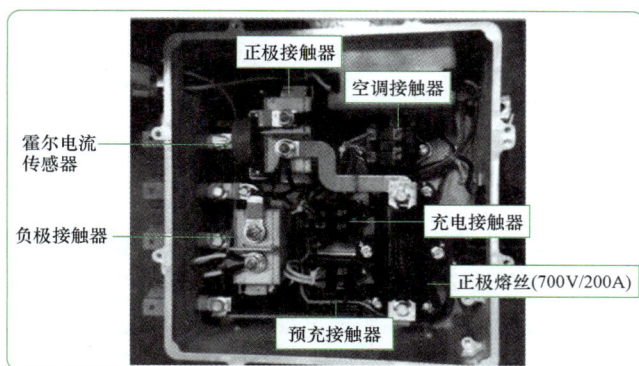

图 4 - 16　某车型高压控制盒

高压控制盒的主要功能是将高压电池的电流进行分配，在高压用电器以及高压线束短路或过流时起到保护作用；在动力电池充电时，能自动断开驱动系统，实现充电与驱动功能之间的互锁；动力电池电流监测；正负极接触器状态监测（接触器自身功能）；高压系统预充电功能（非必须功能）；高压环路互锁功能等。

当低压电池需要充电时，高压控制盒经线束将高压电分配给 DC/DC 转换器，将动力电池电压转换为 14V 左右，给低压电池进行充电。

• 比亚迪秦电动汽车的高压控制盒。

比亚迪秦电动汽车高压控制盒的安装位置如图 4 - 17 所示。

高压控制盒前部有两个插件接口，分别为快充插件接口和低压控制端插件接口。后部有 3 个插件接口，分别为：高压附件插件接口、动力蓄电池插件接口及电机控制器插件接口。

高压控制盒后端上部线束连接车载充电机、DC/DC 转换器、空调 PTC 加热器以及空调压缩机，高压控制盒后端下部右侧线束连接动力蓄电池，高压控制盒后端下部左侧线束连接电机控制器。

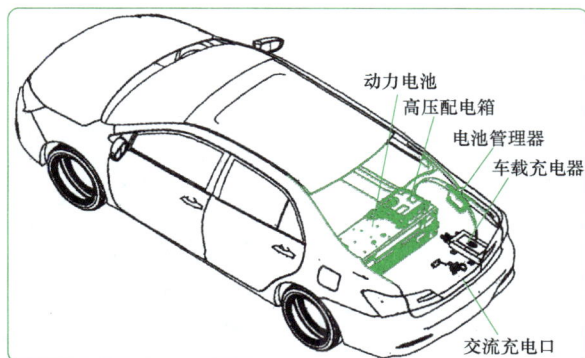

图 4 - 17　比亚迪秦电动汽车高压控制盒的安装位置

高压控制盒电路主要实现高压电的分配。高压控制盒内部为多层结构，上层安装了PTC 控制板和 4 个熔断器，高压控制盒下部安装了快充继电器。

高压动力电源输出电流直接进入高压控制盒后，根据系统的需要分配到其他系统高压用电器，整个过程中对保证整个高压系统及其各个电器设备的安全性、系统绝缘、电磁干扰及屏蔽、密封及耐振动等具有很高的要求。

- 北汽 EV200 电动汽车高压配电系统。

北汽 EV200 电动汽车高压配电系统以高压控制盒为核心，完成动力电池电源的输出及分配，实现对支路用电器的保护及切断。北汽 EV200 高压控制盒安装在前机舱内，同时前机舱内还安装有电机控制器、DC/DC、车载充电机等高压部件。

高压控制盒外围插接件由快充插接器、低压控制插接器、高压附件插接器、动力电池插接器和电机控制器插接器组成，如图 4-18 所示。

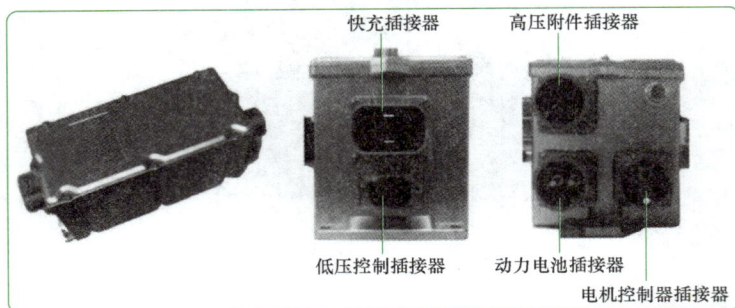

图 4-18　高压控制盒外围插件（北汽 EV200）

高压控制盒内部由 4 个熔断器、PTC 控制板和快充继电器组成。4 个熔断器分别保护 PTC、电动空调压缩机、DC/DC 和车载充电机相关电路。高压控制盒内部结构如图 4-19 所示。

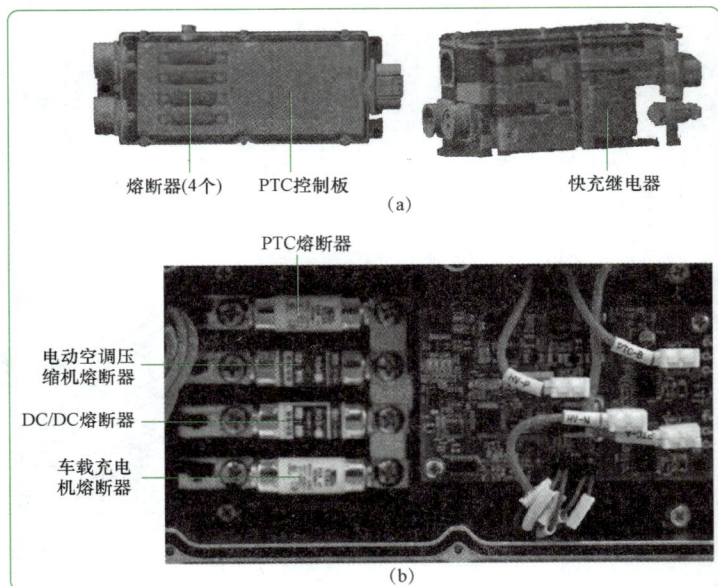

图 4-19　高压控制盒内部结构（北汽 EV200）
（a）组成；（b）4 个熔断器

• 长安逸动电动汽车高压电控盒。

长安逸动电动汽车高压电控盒如图4-20所示。它将高压电池线路分成5路，分别给电机控制器、PTC、空调压缩机、充电机和直流变换器供高压电，其中PTC、空调压缩机、充电机和直流变换器各配电支路串接30A熔丝，起保护作用，其中熔丝可更换。

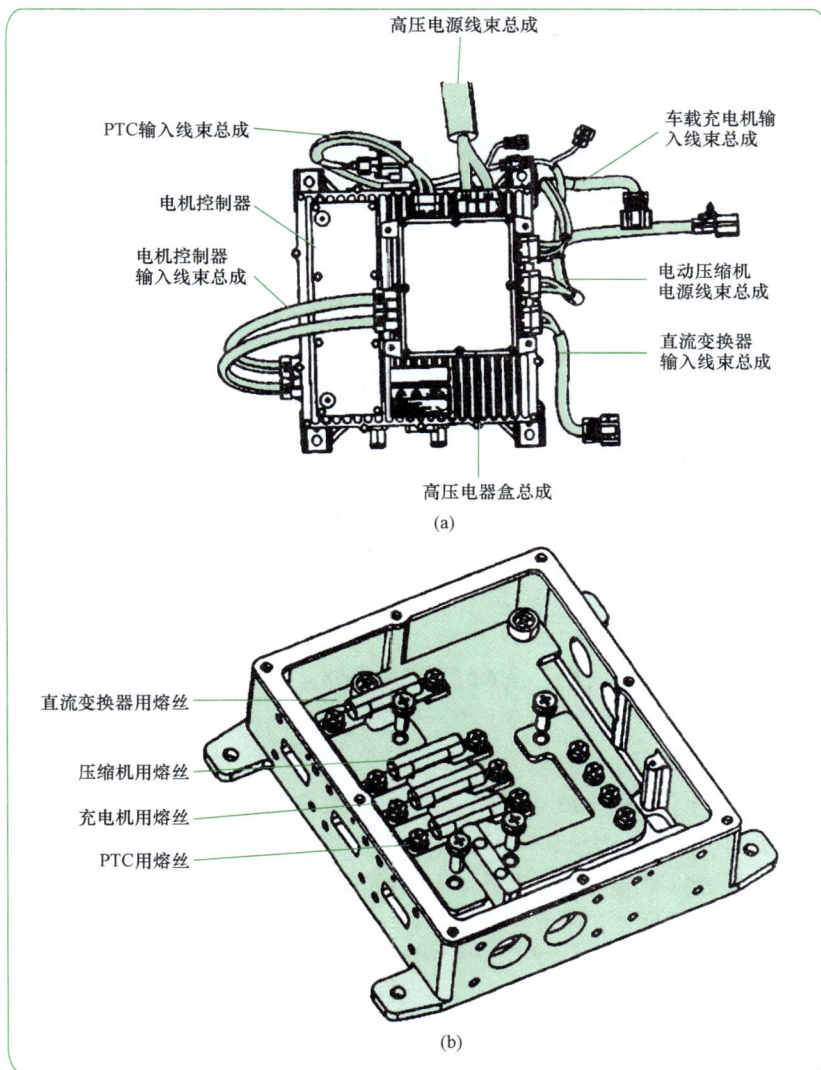

图4-20　高压电控盒（长安逸动）

（a）总成；（b）内部结构

（3）高压电缆。高压电缆是电动汽车特有的专用电缆，它包括高压电缆和高压电缆专用接口。高压元器件之间通过电缆传递电能，这些高压电缆用颜色鲜明的橙色外衣或者护套保护起来，不仅能起到良好的绝缘作用还有必要的警示效果。电动汽车上的高压电缆，一般整车共分为5段高压线束。如北汽EV 160汽车整车的高压线束安装位置如图4-21所示。

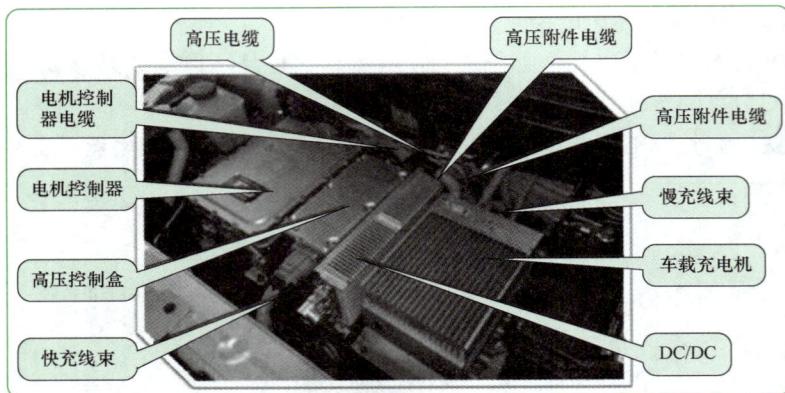

图 4-21　汽车整车的高压线束/电缆（北汽 EV160）

1）动力蓄电池高压电缆。连接动力蓄电池到高压盒（高压配电箱）之间的电缆，主要承担动力蓄电池输入或输出的高压直电流。

2）电机控制器电缆。连接高压盒到电机控制器之间的电缆，从高压控制盒引出的线束一分为二，分别连接电机控制器正负极。

3）快充线束。连接快充口和高压控制盒之间的线束。从快充口进入的高压直流电经快充线束流入高压控制盒，搭铁线经车身搭铁点与车身相连，其他线束经整车低压线束传输至 VCU 和 BMS。

4）慢充线束。连接慢充口到车载充电机之间的线束。

5）高压附件线束（高压线束总成）。高压附件线束是连接高压控制盒到 DC/DC 转换器、车载充电机、电动空调压缩机、空调 PTC 加热器之间的线束，此外，高压附件线束还包含互锁信号线。

（4）电动汽车用高压熔断器。

1）电动汽车用高压熔断器的外形与结构组成。电动汽车典型的熔断器由一个或多个熔体经作为灭弧介质的填充物（诸如硅砂之类）包围组成。不同区域应用，熔断器式样及安装方式不尽相同，但熔断器结构组成基本一致，如图 4-22 所示。

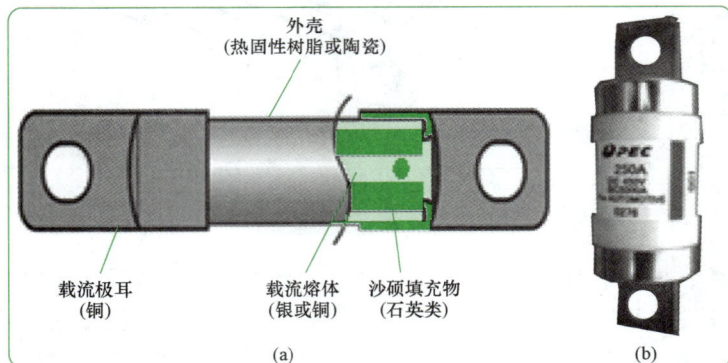

图 4-22　高压熔断器结构组成与实物

(a) 结构组成；(b) 实物

其中，熔体材质、熔体凹口配置、填充物质及加工质量都影响熔断器分断性能。目前，市场上 EV/HEV 用熔断器熔体材质以银为主，熔体形状在一定程度上可分为带状和丝状两种，改变截面形状可显著改变熔断器的熔断特性。熔断器外壳主体（材质需具备一定的承压、耐温能力）主要采用陶瓷（具有较好的导热、耐温性能）或环氧玻纤管（抗弯强度高、低成本）系列。一般选用石英砂（具有良好稳定的物理/化学特性）作为填充物（有效减少 Fuse 中的气体间隙），通过填充物提供有效热传递，过流分断时吸收电弧能量（填充物不同的填充方式影响灭弧、分断能力）。快速熔断器外形如图 4-23 所示。

图 4-23 快速熔断器外形

电动汽车的整体高压线路可根据电流的强弱分为高压大电流保护线路和高压小电流保护线路。一般情况下，一辆电动汽车使用 4～5 个高压熔断器，主要保护电机控制器、空调线路、DC/DC 高低压转换器、暖风和电池组的加热器等高压设备。电动汽车的电气拓扑图如图 4-24 所示。

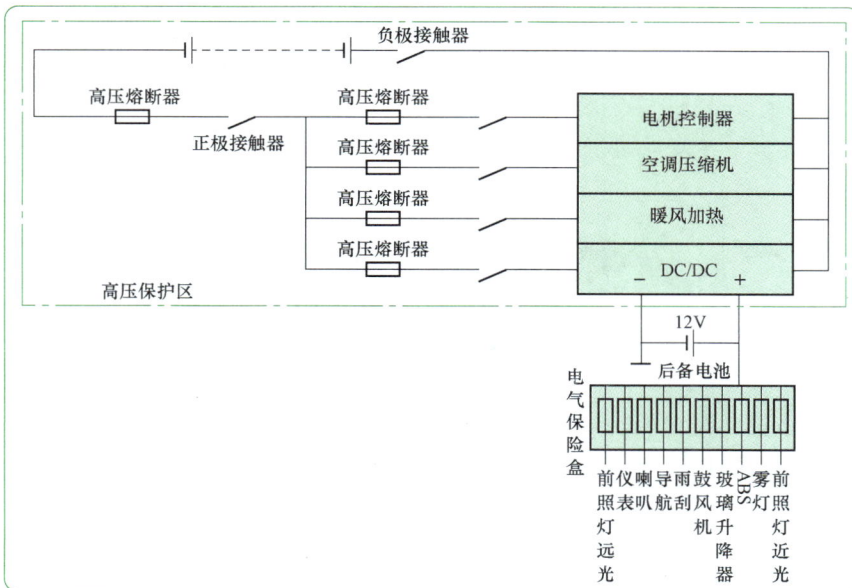

图 4-24 电动汽车的电气拓扑图

2）电动汽车用高压熔断器的工作原理。高压熔断器的工作原理是当电气系统出现过

87

载故障电流时,通过熔断器的电流迅速增大,通过熔断片的电流密度增大而导致熔断片中部温度骤然升高,当温度达到纯银的熔点 960℃ 时,熔断片开始由固态熔化为液态,全部熔化后渗入周围的石英砂缝隙,从而切断电路中的故障电流,整个过程约需几十秒的时间,因为熔断器对过载电流反应较为迟钝,一般多用断路器或热继电器进行过载保护。

3)电动汽车用高压熔断器的类型。目前高压熔断器的类型主要有英标熔断器、美标熔断器、欧标熔断器、法标熔断器 4 种。

a. 英标熔断器。英标熔断器的壳体采用陶瓷材质,产品具有体积小、性价比高等优点,适用于对电动汽车高压设备的保护。英标熔断器样式如图 4-25 所示。

b. 美标熔断器。美标熔断器的壳体采用三聚氰胺网格布加陶瓷层叠工艺制成,电动汽车上对高压电气设备起保作用。美标熔断器样式如图 4-26 所示。

图 4-25　英标熔断器

图 4-26　美标熔断器

c. 欧标熔断器。欧标熔断器多为方形熔断器,壳体采用陶瓷材质,适用于结构紧凑、高压大功率等应用场合,尤其是在手动维修开关(MSD)中大量使用。欧标熔断器样式如图 4-27 所示。

d. 法标熔断器。法标熔断器在电动汽车的高压小功率设备中应用广泛。法标熔断器样式如图 4-28 所示。

图 4-27　欧标熔断器

图 4-28　法标熔断器

• 比亚迪 e6 高压配电箱。

比亚迪 e6 高压配电箱安装在动力电池后部,拆开后排座椅可以看到高压配电箱,如图 4-29 所示。

高压配电箱完成整车高压配电的同时还在车载充电器的配合下将充电电流导入动力电池,实现为动力电池充电。比亚迪 e6 高压配电系统如图 4-30 所示。

高压配电箱内部安装有熔断器和接触器,外围连接至各高压系统。高压配电箱外围连接图如图 4-31 所示,内部结构如图 4-32 所示。

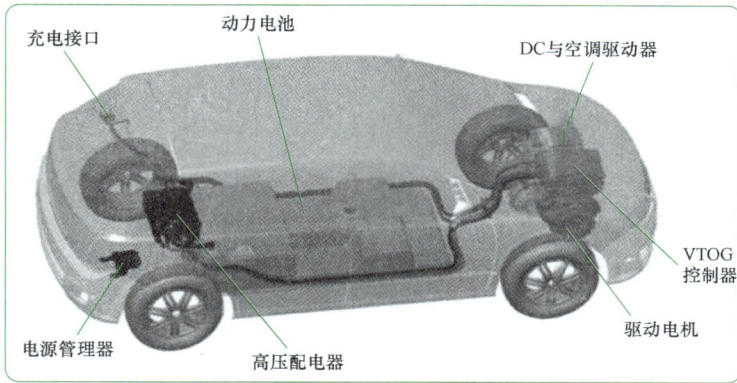

图 4-29　电动汽车高压配电箱安装位置（比亚迪 e6）

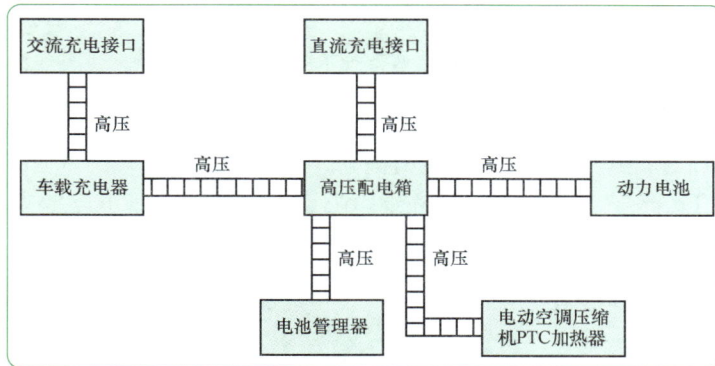

图 4-30　高压配电系统（比亚迪 e6）

图 4-31　高压配电箱外围连接图（比亚迪 e6）

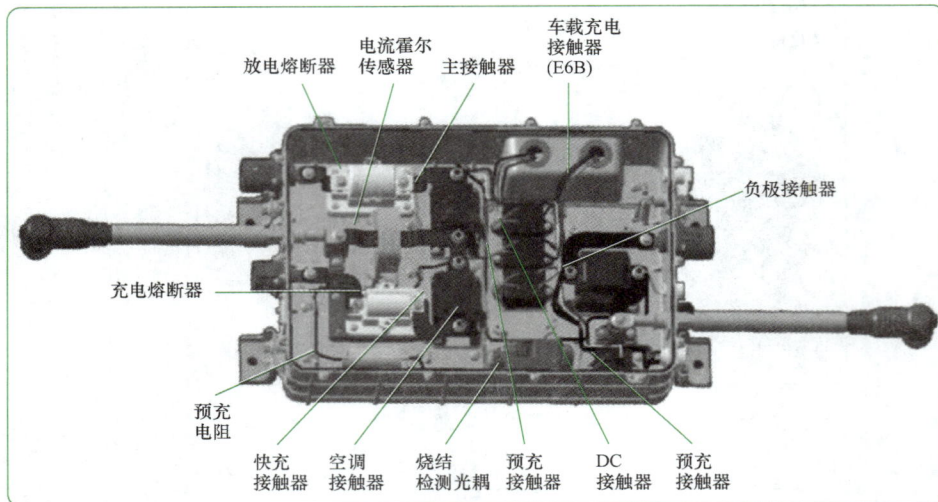

图 4-32　高压配电箱内部结构（比亚迪 e6）

- 北汽 EU260 高压配电系统。

北汽 EU260 高压配电系统集成在电力电子单元（PEU）内部。PEU 将电机控制器、车载充电机、DC/DC 和高压控制盒、快充继电器、熔断器、互锁电路等集成在一起，如图 4-33 所示。其中车载充电机和互锁电路在 PEU 另一侧，故图中无法看到。

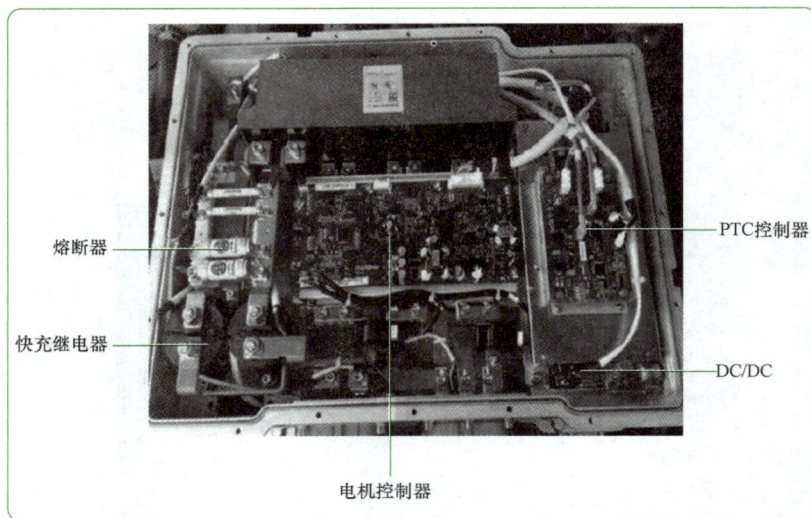

图 4-33　电力电子单元（PEU）组成（北汽 EU260）

PEU 内部有 4 个高压熔断器，分别为充电机、PTC 加热器、电动空调压缩机、DC/DC 提供高压电并保护相关电路。PEU 内部结构如图 4-34 所示。

## 三、 低压电气系统

### 1. 低压电气系统主要功能和组成有哪些？

电动汽车低压电气系统主要由 DC/DC 功率转化器、辅助电池和若干低压电气设备组成。其主要功能是当主电源完全放电或者不能正常工作时，仍能为电动汽车的基本辅助子系统提供稳定的动力，以确保车辆行驶的安全性和可靠性。同时可以防止电动汽车辅助子系统的电压波动及由电驱动而引起的电磁干扰污染。

燃油汽车与电动汽车低压电气系统的主要区别在于，燃油汽车的辅助电池由与发动机相连的发电机来充电，而电动汽车的辅助电池则由动力电池通过 DC/DC 转换器来充电。当前汽车上应用广泛的辅助电池一般为铅酸电池。纯电动汽车的特点就是带有高压动力回路，同时低压 12V 的辅助电池也保留在车上。

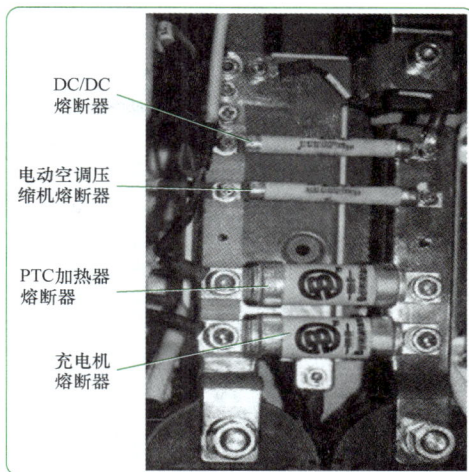

图 4-34　PEU 内部结构

### 2. DC/DC 转换器的结构原理是怎样的？

（1）转换器功能。DC/DC 转换器相当于传统汽车的发电机，它的作用是将动力电池组的高压电通过 DC/DC 转换器将高压直流电转换为 12V 或 24V 低压直流电，为仪表、照明、辅助蓄电池等供电。在使用过程中，一方面 DC/DC 转换器是低压用电设备的供电装置，另一方面也是高压用电设备。DC/DC 转换器的实物、接口与安装位置如图 4-35 所示。

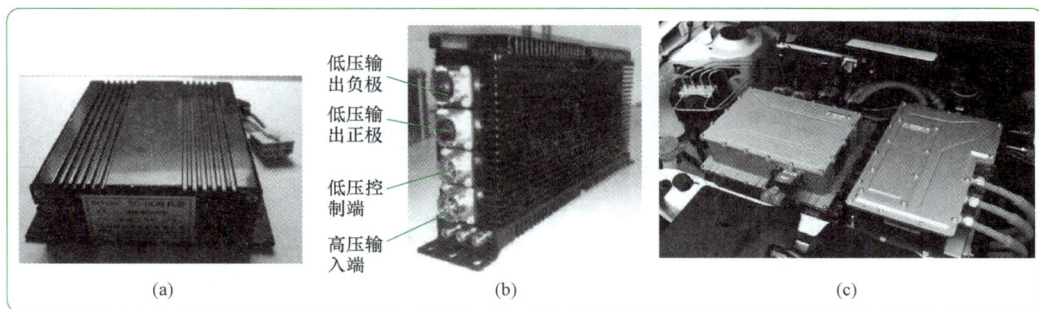

图 4-35　DC/DC 转换器的实物、接口与安装位置
(a) 转换器实物；(b) 转换器接口；(c) 转换器安装位置

电动汽车（包括混合动力汽车和燃料电池汽车）上使用的各种电能转换器的结构，如图 4-36 所示。

（2）转换器类型。转换器可分为直流/直流（DC/DC）和直流/交流（DC/AC）两类。电动汽车电气系统中的转换器主要是 DC/DC 转换器，有降压、升压、双向 3 种形式。根据电压变换方式不同，DC/DC 转换器还可分为绝缘型和非绝缘型两类，如图 4-37 所示。绝缘型的特点是负极与车身绝缘，非绝缘型的特点是负极与车身相连。电动汽车电气系统中的功率转换器主要是降压 DC/DC 转换器。

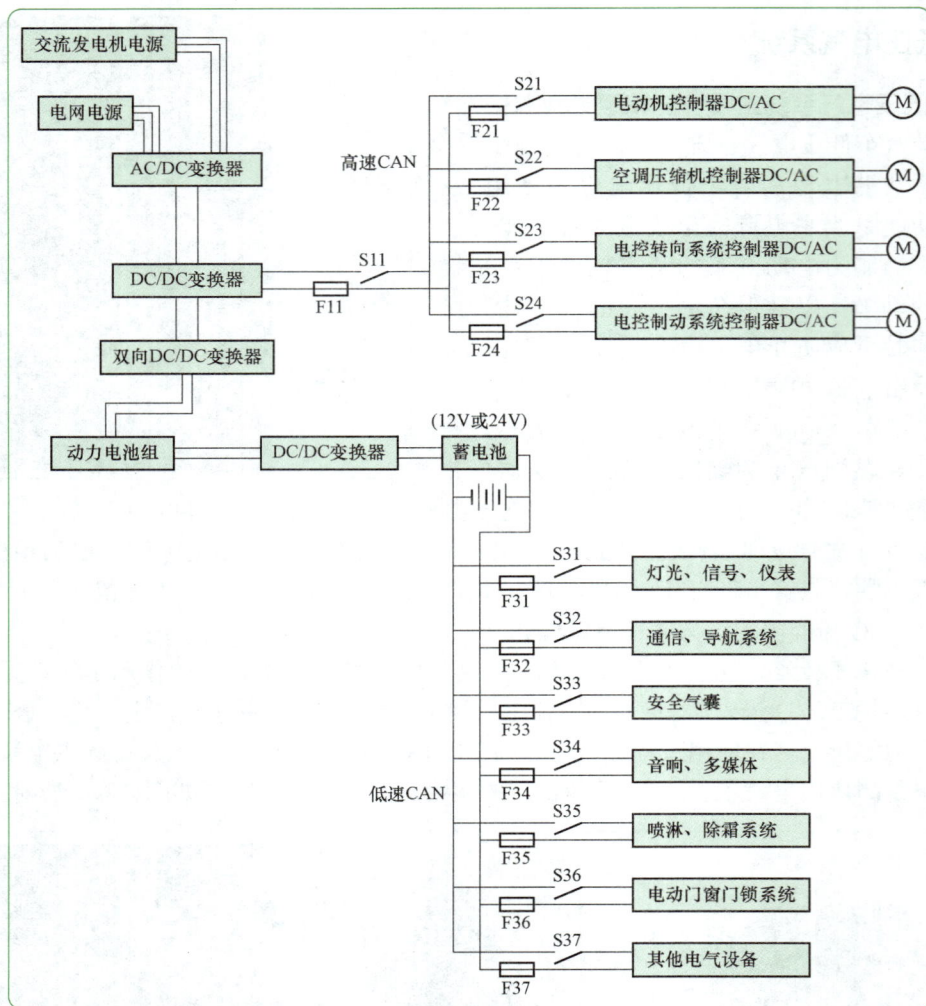

图 4 - 36　各种电能转换器结构

F11、S11—电源总熔断器和总开关；F21～F24—各个动力电源熔断器；S21～S24—各个动力电源开关；

F31～F37—各个行车电源熔断器；S31～S37—各个行车管理电源开关

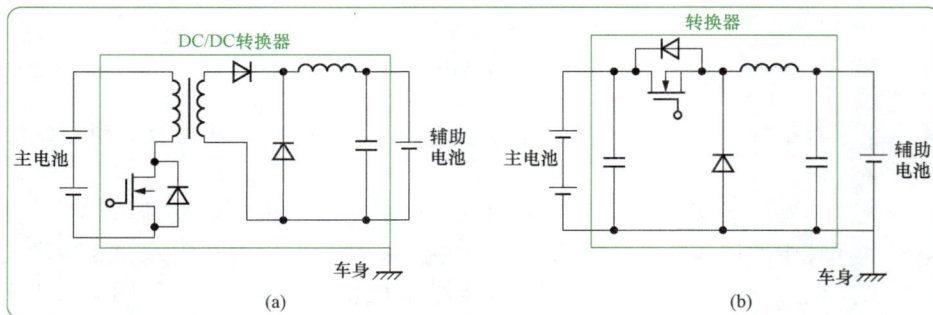

图 4 - 37　DC/DC 转换器

（a）绝缘性；（b）非绝缘型

1) DC/DC 转换器的基本组成。DC/DC 转换器主要由滤波器、逆变电路、输出高频整流滤波、输出二级滤波、CPU 控制系统等组成，其原理框图如图 4-38 所示。其中输入滤波器对电磁兼容有很大的作用，可有效抑制传导的干扰。高频整流滤波和二级滤波共同起作用，使电源的输出纹波大大降低。CPU 控制系统用于控制在各种负载变换情况下的稳定输出。

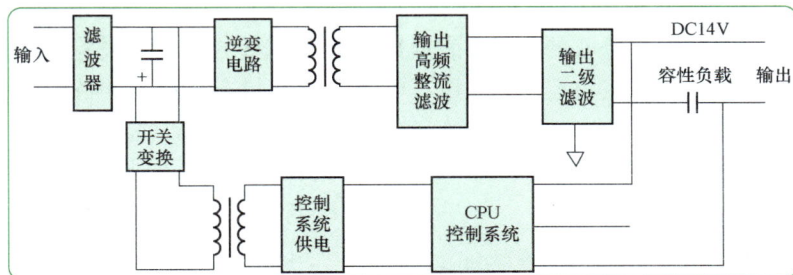

图 4-38　DC/DC 转换器原理框图

2) DC/DC 转换器的控制原理如图 4-39 所示，当打开上电（点火）开关或低压电池管理系统检测到低压辅助电池的电压低于某一设定值时，向 DC/DC 的 CPU 提供信号，使其开始工作。由动力电池组提供电能为车辆除驱动系统之外的所有用电设备供电，同时为辅助低压电池充电。

电源转换器在电动汽车上的应用实例如图 4-40 所示。电动汽车动力电池电压为 320V，由电池管理系统进行管理和监测，并通过一个车载充电机（含 AC/DC 转换器）进行充电，交流电压范围是从 110V 的单相系统到 380V 的三相系统；动力电池通过一个双向的 DC/DC 转换器来驱动交流电机，同时用于再生制动，将回收的能量存入动力电池；同时，为了将动力电池的 320V 高电压转换为可供车载电子设备使用和辅助电池充电的 12V 电源，需要一个降压型 DC/DC 转换器。

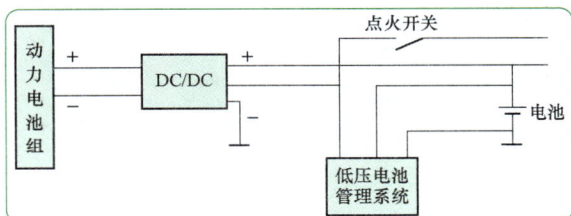

图 4-39　DC/DC 转换器的控制原理

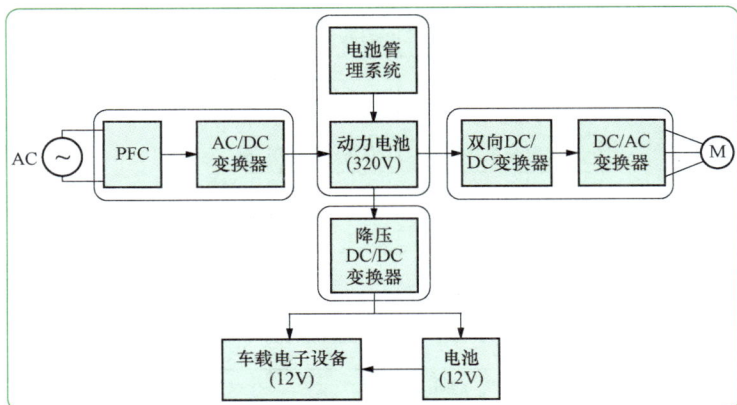

图 4-40　电源转换器在电动汽车上的应用实例

### 3. 电动汽车仪表、照明系统结构原理是怎样的?

（1）电动汽车仪表、照明系统。传统汽车仪表是显示车速、里程、发动机转速、机油压力、燃油量、冷却液温度、灯光信号、故障信号等。相对于传统汽车仪表，电动汽车仪表的改变主要在将发动机转速表转变为电机转速表，将油量表变为电量指示表，另外增加了一个电机功率表。电动汽车仪表显示：车速、里程、电机转速、电池电量、电池电压、灯光信号、故障信号等，即在传统燃油车仪表通用的显示信息的基础上去除了一部分燃油车仪表功能，增加了电动汽车仪表功能，如电压、电流、荷电状态、系统准备就绪等专用信号显示，由整车控制器监控。电动汽车仪表与整车控制器之间采用 CAN 总线通信形式，既可保证传输信息的多样化，又可保证准确性。图 4-41 所示为比亚迪唐（插电式混合动力）仪表。

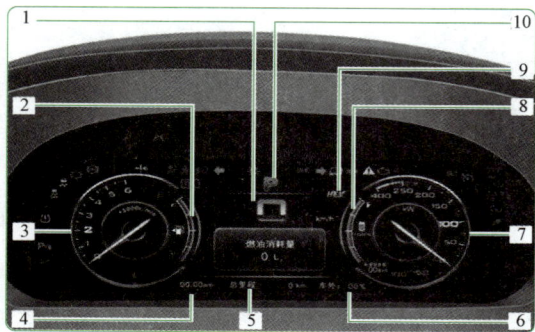

图 4-41 比亚迪唐（插电式混合动力）仪表
1—车速表；2—燃油表；3—发动机转速表；
4—时间信息；5—里程信息；6—温度信息；7—功率表；
8—电量表；9—工作模式指示；10—挡位信息

电动汽车采用的数字仪表主要是通过外围接口，利用总线或线路接收汽车速度、电机转速、电池电量、灯光、车门状态、轮胎压力、制动、安全带等信号，进行处理后在仪表或显示屏上实现数字化、图形化显示。电动汽车数字仪表还具有实时报警功能。当发生故障，仪表接收到信息后，除进行储存、显示外，还可以采用声响、灯光闪烁的方式进行报警，提醒驾驶人有故障发生，需要进行检查和修理。图 4-42 所示为电动汽车液晶仪表/触摸屏信息结构框图，仪表的总体结构分为信息采集层、数据处理层和人机交互层。

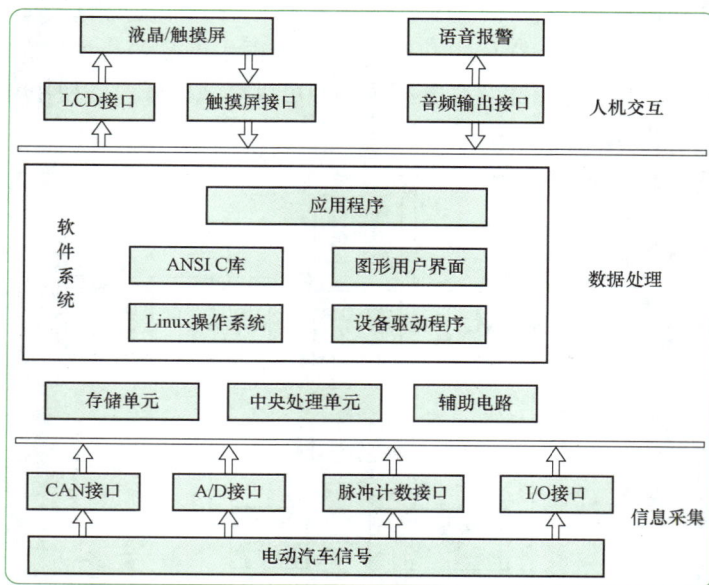

图 4-42 电动汽车液晶仪表/触摸屏信息结构框图

● 北汽 EX260 的多媒体系统。

北汽 EX260 的多媒体系统基于一块 7.0 寸直立式显示屏，如图 4 - 43 所示。通过多媒体系统可以实现手机互联、GPS 导航等功能，媒体输入源也十分丰富，可支持 USB、蓝牙。通过这组显示屏，可以对空调、多媒体、导航、手机互联以及整车系统进行操控和设定。显示屏对触摸操控反应迅速，翻屏和快速点击没有残影留存。

（2）混合动力汽车仪表。混合动力汽车则是在传统燃油车仪表的基础上基本不删除原来仪表功能，增加了电动汽车仪表功能。电动汽车新增的仪表指示和报警灯如图 4 - 44 所示。

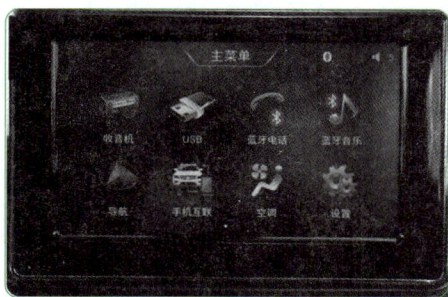

图 4 - 43　多媒体系统（北汽 EX260）

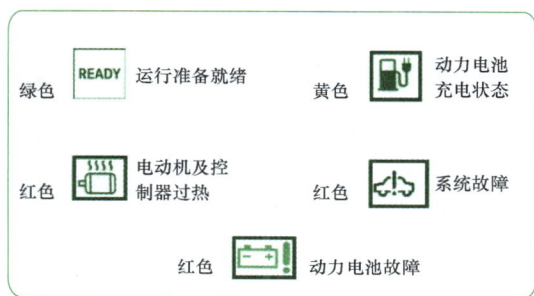

图 4 - 44　电动汽车新增的仪表指示和报警灯

1）运行准备就绪指示灯。点亮表示整车控制器已经准备就绪，踩下加速踏板即可向驱动系统供电。

2）动力电池充电状态指示灯。当充电器向动力蓄电池充电时指示灯点亮，表示当前处于充电状态，不可行车。

3）电动机及控制器过热指示灯。点亮表示电动机及其控制器温度过高（限值），此时如果继续行车将对汽车安全性或性能造成严重影响。

4）系统故障指示灯。指示电动机系统故障，如果电动机系统有故障，其控制器向整车控制器发送故障代码，此时指示灯点亮。

5）动力电池故障指示灯。当动力电池有电池管理系统定义的故障代码时或当前电池容量过低时点亮。

（3）仪表盘。某车型电动汽车仪表盘如图 4 - 45 所示。仪表盘能实时显示功率、数字车速、瞬间电耗、倒车雷达、动力电池电压、动力电池电流、驱动电机转速、平均电耗、保养里程、车外温度等 20 多项信息，让驾驶人员及时获取车辆状况。现代汽车仪表为减少通入仪表的导线数量，采用 CAN 总线共享整车各电控控制单元信号。如电控发动机控制单元将电动机转速信号放到 CAN 总线上，仪表可以接收到。近来有整车采用全数字化管理方式，用电控单元把所有的信号全转化为数字量，数据发到 CAN 总线上共享，这样的仪表只有 4 根线，即供电和搭铁 2 根，CAN 高和低 2 根线。有的 CAN 采用 3 根线，增多的一根为唤醒线。

1）动力蓄电池指示仪表装置。与动力蓄电池相连接；为驾驶员提供蓄电池电量状态的相关信息。

2）荷电状态指示器。荷电状态表用于显示动力电池的剩余工作容量，用符号"SOC"

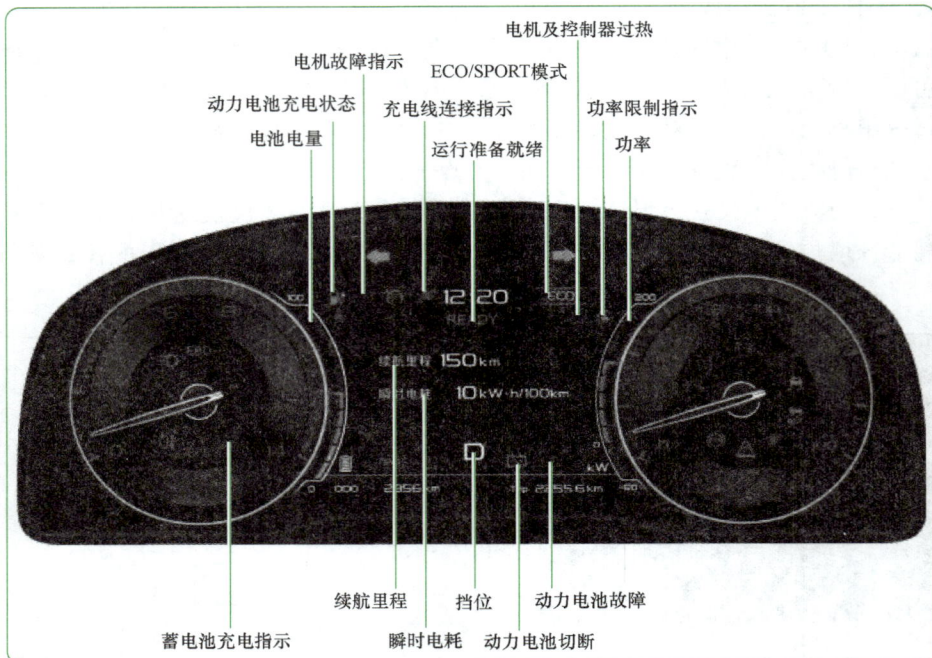

图4-45 某车型电动汽车仪表盘

表示，显示动力电池剩余电量与总容量的百分比。使用模拟式或数字式显示器，可以永久显示，或在驾驶员需要时随时给出指示。荷电状态与动力电池的放电率、工作环境温度和电池的老化程度有关。当SOC低于某一规定值时，将特别明显地标示出来并报警。如果使用动力电池更换系统，最好能自动复位，如不能自动恢复到全充满状态，则应能人工复位。

3）电压表。电压表用来测量（显示）动力电池的电压。在组合仪表的标度盘上应标示出恰当的工作电压范围，通常电压在300V以上。为增加示值的准确性，在工作范围内宜使用扩展标度。

4）电流表。电流表用来测量（显示）动力电池的电流。在组合仪表的标度盘上应规定准确的0位置，对于具有再生制动功能的汽车，在标度盘0位置的两个方向上都应标示出正常工作电流的范围，负电流表示能量回收。

注意：电流表、电压表和荷电状态表显示的内容与动力电池有关，其信号都来源于电池管理系统，即电池管理系统输入给仪表的信号。如电动车选用了比较成熟的磷酸铁锂动力电池，单体电池52A·h、3.2V，共使用了112块电池，整车电压360V，所以电压表的电压范围设计为0～400V。电流表电流范围设计为－100～200A，其中负电流方向表示电动车制动时的能量回收。

5）驱动电机指示仪表装置。驱动电机指示仪表装置为驾驶员提供驱动电机工作状态的相关信息。

6）转速表。电动机转速表指示电动机的即时转速，一般在10000r/min以上。车速表与传统汽车一致，用于显示汽车的车速，信号取自电动机控制器或整车控制器。使用模拟

式或数字式显示器，当转速超过某一规定值时，将特别明显地标示出来。

7）警告和指示信号装置。指示信号装置用来告知驾驶员有关电驱动系统和动力电池正确操作条件的信息，首选光学和（或）声学信号。装置由低压辅助系统供电，如果由动力电池带电部分供电，则应进行防护。警告和指示信号装置可用指示仪表代替。

8）过热。当某设备温度过高可能会对汽车的安全或性能造成很严重的影响时，此时应向驾驶员发出警告。

9）超速。当电动机超速时，最好用声信号连同光信号向驾驶员发出警告。

10）剩余容量。当动力电池剩余容量低于某个百分数（如25％）时，应通过信号装置提醒驾驶员。

11）绝缘电阻/爬电距离指示。当绝缘电阻和（或）爬电距离低于规定值时，应通过信号装置提醒驾驶员。绝缘电阻可包括动力蓄电池绝缘电阻、动力系统和汽车电底盘之间绝缘电阻、动力系统和辅助电路间绝缘电阻；爬电距离包括蓄电池连接端子间的爬电距离、带电部件与电底盘间的爬电距离。

12）整车控制器打开指示。向驾驶员显示控制器已打开，踩下加速踏板即可向驱动系统供电。如果用可视信号指示，它可与动力关闭按钮相结合。当汽车行驶时，该装置可关闭。

13）辅助蓄电池充电监测装置。当汽车正常行驶过程中向辅助蓄电池充电时，如充电元件发生故障应通过信号装置提醒驾驶员。

14）停车指示。当驾驶员离开汽车，如果驱动系统仍处于"可行驶"状态，应通过信号装置提醒驾驶员。

15）动力电池充电指示。当充电器向动力电池充电时，应通过信号装置提醒驾驶员。

16）互锁监测装置。如汽车互锁机构中有任何一个互锁装置起作用阻止汽车运行，应向驾驶员发出警告。

（4）电动汽车指示灯及警告灯。电动汽车指示灯及警告灯见表4-1。

表4-1　　　　　　　　　　　电动汽车指示灯及警告灯

| 图标 | 说明 | 图标 | 说明 |
|---|---|---|---|
| (!) | 驻车制动故障警告灯* | OFF | ESP OFF 警告灯 |
|  | 驾驶员座椅安全带指示灯* |  | 防盗指示灯 |
| - + | 充电系统警告灯* | ⚠ | 主告警指示灯* |
| 雾灯符号 | 前雾灯指示灯 | ECO | ECO 指示灯 |

续表

| 图标 | 说明 | 图标 | 说明 |
| --- | --- | --- | --- |
|  | 后雾灯指示灯 |  | 动力电池电量低警告灯 |
|  | 智能钥匙系统警告灯 |  | 动力电池故障警告灯 |
|  | ABS 故障警告灯 |  | 胎压故障警告灯（装有时） |
|  | 电机冷却液温度过高警告灯 |  | 电子驻车状态指示灯 |
|  | ESP 故障警告灯（装有时） |  | OK 指示灯 |
|  | 车门状态指示灯 |  | 动力系统故障警告灯 |
|  | SRS 故障警告灯 |  | 动力电池过热警告灯 |
|  | EPS 故障指示灯 |  | 动力电池充电连接指示灯 |
|  | 小灯指示灯 |  | 巡航主指示灯 |
|  | 远光灯指示灯 |  | 巡航控制指示灯 |
|  | 转向指示灯 |  |  |

## 四、 整车网络化控制系统

### 1. 整车控制系统的结构与工作原理是怎样的？

电动汽车整车控制系统是基于 CAN 总线的多个控制系统的集成系统，主要包括整车控制器、电机控制器、电池管理系统（BMS）、车身控制管理系统，信息显示系统和通信系统等。图 4-46 所示为整车控制系统关联图。整车控制器是车辆控制系统的网关，所有信号都要经它处理，实现电池管理控制、电机控制、空调控制、电动助力转向控制、制动控制等。一般纯电动汽车整车控制系统的结构如图 4-47 所示。

电动汽车整车控制器外形及内部结构如图4-48所示。

整车控制系统的工作原理如图4-49所示，所谓整车控制就是在车辆运行时，由控制器通过传感器以及其他车载控制器将整车运行的信息与实时状态反馈给整车控制器，同时整车控制器根据驾驶人操作意图与整车控制策略进行运算，并将控制指令通过CAN总线以及各个硬件接口传输传递给其他车载控制器与执行器，协调各部件的性能，在保证汽车正常运行的前提下，实现汽车的最佳运行状态。

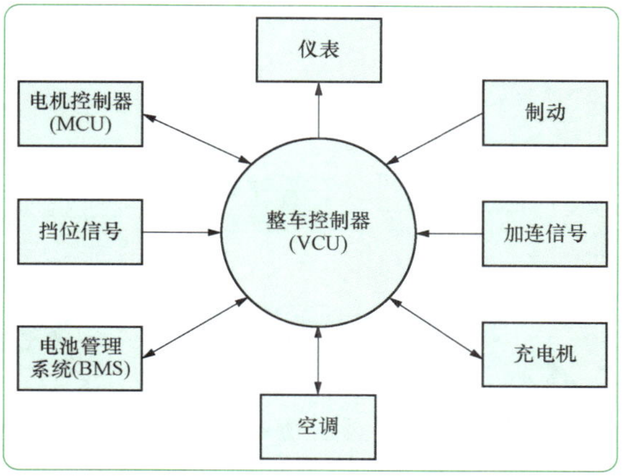

图4-46 整车控制系统关联图

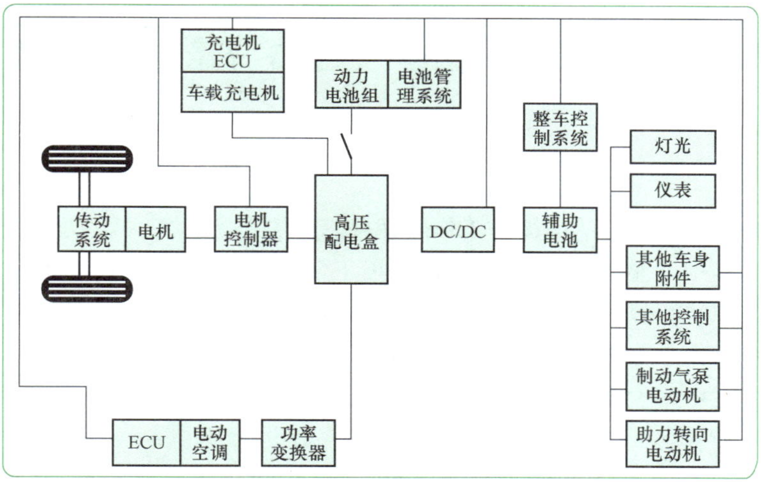

图4-47 一般纯电动汽车整车控制系统的结构

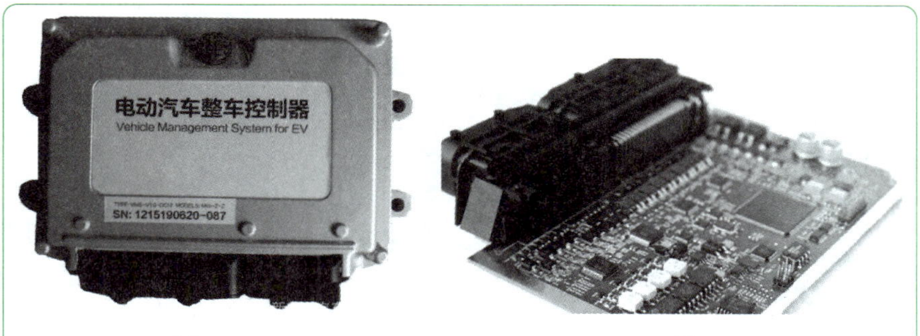

(a) (b)

图4-48 电动汽车整车控制器外形及内部结构图
(a) 实物外形；(b) 内部结构

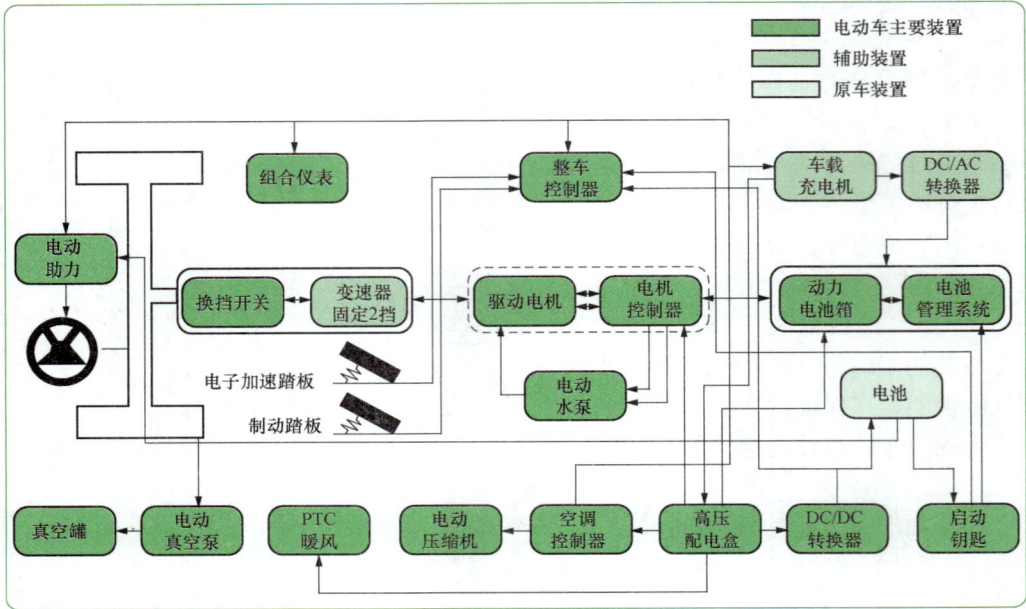

图例:
- 电动车主要装置
- 辅助装置
- 原车装置

图 4-49　整车控制系统的工作原理

## 2. 整车控制器（VCU）的结构与工作原理是怎样的？

在纯电动汽车中，整车控制器除控制汽车正常行驶外，还具有汽车再生制动回馈控制、网络管理、故障诊断与处理及车辆的状态与监视等功能。其安装位置和组成框图分别如图 4-50 和图 4-51 所示。

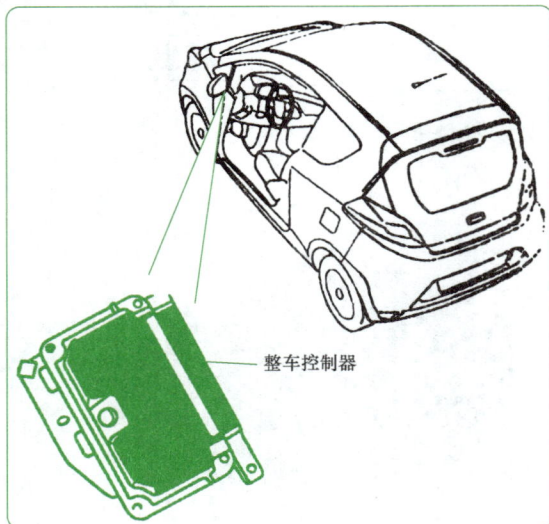

图 4-50　整车控制器安装位置

整车控制器采集驾驶人驾驶信息，通过 CAN 总线获得驱动电机和动力电池的相关信息，进行分析和计算，通过 CAN 总线给出驱动电机控制和电池管理指令，实现整车驱动控制、能量优化控制和制动能量回收控制。此外，该系统还具有综合指令仪表接口功能，可显示整车状态信息，具有完善的故障诊断和处理功能，具有整车网关及网络管理功能。电动汽车整车控制器包括微控制器、模拟量调理、开关量调理、继电器驱动、高速 CAN 总线接口和电源等模块。整车控制器的结构原理如图 4-52 所示。

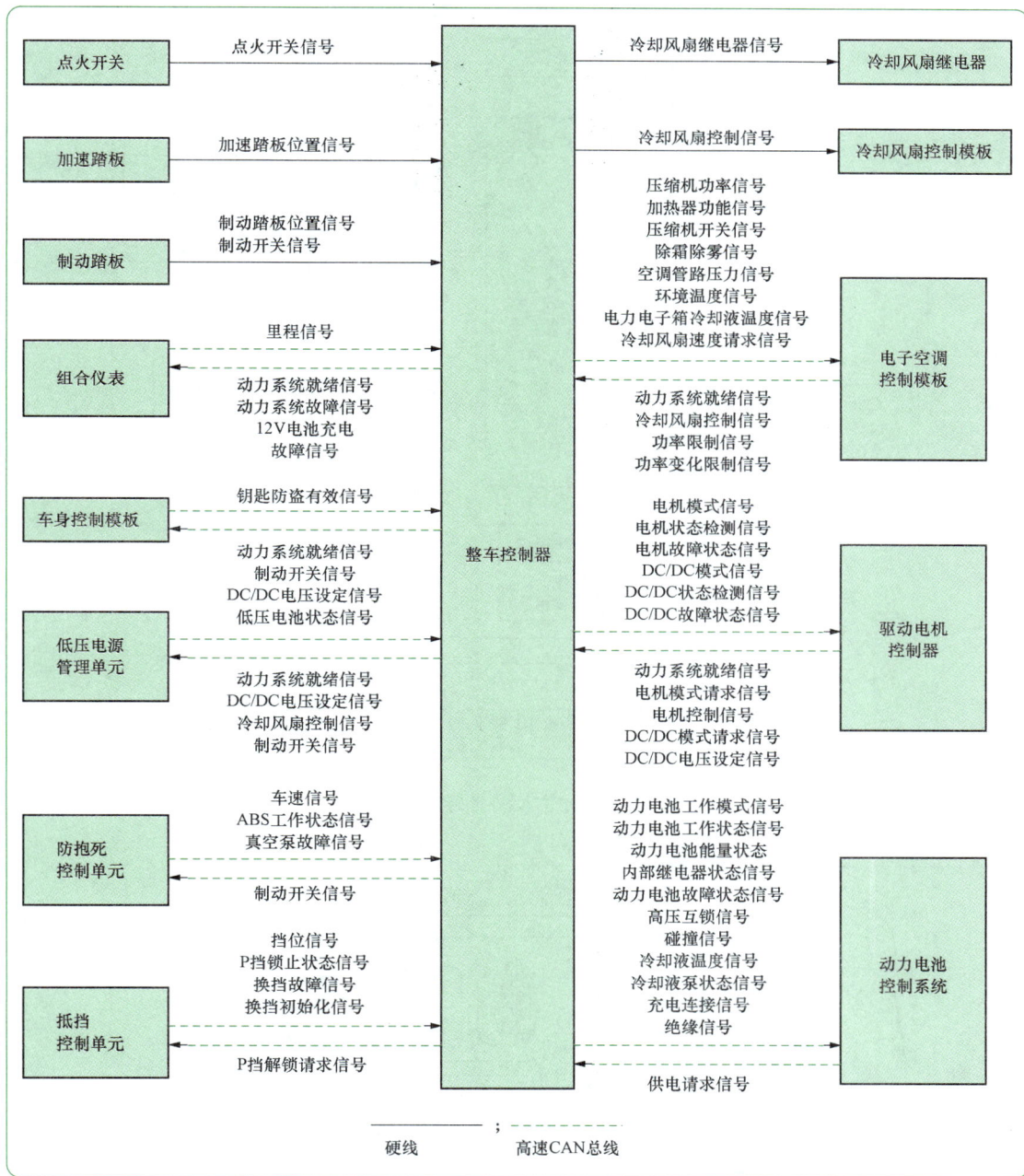

图 4-51 整车控制器组成框图

整车控制器可同其他控制节点（ECU）共享数据信息功能。图 4-53 所示为电动汽车控制单元结构。

（1）接收电机控制器节点传来的电机控制器如过温、低电压、过电流等故障，对故障

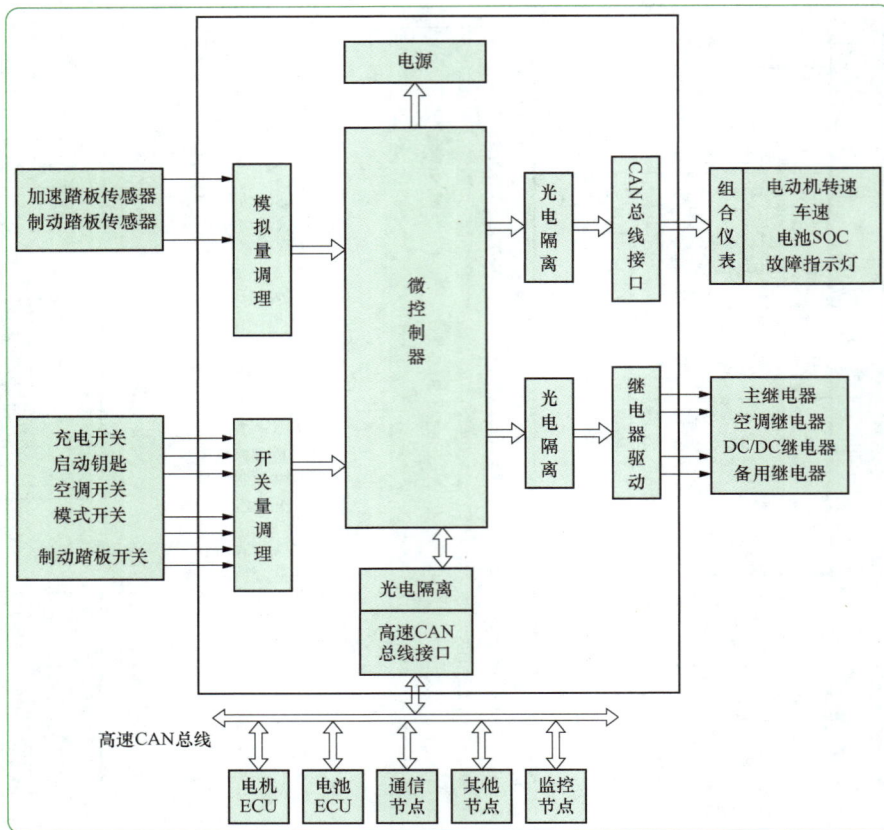

图 4-52　整车控制器的结构原理

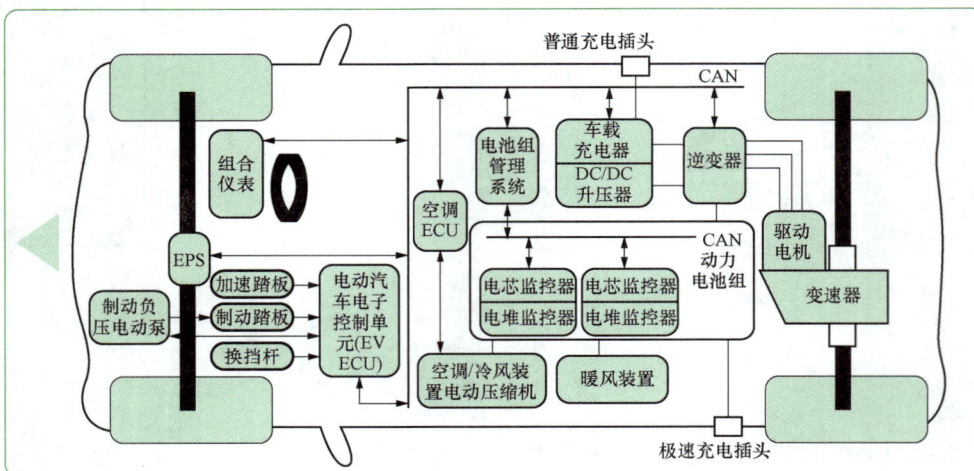

图 4-53　电动汽车控制单元结构

进行存储，分析后认为有必要则输出到仪表，点亮仪表（ICU）动力系统故障灯。

（2）对来自电池管理系统（BMS）的蓄电池总电压、电流以及各蓄电池的电压、电池箱温度、风扇继电器工作情况、烟雾传感器信号、内置温度传感器信号、蓄电池的单块温度等信息进行处理。必要时，给仪表输出故障信号，向仪表输出电池箱 BMS 分系统确定电池箱号及电池位置号，这样利于维修中更换电池。

（3）整车控制器和空调 ECU 交换信号，控制空调的制热和制冷。

（4）从漏电保护器单元接收高压漏电信号，启动高压漏电自动切断主电路开关功能。

3. 电动汽车 CAN 网络结构原理是怎样的？

（1）典型车载网络结构与组成。传统汽车的典型车载网络结构采用多条不同速率的总线分别连接不同类型的节点，并使用网关服务器来实现整车的信息共享和网络管理，如图 4-54 所示。

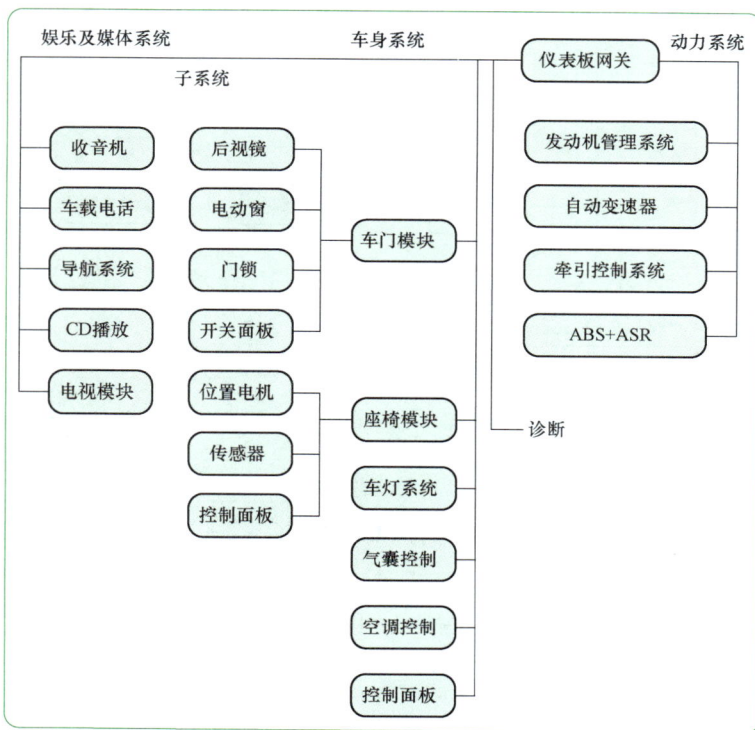

图 4-54　传统汽车的典型车载网络结构

电动汽车各种电气设备的工作由整车车载网络系统协调控制，图 4-55 所示为电动汽车的典型车载网络结构。

北汽 EV200 电动汽车控制系统网络通信如图 4-56 所示。

（2）整车 CAN 总线网关及网络化管理。电动汽车的局域网必须与动力蓄电池组所属电力驱动系统的控制系统相连接，其主控制单元必须与通信单元连接。电动汽车的拓扑结构图如图 4-57 所示。

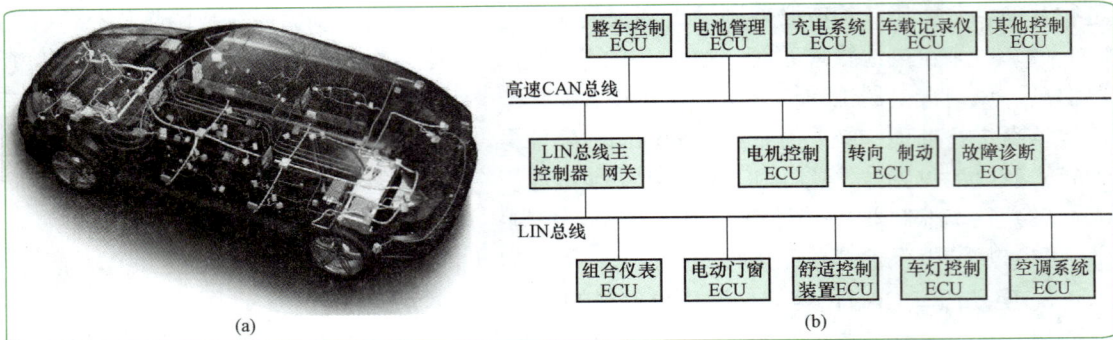

图 4-55　电动汽车的典型车载网络结构

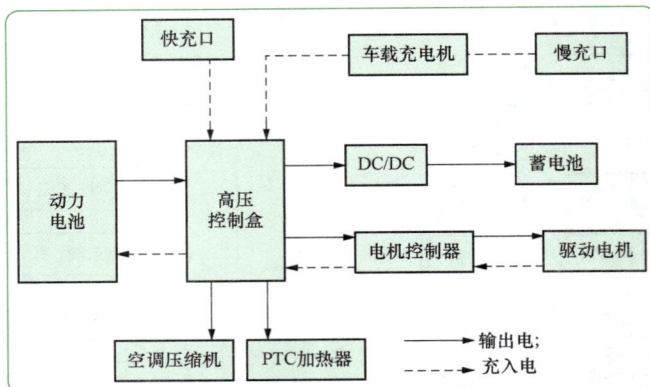

图 4-56　电动汽车控制系统网络通信（北汽 EV200）

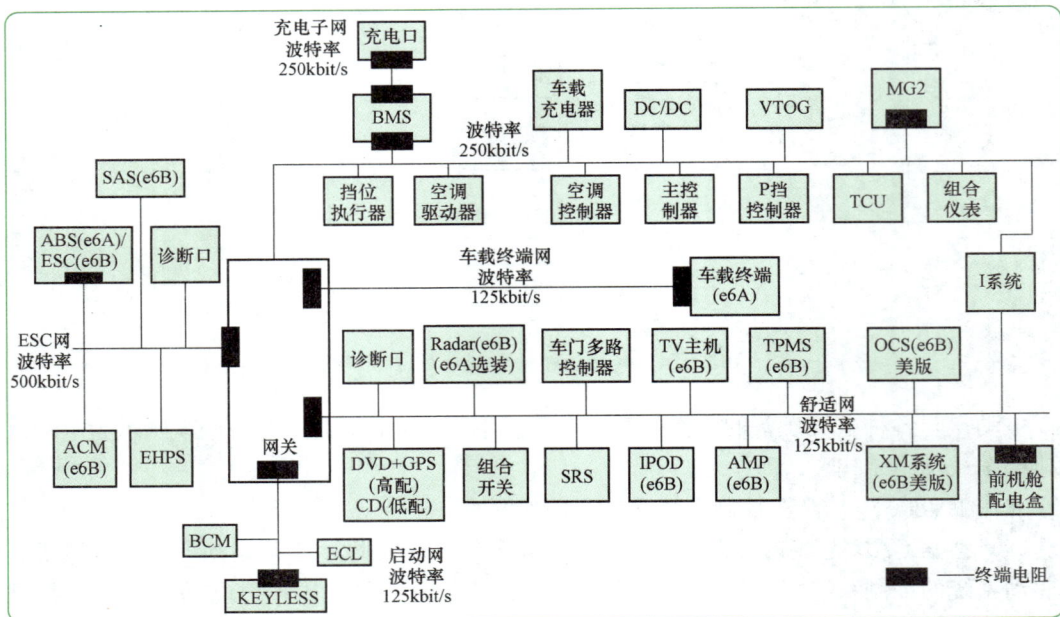

图 4-57　电动汽车网络的拓扑结构图

1）整车 CAN 总线。电动汽车 CAN 总线系统由整车控制器、电池管理系统、电机控制系统、制动控制系统、仪表控制系统组成。各个控制器之间通过 CAN 总线进行通信，以实现传感器测量数据的共享、控制指令的发送和接收等，并使各自的控制性能都有所提高，从而提高系统的控制性能。它们之间的通信与信息类型为信息类和命令类。信息类主要是发送一些信息，如传感器信号、诊断信息、系统的状态。命令类则主要是发送给其他执行器的命令。电动汽车 CAN 总线系统原理如图 4 - 58 所示。

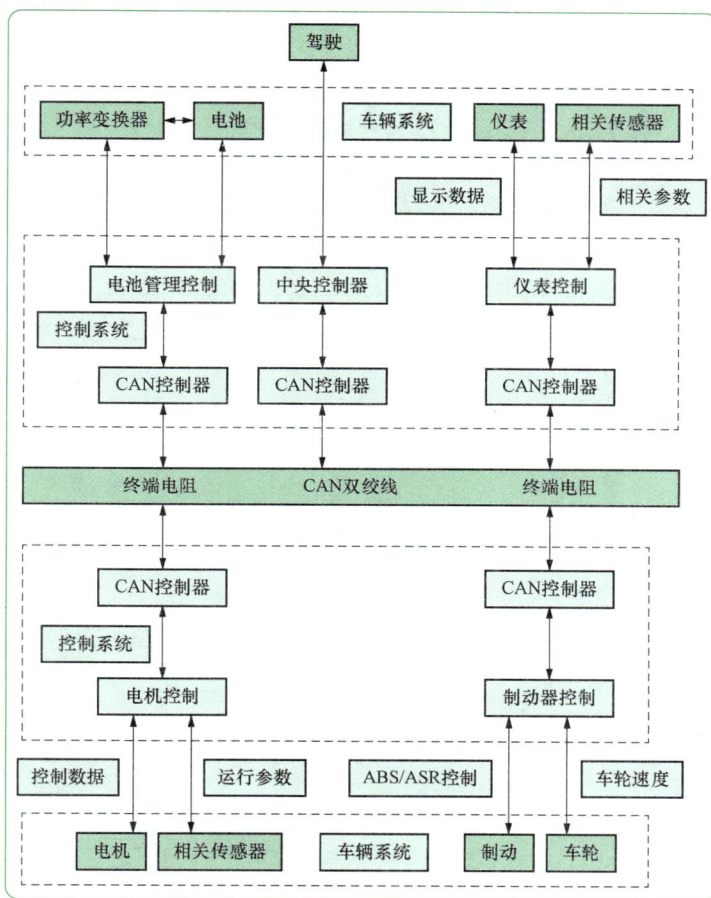

图 4 - 58　电动汽车 CAN 总线系统原理

2）整车 CAN 总线网关及网络化管理。在整车的网络管理中，整车控制器是信息控制的中心，负责信息的组织与传输，网络状态的监控，网络节点的管理，信息优先权的动态分配以及网络故障的诊断与处理等功能。通过 CAN 总线协调电池管理系统、电机控制器、空调系统等模块相互通信。

• 吉利帝豪 EV 电动汽车数据通信系统部件位置与电气原理。

吉利帝豪 EV 电动汽车数据通信系统控制器分布如图 4 - 59 所示，其 CAN 总线与 LIN 总线连接分别如图 4 - 60 与图 4 - 61 所示。

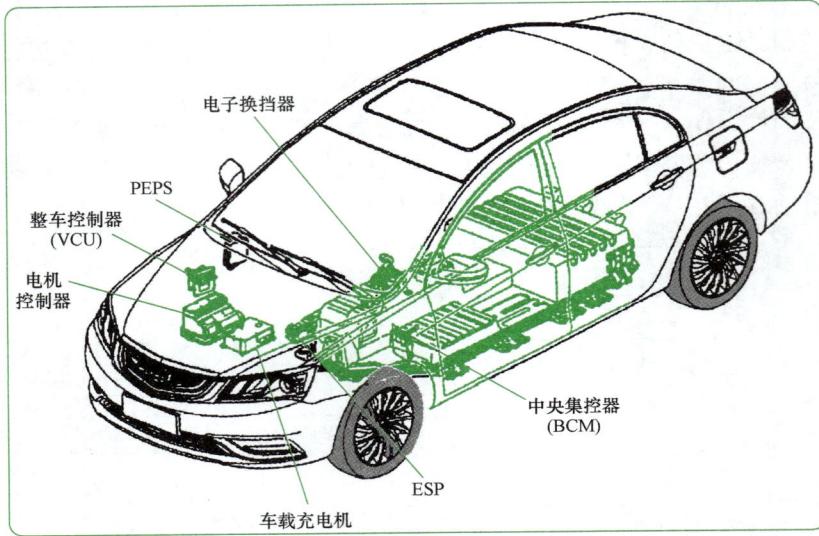

图4-59　数据通信系统控制器分布（吉利帝豪EV）

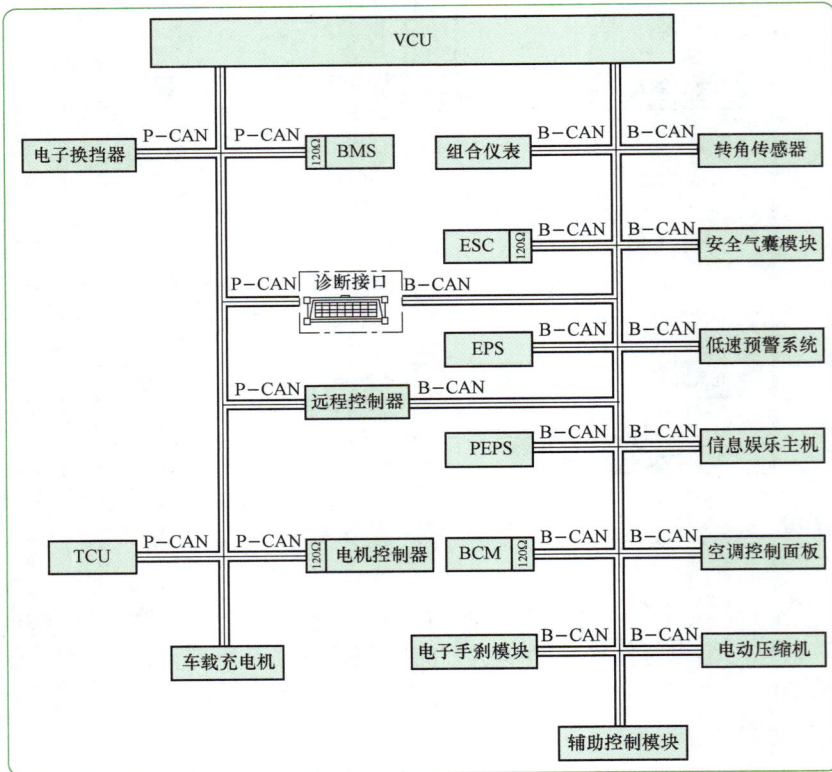

图4-60　CAN总线连接

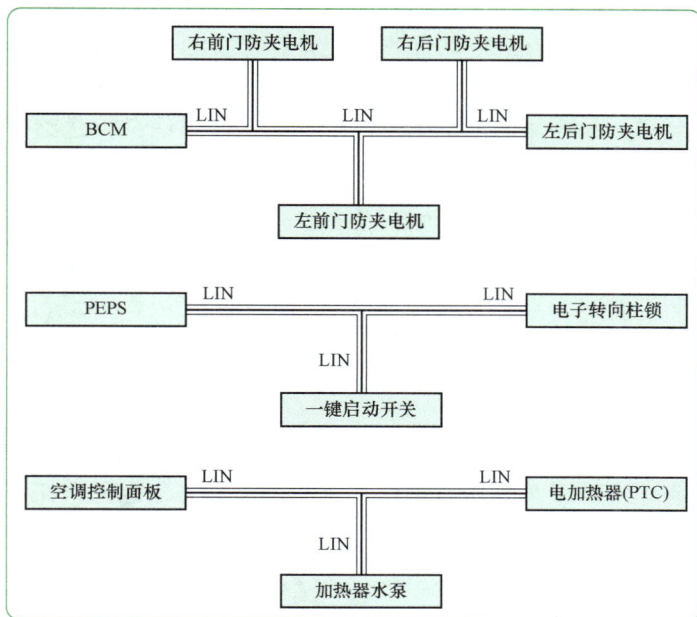

图 4-61 LIN 总线连接

（3）**电动客车整车总线系统**。纯电动客车整车网络化控制系统实现的功能如下：①实现系统协调控制，根据电池管理系统提供的能量信息，保证汽车在正常模式行驶安全模式（能量低时提前报警）和强制停车；②对整车各个系统进行监控，检测整车各个系统信息，并进行报警；③实现整车信息显示及故障报警，对全车信息进行显示并对故障进行分析、报警；④实现对车身电气包括灯光、车门、残疾人踏板等的控制。

目前国内很多大中城市都有纯电动公交客车运营，多采用基于多路 CAN 总线的电动客车通信协议。某车型电动客车整车 CAN 总线系统如图 4-62 所示。该系统通过 CAN 总线实现了整车信息共享及数字化控制。

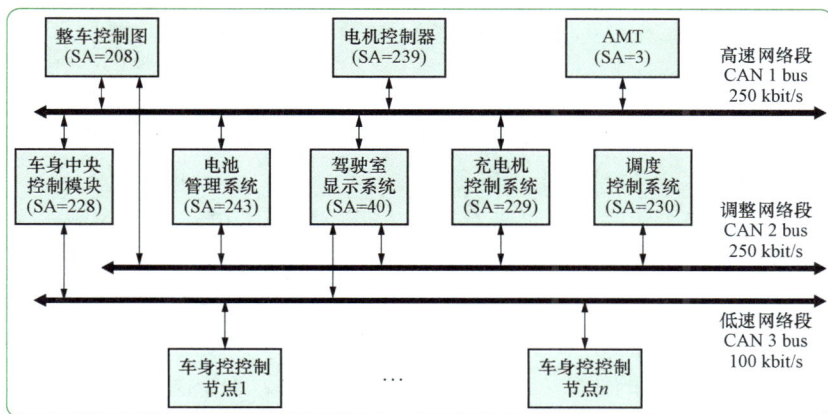

图 4-62 电动客车整车 CAN 总线系统

该系统采用了 3 路 CAN 总线将整车各个电控系统连接起来，形成一个有机的整体。其中，CANI 高速网段将整车动力系统部件连接起来，保证整车的行驶性能，网段以整车控制器为网关，可以接入其他 CAN 网络；由于电动汽车上需要监测的电池数量和数据比较多，单独为电池设计了一条高速网段 CAN2，将电池的详细信息传送给智能仪表系统和整车控制器，保证整个系统的稳定性和可靠性；CAN3 为低速网段，将车身电控单元（BCM）各个模块以及智能仪表等结点连接起来，将车身低压电器、电动汽车控制开关、电动空气悬架系统等接入网络，实现了线束的大幅减少（约 70%）、控制诊断功能智能化（如制动灯替代功能、低压电源的管理等）以及系统功能的扩展。

## 五、 电动汽车车载互联网系统

### 1. 什么是车载互联网系统？

车载互联网系统即车联网系统，也是"汽车物联网"的简称，它是指通过在车辆仪表台安装车载终端设备，实现对车辆所有工作情况和静、动态信息的采集、存储并发送。以车内网、车际网和车载移动互联网为基础，在车与车、车与路、车与行人及车与互联网等之间，通过汽车收集、处理并共享大量信息，使车与路、车与车、车与城市网络实现互相连接，从而实现更智能、更安全的驾驶。

车联网系统的结构示意图如图 4-63 所示，主要由终端、云计算中心（数据中心）以及应用服务组成。

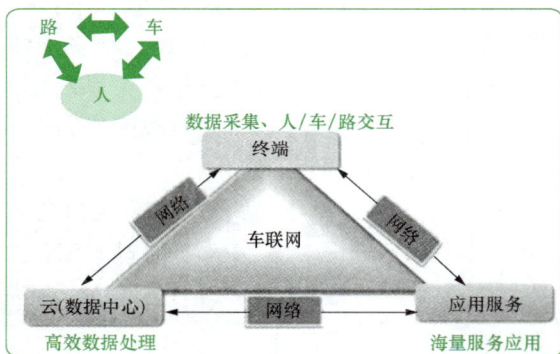

图 4-63 车联网系统的结构示意图

### 2. 车联网的组成与系统架构是怎样的？

（1）车联网的组成。车联网主要由车机、智能手机、地图导航、语音技术、WCDMA/LTE 移动通信技术、车载 Wi-Fi、HUD、OBD、CAN、RFID 和 ITS 等部分组成。

1）车机。车机是安装在汽车内的车载信息娱乐产品的简称。车机在有些功能上可以实现驾驶者与车辆和车与外界的交互，增加驾驶者的用户体验和安全系数。

2）智能手机。驾驶者可以将手机的内容投射到车机屏幕上，让车辆智能系统更具灵活性和延展性，给予驾驶者更便捷的上手感受。

3）地图导航。很多车辆的车机都带有导航，但由于版本更新慢等问题，实际使用量很少，一般驾驶者都转为使用手机 APP 进行操作。

4）语音技术。在计算机领域中的关键技术有自动语音识别技术（ASR）和语音合成技术（TTS）。是未来人机交互的发展方向，其中语音成为未来最被看好的人机交互方式。语音比其他的交互方式有更多的优势，同样语音技术将会成为车联网的重要的组成部分。

5）WCDMA/LTE 移动通信技术、车载 Wi-Fi。3G/4G 等安全、高速的移动通信技术为汽车这一快速交通工具接入互联网提供了可能，同时也可以为移动运营商带来巨大的利益。

6）HUD（Head Up Display 平视显示器）。现如今很多豪华车都已自带简单的 HUD 附件，但仅是简单的实时速度和简单的导航映射。

7）OBD（On - Board Diagnostic 车载诊断系统）。它集成于检测、维护和管理一体，系统会进入发动机、变速箱等系统的 ECU（Electronic Control Unit 电子控制单元，又称"行车电控单元"）中读取故障码及其他相关数据。

8）RFID（Radio Frequency Identification 射频识别技术）。是一种通信技术，可通过无线电讯号识别特定目标并读写相关数据，而无需识别系统与特定目标之间建立机械或光学接触。

9）ITS（Intelligent Transport System 智能交通系统）。是未来交通系统的发展方向，它是将先进的信息技术、数据通信传输技术、电子传感技术、控制技术及计算机技术等有效地集成运用于整个地面交通管理系统而建立的一种在大范围内、全方位发挥作用的，实时、准确、高效的综合交通运输管理系统。

（2）车联网系统架构。车联网需要一种专有的协同通信架构和协议栈，将不同底层数据进行整合，实现信息交互，确保数据传输的实时性，完备性和安全性。车联网系统架构如图 4 - 64 所示。

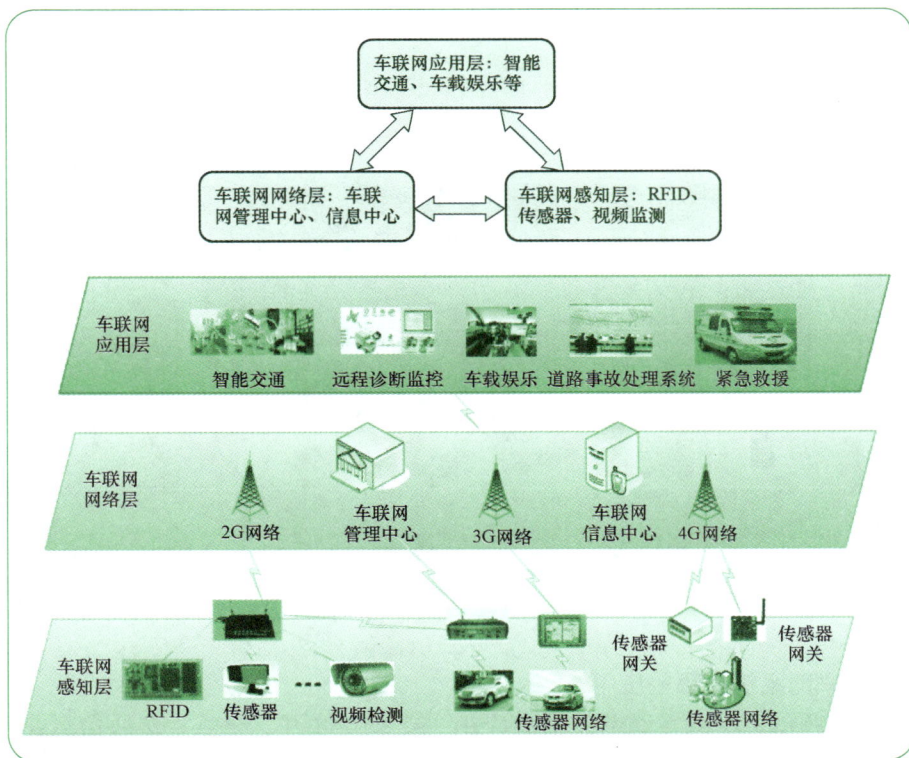

图 4 - 64　车联网系统架构

**3. 车载终端与车载局域网络系统的关系是怎样的?**

为实现电动汽车运行状态的远程监控,电动汽车一般都装有车载数据终端,图4-65所示。该终端由卫星定位技术单元和无线通信网络(GSM/GPRS/3G/4G)单元组成,能够准确、实时地为用户定位,拥有车辆自动求助、道路救援系统、车辆跟踪防盗、智能导航系统、车友互联、驾驶习惯分析、保养管理、企业车辆管理、互动娱乐和增值信息服务等功能。

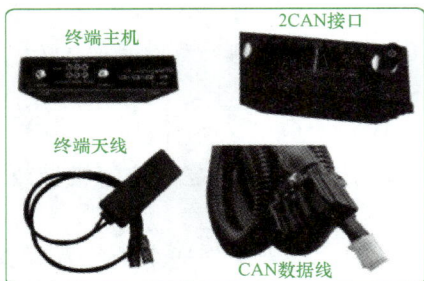

图4-65 电动汽车车载数据终端

车载数据终端将实时采集的汽车状态信息通过无线传输网络传递给远程监控平台的服务器,服务器将数据进行分析,判断电动汽车的运行状态,并将相应数据存储在数据库中,以便对电动汽车服务跟踪。车载数据终端能够与整车控制器通过CAN总线进行通信,服从整车控制器的控制命令,获取整车的相关信息。车载数据终端CAN总线系统示意图如图4-66所示。

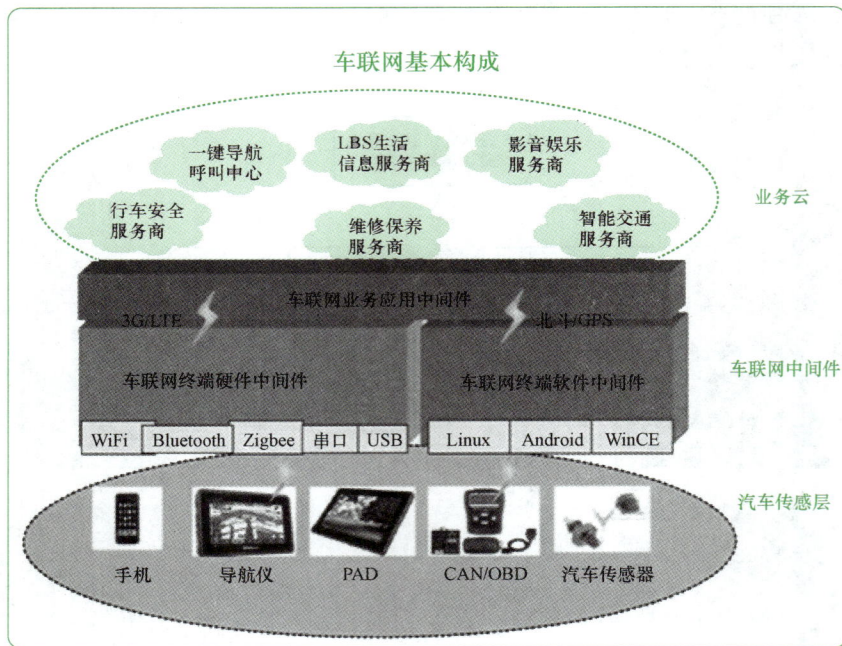

图4-66 车载终端CAN总线系统示意图

**4. 车载互联网系统有哪些应用?**

如图4-67所示,车载互联网系统的应用主要有互联网、导航、交通信息、安全、交流、娱乐、道路救援、汽车维护等几方面。

(1) 用户的便捷功能。用户可以便捷地查询到保险、路况、位置以及车辆油耗等需要

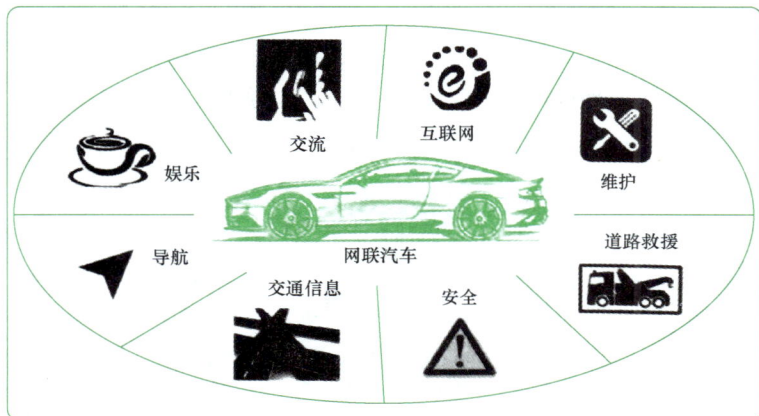

图 4-67　车载互联网系统的应用

信息，如图 4-68 所示。

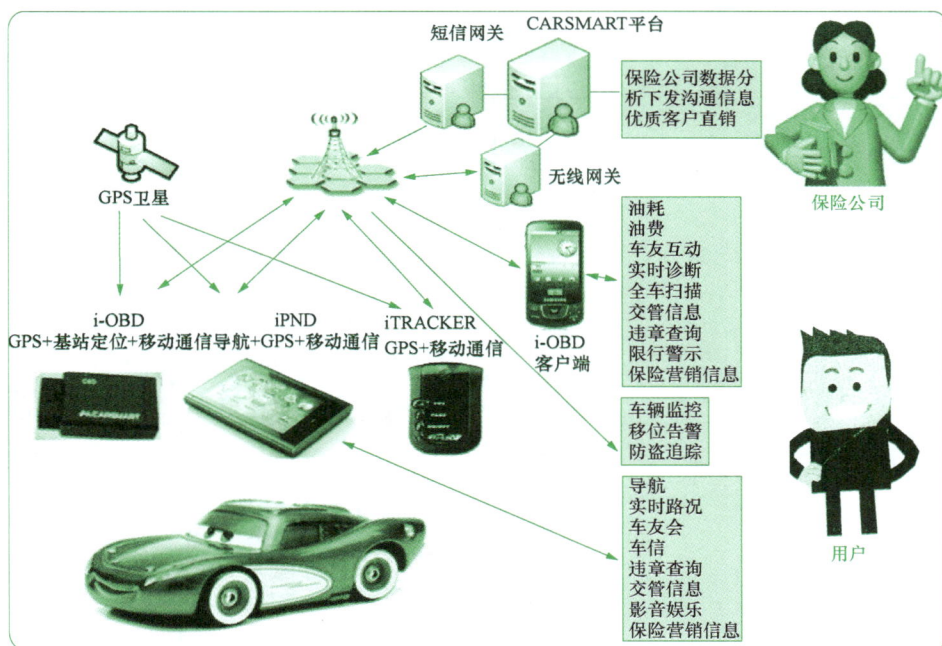

图 4-68　用户便捷功能示意图

（2）危险品运输车管理。用户可以查询人员的安全、车况服务和车辆在途管理的信息，如图 4-69 所示。

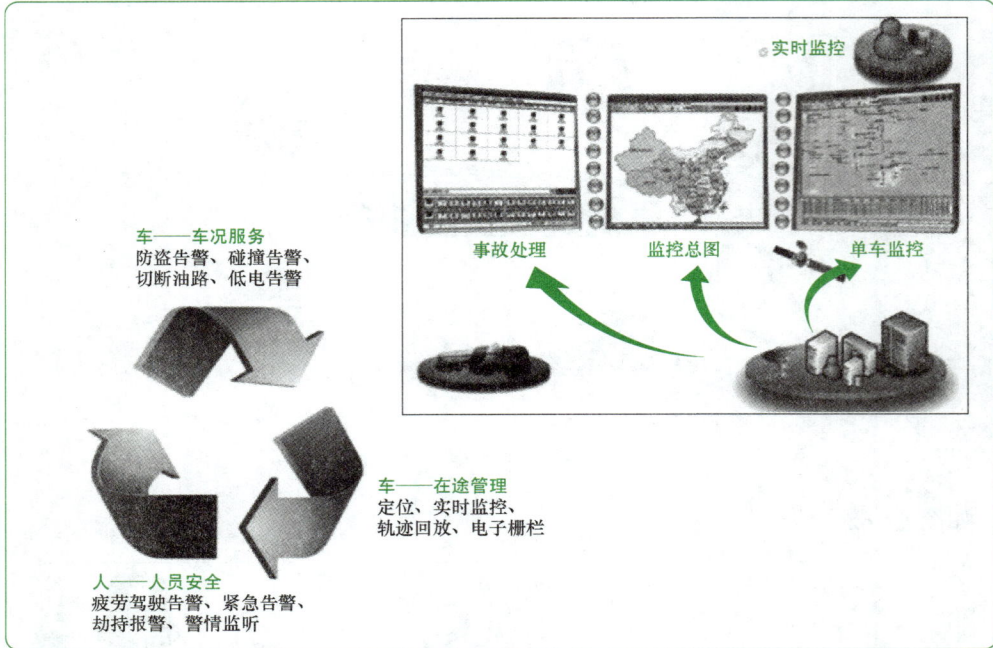

**车——车况服务**
防盗告警、碰撞告警、
切断油路、低电告警

**实时监控**

事故处理    监控总图    单车监控

**车——在途管理**
定位、实时监控、
轨迹回放、电子栅栏

**人——人员安全**
疲劳驾驶告警、紧急告警、
劫持报警、警情监听

图 4-69　危险品运输车管理示意图

# 第5章 电动汽车的其他重要部件——辅助系统

电动汽车的辅助系统主要包括电动助力转向系统、制动系统、暖风与空调系统等。电动助力转向系统是完全独立于发动机运作的，它是一种直接依靠电机提供辅助扭矩的动力转向系统；电动汽车的制动系统与传统汽车的防抱死制动（ABS）系统类似，与传统燃油汽车最主要的区别是提供真空助力的形式不同；电动汽车采用压缩机的空调系统与传统汽车空调系统并无本质上的区别，工作原理基本相同，但在结构上不完全相同，即空调压缩机的驱动方式以及暖风产生方式有所不同。

## 一、电动助力转向系统

### 1. 汽车助力转向系统的类型有哪些？

现代汽车上配置的助力转向系统大致可以分为：机械式液压助力转向系统、电子液压助力转向系统和电动助力转向系统（EPS）3 种，如图 5-1 所示。在电动汽车中，大多数混合动力汽车和所有纯电动汽车都采用了电动助力转向系统（EPS），但仍有少数混合动力汽车使用电子液压助力转向系统。

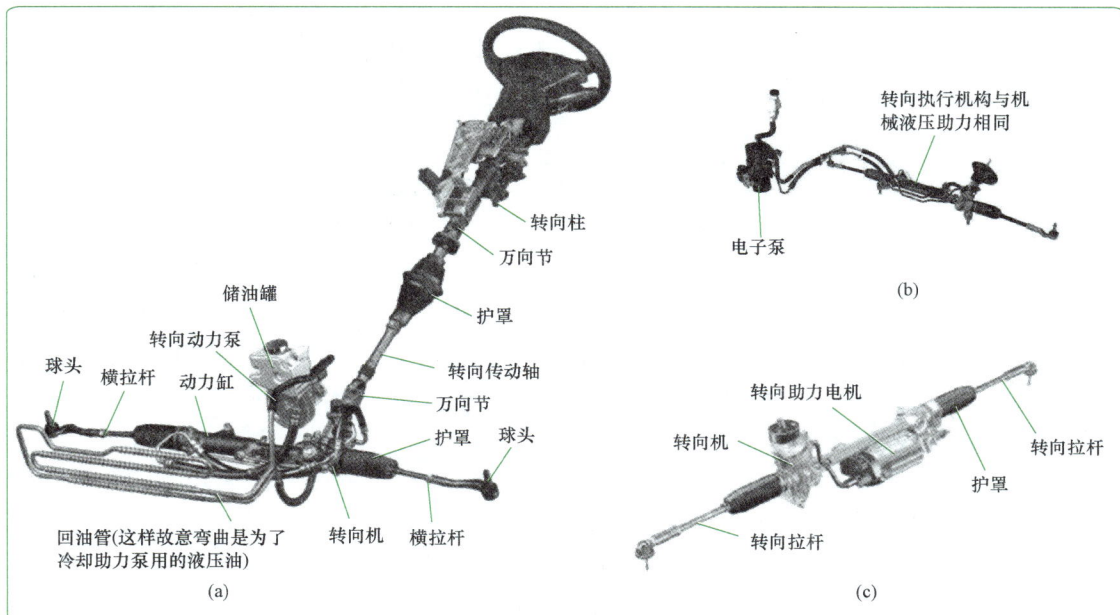

图 5-1　汽车助力转向系统类型
（a）机械式液压助力转向系统；（b）电子液压助力转向系统；（c）电动助力转向系统

电动助力转向系统是完全独立于发动机运作的，它是一种直接依靠电机提供辅助扭矩的动力转向系统。电动助力转向系统在原机械转向系统的基础上，增加了车速传感器、转矩转角传感器、电子控制器、电机及其传动机构，直接利用电机驱动转向轴提供助力转矩。

**2. 电子液压助力转向系统结构原理是怎样的？**

由于电动助力转向系统的助力力矩较小，大型混合动力汽车往往需要采用电子液压助力转向系统（简称 EPSH）。电子液压助力转向系统是在机械液压助力的基础上进行改进的，它是在液压泵上添加了一套电动机与电控单元，不再由发动机直接驱动了，并在此基础上加装了电控系统，让转向辅助力的大小不但与转向角度有关，还与车速有关。

（1）电子液压助力转向系统的组成。电子液压助力转向系统一般由储油罐、助力转向控制单元（ECU）、电动液压泵、电磁阀、转向机、助力转向车速传感器等组成，如图 5-2 所示。其中助力转向控制单元和电动泵是一个整体结构。

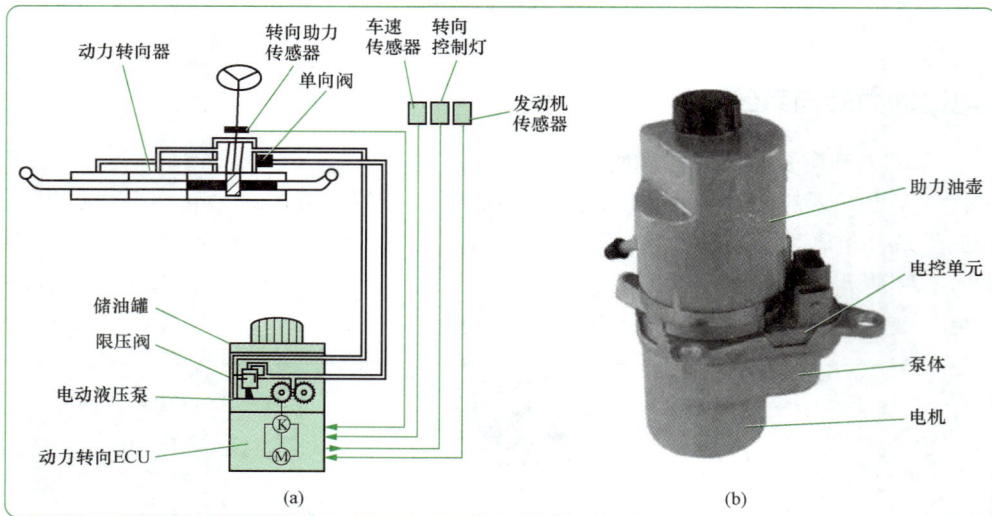

图 5-2　电子液压助力转向系统的组成
（a）电子液压助力转向系统的组成；（b）控制单元和电动泵总成

（2）电子液压助力转向系统的工作原理。电子液压转向助力转向系统克服了传统的液压转向助力转向系统的缺点。它所采用的液压泵不再靠发动机皮带直接驱动，而是采用一个电机驱动的电动泵，由发动机的动力电池组为电机供电。这样液压泵的运行状态与发动机工作状态分离，可以实现独立控制，所有的工作的状态都是由电子控制单元根据车辆的行驶速度、转向角度等信号计算出的最理想状态。

在低速大转向时，电子控制单元驱动电子液压泵以高速运转输出较大功率，使驾驶员打方向省力；汽车在高速行驶时，液压控制单元驱动电子液压泵以较低的速度运转，在不至于影响高速打转向的需要同时，节省一部分发动机功率。

**3. 电动助力转向系统的结构与工作原理是怎样的？**

（1）电动助力转向系统（EPS）的结构。电动动力转向系统在不同车上的结构部件尽管不尽相同，但基本原理是一样的，主要由转矩传感器、转角传感器、车速传感器、电机、电磁离合器、减速机构、电动助力转向电控单元（ECU）等组成。如图 5-3 所示为电动转向助力系统组成与安装位置。

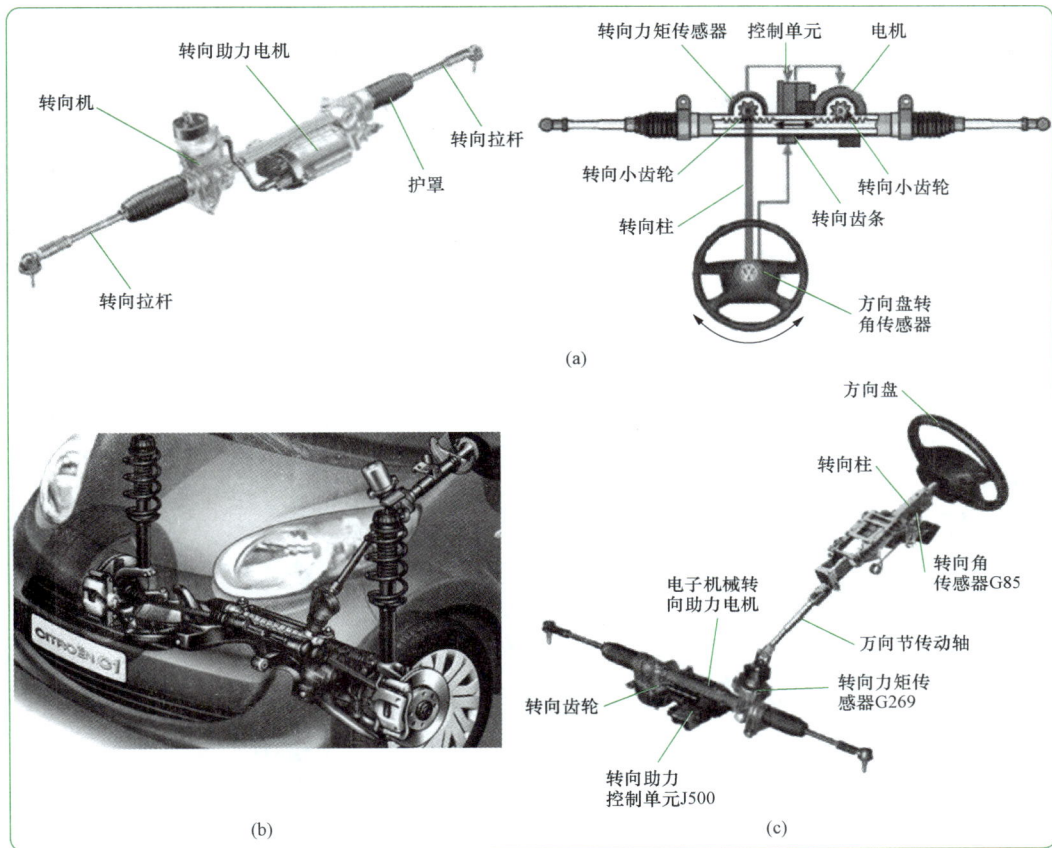

图 5-3 电动转向助力系统组成与安装位置

(a) 电动转向助力系统组成；(b) 电动转向助力系统安装位置；(c) 速腾车电动转向助力系统的组成

1) 电动助力转向电控单元（ECU）。电动助力转向电控单元（ECU）根据转矩传感器信号和车速传感器信号进行逻辑分析与计算后，发出指令，控制电机动作。此外还有安全保护和自诊断功能，通过采集车速、转矩、转向角度等信号判断系统工作装况是否正常，一旦系统工作异常，助力将自动取消，并进行故障诊断分析。

2) 助力转向电机。助力转向电机根据助力转向电控单元的指令输出适宜的辅助转矩，是电动助力转向系统的动力源。多采用无刷永磁式直流电机。

3) 转矩传感器。转矩传感器集成在转向管柱内部，其功能是测量驾驶员作用在转向盘上的转矩大小与方向，以及转向盘转角的大小和方向，是电动助力转向系统的控制信号。目前采用较多的是在转向轴位置加一-扭杆，通过测量扭杆的变形得到转矩。另外也有采用非接触式转矩传感器的。

4) 减速机构。减速机构与电机相连，起降速增矩作用。常采用蜗轮蜗杆机构，也有采用行星齿轮机构的。有的电动助力转向系统还配用离合器，装在减速机构一侧，是为了保证电动助力转向系统只在预先设定的车速行驶范围内起作用。当车速达到某一值时，离合分离，电机停止工作，转向系统转为手动转向。另外，当电机发生故障时，离合器将自动分离。

5）助力转向机总成。与传统燃油汽车转向机结构原理相同，助力转向机总成是汽车转向系统的最终执行机构。最常见的电动助力转向系统由车辆 12V 系统供电，并由小型电机支持运转的。在需要大转向力矩的情况下，有些 12V 系统会使用电控设备将电动助力转向系统电压升到 34V 以上。有些混合动力汽车和纯电动汽车采用 42V 的电动助力转向系统，这些系统通常是由 DC/DC 转换器驱动的，DC/DC 转换器将动力电池电压降到电动助力转向电机所需的电压值。

（2）电动转向控制系统。电动转向控制系统如图 5-4 所示，汽车在运行过程中，扭矩传感器、车速传感器及电机电流传感器会产生各自的电信号，这些信号经过滤波、信号电平调整后传给 ECU，ECU 经过分析处理后输出 PWM 信号给电机驱动模块，实现对助力电机扭矩控制。

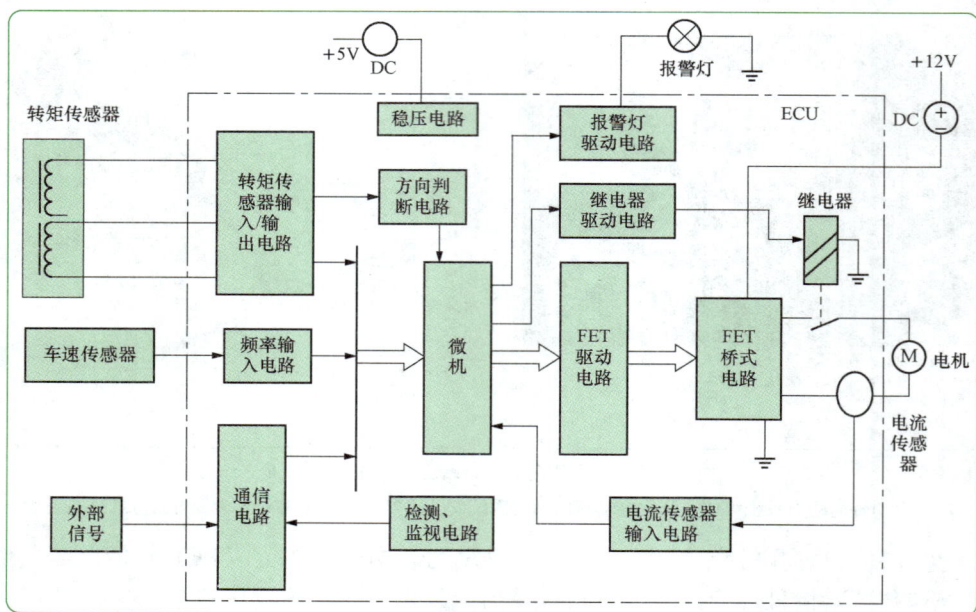

图 5-4　电动转向控制系统

电动助力转向系统控制方式有助力控制、回正控制和阻尼控制 3 种。在正常的转向过程中，当驾驶人转动转向盘，采用助力控制；当驾驶人释放转向盘后，作用在转向盘上的力减小，且小于助力控制的门限值，同时，系统判断此时检测转矩大小的加速度和转向盘转动方向是否相异，如果两者相异，系统就执行回正控制。EPS 系统中的电机、减速机构以及转向机构等都有很大的摩擦力与惯性力矩，这些都构成了汽车的回正阻力矩，当回正阻力矩过大，阻止车轮回正时，采用回正控制，利用电机提供辅助回正力矩。为了防止提供的辅助回正力矩过大，产生回正过头现象或在回正过程中出现摆振现象，在车轮将要回到中间位置时要施加阻尼，此时采用阻尼控制。

（3）电动助力转向系统的工作原理。不同类型的电动助力转向系统，其基本工作原理是相同的，如图 5-5 所示。

当上电开关接通时，卸荷继电器闭合，电动助力转向系统开始进入工作状态；当电动助力转向系统正常工作时，电控单元根据汽车行驶速度、转矩及转向角信号，计算所需要的转向助力的转矩，并通过功率放大模块控制助力电机的转动，电机输出经过减速增矩后驱动转向机构产生相应的转向助力。

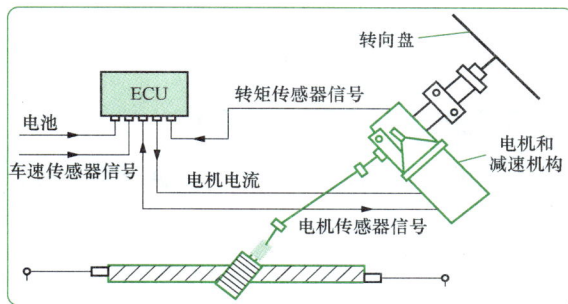

图 5-5　电动助力转向系统基本工作原理

电动助力转向系统的助力作用受整车控制器控制，在车辆低速转向时的助力作用最强，随着车速的升高助力作用逐渐减弱，当车速达到一定值（30km/h）时 ECU 停止向电机供电，转向完全变为人力操纵。当车速升高到一定值（54km/h）时，转向助力又变成了转向阻力，适当增加阻尼控制，以增加高速行车的稳定性，防止在高车速时转向过轻造成的车辆"发飘"，实现在全速范围内的最佳控制。

当电动助力转向系统检测到故障时，可通过 CAN 总线或其他数据线向整车控制器发送故障信息，并采取相应的处理措施。

4. 电动助力转向系统有哪些类型？

目前，电动助力转向系统（EPAS 或 EPS）按照电动助力转向单元在电动转向系统中安装位置的不同，可分为转向轴型（Column - assist type EPS，C - EPS）、小齿轮型（Pinion assist type EPS，P - EPS）和齿条型（Rack assist type EPS，R - EPS）3 种，如图 5-6 所示。

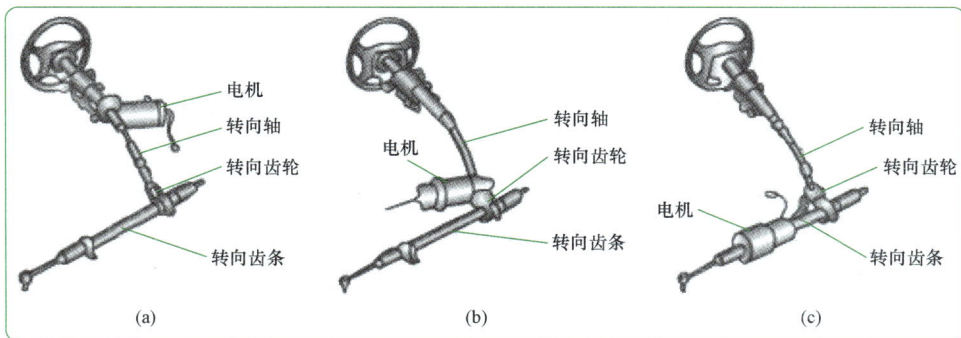

图 5-6　电动助力转向系统类型
(a) 转向轴型；(b) 小齿轮型；(c) 齿条型

（1）转向轴型电动助力转向系统（C - EPS）。转向轴型电动助力转向系统的转矩传感器、电机、离合器和转向助力机构组成一体，安装在转向柱，见图 5-6（a）。这种助力方式比较适合用于前轴负荷较小的微型轿车。

（2）小齿轮型电动助力转向系统（P - EPS）。小齿轮型电动助力转向系统的转矩传感器、电机、离合器和转向助力机构仍为一体，只是整体安装在转向小齿轮处，直接给小齿轮助力，能够获得较大的转向力，见图 5-6（b）。这种助力方式比较适合用于前轴负荷中等的轻型轿车。

（3）齿条型电动助力转向系统（R - EPS）。齿条型电动助力转向系统的转矩传感器单独地安装在小齿轮处，电机与转向助力机构一起安装在小齿轮另一端的齿条处，用以给齿条助力，见图 5-6 （c）。这种助力方式比较适合前轴负荷较大的高级轿车和货车。

## 二、 电动汽车防抱死制动系统

1. 电动汽车防抱死制动系统由哪些部分组成？

（1）电动汽车防抱死制动系统的组成。电动汽车的防抱死制动系统与传统汽车的防抱死制动（ABS）系统类似，主要由制动器、制动压力调节装置 ABS、电动真空助力系统和电机再生制动系统等部分组成，如图 5-7 所示。

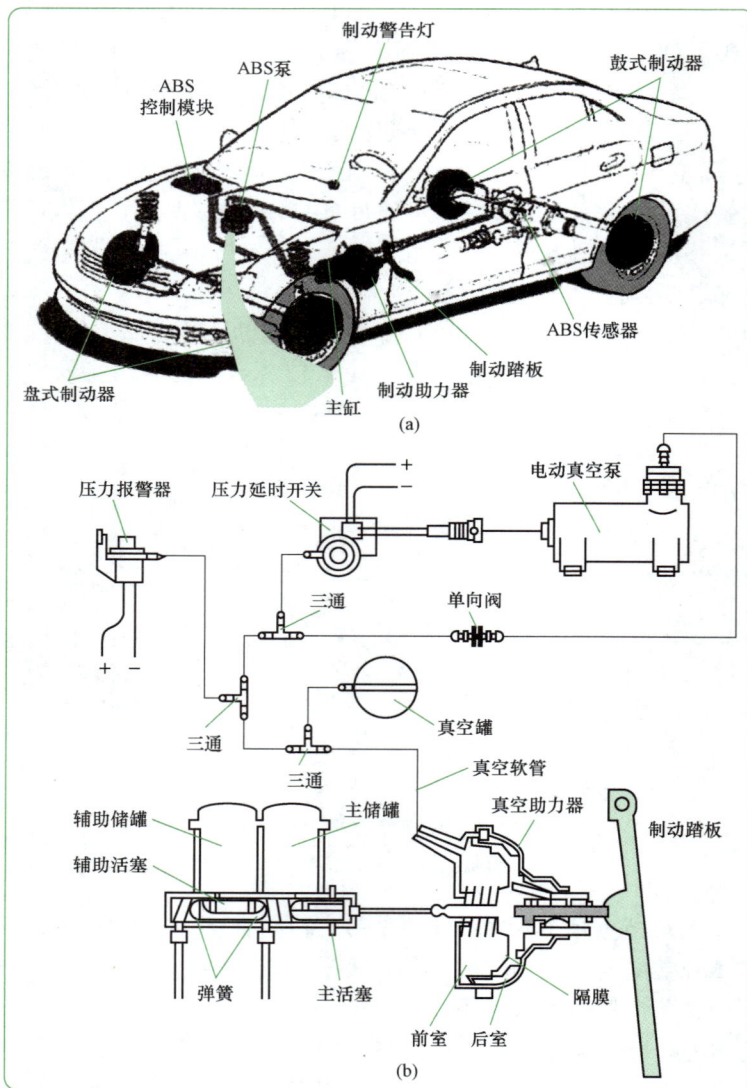

图 5-7 电动汽车防抱死制动系统及其组成

（a）防抱死制动系统；（b）防抱死制动系统的组成

　　车轮制动器由旋转元件和固定元件组成。旋转元件与车轮相连接，固定元件与车桥相连接。利用旋转元件和固定元件之间的摩擦，产生制动器制动力。根据结构不同，车轮制动器有盘式制动器和鼓式制动器两种。电动汽车所用的制动器主要有前盘后鼓和前后均为盘式制动器两种形式。

　　1）盘式车轮制动器。由制动盘和制动钳组成的制动器即盘式车轮制动器，也称为钳盘式制动器，俗称刹车卡钳，其总成及分解图如图5-8所示。图5-9所示为盘式车轮制动器工作原理示意图。

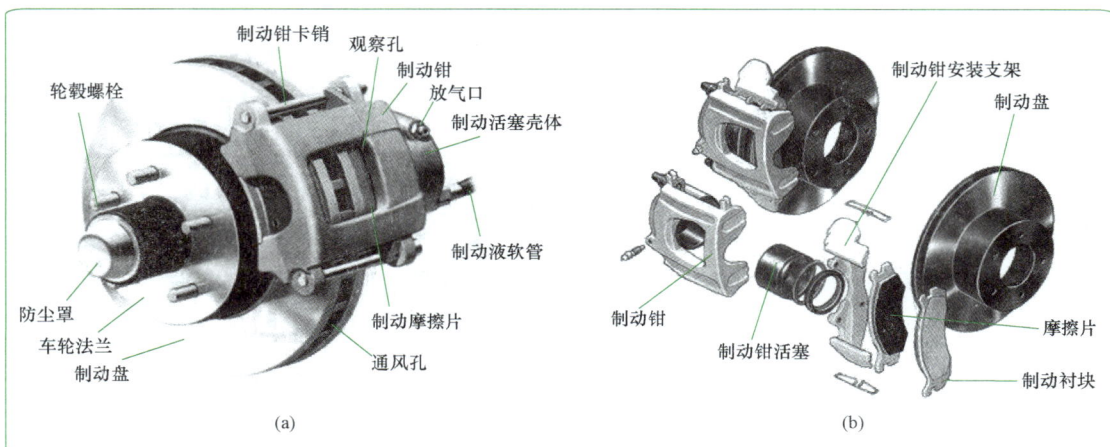

图5-8　盘式车轮制动器总成与分解图
(a) 总成；(b) 分解图

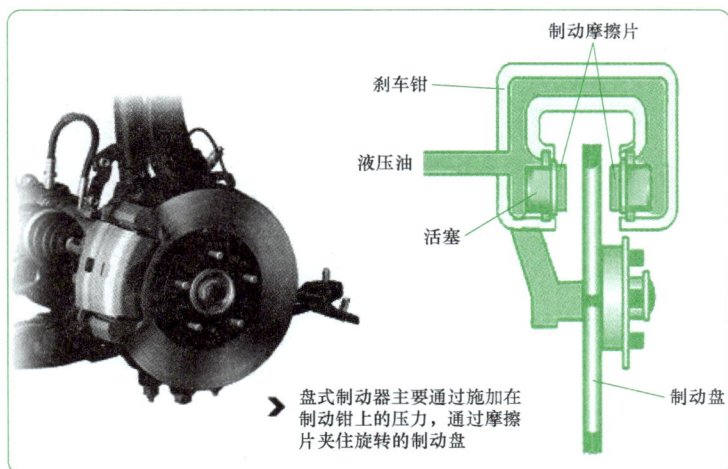

图5-9　盘式车轮制动器工作原理示意图

　　盘式车轮制动器又可分为定钳盘式和浮钳盘式两种。其中定钳盘式制动器的旋转元件是制动盘，它和车轮固定在一起并可旋转，而制动钳固定在车桥上，它不能旋转也不能沿制动盘轴线方向移动。当车轮制动时，制动油液由制动主缸经油管进入钳体中两个相通的液压腔中，将两侧的摩擦块压向与车轮固定连接的制动盘，从而产生制动，如图 5－10 所示。

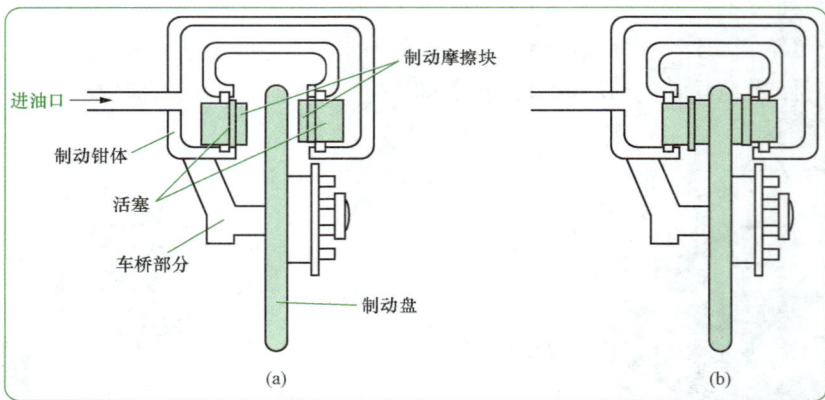

图 5－10　定钳式盘式制动器
（a）不制动状态；（b）制动状态

　　浮钳盘式制动器的制动盘也和车轮固定在一起并可旋转，而制动钳固定在车桥上，但可以相对于制动盘轴向移动。当车轮制动时，液压油通过油管进入制动轮缸，推动活塞及其摩擦块向右移动，并压到制动盘上，使得油缸连同制动钳整体沿导向销向左移动，直到制动盘右侧的摩擦块也压到制动盘上，夹住制动盘并使其制动，如图 5－11 所示。

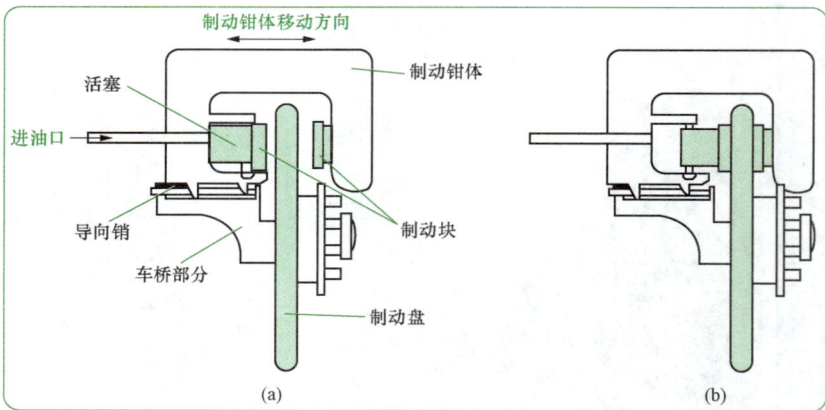

图 5－11　浮钳式盘式制动器
（a）不制动状态；（b）制动状态

　　2）鼓式车轮制动器。鼓式车轮制动器由旋转部分、固定部分、促动装置和间隙调整装置组成，如图 5－12 所示。旋转部分为制动鼓；固定部分为制动底板和制动蹄，制动底板固装在车桥的凸缘盘上，通过支承销与制动蹄相连；促动装置为凸轮或制动轮缸；间隙调整装置能保证制动蹄和制动载之间的相对位置正确。鼓式制动器用在后轮上的比较多，兼

驻车制动的功能。

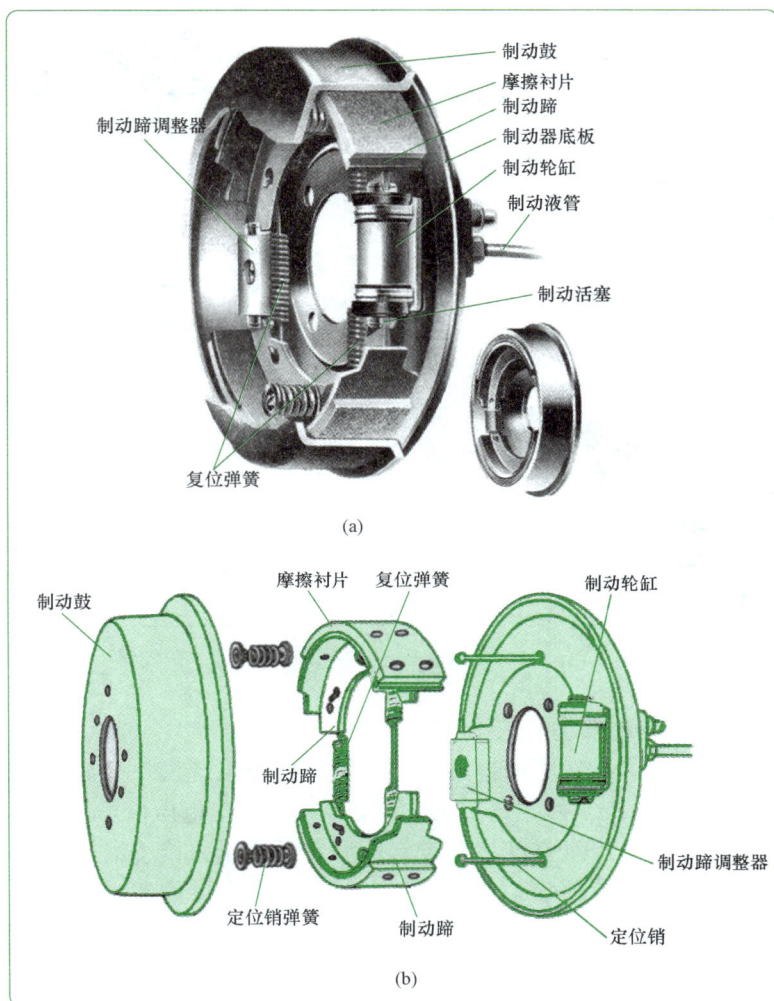

图 5-12　鼓式车轮制动器构造及分解图

（2）**制动压力调节器。**电动汽车所使用的制动压力调节器和传统燃油汽车的一样，在汽车制动时，自动控制制动器制动压力的大小，使车轮处于边滚动边滑动的状态，而不是完全抱死，以保证车轮与地面的最大附着力（滑移率控制在 20% 左右）。

（3）**电动真空助力系统。**电动汽车制动系统和传统燃油汽车最主要的区别是提供真空助力的形式不同。传统燃油汽车真空助力装置的真空源来自发动机进气歧管，而电动汽车没有发动机或发动机不是在任何工况下都工作，即没有了真空源，于是电动汽车便单独设计了一个电动真空泵为真空助力器提供真空，主要由电动真空泵和真空储存罐组成。宝马X1（F49 PHEV）制动真空系统部件组成如图 5-13 所示。

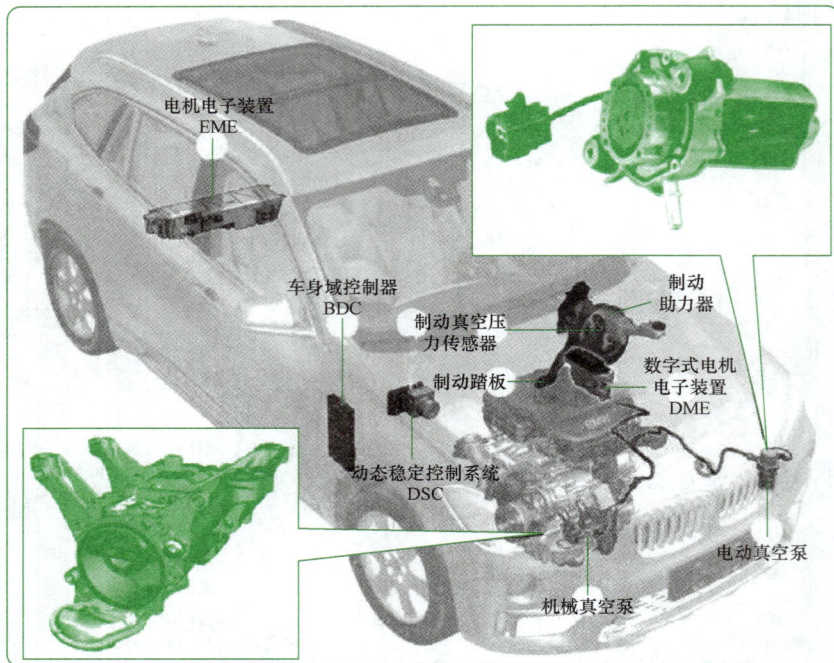

图 5-13　F49 PHEV 制动真空系统

### 2. 电动汽车防抱死制动系统的工作原理是怎样的?

当驾驶人启动汽车时,12V 电源接通,电子控制装置系统模块开始自检,当真空罐内的真空度小于设定值(50kPa)后,真空压力传感器输出相应电压值至控制器,此时控制器控制电动真空泵开始工作;当真空度达到设定值后,真空压力传感器输出相应电压值至控制器,此时控制器控制真空泵停止工作;当真空罐内的真空度因制动消耗,又小于设定值(50kPa)时,电动真空泵再次开始工作,如此循环。当真空度高于 75kPa 时,整车控制器将使真空泵停止;当真空度低于 34kPa 时,整车控制器将报警。

在制动过程中,驾驶人踩下制动踏板,启动真空助力装置,这时候需要使用在储气罐中所储存的真空。在制动结束之后,若检测到储气罐中的真空度不能满足要求,则启动真空泵将储气罐中的气体抽出,并加大真空度以满足下一次的使用。

为了提高系统的可靠性,满足安全标准,系统一般采用双管路制动,当其中一条管路失效时,另一条管路必须能提供制动力。

在制动过程中,ECU 通过轮速传感器判断车轮是否被抱死;若车轮即将被抱死,ECU 发出命令,通过制动调节装置,减少制动力防止车轮被抱死。

### 3. 再生制动系统 (或回馈制动系统) 结构原理是怎样的?

电动汽车再生制动系统也称为制动能量回收系统,是电动汽车所独有的,如图 5-14 所示。在减速制动(制动或者下坡)时将汽车行驶的惯性能量通过传动系统传递给电机,电机以发电机方式工作,产生反向电流为动力电池充电,增加电动汽车的续驶里程。与此同时,产生的电机制动力矩又可通过传动系统对驱动轮施加制动,产生制动力。由于电动汽车的结构不同，其制动能量回收系统也不相同。

电动汽车再生制动系统的结构如图5-15所示。

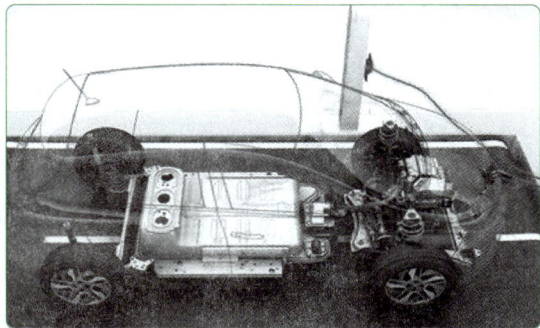

图 5-14　电动汽车再生制动系统

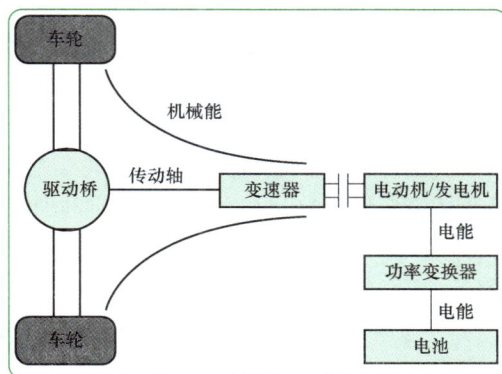

图 5-15　电动汽车再生制动系统的结构

电动汽车再生—液压混合制动系统的基本结构如图5-16所示。驾驶人踩下制动踏板后，电动泵使制动液增压产生所需的制动力，制动控制与电动机控制协同工作，确定电动汽车上的再生制动力矩和前后轮上的液压制动力。再生制动时，再生制动控制回收再生制动能量，并且反充到蓄电池中。同样，电动汽车上的ABS及其制动比例控制阀（可由ABS的扩展功能EBD电子制动力分配代替）的作用与传统燃油车上的相同，其作用是产生最大的制动力。电动泵可以利用现有汽车中ABS的扩展功能中的ESP电子稳定程序的电动供能泵作为压力源。

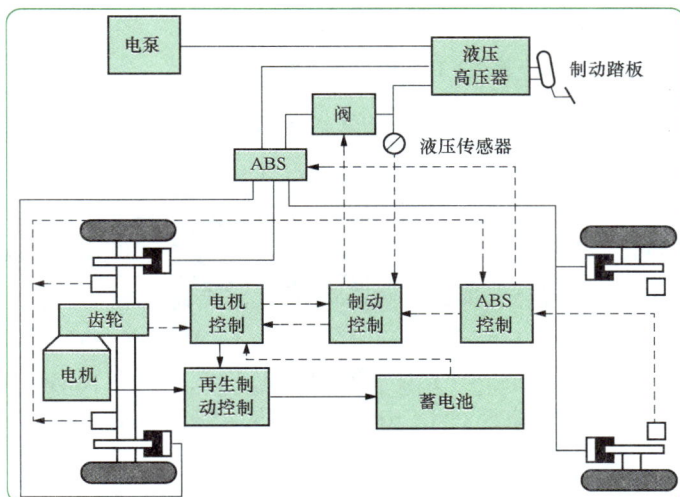

图 5-16　电动汽车再生—液压混合制动系统的基本结构

电动汽车上的总制动力矩是再生制动力矩与液压制动力矩之和。当制动踏板力较小时，只有再生制动力矩施加在驱动轮上，并且与制动踏板力成正比。而非驱动轮上的制动力由液压制动提供，液压制动力也与制动踏板力成正比。当制动踏板力超过一定值时，最大再生制动力矩全部加在驱动轮上，同时液压制动力矩也作用在驱动轮上以获得所需的制动力矩。因而最大再生制动力矩可以保持不变，以便能完全回收汽车的功能。

**4. 车身电子稳定系统（ESP）的结构与工作原理是怎样的？**

（1）ESP 系统的结构。ESP 系统其实是 ABS（防抱死系统）和 ASR（驱动轮防滑转系统）功能上的延伸，可以说是当前汽车防滑装置的最高形式。主要由控制总成及转向传感器（监测方向盘的转向角度）、车轮传感器（监测各个车轮的速度转动）、侧滑传感器（监测车体绕纵轴线转动的状态）、横向加速度传感器（监测汽车转弯时的离心力）等组成，如图 5-17 所示。控制单元通过这些传感器的信号对车辆的运行状态进行判断，进而发出控制指令。

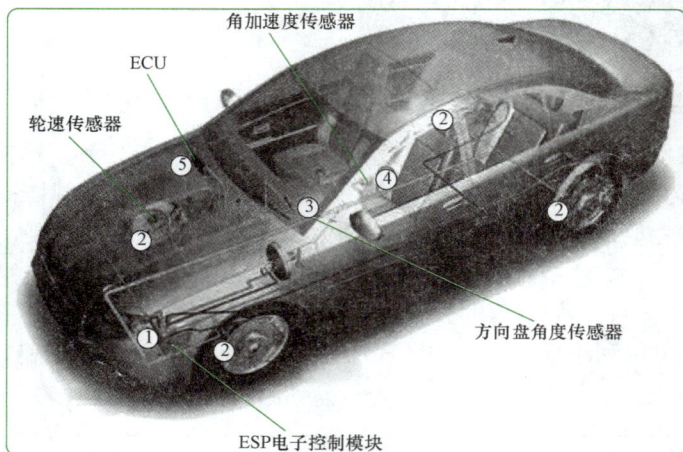

图 5-17　ESP 系统结构示意图

（2）ESP 系统的工作原理。当汽车快速行驶或者转向时，产生的横向作用力会使汽车不稳定，易发生事故，而 ESP 系统可以使这种情况防患于未然。

1）当车辆前面突然出现障碍物时，驾驶员必须快速向左转弯，此时转向传感器将此信号传递到 ESP 控制总成，侧滑传感器和横向加速度传感器发出汽车转向不足的信号，这就意味着汽车将会直接冲向障碍物。那么这时 ESP 系统将会瞬间将后轮紧急制动，这样就能产生转向需要的反作用力，使汽车按照转向意图行驶。

2）如果在汽车转向后行驶的左车道上反向转向时，汽车会有转向过度的危险，向右的扭矩过大，以至于车尾甩向左侧。这时 ESP 系统会将左前轮制动，扭矩就会减小，使得汽车顺利转向。

**5. 驻车制动系统的结构与工作原理是怎样的？**

（1）传统拉杆式驻车制动系统。传统拉杆式驻车制动系统即通常说的驻车制动器，能防止车辆停驶后出现滑溜，使车辆在坡道上能顺利起步，当行车制动系失效后能临时或配合行车制动器进行紧急制动。一般是利用后桥的行车制动器兼充驻车制动器。驻车制动器的结构如图 5-18 所示。

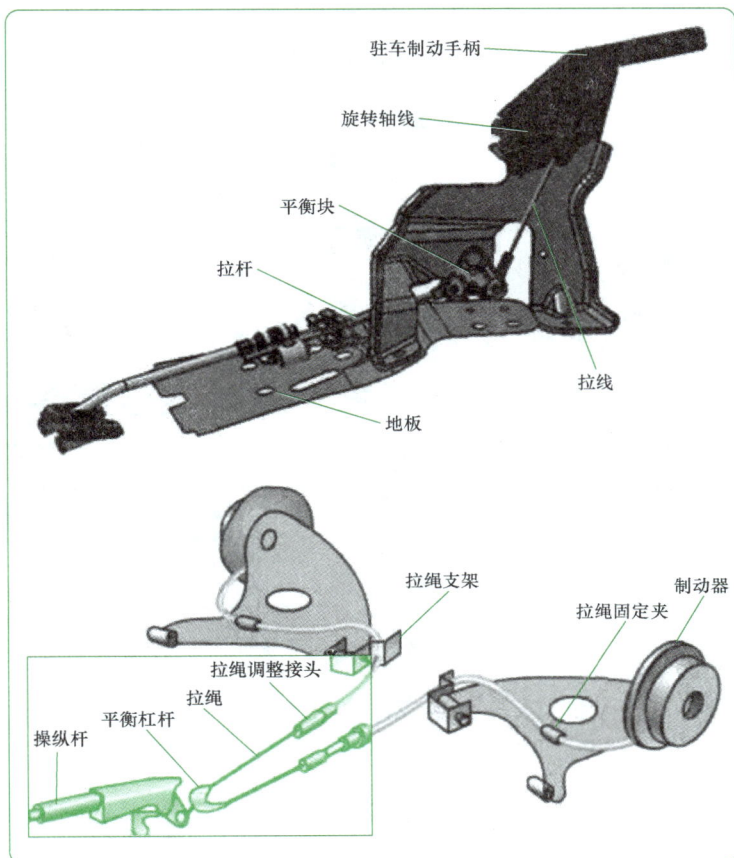

图 5-18 驻车制动器

传统拉杆式驻车制动器工作原理：当车辆停止后，驾驶人拉起驻车制动杆，带动制动拉索拉动后轮制动器内杠杆，推动制动推杆，迫使前后制动蹄紧紧压在制动鼓上，从而起到制动作用。驻车制动操纵杆在棘齿作用下锁止在制动位置保持不动。

（2）电控机械式驻车制动系统。电控机械式驻车制动系统是指将行车过程中的临时性制动和停车后的长时性制动功能整合在一起，并且由电子控制方式实现停车制动的技术。它把传统的拉杆手刹变成了一个触手可及的电子手刹按钮。该系统可以保证车辆在 30% 的斜坡上稳定驻车。另外该系统能够自动实现热补偿，即如果车辆经过强制动后驻车，后制动盘会因为温度下降与摩擦片产生间隙，此时电机会自动启动，驱动压紧螺母来补偿温度下降产生的间隙，保证可靠的驻车效果。

1）电控机械式驻车制动系统的组成。电控机械式驻车制动器又称电控驻车制动器（EPB）。主要由控制单元、离合器位置传感器和后轮制动执行器等组成，如图 5-19所示。

a. 后轮制动执行器。后轮制动执行器如图 5-20 所示，制动执行器是一个电控机械式伺服单元，它集成在后车轮制动钳中。通过电机、多级变速器及螺杆传动，制动执行

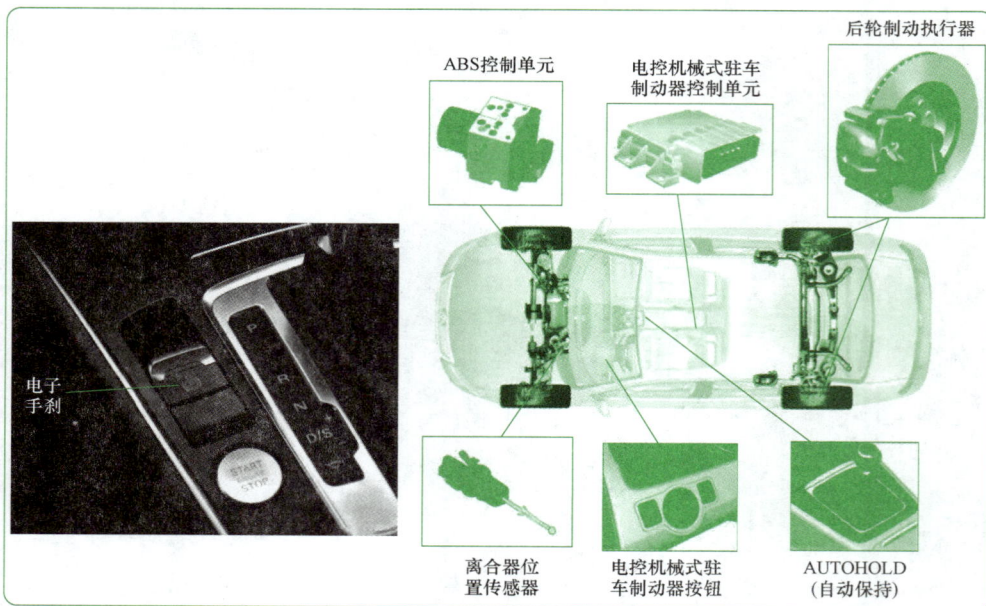

图 5-19　电控驻车制动器组成

器将命令"操作驻车制动器"转换成相应的力，然后制动摩擦片将这个力压靠到制动盘上。

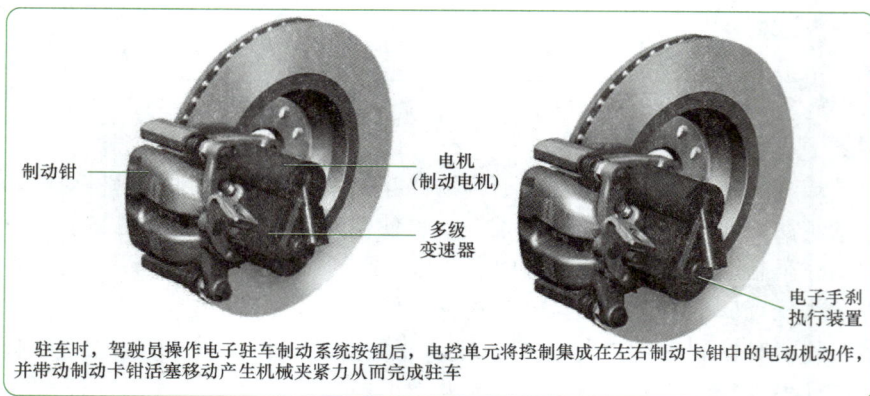

驻车时，驾驶员操作电子驻车制动系统按钮后，电控单元将控制集成在左右制动卡钳中的电动机动作，
并带动制动卡钳活塞移动产生机械夹紧从而完成驻车

图 5-20　后轮制动执行器

　　b. 离合器位置传感器。离合器位置传感器固定在主动缸上，如图 5-21 所示。通过这个传感器可以获知驾驶员是否踩了离合器踏板。当踩动离合器踏板时，挺杆和活塞一起朝离合器位置传感器方向移动。在活塞的另一端是一块永久磁铁。离合器位置传感器线路板上集成了 3 个霍尔传感器。当永久磁铁滑过霍尔传感器时，分析电子装置就将信号传递给相应的控制单元。

　　c. 电控机械式驻车制动按钮。通过电控机械式驻车制动器按钮可以打开或关闭电控机

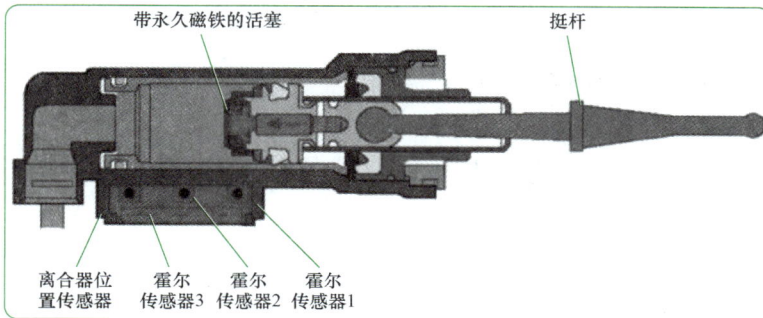

图 5-21　离合器位置传感器的安装位置

械式驻车制动器。这个按钮位于车灯旋钮左边，有些车型位于变速器换挡杆侧面。

d. AUTO HOLD（自动保持）按钮。通过 AUTO HOLD 按钮可以打开或关闭 AUTO HOLD 功能。这个按钮位于中控台换挡杆左边。

e. 指示灯。组合仪表及各个按钮中的指示灯显示电控机械式驻车制动器的状态。

f. 控制单元。电控机械式驻车制动器控制单元中集成了一个传感器串。它包括横向加速度传感器、纵向加速度传感器以及行驶偏转传感器。

EPB 通过内置在其电控单元中的纵向加速度传感器来测算坡度，从而可以算出车辆在斜坡上由于重力而产生的下滑力，电控单元通过电机对后轮施加制动力来平衡下滑力，使车辆能停在斜坡上。当车辆起步时，电控单元通过离合器踏板上的位移传感器以及油门的大小来测算需要施加的制动力，同时通过高速 CAN 与发动机电控单元通信来获知发动机牵引力的大小。电控单元自动计算发动机牵引力的增加，相应的减少制动力。当牵引力足够克服下滑力时，电控单元驱动电机解除制动，从而实现车辆顺畅起步。

2）电控机械式驻车制动系统的工作原理。电控机械式驻车制动系统的工作原理与机械式手刹相同，均是通过刹车盘与刹车片产生的摩擦力来达到控制停车制动，只不过控制方式从之前的机械式手刹拉杆变成了电子按钮。图 5-22 所示为电控驻车制动器工作原理。

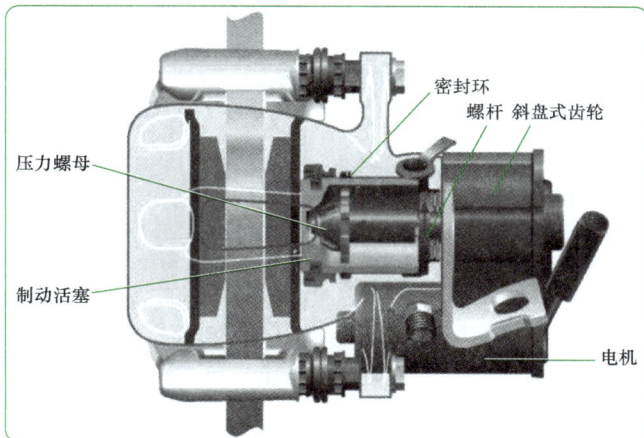

图 5-22　电控驻车制动器工作原理

当施加驻车制动时，控制单元会启动电机。电机通过皮带盘和斜盘式齿轮传动螺杆。螺杆转动，使得螺纹上的压力螺母向前移动。压力螺母移动到制动活塞上，并将其压向制动摩擦片。制动摩擦片从另一侧压向制动盘。这样，就造成密封环沿制动摩擦片方向发生变形。制动过程中，电控机械式驻车制动器控制单元全程测量电机的耗电量。当耗电量超过一定值时，控制单元关闭对电机的供电。解除驻车制动时，螺杆上的压力螺母向后移动。制动活塞被松开。随着密封环逐渐恢复原形，并且制动盘由此可能产生的不平衡度，制动活塞缩回。制动摩擦片离开制动盘。

## 三、电动汽车空调系统

### 1. 电动汽车的空调系统与传统汽车的空调系统有什么区别？

电动汽车的空调系统也采用压缩机与传统汽车的空调系统并无本质上的区别，工作原理基本相同，仅在结构上不完全相同，即空调压缩机的驱动方式以及暖风产生方式有所不同。电动汽车采用高压电动空调压缩机，由动力电池直接驱动。暖风通常采用电加热方式，电加热方式有两种：①通过加热冷却液，再经过循环为暖水箱提供热量；②直接加热经过蒸发箱的空气实现暖风。

传统汽车压缩机由发动机传动带通过电磁离合器带动，电动汽车采用的电动压缩机则可由动力电池提供高压电驱动；纯电动汽车没有发动机作为空调压缩机的动力源，也没有发动机余热可以利用，以达到取暖、除霜的效果，需采用热泵型空调系统或辅助加热器。电动汽车空调系统与传统汽车空调系统的区别如图5-23所示。

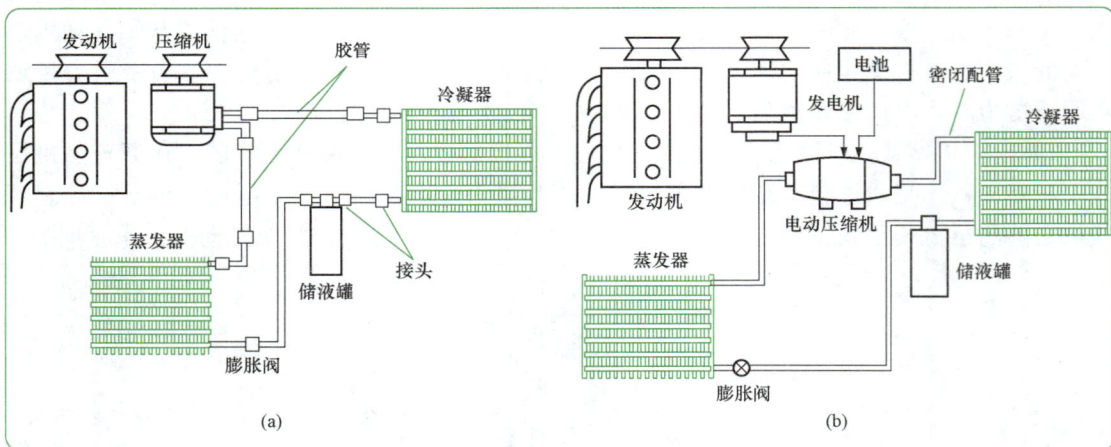

图5-23  电动汽车空调系统与传统汽车空调系统的区别
(a) 传统汽车空调压缩机由发动机驱动；(b) 电动汽车空调压缩机由电机驱动

### 2. 电动汽车的空调由哪些部分组成？

电动汽车的空调系统与传统动力汽车基本相同，由压缩机、冷凝器、蒸发器、冷却风扇、鼓风机、膨胀阀、储液干燥器和高低压管路附件、传感器等组成，如图5-24所示。

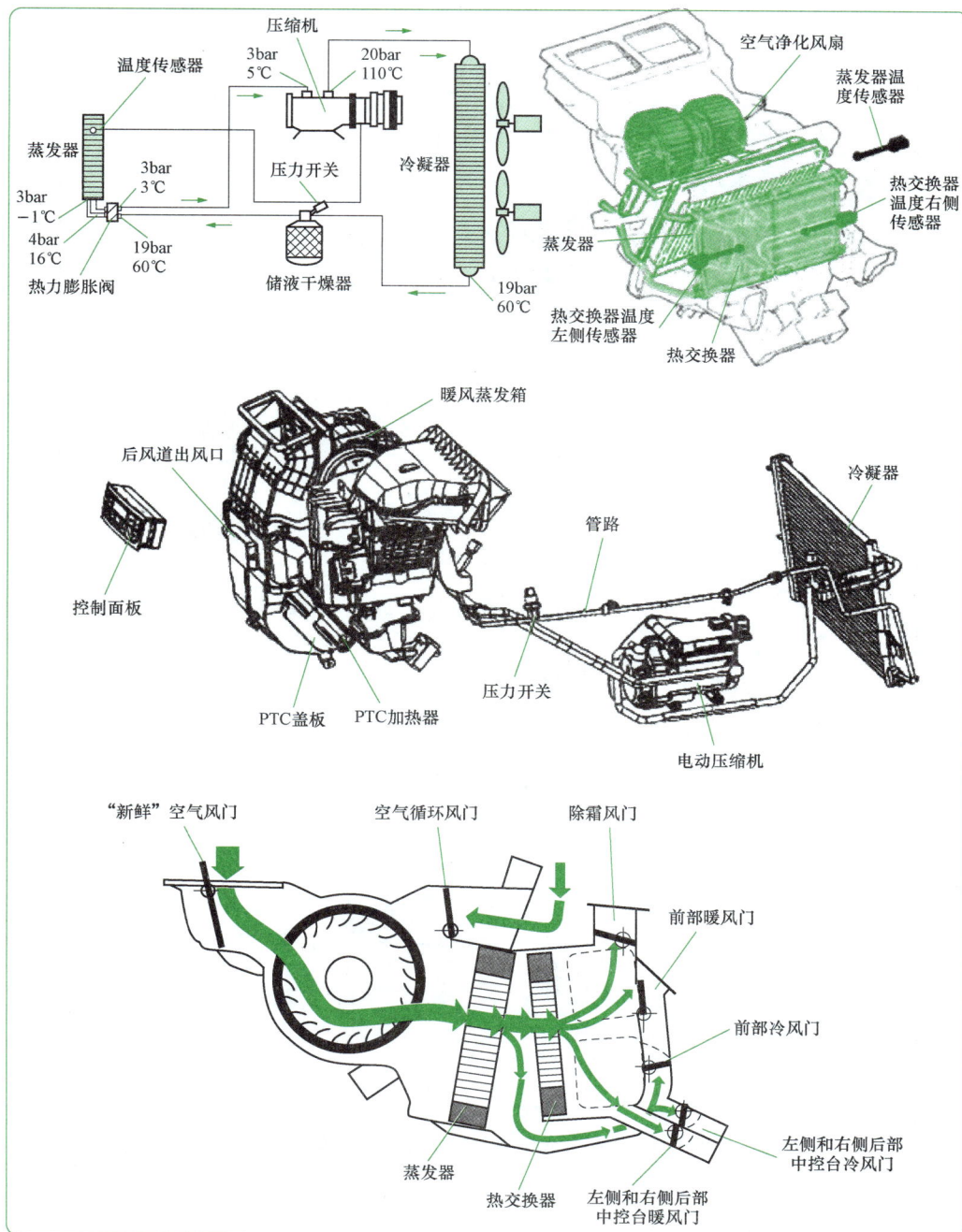

图 5-24 电动汽车空调系统的组成

• 宝马 530Le（F18 PHEV）插电式混动车空调系统。

宝马 530Le（F18 PHEV）插电式混动车空调系统如图 5-25 所示，该车使用一个电动制冷压缩机。由于制冷压缩机带有一个电驱动装置，因此可独立于发动机驱动空调器。

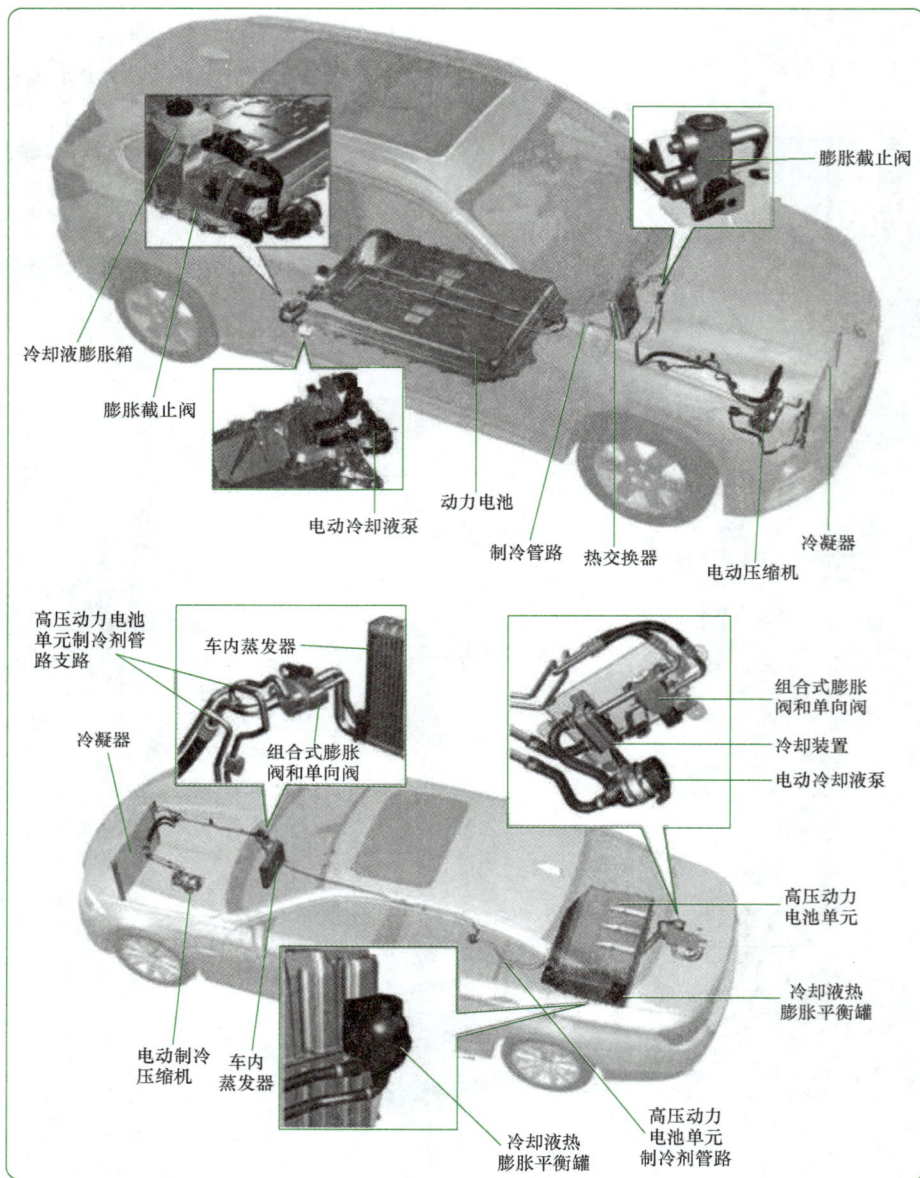

图 5-25　插电式混动车型空调系统（宝马 530Le）

为了冷却高压动力电池单元冷却液循环中的冷却剂，使用了一个冷却装置。冷却高压动力电池单元的制冷剂循环和冷却车内的制冷剂循环并联。空调制冷剂循环和高压动力电池单元冷却液循环与一个冷却液—制冷剂热交换器连接。

- 吉利帝豪 EV 电动汽车空调系统。

吉利帝豪 EV 电动汽车空调系统部件位置如图 5-26 所示，空调系统原理框图如图 5-27 所示。

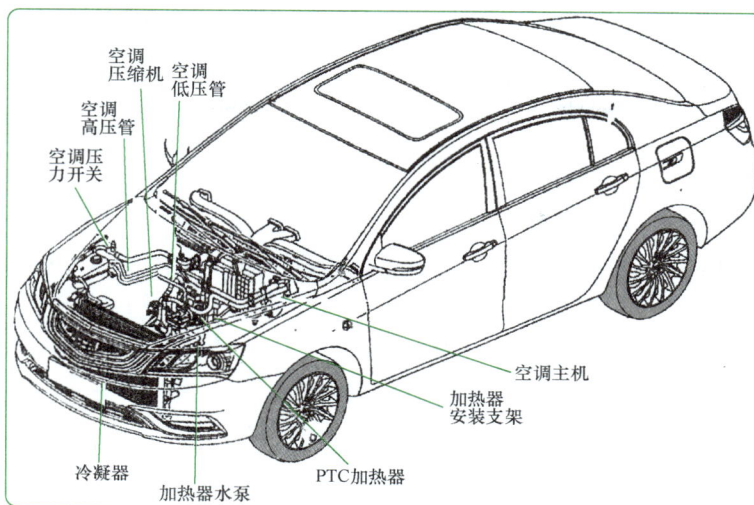

图5-26 电动汽车空调系统部件位置（吉利帝豪）

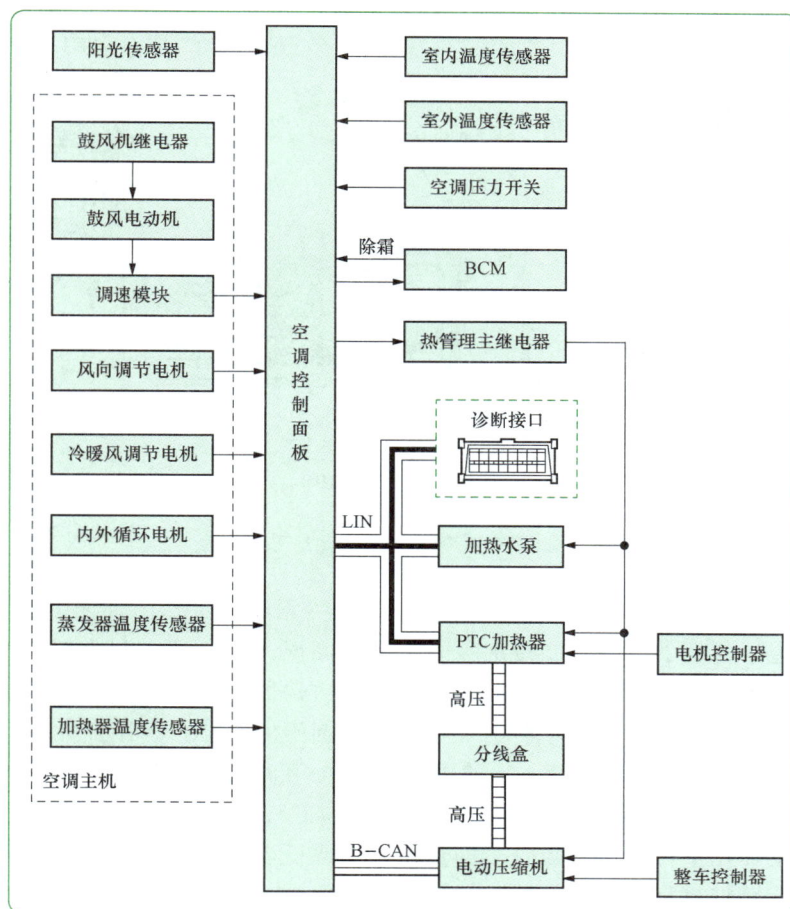

图5-27 空调系统原理框图（吉利帝豪）

3. 电动汽车空调系统各主要组成部件的结构与工作原理是怎样的?

电动汽车空调系统主要由空调制冷系统、供暖系统通风和空调控制系统等部分组成，其各主要组成部件的结构与工作原理如下。

(1) 电动压缩机空调制冷系统。

1) 电动压缩机空调制冷系统的组成。电动压缩机空调制冷系统主要由电动空调压缩机、冷凝器总成、储液干燥器、膨胀阀、蒸发器和控制电路等组成，如图5-28所示。其中低压管路从节流阀出口到压缩机入口，沿程有蒸发箱、低压加注口、积累器；高压管路从压缩机出口到节流阀入口，沿程有压缩机、冷凝器、干燥器、高压加注口、高低压开关、节流阀。

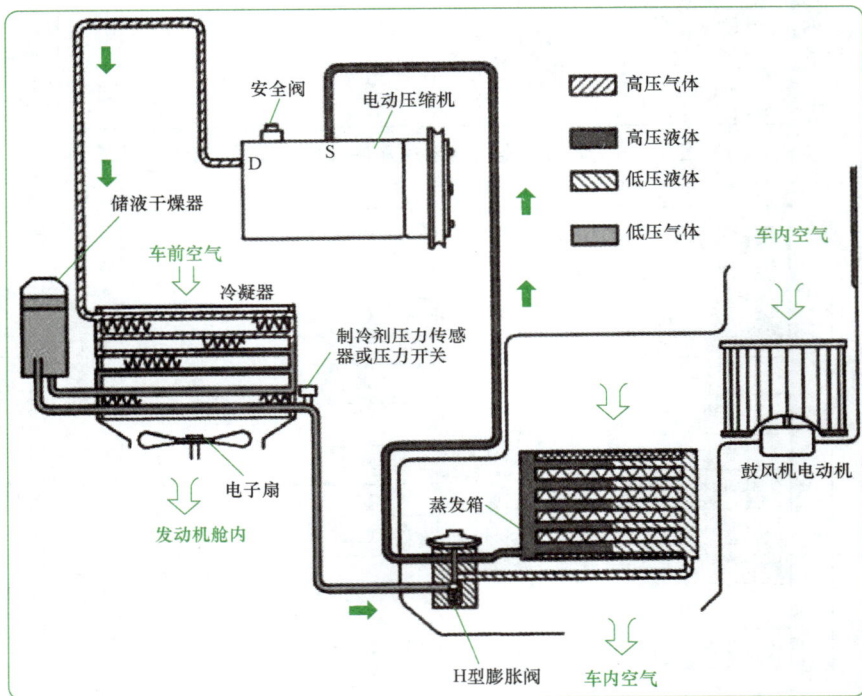

图5-28　电动压缩机空调制冷系统组成

2) 汽车空调制冷系统的工作原理。汽车空调制冷系统的工作原理如图5-29所示，电动压缩机把低温、低压的气态的制冷剂吸入压缩成高温、高压液态制冷剂，以跟外界空气形成温差。冷凝器把经过冷凝器专用风扇或发动机散热器风扇的高温、高压制冷剂的热量散至周围空气，制冷剂降温；干燥器用来除去制冷剂中的水分；高压加注口用于加制冷剂或对管路抽真空用；高、低压开关中，高压开关保护管路，低压开关保护压缩机；节流阀（膨胀阀）即一个可变或固定截面小孔，把高压制冷剂节流雾化，经蒸发箱吸收车内空气热量；在鼓风机的作用下，蒸发箱吸收车内热量，变成低温、低压的气态；低压加注口用于加制冷剂或对管路抽真空。

a. 电动空调压缩机。电动汽车空调压缩机的外形及内部构造如图5-30所示。

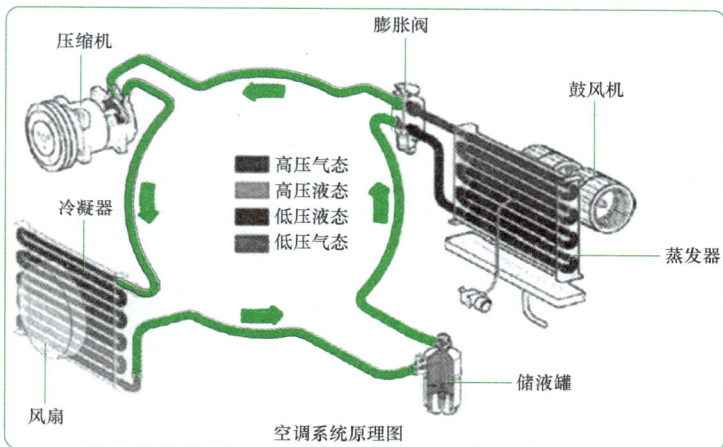

压缩机
膨胀阀
鼓风机

高压气态
高压液态
低压液态
低压气态

冷凝器

蒸发器

储液罐

风扇

空调系统原理图

图5-29  汽车空调制冷系统的工作原理

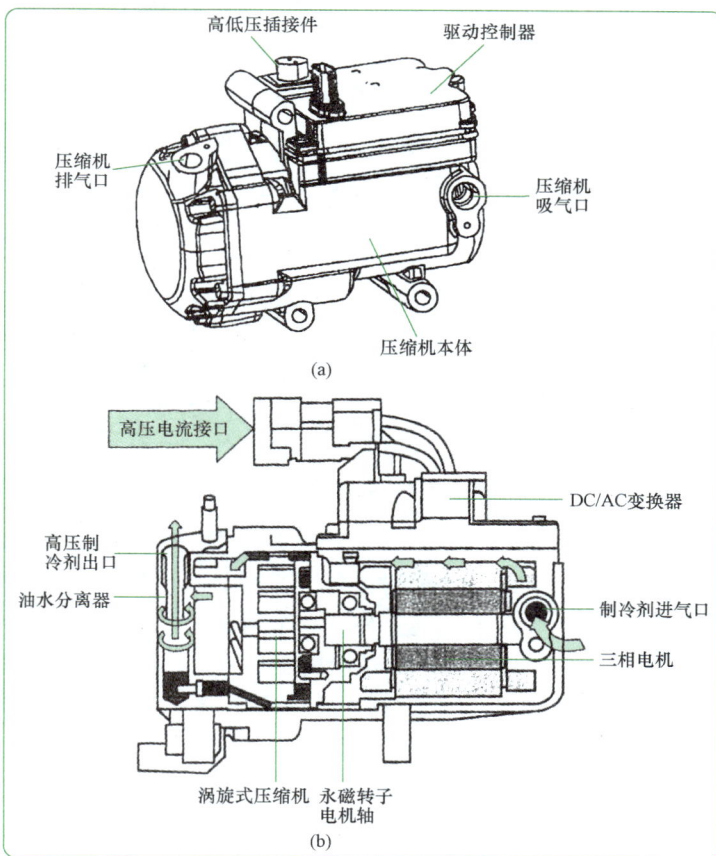

高低压插接件
驱动控制器

压缩机
排气口

压缩机
吸气口

压缩机本体

(a)

高压电流接口

DC/AC变换器

高压制
冷剂出口

油水分离器

制冷剂进气口

三相电机

涡旋式压缩机

永磁转子
电机轴

(b)

图5-30  电动汽车涡旋式空调压缩机的外形及内部构造
(a) 外形；(b) 内部构造

电动变频涡旋式压缩机包含一对螺旋线缠绕的静盘和动盘、无刷电机、油挡板和电机轴。工作时由无刷电机带动动盘旋转，通过动盘、静盘的相互旋转配合，压缩处在动盘和

133

静盘间的制冷剂，完成吸气、压缩和排气的过程，如图 5-31 所示。

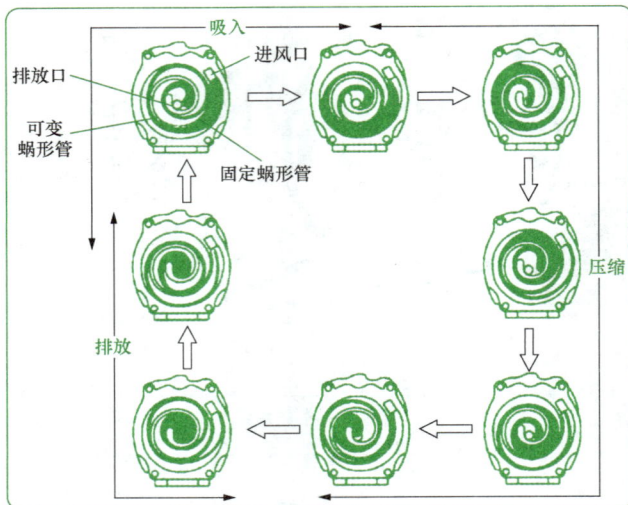

图 5-31 电动变频涡旋式压缩机的工作原理

b. 冷凝器。冷凝器一般安装在水箱散热器后面，如图 5-32 所示，经过散热器风扇把流经其内部的高温、高压制冷剂的热量散至周围空气中。

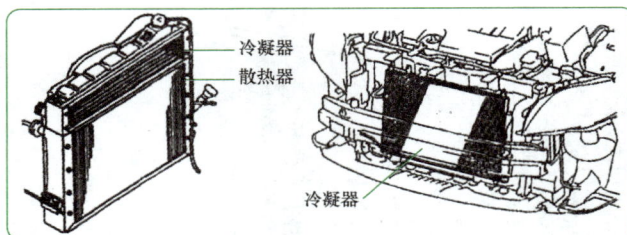

图 5-32 冷凝器的安装位置

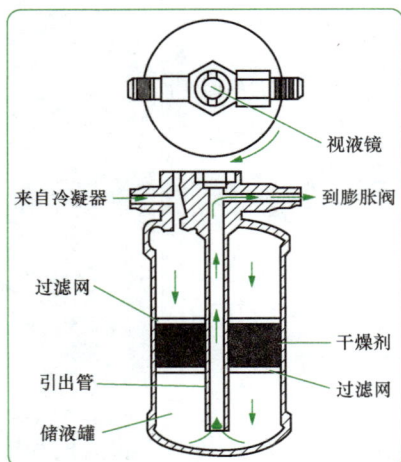

图 5-33 储液干燥器的结构

c. 储液干燥器。储液干燥器串联在冷凝器与膨胀阀之间的管路上，它起到储存、干燥和过滤制冷剂中杂质的作用。储液干燥器的结构如图 5-33 所示。从冷凝器来的液态制冷剂，经滤网和干燥剂除去杂质和水分后进入膨胀阀。在储液干燥器上方的观察窗，可以用来观察制冷剂的流动情形，从而判断系统中制冷剂量是否正常。为了保证系统安全工作，目前使用的储液干燥器上都安装了高、低压保护开关。

d. 蒸发器。蒸发器通常装在仪表板后的风箱内，装在暖风机总成的进气口中。蒸发器按照结构可分为管片式、管带式和层叠式 3 种，如图 5-34 所示。

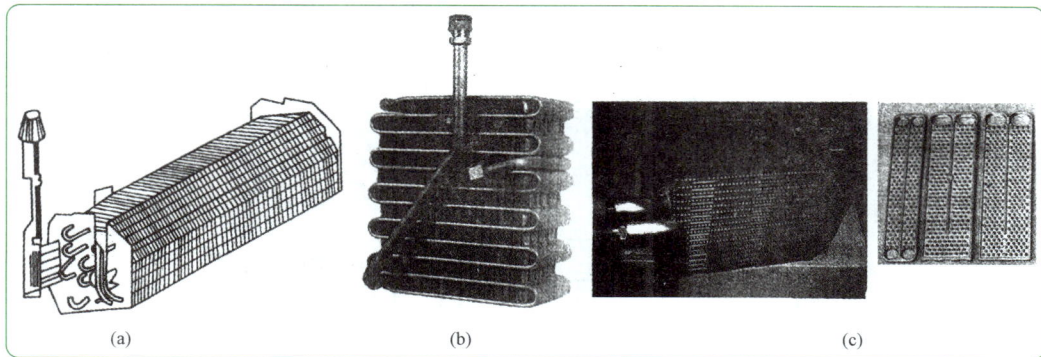

图 5-34 蒸发器的结构与分类
(a) 管片式；(b) 管带式；(c) 层迭式

e. 膨胀阀。热力膨胀阀如图 5-35 所示，通过计量阀的限制使制冷剂的压力及温度降低，同时将制冷剂从固体粒子流变为精细的喷雾流，以改善蒸发效果。

2）电动汽车的空调系统工作原理。电动汽车空调制冷原理和传统汽车空调系统制冷原理基本一致。当启动汽车空调系统之后，VCU 发出指令通过压缩机控制器来驱动电动压缩机工作，驱使制冷剂在密封的空调系统中循环。压缩机将气态制冷剂压缩成高温高压的制冷剂气体后排出压缩机，并经管路流入冷凝器后，在冷凝器内散热、降温，冷凝成高温高压的液态制冷剂流出。高温高压液态制冷剂经管路进入干燥储液器内，经过干燥、过滤后流进膨胀阀节流，状态发生急剧变化，变成低温低压的液态制冷剂进入蒸发器，在蒸发器内吸收流经蒸发器的空气热量，使空气温度降低，吹出冷风，产生制冷效果，制冷剂本身因吸收了热量而蒸发成低温低压的气态制冷剂，经管路被压缩机吸入，进行

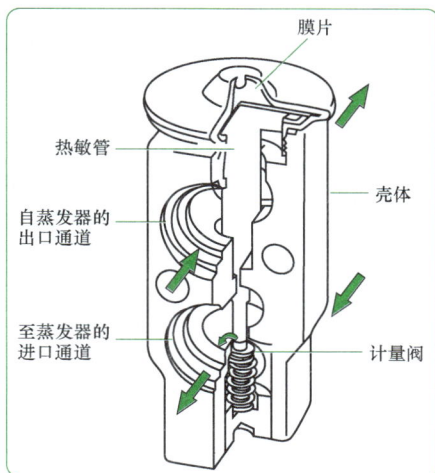

图 5-35 热力膨胀阀

压缩。如此进入下一个循环，只要压缩机连续工作，制冷剂就在空调系统中连续循环，产生制冷效果。压缩机停止工作，空调系统内制冷剂随之停止流动，不产生制冷效果。电动汽车的空调系统工作原理如图 5-36 所示。

（2）空调送风与暖风系统。

1）送风系统。电动汽车送风系统与传统汽车基本相似，空气通过蒸发器和热交换器形成冷风或暖风和风速，根据驾驶人的需要输送到指定出风口。电动汽车送风系统主要由鼓风机、风道、风门和出风口等组成，如图 5-37 所示。

2）暖风系统。汽车暖风系统是将冷空气吹到热交换器表面，吸收其热量并导入车内，从而提高车内温度的整套装置。电动汽车没有传统汽车的发动机，没有用来采暖的发动机

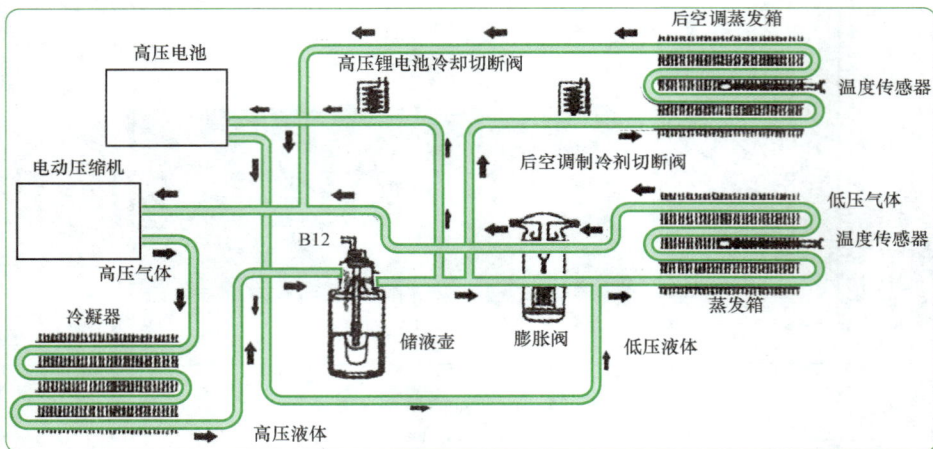

图 5-36　电动汽车的空调系统工作原理

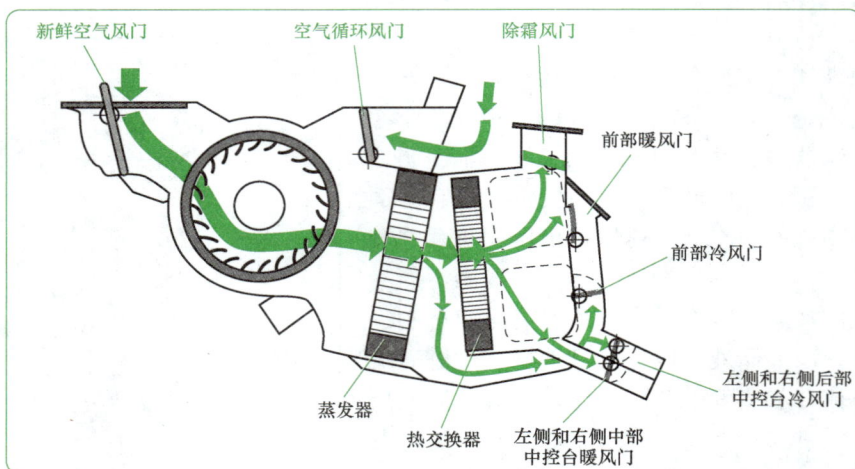

图 5-37　电动汽车送风系统的组成

余热，故空调暖风通常采用电加热方式，电加热方式有两种：①通过加热冷却液，再经过循环为暖水箱提供热量；②直接加热经过蒸发箱的空气实现暖风。空气通过蒸发器或电加热模块形成的暖风根据驾驶人的需要送到指定出风口。电动汽车的暖风和通风系统与传统燃油汽车的基本相同，空调暖风和通风系统部件如图 5-38 所示。

　　a. PTC 加热器的热方式。PTC 电加热器是采用 PTC 热敏电阻元件为发热源的一种加热器。目前，电动汽车空调加热主要利用 PTC 加热方式。空调 PTC 加热器可以分为黏结式陶瓷 PTC 加热器和金属 PTC 管状加热器两种。其中，黏结式陶瓷 PTC 加热器又分为加热器表面带电型和加热器表面不带电型两种，如图 5-39 所示。北汽 EV160、丰田卡罗拉、凯美瑞等空调暖风系统均装备了黏结式陶瓷 PTC 加热器辅助加热暖风装置。

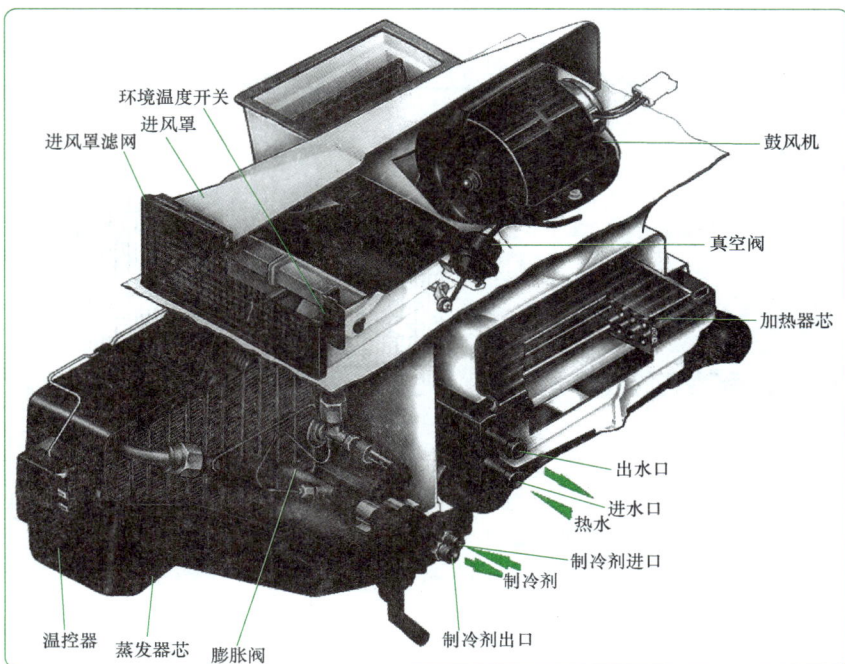

图 5-38　空调暖风和通风系统部件

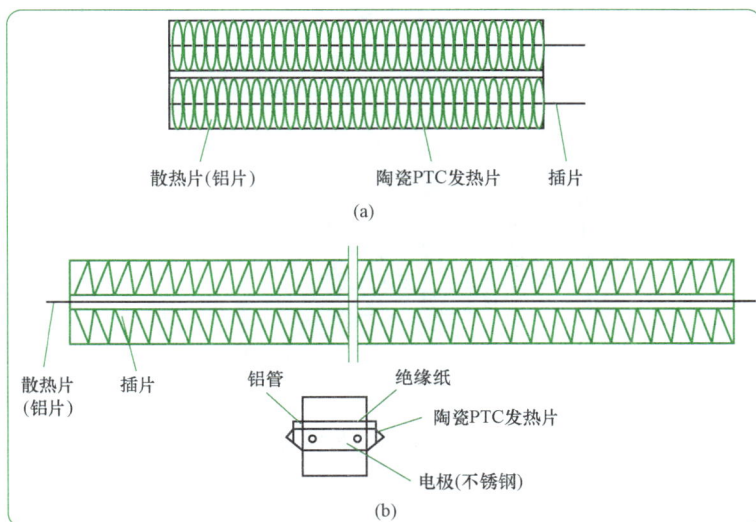

图 5-39　黏接式陶瓷 PTC 加热器

（a）加热器表面带电型；（b）加热器表面不带电型

  b. 金属 PTC 管状加热器如图 5-40 所示，采用进口镍铁合金丝为发热材料，发热管外镶铝散热片，其散热效果非常好。加热器配用温度控制器和热熔断器，使产品使用更安全可靠。这种加热器具有 PTC 材料的良好特性，一些空调均采用此类加热器作为辅助加热。

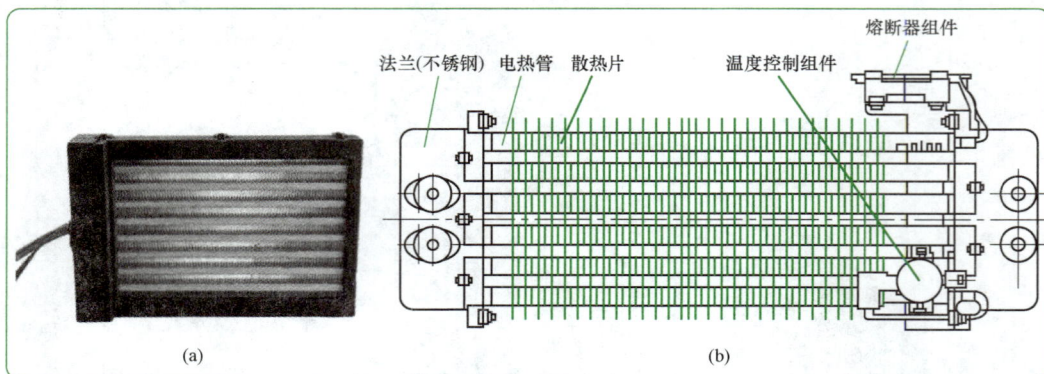

**图 5-40　空调 PTC 加热器实物及结构**
（a）实物；（b）金属 PTC 管状加热器结构

制热模式如图 5-41 所示，当工作时打开热风旋钮，动力蓄电池开始供电加热装在蒸发器箱的 PTC 管，送风风扇把驾驶室内的冷空气吸入蒸发器箱流经 PTC 表面，受热升温后的空气被送风风扇送至驾驶室出风口。

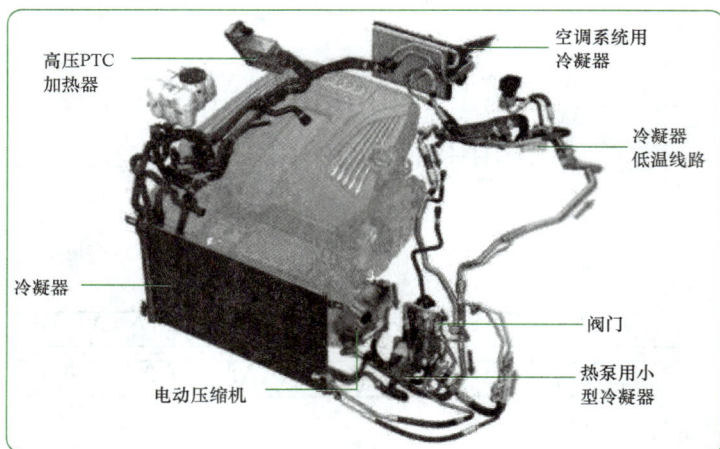

**图 5-41　制热模式**

3）热泵加热方式。热泵加热方式是在电动压缩机制冷回路的基础上增加电磁阀控制制冷剂的流向，通过冷凝蒸发器中的制冷剂从周围环境中吸收热量，再通过车厢内蒸发器冷凝释放热量，使车厢内温度升高，满足除霜除雾的法规要求并为驾乘人员提供舒适的温度环境。热泵加热方式循环图如图 5-42 所示。

图 5-42 中的热泵式采暖系统采用电子膨胀阀、制冷/制热电磁阀、加大的冷凝蒸发器以及适应热泵循环模式工作的空调管路。该系统的制热工作原理如下：当开启空调制热模

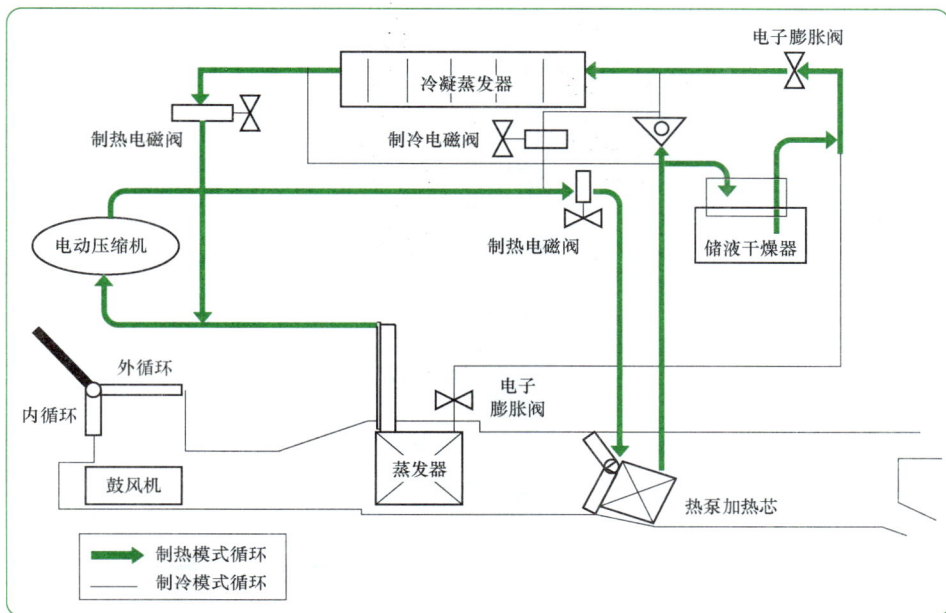

图 5-42 热泵加热方式循环图

式时制热电磁阀通电打开，电动压缩机工作使制冷剂建立压力并开始制热模式工作循环，高温高压的气态制冷剂在车厢内的热泵加热芯释放热量后进入储液干燥器，在经过电子膨胀阀后，在冷凝蒸发器内蒸发吸收空气中的热量，然后在电动压缩机的作用下再次吸入压缩形成高温高压气态制冷剂继续进行循环。

• 宝马 530Le（F18 PHEV）的暖风系统。

宝马 530Le（F18 PHEV）插电式混动车型的暖风热交换器集成在发动机和电机的冷却液循环中，由于混合动力车辆的特殊性，行驶时发动机无法将冷却液循环加热至必需的温度。因此空调暖风系统还配备了一个冷却液加热装置，即电加热器，串联在冷却液循环系统中，来加热冷却液，使冷却液的温度达到合适的温度给车内提供足够的热量。冷却液加热装置由控温器和限温器组成，如图 5-43 所示。

电加热装置的功能在原理上和直通式加热器相同。通过一个转换阀可建立一个独立的加热回路，由电动冷却液泵维持回路的循环。

当冷却液温度较低时，如发车后不久或在纯电动行驶模式中，通过接线盒电子装置控制电动转换阀。电动转换阀阻止发动机冷却液循环的进流。现在，电动冷却液泵将冷却液抽到电加热装置中并进行加热，并通过双水阀按照需要将冷却液输送到暖风热交换器中，如图 5-44 所示。

当冷却液温度较高时，被发动机加热的冷却液流经不通电而打开的转换阀、电加热装置和双水阀，到达暖风热交换器。冷却液在这里将一部分热量排向流经暖风热交换器的空气，最后重新流回发电机冷却液循环中。电加热装置此时关闭，但电动冷却液泵激活。

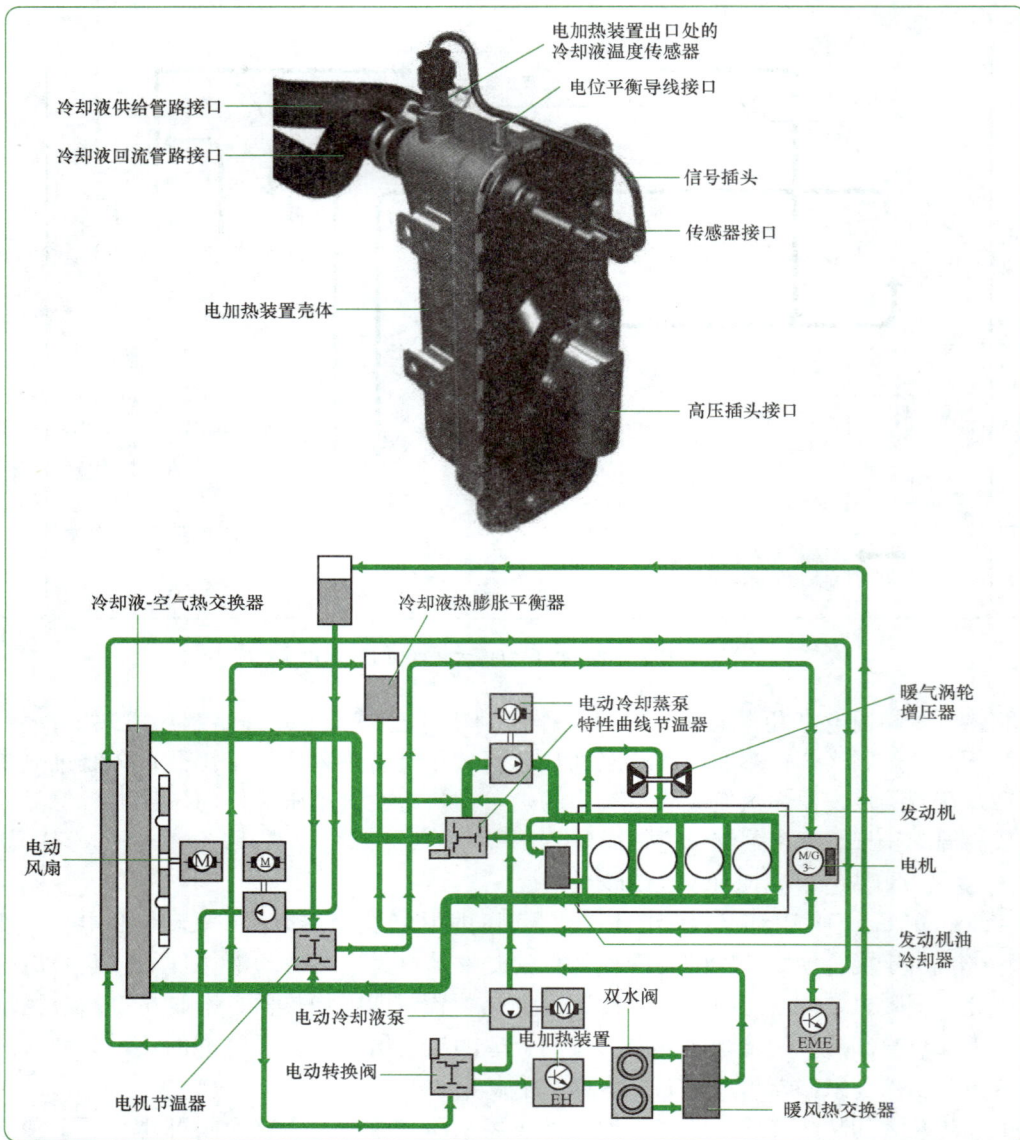

图 5-43　冷却液加热装置（宝马 530Le）

• 比亚迪 e5 的暖风和空调系统。

比亚迪 e5 的暖风和空调系统组件如图 5-45 所示，采用 BC14 型电动压缩机自动调节空调。系统主要由电动压缩机、冷凝器、HVAC 总成、制冷管路、PTC 加热器、暖风水管、风道及空调控制器等部件组成。具有制冷、采暖、除霜除雾、通风换气 4 种功能。该系统利用 PTC 加热器采暖，采用蒸汽压缩式循环制冷，制冷剂为 R410a，加注量为 430g。冷冻机油型号为 POE，加注量为 135mL。控制方式为按键操纵式。自动空调箱体的模式风门、冷暖混合风门及内外循环风门都是电机控制的。

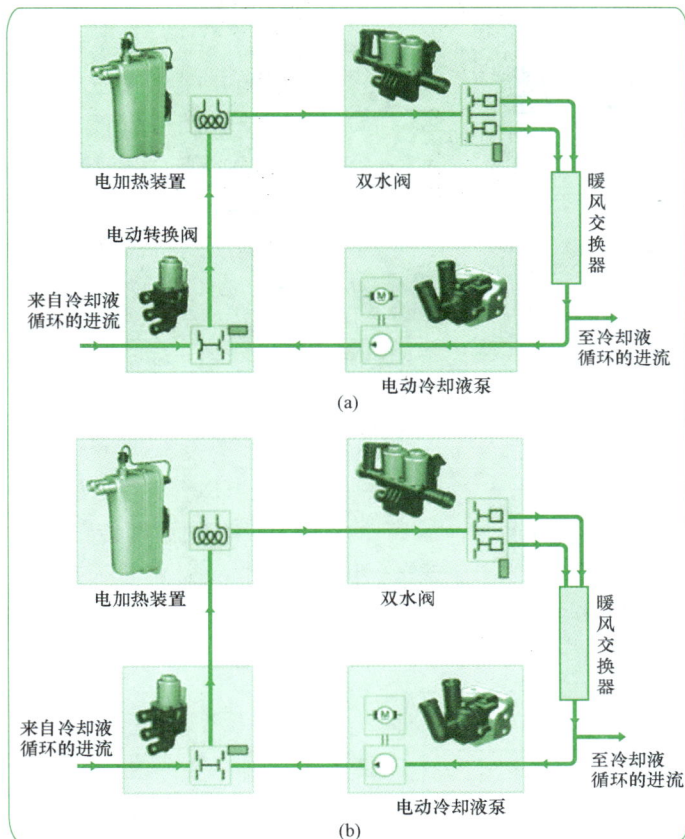

图 5-44　冷却液加热装置工作状态

（a）工作状态 1；（b）工作状态 2

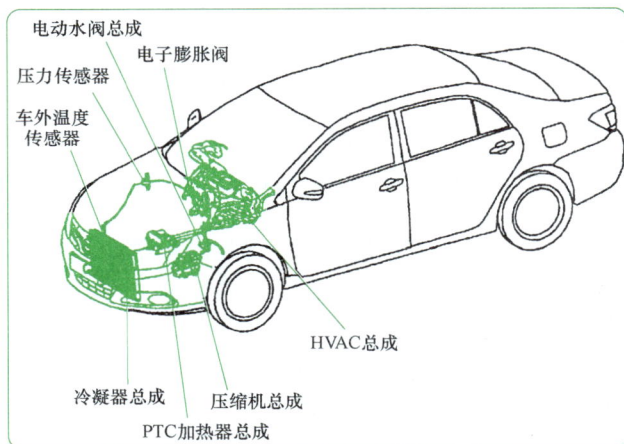

图 5-45　暖风和空调系统的组成（比亚迪 e5）

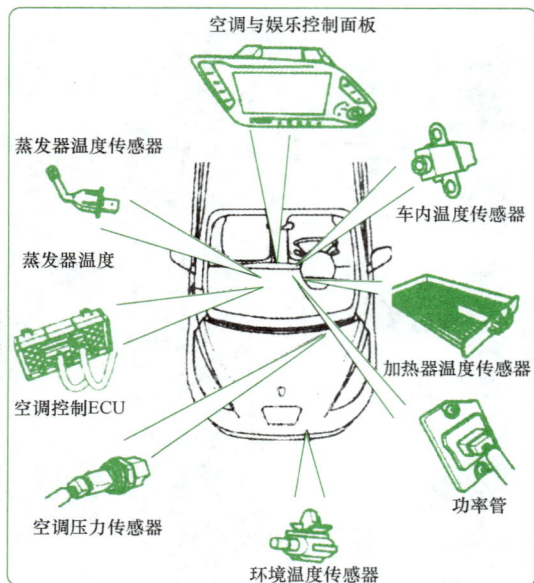

图 5-46 空调控制系统组成

（3）空调控制装置。在传统燃油汽车的自动汽车空调系统中，通过控制混合风门的开度来调节出风温度并控制风机的转速来调节风量，以使车室内温度保持在设定值。而对于电动汽车热泵空调系统来说，没有热水芯来调节出风温度，但是压缩机的转速可以通过变频器来控制。所以它的控制方法也就不同于传统燃油汽车的空调系统。

1）空调控制系统的组成。空调控制系统由空调控制 ECU、空调压力传感器、蒸发器温度传感器、鼓风机电控单元、环境温度传感器、加热器温度传感器、车内温度传感器等组成，如图 5-46 所示，空调控制系统框图如图 5-47 所示。

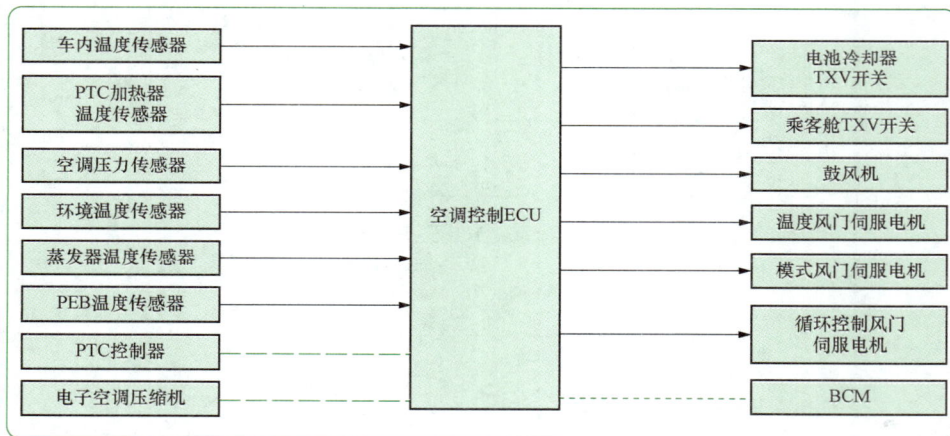

图 5-47 空调控制系统框图
——硬线；------高速 CAN；———LIN 线

空调控制 ECU 通过高速 CAN 网络与其他控制器相互通信，同时通过 LN 线与电动空调压缩机进行通信。空调控制 FCU 与 BCM 通过 CAN 通信，以控制后风窗加热器，通过与网关模块通信连接诊断系统。空调控制 ECU 还接收来自前保险杠上的环境温度传感器的环境温度信息。为了运行空调系统，空调控制 ECU 与电动空调压缩机通信，控制压缩机接通高压电运转。空调控制 ECU 还控制空调箱总成上的伺服电机、鼓风机速度、空气温度和空气分配。

2）空调系统的控制原理。VCU 采集到空调 A/C 开关信号、空调压力开关信号、蒸发器温度信号、风速信号以及环境温度信号，经过运算处理形成控制信号，通过 CAN 总线传输给空调控制器,由空调控制器控制空调压缩机高压电路的通断,如图 5-48 所示。某电动汽车的空调控制原理如图 5-49 所示。

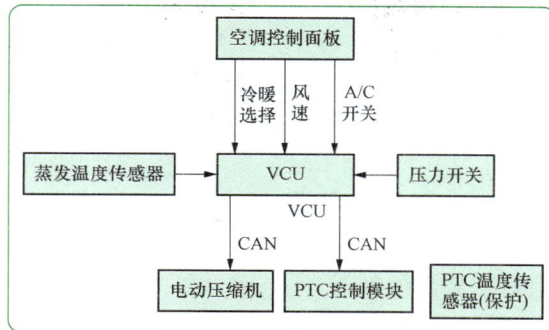

图 5-48 空调控制系统原理示意图

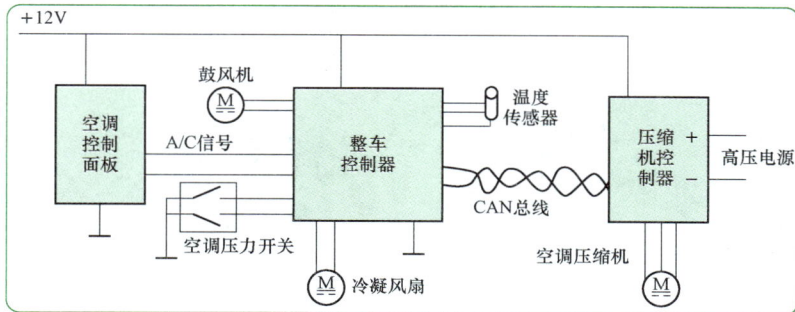

图 5-49 某电动汽车的空调控制原理

该车利用整车控制器控制空调功能的开启与关闭,上电开关接通后按下 AC 开关按钮,表示空调制冷功能需求输出。此时整车控制器收到 AC 信号,同时 AC 开关上的工作指示灯点亮,整车控制器根据内部设定的程序控制制冷系统工作。另外也有的电动汽车采用单独的空调控制器来控制空调系统工作。

3) 冷却风扇的控制。电动汽车空调使用的冷却风扇与散热系统使用的是同一个,其运行与否和制冷管路内的压力以及驱动电机、电机控制器及动力电池等的温度有关。

# 第6章 电动汽车家族——纯电动汽车

纯电动汽车完全由可充电动力电池（如铅酸电池、镍镉电池、镍氢电池或锂离子电池等）或其他能量储存装置，为汽车提供动力源，通过动力电池向电机提供电能，驱动电机运转，从而推动汽车前进。

## 一、 纯电动汽车的结构与原理

### 1. 纯电动汽车包括哪些主要部件？

纯电动汽车保留了传统汽车的加速踏板、制动踏板和各种操纵手柄等，没有了发动机、离合器和变速器，增加了电池总成、电机总成和电控总成三大件等。纯电动汽车主要由动力系统、驱动电机系统、整车控制器和辅助系统等组成，其构造图如图6-1所示。典型纯电动汽车组成如图6-2所示。

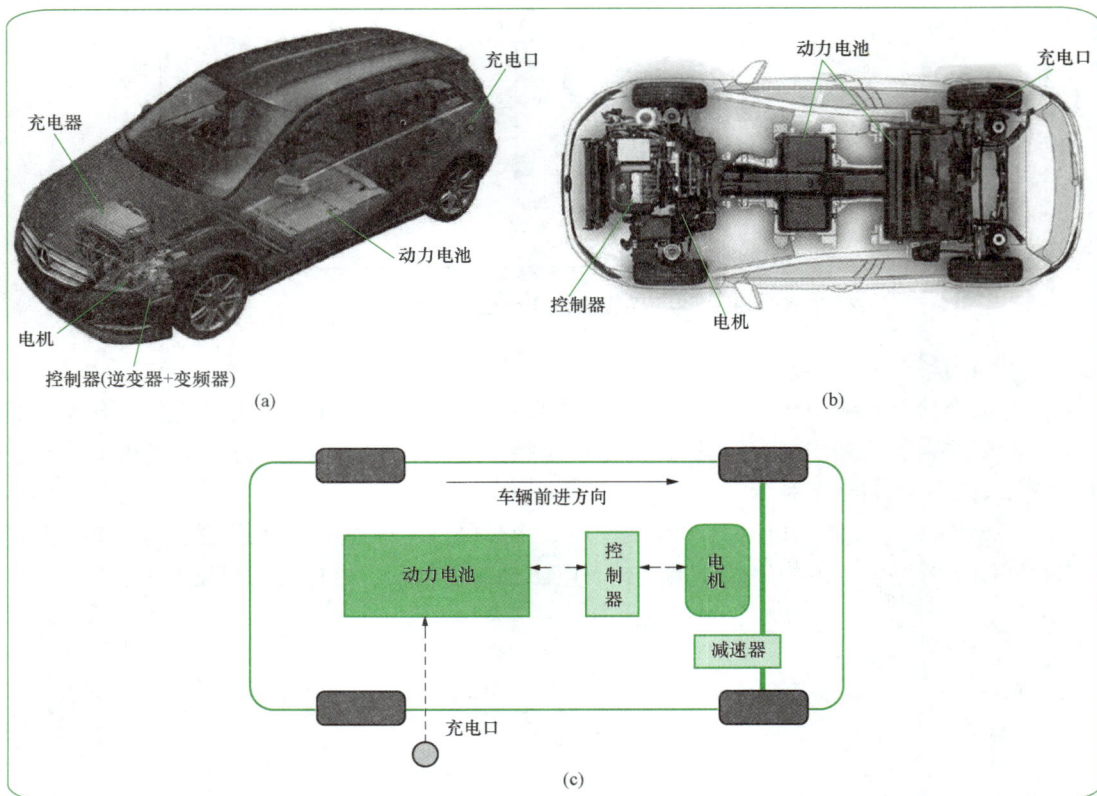

图6-1 纯电动汽车构造图
（a）构造图；（b）、（c）构造示意图

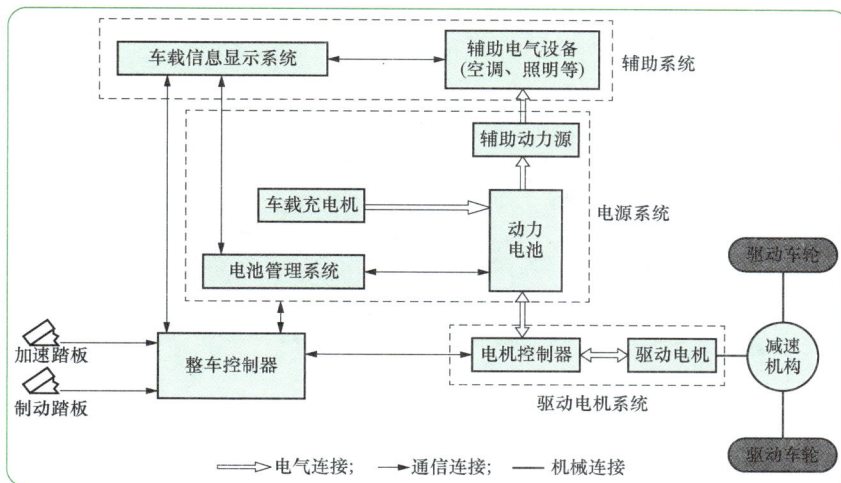

图6-2　典型电动汽车组成

• 特斯拉 MODEL S 后驱动车型。

特斯拉 MODEL S 后驱动车型构造图如图6-3所示。

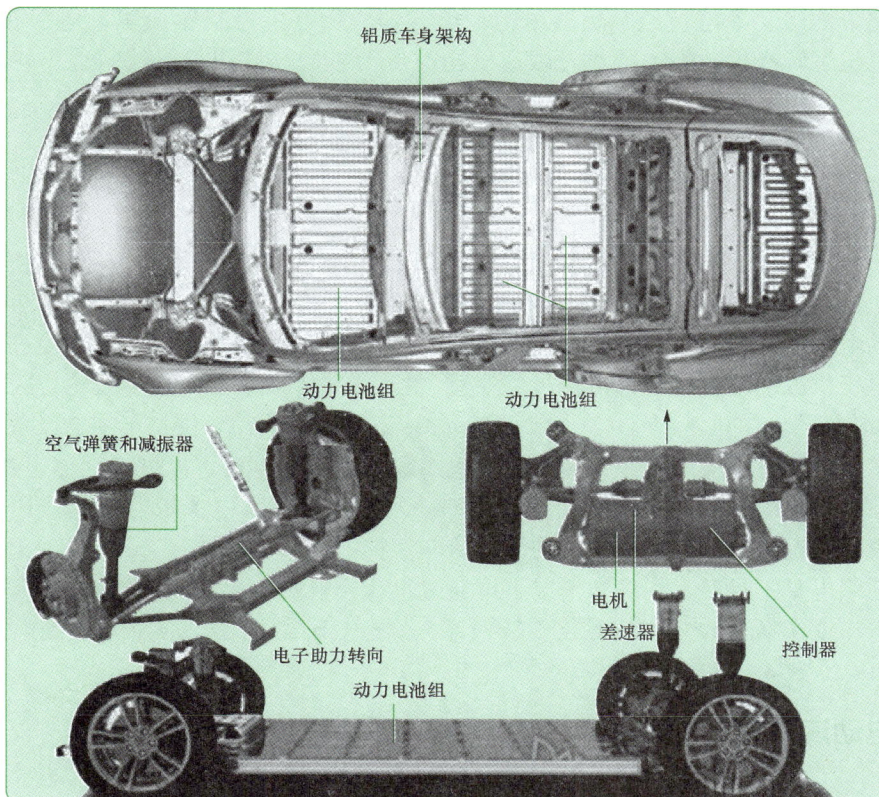

图6-3　后驱车型构造图（特斯拉 MODEL S）

• 北汽新能源 E160 车型。

北汽新能源 E160 车型发动机舱部件分布图如图 6-4 所示。

图 6-4  电动汽车发动机舱部件分布图（E160 车型）

**2. 纯电动汽车的工作原理是怎样的?**

纯电动汽车在工作时，传感器将加速踏板、制动踏板机械位移的行程量转换为电信号，输入到控制系统，经控制系统处理后发出驱动信号，并通过电源（动力蓄电池组、钠硫电池组、镍铬电池组、锂电池组、燃料电池、电容器）及电机控制器向驱动电机提供电能，通过驱动电机运转产生动力，再通过减速机构与传动机构，将动力传给驱动车轮，使电动汽车行驶。

动力系统可从电网取电或更换蓄电池获得电力，在车辆行驶一定的里程后，电池可通过充电系统进行电能的补充。

• 比亚迪 e5 纯电动汽车工作原理。

比亚迪 e5 纯电动汽车工作原理如图 6-5 所示。当电源接通，汽车前进行驶时，主控ECU 接收挡位控制器、加速踏板和角度传感器等信息，传递给电机控制器，从而控制流向前驱电机的电流。此时电池组电流通过应急开关、配电箱/继电器之后，一路经过电机控制器向前驱电机供电使电机运转，再经过变速器/差速器和传动轴带动两个前轮行驶；另一路经 DC/DC 转换器，将电池组 330V 的高压直流电转换为低压 12V 供整车用电设备使用。同时电池组接受电池管理器的监控，监控电池组的瞬时电压、电流、温度、存储电量等情况，以防止电池组过放电或因温度过高而损坏。如果发生漏电，漏电保护器将起作用。一旦发生短路等紧急情况，串联在电池组中的熔丝熔断保护。

当电池组电量不足时，在停车情况下可通过直流充电站或 220V 交流充电桩（插座）分别经过充电口或车载充电器（ AC/DC 转换器）、配电箱/继电器、应急开关到电池组进行充电。

## 二、 纯电动汽车的驱动系统

**1. 纯电动汽车驱动系统的组成与工作原理是怎样的?**

**（1）纯电动汽车驱动系统组成**。纯电动汽车驱动系统，主要由动力电池、电控单元、

图6-5　纯电动汽车工作原理（比亚迪e5）

驱动电机、电机逆变器、各种传感器（加速踏板位置传感器、制动踏板开关、电机温度传感器等）、机械传动装置（变速器和差速器）和车轮等组成，如图6-6所示。

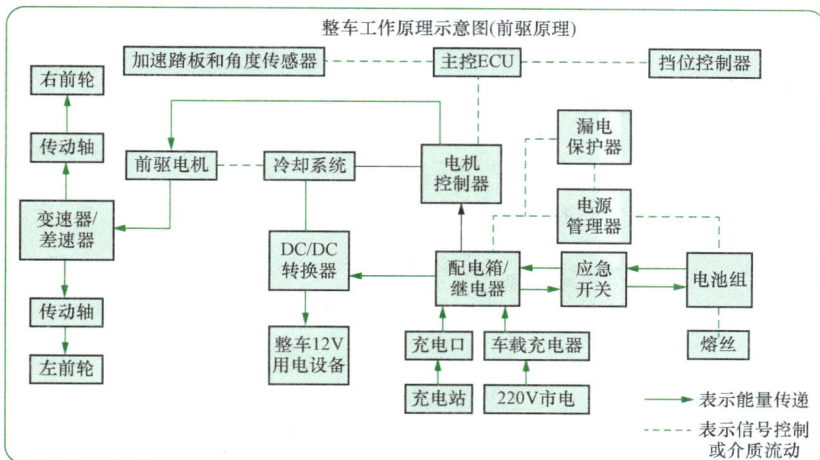

(a)

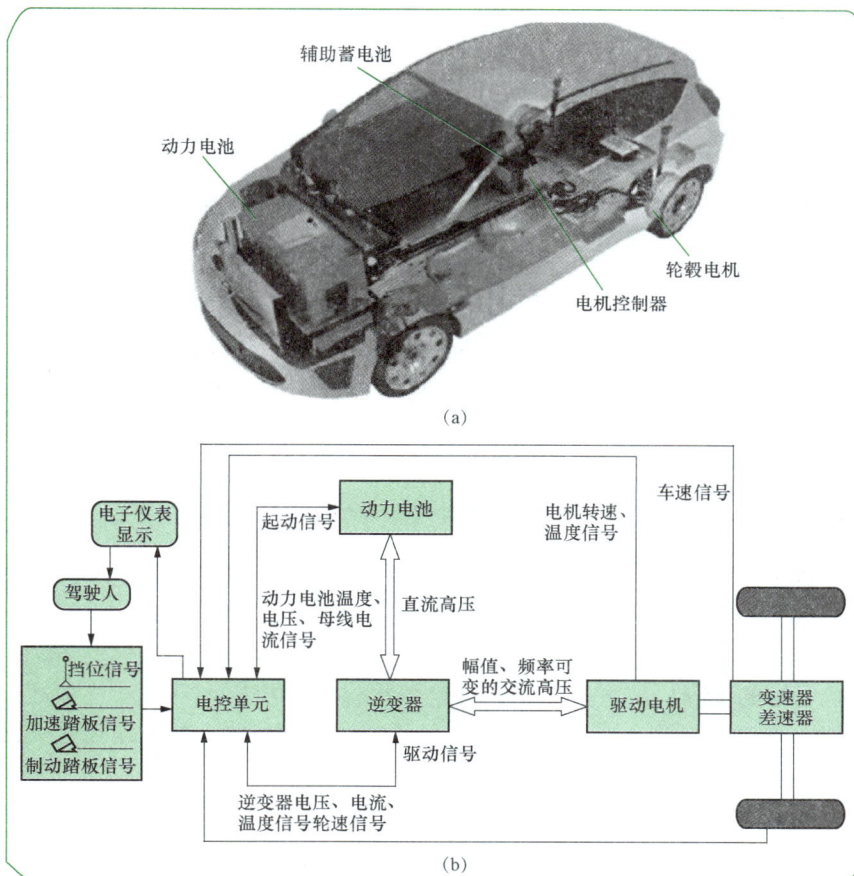

(b)

图6-6　纯电动汽车驱动系统组成

• RAV4-EV 纯电动汽车的电力驱动系统。

RAV4-EV 纯电动汽车的电力驱动系统如图 6-7 所示。其驱动系统的外观与结构如图 6-8 所示，驱动电机组合驱动桥前置，采用了和电机同轴的塔式小齿轮行星齿轮方式的一级减速器。由转子产生的转矩，经过转子中心轴传到塔式小齿轮处，通过差速器传动到左右轮。

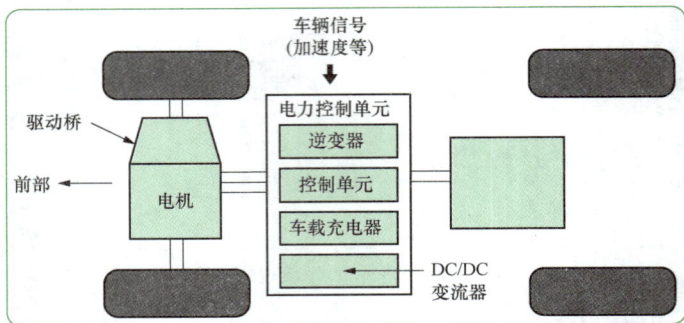

图 6-7 电力驱动系统（RAV4-EV）

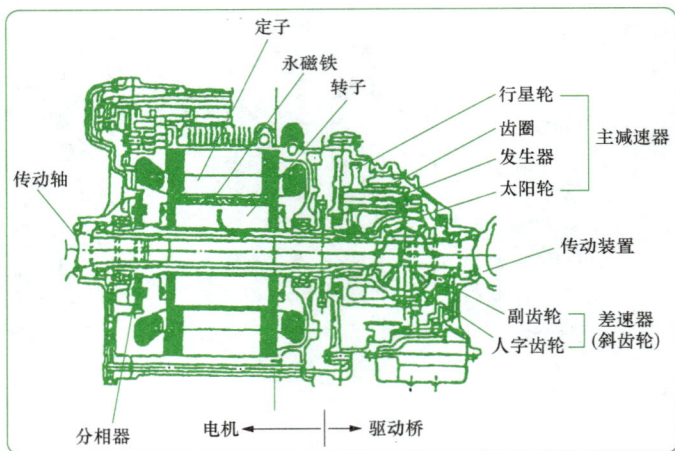

图 6-8 驱动系统的外观与结构（RAV4-EV）

（2）驱动系统工作原理。驱动系统能够将动力电池输出的电能转换为车轮上的机械能，驱动电动汽车行驶，并能够在汽车减速制动时，将车轮的动能转化为电能充入动力电池，是电动汽车的关键组成部分。它以驾驶人的操作（主要是以加速踏板位置的操作）为输入，经过驱动系统电控的计算后，将输出转矩给定值提供给电机逆变器，最终电机逆变器根据这个给定值控制驱动电机输入功率（电流、电压），从而使电动汽车以驾驶人预期的状态行驶。

**2. 纯电动汽车电机驱动系统有哪些类型？**

纯电动汽车的动力传动系统包括电机控制器、主驱动电机和相应的传动机构（变速器、主减速器、差速器等），根据电机的不同布置，可分为集中电机驱动系统、多电机驱动系统和轮毂电机驱动系统 3 种。

　　（1）集中电机驱动系统。集中电机驱动系统的结构如图 6-9 所示，集中电机驱动系统的驱动力由一个主电机提供，电机的驱动力通过传动机构传递给车轮，驱动车辆行驶。

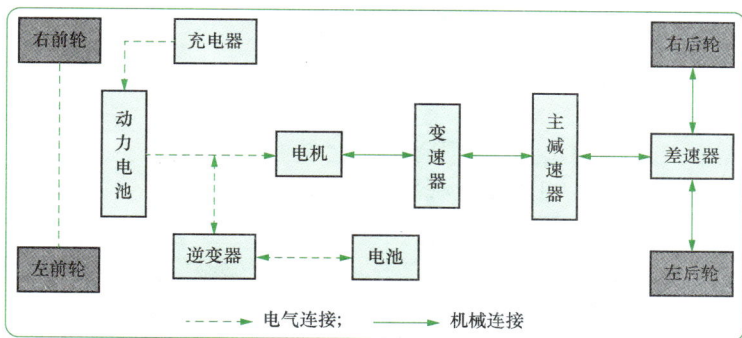

图 6-9　集中电机驱动系统的结构

　　（2）多电机驱动系统。多电机驱动系统是在纯电动汽车中采用多个电机来分别驱动车辆。图 6-10 所示为双电机驱动系统的结构，该系统由两个电机分别驱动，其传动机构和集中电机驱动系统相比，省去了变速器和差速器等机械装置。只采用了减速器来连接电机和驱动轮，通过控制电机的转速和转矩来直接驱动车辆。

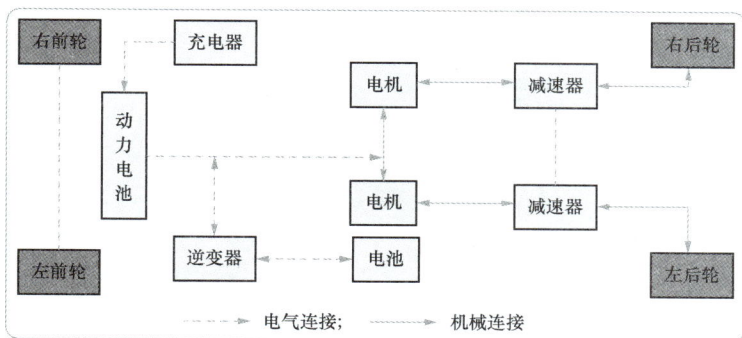

图 6-10　双电机驱动系统的结构

　　（3）轮毂电机驱动系统。轮毂电机驱动系统是将电机本体、车轮轮毂壳体和齿轮传动系统集成为一体，整个系统结构均为电气连接。轮毂电机驱动系统的结构如图 6-11 所示。

　　• 特斯拉 Model S D 系列双电机驱动系统。

　　特斯拉 Model S D 系列双电机驱动系统如图 6-12 所示。它是在后轮驱动 Model S 的基础上，在前轴加装了一台电机，这样前后轴都有动力源了。

　　特斯拉 Model S D 系列车能根据载荷的大小选择不同的驱动模式。载荷较小时，前电机工作；载荷中等时，后电机工作；载荷较大时，前、后电机同时工作，如图 6-13 所示。

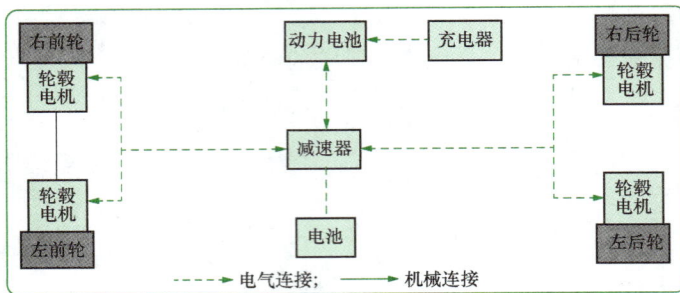

图 6-11 轮毂电机驱动系统的结构

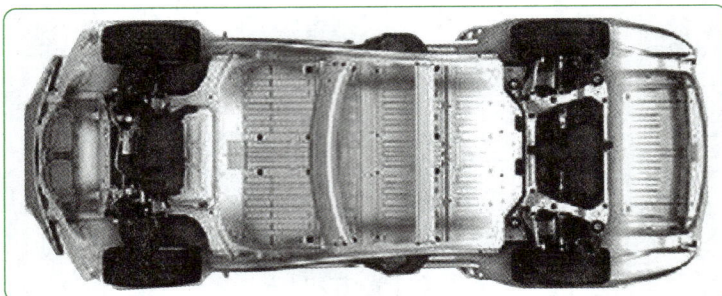

图 6-12 双电机驱动系统（特斯拉 Model S D 系列）

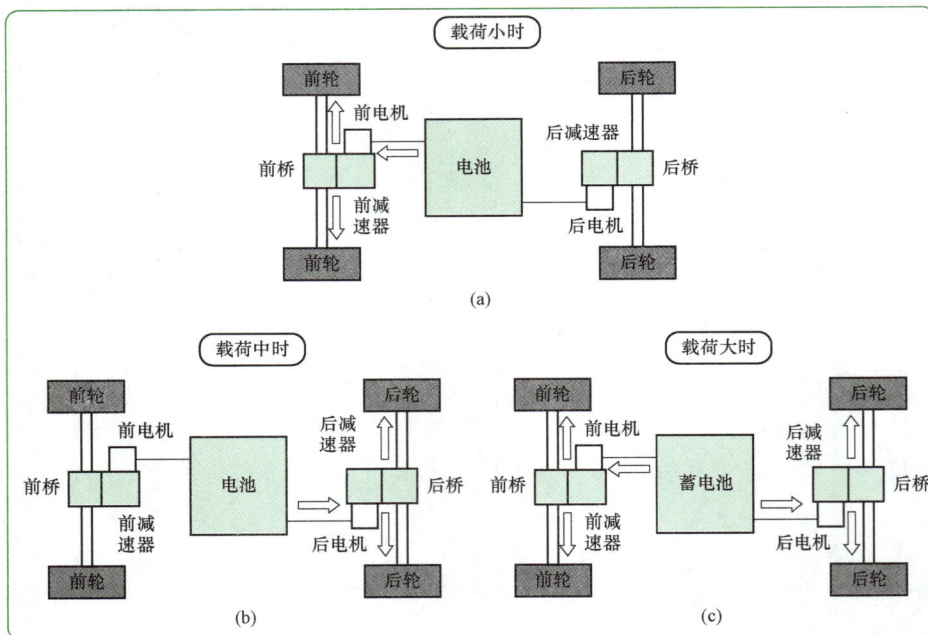

图 6-13 不同的双电机驱动模式（特斯拉 Model S D 系列）
（a）前轴驱动；（b）后轴驱动；（c）前后轴驱动

# 第7章 电动汽车家族——增程式电动汽车

顾名思义，增程式电动汽车是以提高纯电动汽车的续驶里程以目的，在纯电动汽车的基础上增加增程器而成的电动汽车。

### 1. 增程式电动汽车（EREV）的结构是怎样的?

增程式电动汽车（简称 E-REV）又称"双充式"电动汽车，最基础的增程式电动汽车是在纯电动汽车的基础上增加增程器（由小功率发动机与发电机串联集成在一起共同组成）而成。增程器起到发电并向动力电池充电的作用。增程式电动汽车是一种配有外充电和车载供电功能的纯电动车（也有将其归类于混合动力车）。

增程式电动汽车动力系统主要由驱动电机系统、电源系统、增程器和整车控制器等组成，如图7-1所示。该系统由整车控制器完成运行控制策略，电池组可由地面充电桩或车载充电器充电，发动机可采用燃油型或燃气型。发动机与机械系统不直接相连，发动机可工作于最佳效率点，大大提高整车燃料效率。

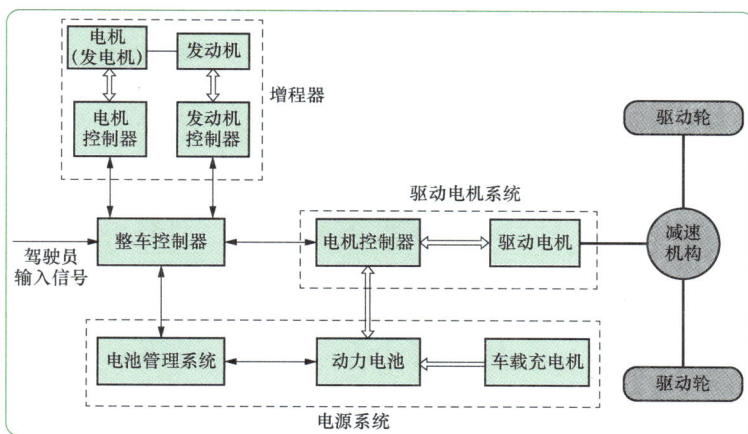

图7-1 增程式电动汽车动力系统

吉利增程式电动汽车的构造与示意图如图7-2所示。

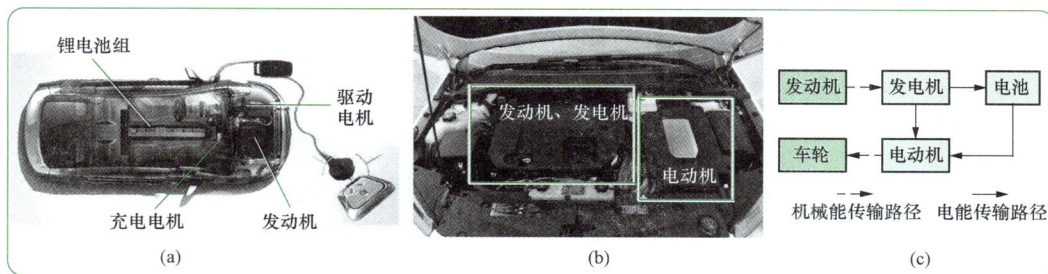

图7-2 增程式电动汽车的构造与示意图（吉利）
（a）吉利增程式电动汽车构造；（b）增程器；（c）增程式电动汽车构造示意图

第一代增程式电动汽车就是上面所介绍的，在纯电动汽车上加装一个增程器，其基本结构如图7-3所示。最典型的第一代增程式电动汽车是宝马i3电动汽车。

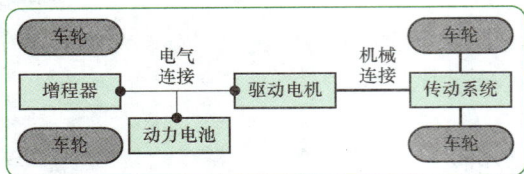

图7-3　第一代增程式电动汽车基本结构

第二代的增程式电动汽车是燃油车和电动汽车的融合，改变了第一代单纯延长续驶里程的局限性，能够节能减排。与磷酸铁锂离子电池合用，安全性进一步提高。

第三代增程式电动汽车是发动机发电直接驱动电动汽车，简称发电直驱电动汽车。它和第二代增程式不同，车上发动机发的电不再经过电池组，而是直接驱动电动机。第二代与第三代增程式电动汽车的区别如图7-4所示。

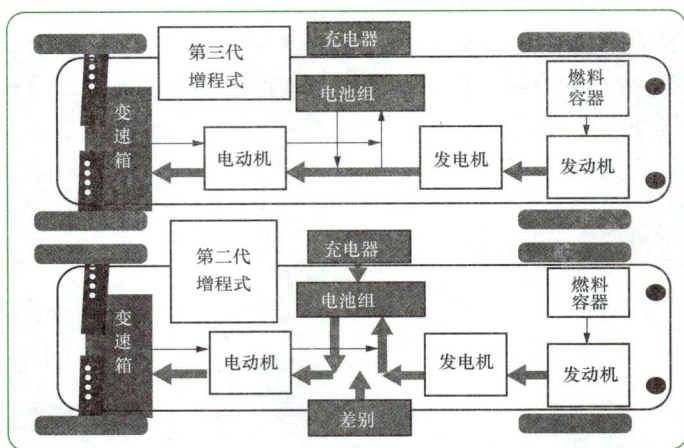

图7-4　第二代与第三代增程式电动汽车的区别

## 2. 增程式电动汽车的工作原理是怎样的？

在日常行驶时，增强式电动汽车（E-REV）类似于纯电动汽车，发动机完全关闭，处于纯电动模式，该模式完全可以满足城市日常上下班行驶需求。当超出了电池电力供应能力范围时，发动机将启动作为主动力源，补充汽车行驶所需的电能，多余的电能则对动力电池进行充电。

增程式电动车与插电混动车型一样，在车内都有电池与发动机。插电混动车型的电池可以直接推动车辆行驶，在电池电量耗尽之后也可以依靠发动机工作驱动车辆。增程式电动车的发动机并不直接驱动车轮，而是通过工作为电池充电，再提供动力给车辆行驶。图7-5所示为增程式电动汽车的工作原理。

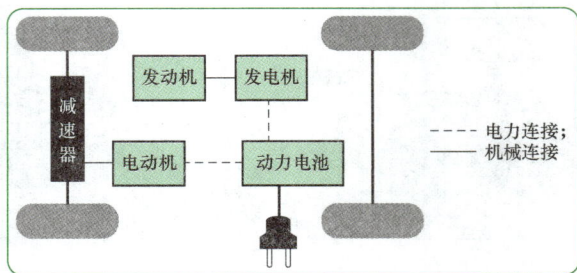

图7-5　增程式电动汽车的工作原理

### 3. 增程式电动汽车有哪些工作模式?

增程式纯电动汽车基本工作模式式即分为纯电动模式和增程模式两大类。又可细分为5种工作模式,即纯电动模式、增程器单独驱动模式、混合驱动模式、制动模式和停车充电模式。

(1) **纯电动模式**。在纯电动模式,车辆与纯电动汽车一样,增程器处于关闭状态,由动力电池提供能量,由驱动电机提供行驶动力。纯电动模式的能量传递路线如图7-6所示。

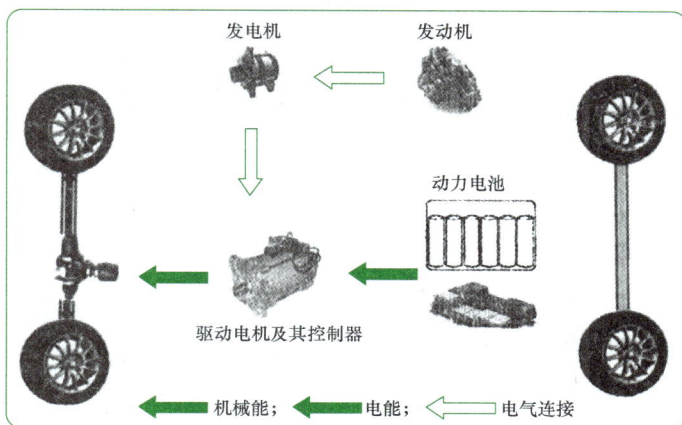

图7-6 纯电动模式的能量传递路线

(2) **增程器单独驱动模式**。当动力电池能量不足时,使用增程模式,在动力电池 SOC 值降至设定的阈值 $SOC_{mib}$ 时,增程器起动,发动机根据制定的控制策略运行在最佳的状况,使发电机发电,一部分用于驱动车辆行驶,多余的电能为动力电池充电。增程器单独驱动模式的能量传递路线如图7-7所示。当动力电池电量恢复至充足时,发动机又停止工作,继续由动力电池驱动电机,提供整车功率需求。

(3) **混合驱动模式**。当路面需求功率较大,动力电池供能不足时,增程器开启,发动机—发电机组联合动力电池一起工作,提供整车行驶需要的动力,其能量传递路线如图7-8所示。

(4) **制动模式**。在车辆运行过程中,发生减速、制动请求时,整车即进入制动能量回收模式,在再生制动情况下,电机以发电状态工作,回收的制动能量储存再动力电池中,以供车辆驱动使用。制动模式能量传递路线如图7-9所示。

(5) **停车充电模式**。停车时动力系统全部停止,此时通过车载充电机连接外接电网对动力电池进行充电,以备下次行车使用。停车充电模式能量传递路线如图7-10所示。

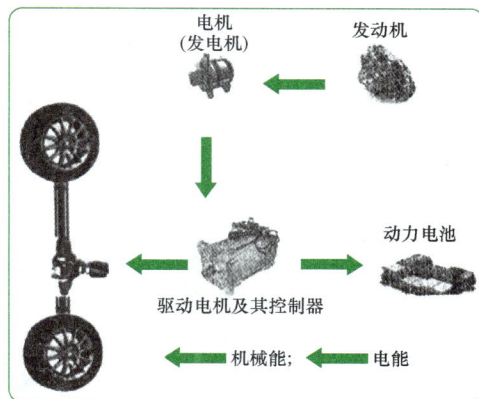

图7-7 增程器单独驱动模式的能量传递路线

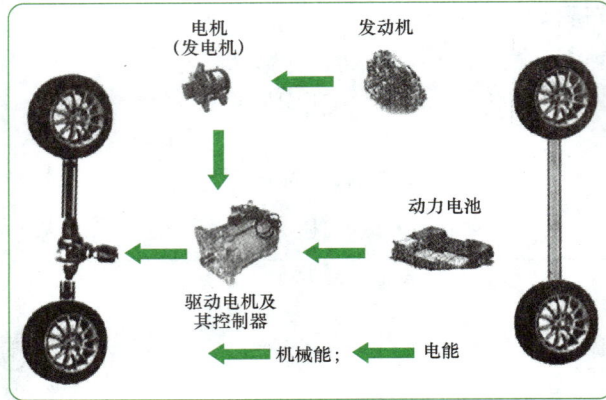

图 7-8　混合驱动模式的能量传递路线

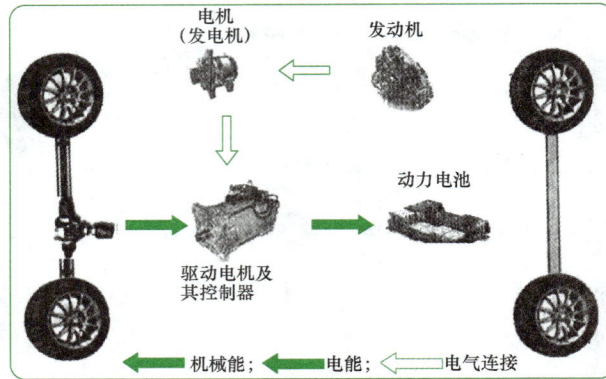

图 7-9　制动模式能量传递路线

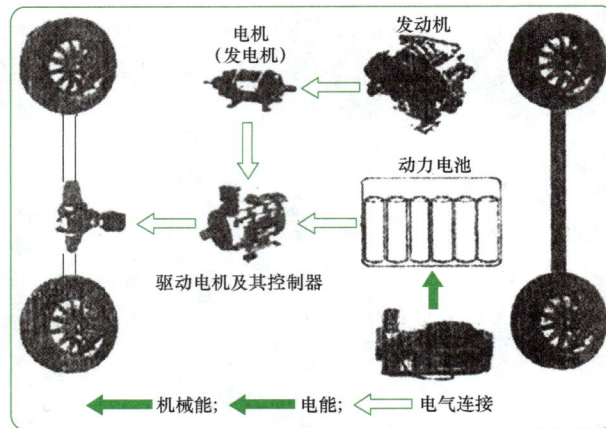

图 7-10　停车充电模式能量传递路线

# 第8章 电动汽车家族——混合动力汽车

混合动力汽车就是汽油驱动汽车和电能驱动汽车的结合体。它是指驱动系统有两个或多个能同时运转的单个驱动联合组成的车辆,目前主要是以电力驱动,同时搭载汽油或柴油内燃机的汽车。

## 一、混合动力汽车的结构与原理

### 1. 混合动力汽车由哪些部分组成?

混合动力车一般有两个或两个以上的动力源,一个为主动力源,一般为发动机,另一个为辅助动力源,通常为储能电池,用于回收再生制动期间的动能以及补偿主驱动发动机的短时过载功率。混合动力汽车在纯电动汽车的基础上增加了一套动力系统,主要是内燃机发电机,如图8-1所示。它主要由动力电池组、发动机、发电机、驱动电机、控制器等组成,如图8-2所示。电池组和发动机是混合动力汽车的动力源,驱动电机用于将电池组的电能转化为机械能,驱动车辆行驶。发电机将发动机的机械能转换为电能向电池组充电,也可以直接提供给电机。控制系统实施对电池组、发动机及驱动电机进行管理和控制。混合动力汽车的构造及分布位置如图8-3所示。

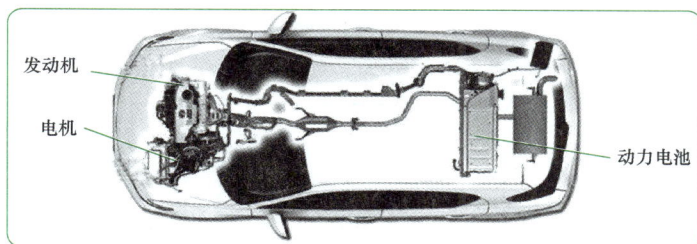

图 8-1 普通混合动力汽车

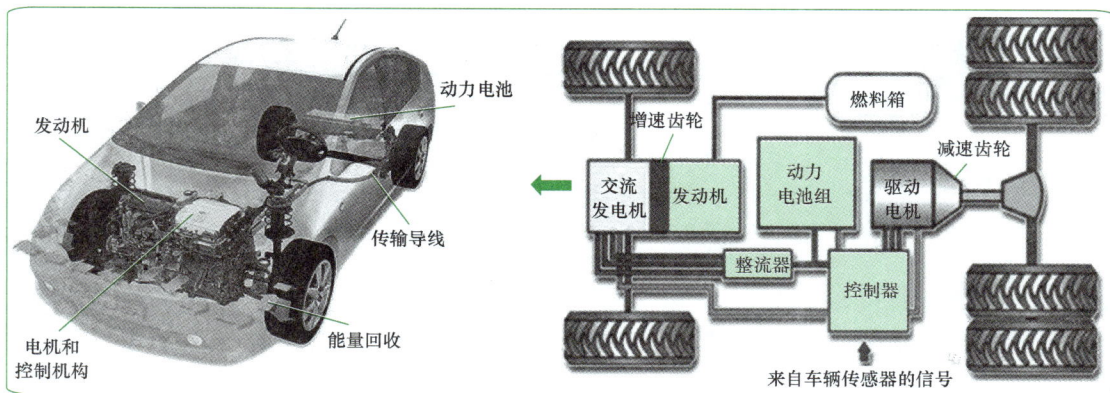

图 8-2 普通混合动力汽车的组成

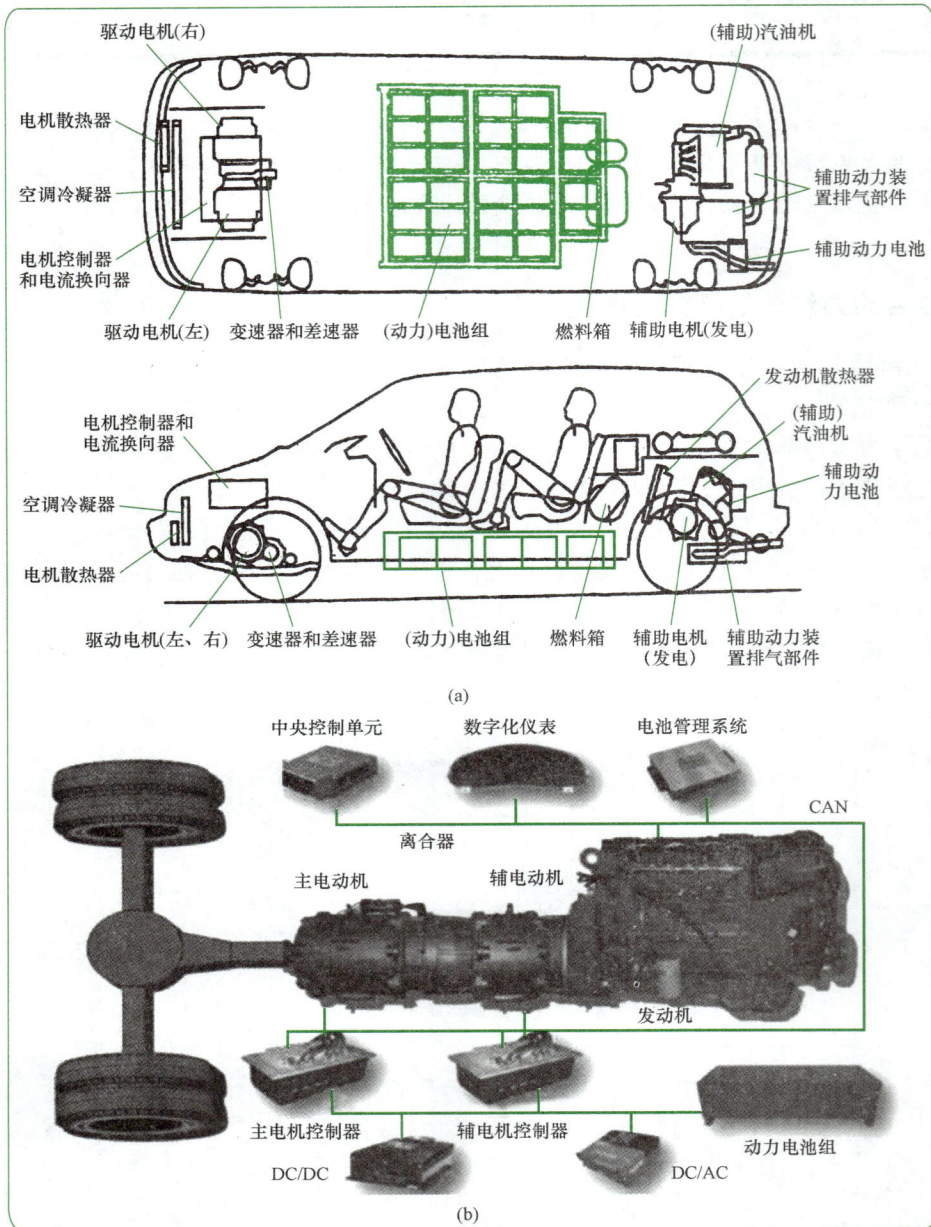

图 8-3　混合动力车的构造及分布位置

• 丰田普锐斯（PRIUS）混合动力系统（THSII）的组成。

丰田普锐斯混合动力系统主要由发电机（MG1）、电机（MG2）、电池（HV）、变频器、发动机、行星齿轮机构、差速器等组成，如图 8-4 所示。根据车辆的行驶状况，普锐斯高效率地综合使用两种动力——发动机和电动机/发电机，其中发动机提供主要动力。

发动机的动力分为由混合动力变速驱动桥中行星齿轮组提供给车轮的动力和提供作为

发电机的 MG1 的动力两部分。混合动力变速驱动桥包括发电机、电机和行星齿轮组，并且在这些组件的配合下，通过无级变速使车辆平稳地行驶。

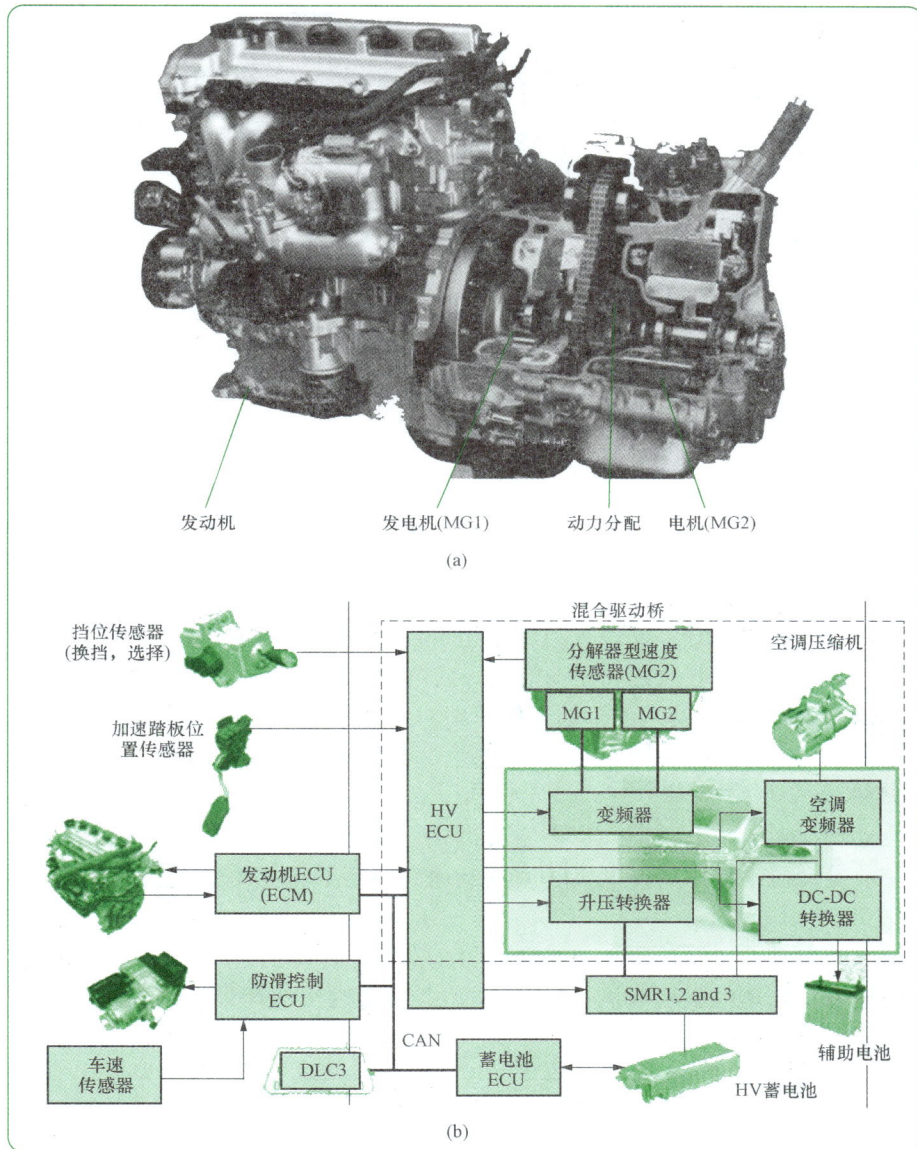

图 8-4　混合动力系统构造（丰田普锐斯）

（a）发动机；（b）混合动力系统组成

## 2. 混合动力汽车的工作原理是怎样的？

目前混合动力汽车主要有两种形式：一种是发动机完全用于发电，发动机相当于发电机，利用电机驱动车辆行驶，如图 8-5（a）所示；另一种是发动机用于发电的同时，在汽车大负荷时与电机一起驱动车辆行驶，如图 8-5（b）所示。

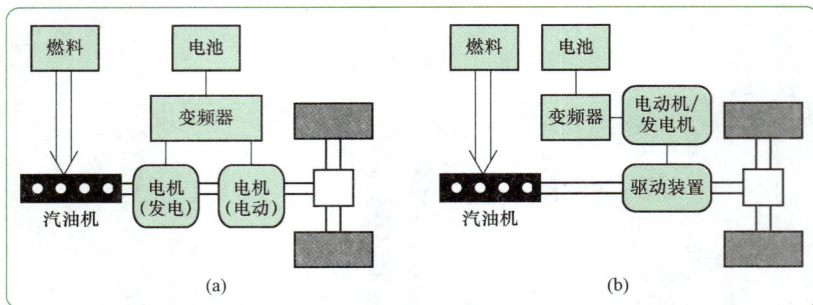

图 8-5　混合动力汽车原理图
（a）电动机驱动；（b）混合驱动

工作原理如下。

（1）在刚汽车行驶时，电池组处于电量饱满状态，其能量输出可以满足汽车要求，发动机不需要工作，电池组输出的直流电经控制器供入驱动电机，驱动电机输出的转矩经减速齿轮、传动轴及驱动桥驱动车轮。

（2）当电池组电量低于一定值时，发动机在控制器控制下自动起动，为驱动电机提供能量，同时还给电池组进行充电。

（3）当汽车能量需求较大时，比如上坡或加速，发动机与电池组同时为汽车提供能量，驱动汽车行驶。

（4）当汽车减速制动时，发动机与电池组都停止对外供给能量，在控制器的控制下驱动电机转换为发电机，回收减速和制动能量，向电池组充电。

• 比亚迪 F3DM 混合动力汽车的工作原理。

比亚迪 F3DM 的动力系统主要由蓄电池组、驱动电机、发动机、发电机和控制组成。其工作原理如下。

（1）纯电动模式。纯电动模式也称启动模式，为避免发动机的怠速及低负荷工况，以减小油耗，故发动机不工作，仅电机利用其低速大转矩的特性单独使汽车起步，工作原理如图 8-6 所示。

（2）混合动力模式。混合动力模式也称匀速模式，发动机起动，带动发电机（M1）发电，对电池充电，汽车由驱动电机（M2）驱动，发动机按油耗最小的最优工作曲线工作，工作原理如图 8-7 所示。

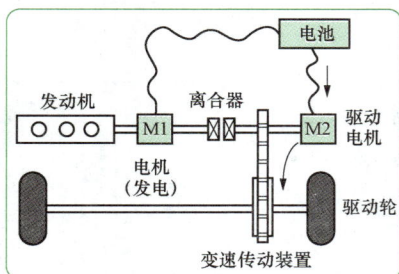

图 8-6　纯电动工作模式（比亚迪 F3DM）　　图 8-7　混合动力工作模式（比亚迪 F3DM）

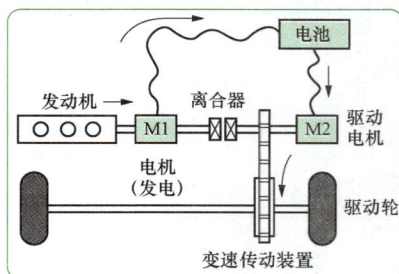

（3）**加速模式**。加速模式时，发动机启动后以最大效率工作驱动汽车，电机提供部分功率辅助汽车加速，工作原理如图8-8示。

（4）**减速模式**。减速模式也称制动模式，发动机不工作，电机进行再生制动向蓄电池充电，工作原理如图8-9所示。

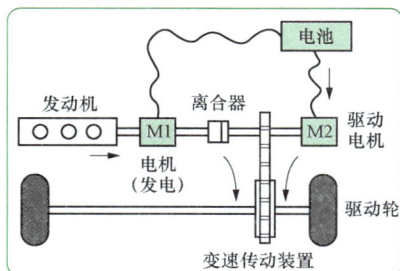

图8-8　加速工作模式（比亚迪 F3DM）　　　图8-9　减速工作模式（比亚迪 F3DM）

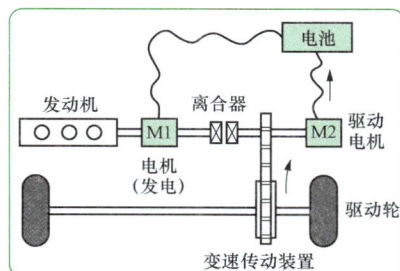

**3. 混合动力汽车动力耦合有哪些类型?**

混合动力汽车动力耦合类型主要有转矩耦合、转速耦合、功率耦合和牵引力耦合等4种。

（1）**转矩耦合**。转矩耦合式动力系统是指二个或多个动力源的输出动力在耦合过程中，两动力源的输出转矩相互独立，而输出转速必须互成比例，最终的合成转矩是两动力源输出转矩的叠加。转矩耦合方式主要有齿轮耦合和磁场耦合两种。

1）齿轮耦合是通过啮合齿轮（组）将多个输入动力合成在一起输出。齿轮耦合式混合动力汽车系统结构如图8-10所示。

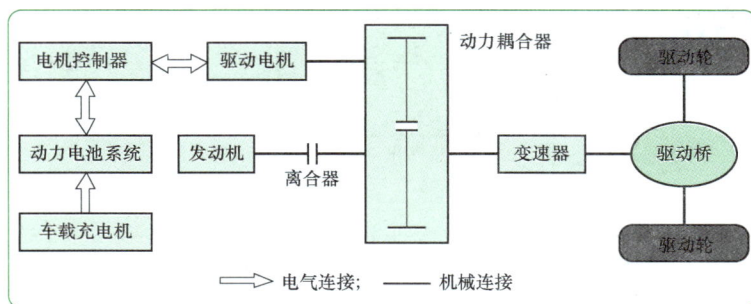

图8-10　齿轮耦合式混合动力汽车系统结构

2）磁场耦合式是将电机的转子与发动机输出轴做成一体，通过磁场作用力将电机输出动力和发动机输出动力耦合在一起输出。磁场耦合式混合动力汽车系统结构如图8-11所示。

（2）**转速耦合**。转速耦合式动力系统是指两个或多个动力源的输出动力在耦合过程中，输出转速相互独立，而输出转矩必须互成比例，最终的合成转速是两动力源输出转速的耦合叠加，合成转矩则不是两个或多个动力源输出转矩的叠加。转速耦合可以通过行星齿轮、差速器等方式实现。

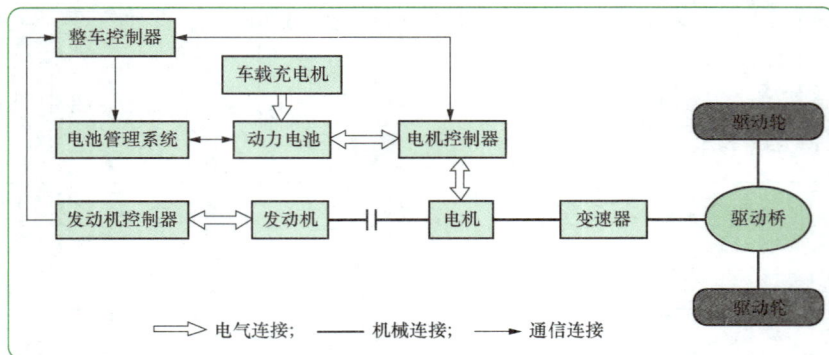

图 8-11　磁场耦合式混合动力汽车系统结构

（3）**功率耦合**。功率耦合式的输出转矩和转速分别是发动机与电机转矩和转速的线性和，因此发动机的转矩和转速都可控。

（4）**牵引力耦合**。牵引力耦合式是指发动机驱动前轮（后轮），电机驱动后轮（前轮），通过前后车轮驱动力将多个动力源输出动力耦合在一起。

- 奥迪 Q5 混合动力汽车动力传递。

奥迪 Q5 混合动力汽车动力传递简图如图 8-12 所示。

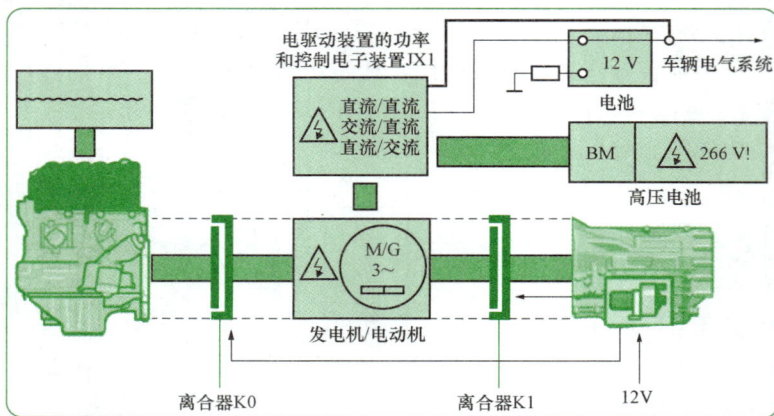

图 8-12　混合动力汽车动力传递简图（奥迪 Q5）

（1）**发动机启动/停止**。奥迪 Q5 混合动力汽车发动机启动动力传递简图如图 8-13 所示，由高压蓄电池到电驱动装置到动力电机到发动机，驱动电机取代了传统汽车的启动马达，通过离合器 K0 闭合直接带动发动机旋转。

（2）**没有为高压电池充电时**。此时发动机和电机一起来给车辆加速，电机由电蓄能器提供电能，与传统系统相比，车辆性能大幅提高。奥迪 Q5 混合动力汽车没有为高压电池充电时的动力传递简图如图 8-14 所示。

（3）**高压电池和低压电池同时充电**。此时汽车由发动机来驱动行驶，发动机带动电机，来为高压电池充电。奥迪 Q5 混合动力汽车高压电池和低压电池同时充电时的动力传递简图如图 8-15 所示。

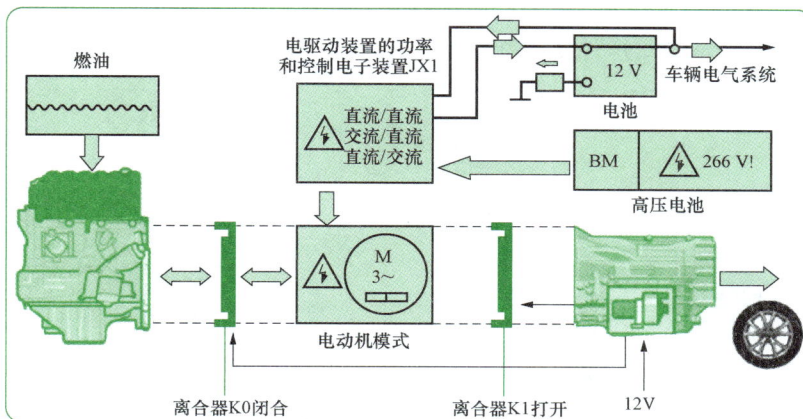

图 8-13 混合动力汽车发动机启动动力传递简图（奥迪 Q5）

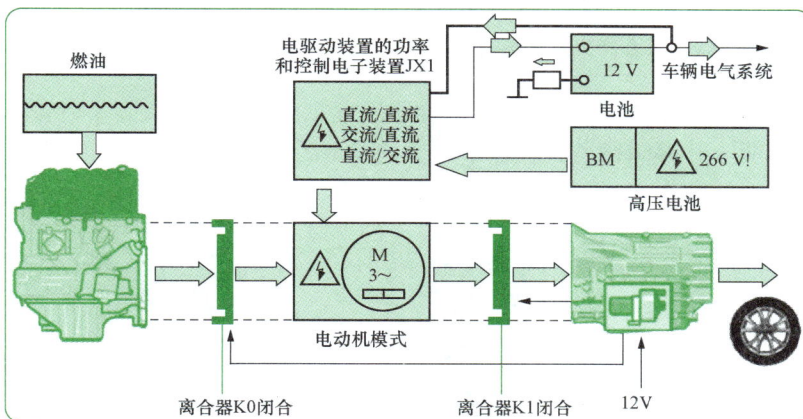

图 8-14 混合动力汽车没有为高压蓄电池充电时的动力传递简图（奥迪 Q5）

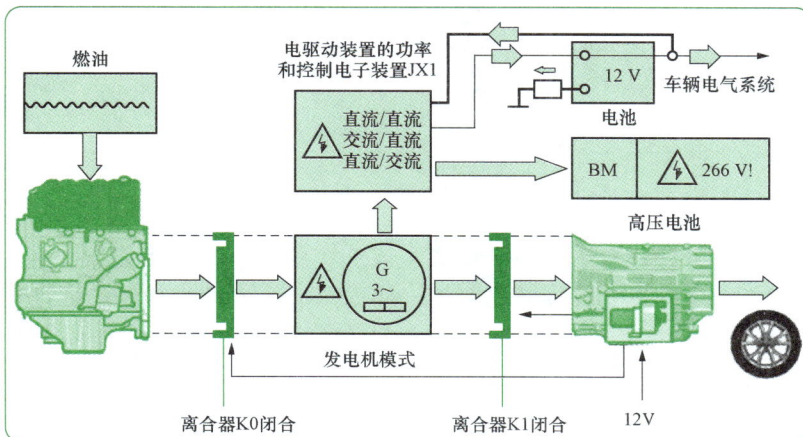

图 8-15 混合动力汽车高压电池和低压电池同时充电时的动力传递简图（奥迪 Q5）

（4）电动行驶（EV）模式。此时车辆只靠电机驱动来行驶，电机由高压蓄电池供电。奥迪 Q5 混合动力汽车电动行驶（EV）模式动力传递简图，如图 8-16 所示。

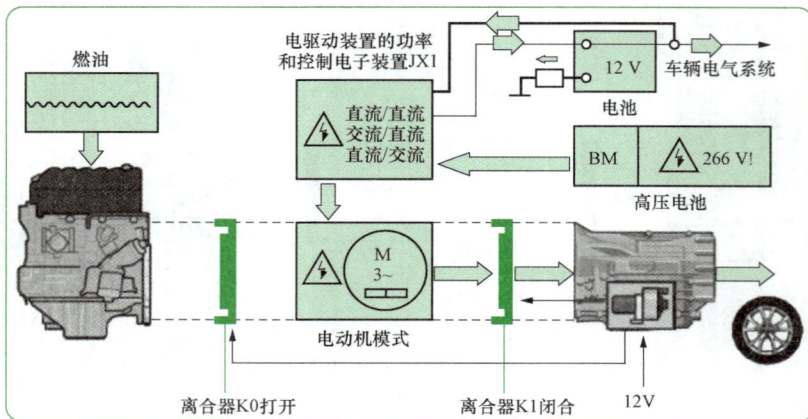

图 8-16　混合动力汽车电动行驶（EV）模式动力传递简图（奥迪 Q5）

（5）发动机关闭时滑行/制动状态。发动机关闭时滑行/制动状态下的能量回收模式可将能量转化成电能，并存储在高压电池中。奥迪 Q5 混合动力汽车发动机关闭时滑行/制动状态动力传递简图如图 8-17 所示。

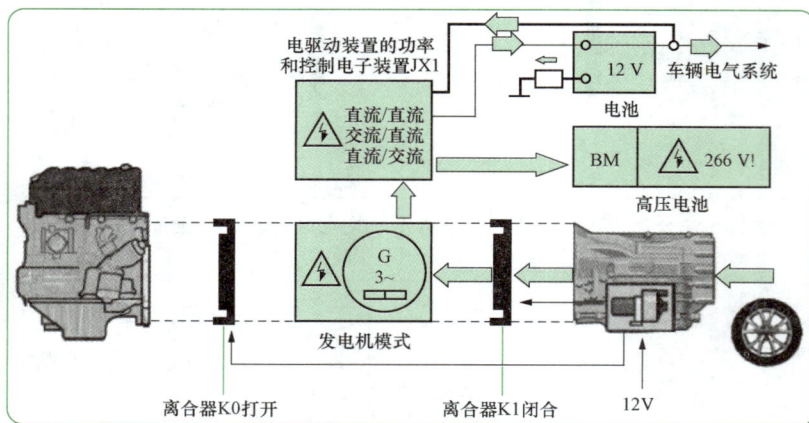

图 8-17　混合动力汽车发动机关闭时滑行/制动状态动力传递简图（奥迪 Q5）

（6）发动机运行滑行状态下的能量回收模式。车辆不消耗任何能量（惯性滑行）通过脱开离合器 K0 来使得发动机与电机分离开，根据车速，发动机处于超速断油状态或者关闭（启动由电机或者辅助启动机来完成），在能量回收过程中，电机作为发电机为 12V 车载电网供电。奥迪 Q5 混合动力汽车发动机运行滑行状态下的能量回收模式动力传递简图如图 8-18 所示。

4. 混合动力车发动机的控制系统由哪些部分组成?

丰田普锐斯发动机的控制系统组成如图 8-19 所示。

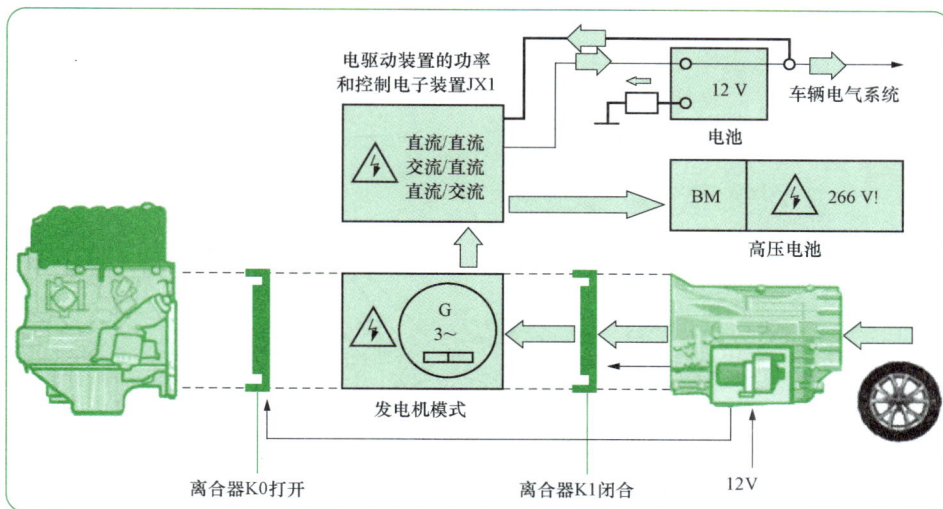

图8-18 混合动力汽车发动机运行滑行状态下的能量回收模式动力传递简图（奥迪Q5）

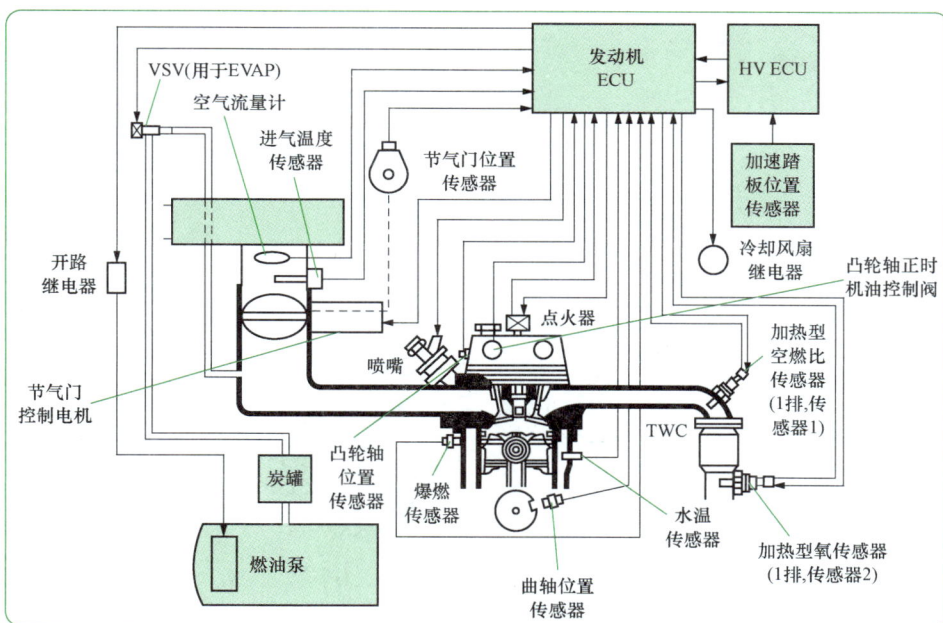

图8-19 发动机的控制系统组成（丰田普锐斯）

发动机控制系统的主要部件位置如图8-20所示。

5. 混合动力控制系统的结构与原理是怎样的？

丰田普锐斯混合动力控制系统的组成如图8-21所示。

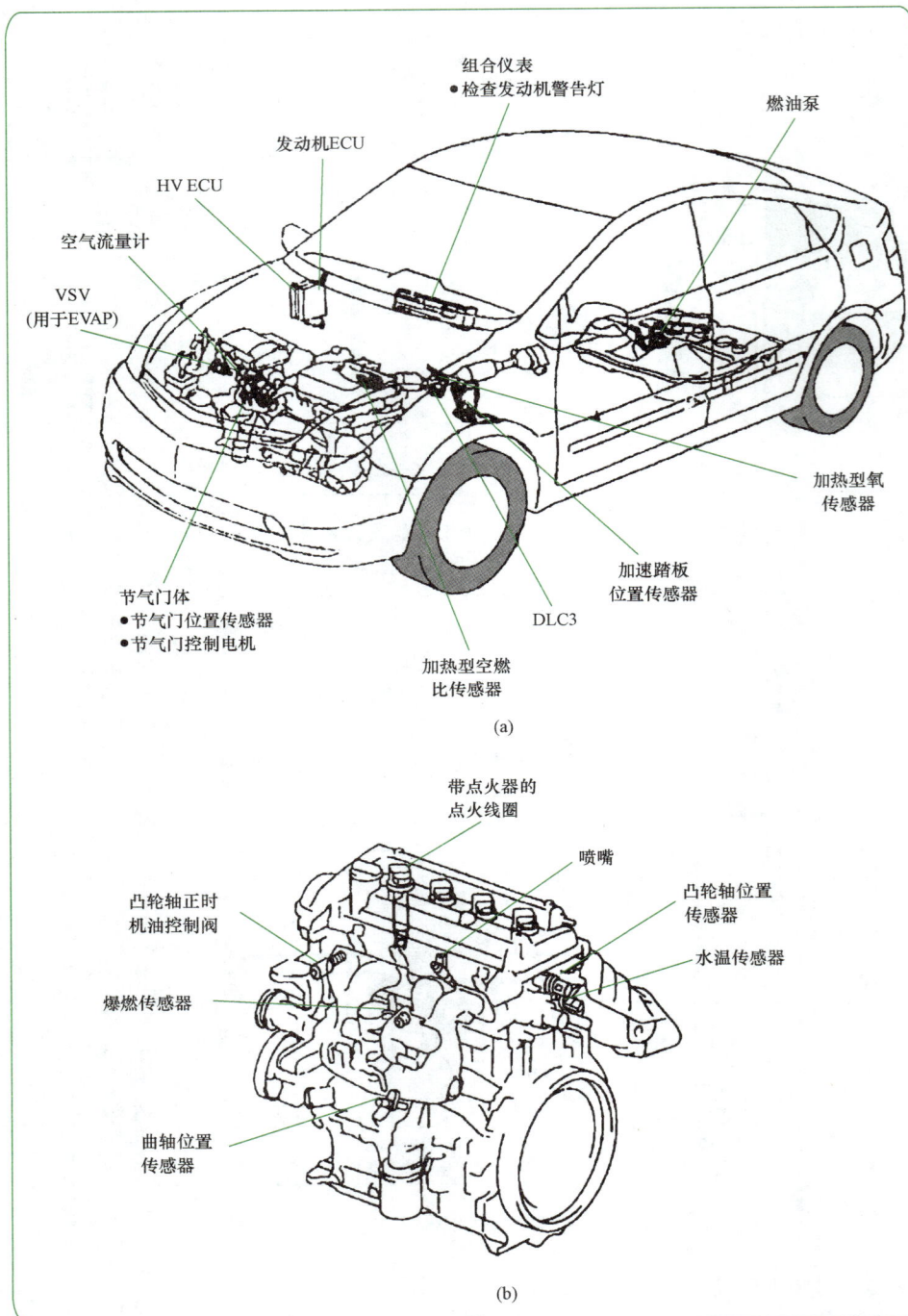

组合仪表
●检查发动机警告灯

燃油泵

发动机ECU

HV ECU

空气流量计

VSV
(用于EVAP)

加热型氧
传感器

节气门体
●节气门位置传感器
●节气门控制电机

加速踏板
位置传感器

DLC3

加热型空燃
比传感器

(a)

带点火器的
点火线圈

喷嘴

凸轮轴正时
机油控制阀

凸轮轴位置
传感器

水温传感器

爆燃传感器

曲轴位置
传感器

(b)

图 8-20  发动机控制系统的主要部件位置

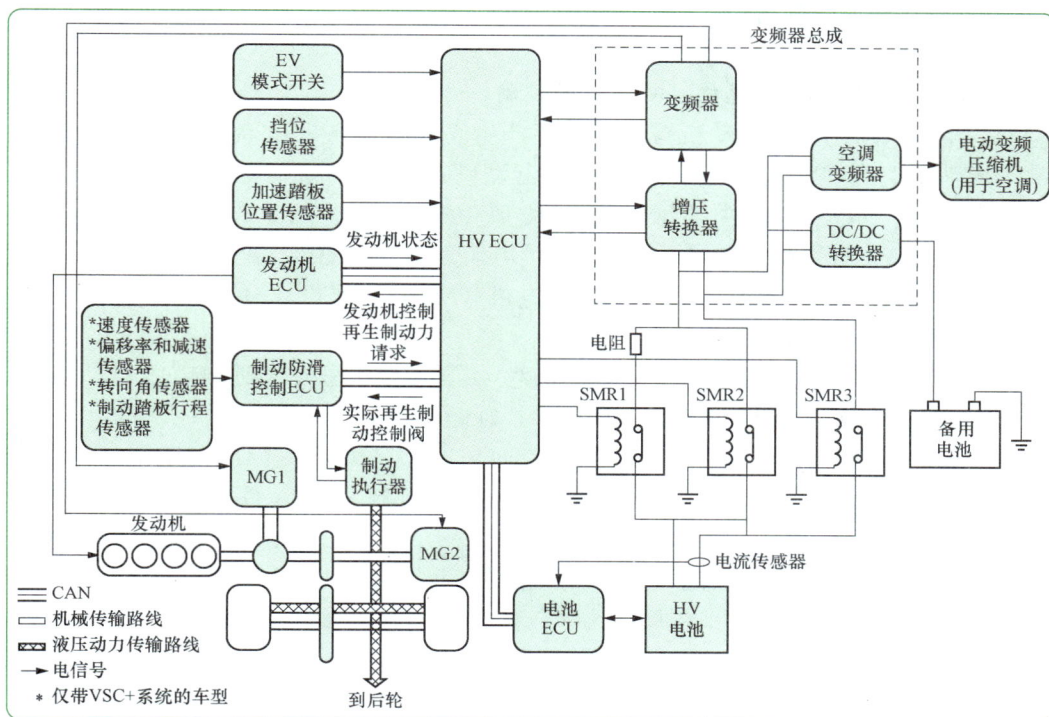

图8-21　混合动力控制系统的组成（丰田普锐斯）

（1）**混合动力系统 ECU 的控制**。根据请求扭矩、再生制动控制和 HV 电池的 SOC（充电状态）控制发电机（MG1）、电机（MG2）和发动机。具体工作状态由挡位、加速踏板踩下角度和车速来确定。

（2）**发动机 ECU 的控制**。发动机 ECU 接收 HV ECU 发送的目标发动机转速和所需的发动机动力，来控制 ETCS-i 系统、燃油喷射量、点火正时和 VVT-i 系统。

（3）**变频器的控制**。根据 HV ECU 提供的信号，变频器将 HV 电池的直流电转换为交流电来驱动发电机（MG1）、电机（MG2），同样也可进行逆向过程。此外，变频器将发电机（MG1）的交流电提供给电机（MG2）。HV ECU 向变频器内的功率晶体管发送信号，来转换发电机（MG1）、电机（MG2）的 U、V 和 W 相来驱动发电机（MG1）和电机（MG2）。HV ECU 从变频器接收到过热、过流或故障电压信号后即关闭。

（4）**增压转换器的控制根据**。HV ECU 提供的信号，增压转换器将额定电压 DC201.6V 升高到最高电压 DC500V。发电机（MG1）或电机（MG2）产生的最高电压 AC500 由变频器转换为直流电，根据 HV ECU 的信号，增压转换器将直流电降低到 DC201.6V（用于 HV 电池）。

（5）**转换器的控制**。将额定电压 DC201.6V 转化为 DC12V，为车身电气组件供电。并为备用电池充电（DC12V），转换器将备用电池控制在恒定电压。DC/DC 转换器用于将 DC201V 转换为 DC12V。

（6）空调变频器的控制。将 HV 电池的额定电压 DC201.6V 转换为 AC201.6V，为空调系统的电动变频压缩机供电。

（7）发电机（MG1）和电机（MG2）的控制。

1）发电机（MG1）由发动机带动旋转，产生高压（最高电压 AC 500V），操作电机（MG2）并为 HV 蓄电池充电。另外，它作为起动机起动发动机。

2）发电机（MG1）或 HV 电池供电驱动，产生车辆动力。

3）制动时或加速踏板未被踩下时，它产生电能为 HV 电池再次充电（再生制动控制）。

4）速度传感器（转角传感器）检测到发电机（MG1）、电机（MG2）的转速和位置并将信号输出到 HV ECU。

5）电机（MG2）上的温度传感器检测温度。并将温度信号发送到 HV ECU。

（8）制动防滑控制 ECU 的控制。制动时，制动防滑控制 ECU 计算所需的再生制动力并将信号发送到 HV ECU。一接收到信号，HV ECU 立刻将实际的再生制动控制数据发送到制动防滑控制 ECU，根据这个结果，制动防滑控制 ECU 计算并执行所需的液压制动力。

（9）电池 ECU 的控制。电池 ECU 实施监视控制，监视 HV 电池和冷却风扇控制的状态，使 HV 蓄电池保持在预定的温度。这样，对这些组件实施最优控制。

（10）换挡的控制。HV ECU 根据挡位传感器提供的信号检测挡位（"R"；"N"，"D"或 "B"），控制发电机（MG1）、电机（MG2）和发动机，调整车辆行驶状态以适应所选挡位。

变速器制 ECU 通过 HV ECU 提供的信号检测驾驶员是否按下驻车开关。然后，它操作换挡控制执行器，通过机械机构锁止变速驱动桥。

（11）碰撞时的控制。发生碰撞时，如果 HV ECU 收到空气囊传感器总成发出的空气囊张开信号，或变频器中断路器传感器发出的执行信号。则关闭 SMR（系统主继电器）以切断电源。

## 二、 混合动力汽车的类型

**1. 按照动力系统结构划分， 混合动力汽车有哪些类型？**

按照动力系统结构划分，混合动力汽车可分为串联式（又称增程式）混合动力、并联式混合动力、混联式混合动力 3 种类型。

（1）串联式（又叫增程式）混合动力。串联式混合动力系统结构如图 8-22 所示，该动力系统是由发动机驱动发电机发电，电能通过电机控制器输送给电机，由电机将电能转化为机械能驱动车辆行驶。另外，动力蓄电池可以单独向电机提供电能驱动车辆行驶。

（2）并联式混合动力。并联式混合动力系统结构如图 8-23 所示，并联式混合动力汽车可以单独使用发动机或电机作为动力源，也可以同时使用电机和发动机作为动力源驱动车辆行驶。车辆行驶系统的驱动力由电机及发动机同时或单独供给。

（3）混联式混合动力汽车。混联式混合动力汽车具备串联式和并联式两种混合动力系统，可以在串联混合模式下工作，也可以在并联混合模式下工作，如图 8-24 所示。

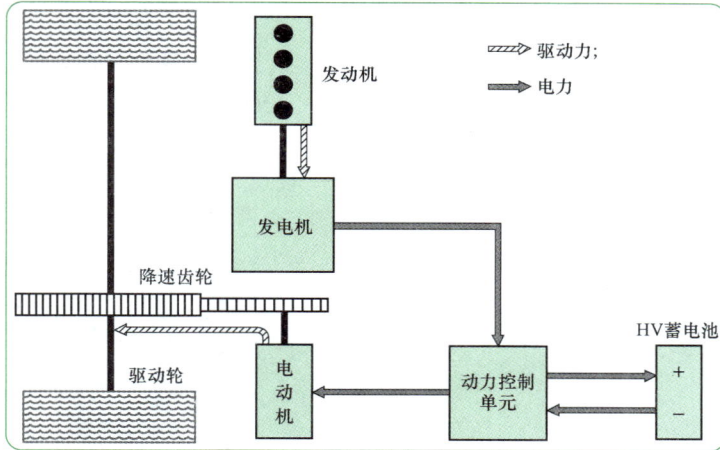

图 8-22　串联式混合动力系统结构

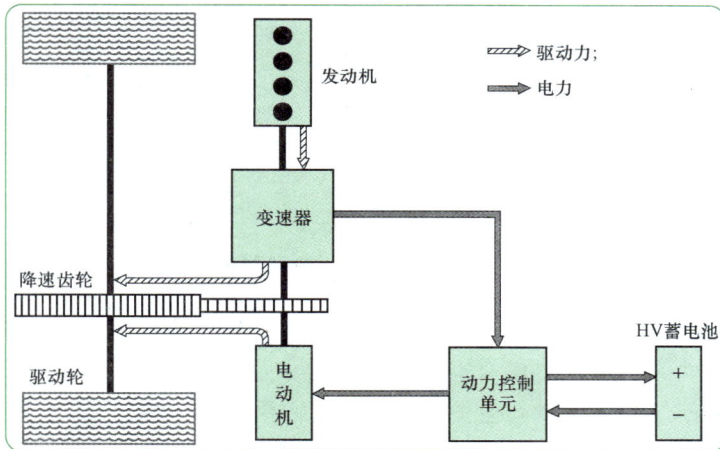

图 8-23　并联式混合动力系统结构

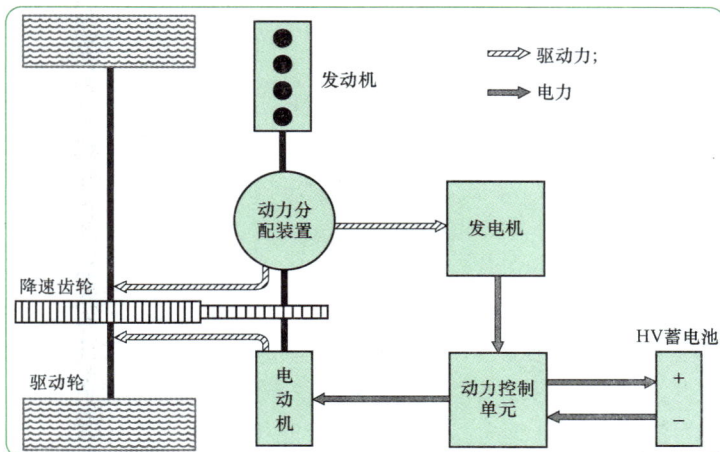

图 8-24　混联式混合动力系统结构

与并联式混合动力一样，混联式混合动力也有两套驱动系统，但不同的是，混联式有两个电机，一个电机仅用于直接驱动车轮，还有一个电机具有双重角色：当需要极限性能的时候，充当电动机直接驱动车轮，整车功率就是发动机和两个电机的功率之和；当电力不足的时候，就充当发电机，给电池充电。

**2. 按照混合度划分，混合动力汽车有哪些类型？**

根据在混合动力系统中，电机的输出功率在整个系统输出功率中占的比重不同分类，可以分为轻混合、中度混合和完全混合3种类型，如图8-25所示。

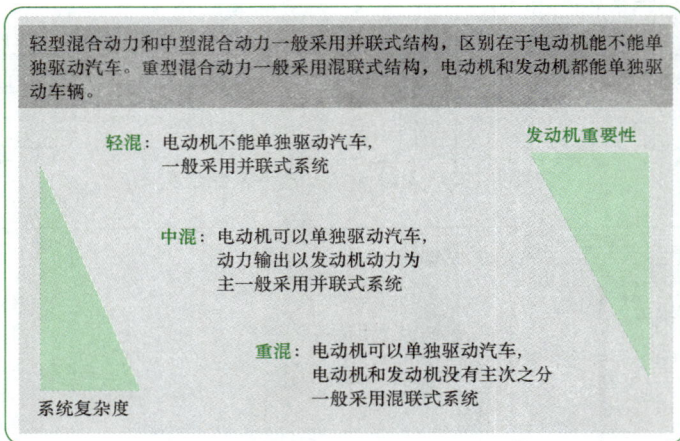

图 8-25　按照混合度划分的类型

（1）**轻混合动力系统**。轻混合动力系统又称为弱混合动力系统，是指混合度一般在20％以下的混合动力系统。轻度混合动力仍然主要依靠内燃机提供动力，而电机部分只有在汽车处于怠速状态下才被起动，主要起到减排的作用。

（2）**中度混合动力系统**。中度混合动力系统平衡了内燃机与电机两种动力来源的过渡状态。中度混合动力系统还增加了一个功能：在汽车处于加速或者大负荷工况时，电机能够辅助驱动车轮，从而补充发动机本身动力输出的不足，从而更好地提高整车的驱动性能。

（3）**完全混合动力系统**。完全混合动力系统指的是混合程度更高的混合动力系统，选择电动机为主动力来源，内燃机只起到辅助作用。

**3. 按照外接充电电源分类，混合动力汽车有哪些类型？**

混合动力汽车按是否具备外界充电功能来界定，分为普通混合动力汽车和外接式充电混合动力汽车两类。其中外接式充电混合动力汽车又称为插电式混合动力汽车或增程式混合动力汽车。

普通混合动力汽车没有充电接口，只能加燃油。通过发动机驱动电机来给高压蓄电池充电、通过发动机直接驱动车轮行驶，或是电机与发动机两者共同驱动车轮。

插电式混合动力汽车加装有充电接口，车身上除了有汽油加注孔外，还有一个电源插座用于外接电缆为电池充电，如图8-26所示。

## 三、混合动力汽车变速驱动桥

### 1. 变速驱动桥结构是怎样的？

丰田普锐斯混合动力汽车采用 P112 型混合动力变速驱动桥，使用带行星齿轮组的无级变速机构，该装置主要包括变速驱动桥阻尼器、MG1、MG2、行星齿轮组和减速装置（包活无声链、中间

图8-26 插电式混合动力汽车的充电接口

轴主动齿轮、中间轴从动齿轮、主减速器小齿轮和主减速器环齿轮），如图8-27所示。

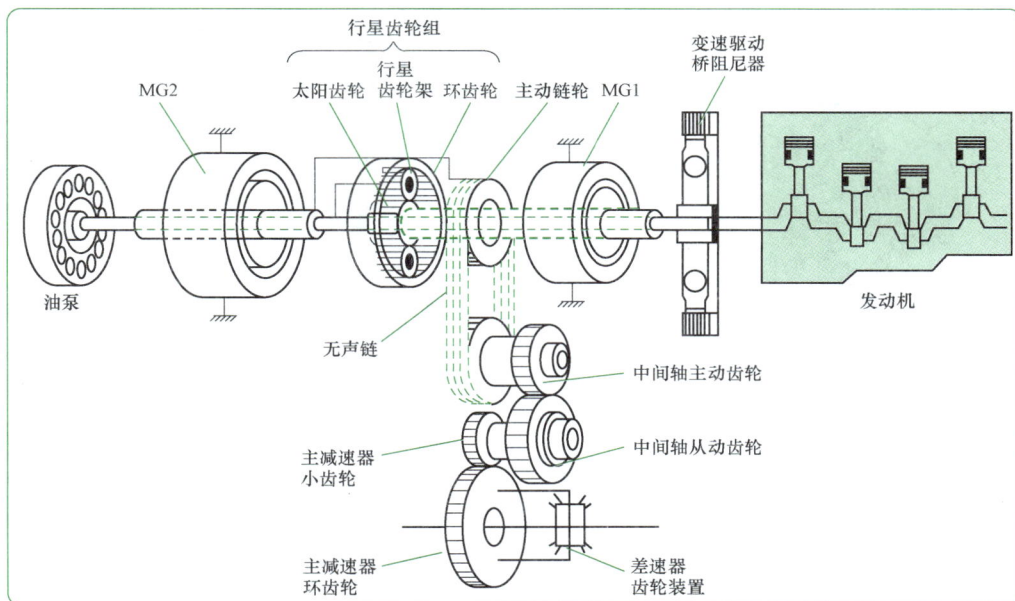

图8-27 混合动力汽车变速驱动桥的组成（丰田普锐斯）

行星齿轮组、MG1、MG2、变速驱动桥阻尼器和主动链轮都安装在同一根轴上，动力通过无声链从主动链轮传输到减速装置。

变速驱动桥如图8-28所示。

丰田普锐斯混合动力汽车变速驱动桥安装位置如图8-29所示。

### 2. 变速传动机构是怎样的？

P112 型混合动力变速驱动桥的变速传动机构如图8-30所示，主包括变速驱动桥阻尼器、MG1（发电机）、MG2（电机）行星齿轮组和减速装置（无声链、主动链轮、从动链轮、中间轴主动齿轮、中间轴从动齿轮、主减速器主动齿轮和主减速器从动齿轮）。

（1）行星齿轮组。发动机输出的动力分为两部分，一部分驱动车辆行驶，另一部分带动 MG1（发电机）发电。图8-31所示为发动机动力传输示意图。

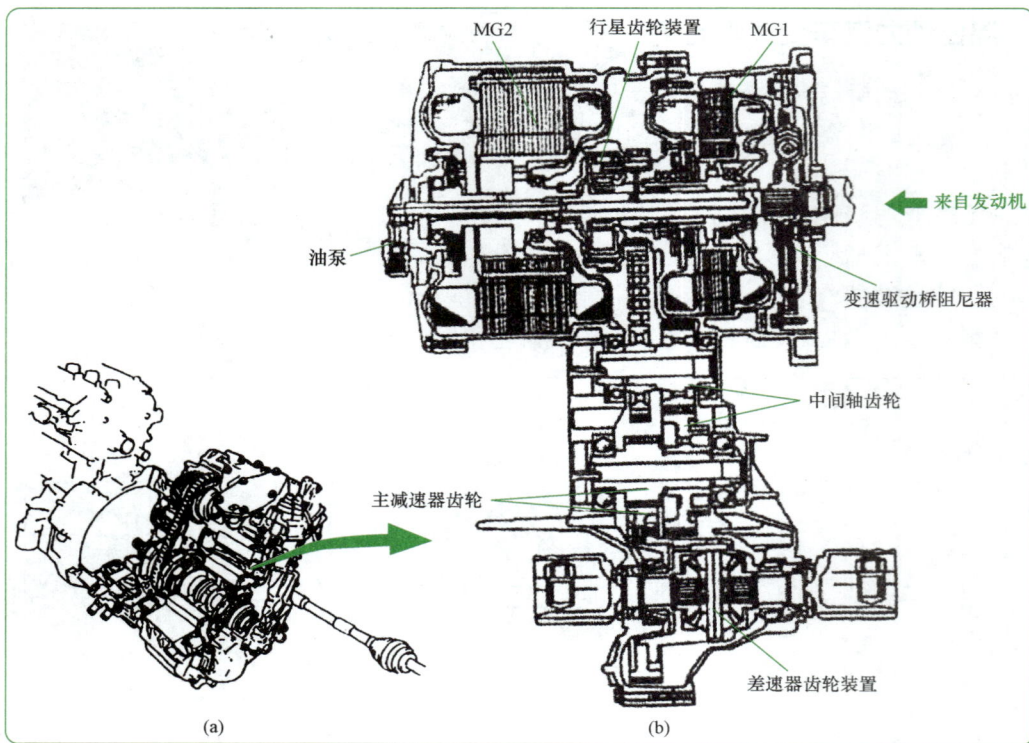

MG2　行星齿轮装置　MG1

来自发动机

变速驱动桥阻尼器

油泵

中间轴齿轮

主减速器齿轮

差速器齿轮装置

(a)　　　(b)

图 8-28　混合动力汽车变速驱动桥（丰田普锐斯）

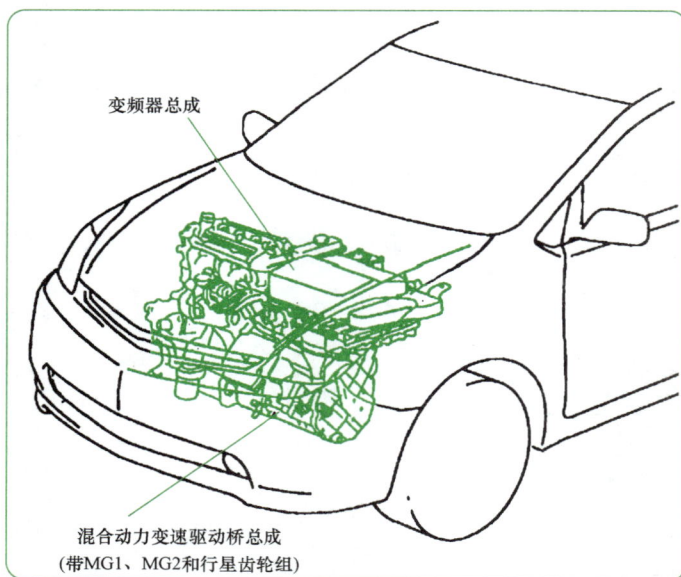

变频器总成

混合动力变速驱动桥总成
（带MG1、MG2和行星齿轮组）

图 8-29　混合动力汽车变速驱动桥安装位置（丰田普锐斯）

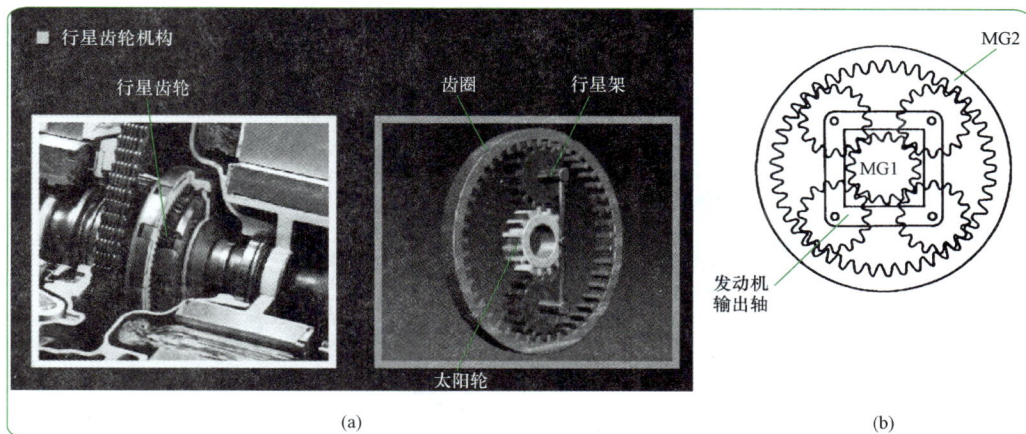

图 8-30 P112 型混合动力变速驱动桥的变速传动机构

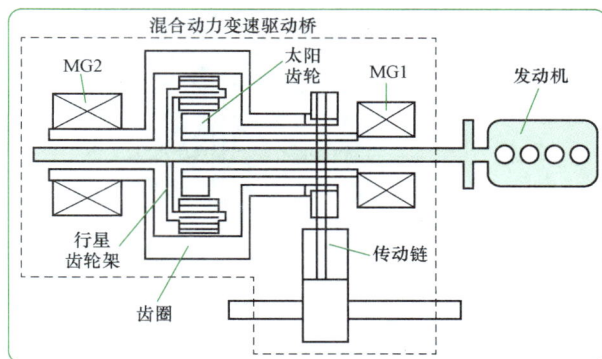

图 8-31 发动机动力传输示意图

（2）阻尼器。变速驱动桥的阻尼器如图 8-32 所示，由干式、单片摩擦材料制成的扭矩波动吸收机构，用于传递发动机的动力。阻尼器采用具有低扭转特性的螺旋弹簧，螺旋弹簧的刚度较小，提高了弹簧的减振性能。

（3）减速装置。减速装置如图 8-33 所示，包括无声链、中间轴齿轮和主减速器齿轮。采用小链距的无声链，保证安静运行。

（4）差速器齿轮装置。差速器齿轮装置采用和传统变速驱动桥差速器相类似的小齿轮型差速器。

（5）润滑装置。行星齿轮组和主轴轴承的润滑使用装有余摆曲线式油泵的强制润滑系统，如图 8-34 所示。减速装置和差速器使用同类型的润滑油。

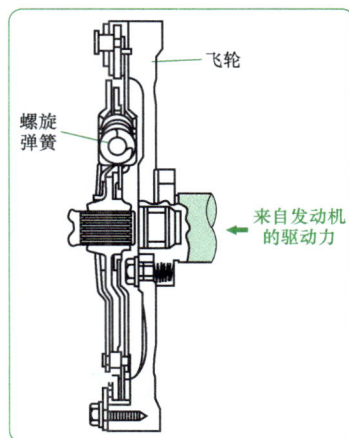

图 8-32 阻尼器的结构

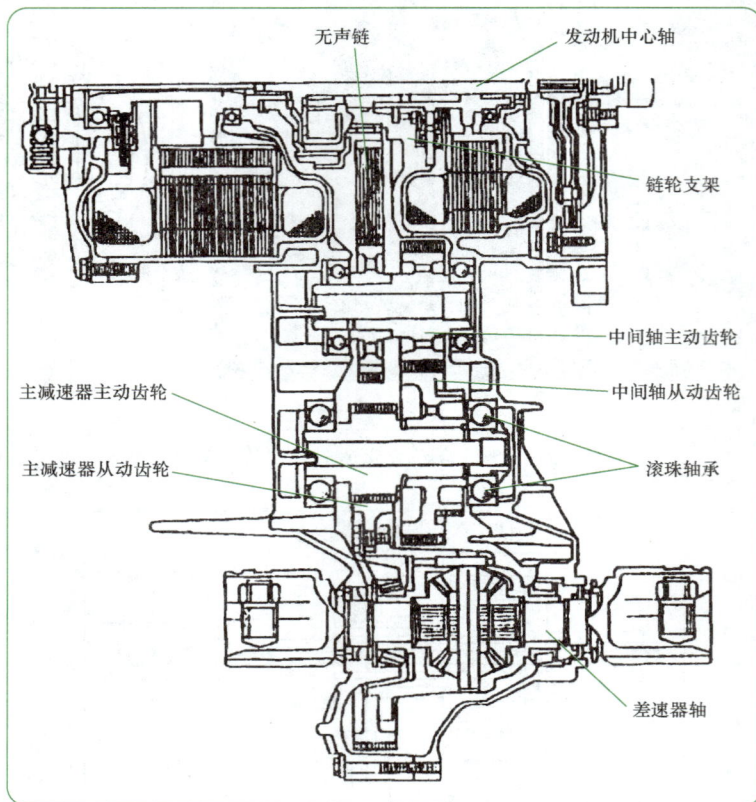

图 8-33　减速装置

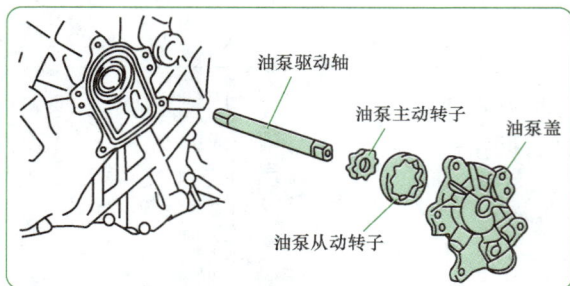

图 8-34　润滑装置

MG2（电机）的转速，从而产生最佳齿轮速比。

**3. 换挡控制系统结构怎样的？**

换挡控制系统的组成如图 8-35 所示，换挡控制系统的主要部件如图 8-36 所示。

换挡总成是一种瞬间换挡装置，采用电子通信变速系统。变速器换挡总成内的挡位传感器能检测挡位（R、N、D 或 B），并将信号输送到 HV ECU。HV ECU 控制发动机、MG1（发电机）和

# 四、发动机自动启停系统

## 1. 什么是发动机自动启停系统？

发动机自动启停系统，英文名称为 STOP&START，简称 STT，它是车辆行驶过程中临时停车（如等红灯）时自动熄火，当需要继续前进时，系统自动重启发动机的一套系统。

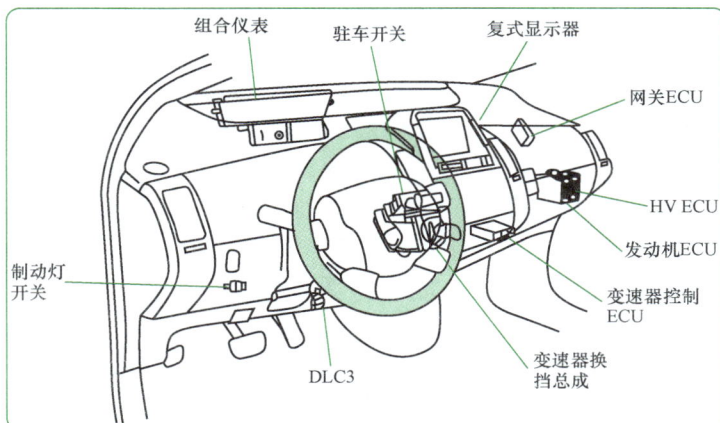

图 8-35 换挡控制系统组成

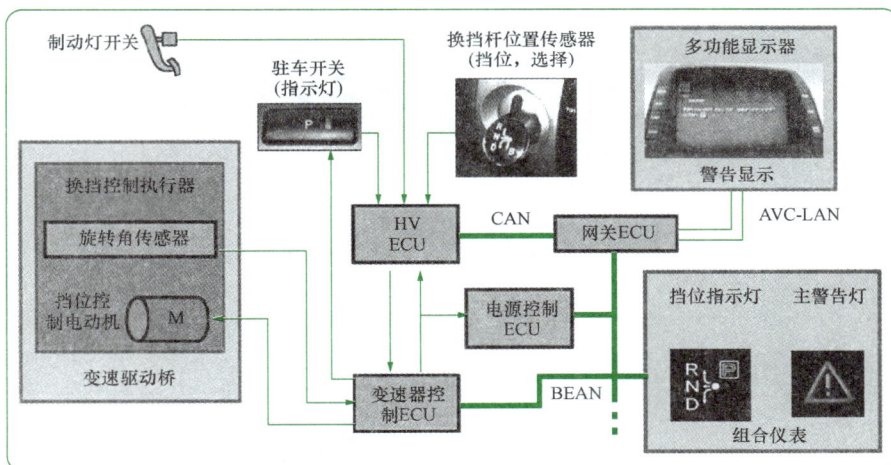

图 8-36 换挡控制系统主要部件

它通过将传统发动机的启动电机升级为具有怠速启停功能的加强电机，使得当汽车在满足怠速停车条件时自动熄火节能；而当整车再次启动时，怠速启停电机系统迅速响应驾驶员启动命令，快速启动发动机，从而省略了发动机的怠速阶段。图 8-37 所示为发动机自动启停系统的标志。

电动汽车中保留传统发动机的油电混合动力汽车同样装备自动启停系统。如今该项技术已经应用很广泛，自动启停系统不仅是安装在豪华车型中，如奥迪全系车型、高尔夫蓝驱版等，另外一

图 8-37 发动机自动启停系统的标志

些自主品牌车型也开始纷纷搭载自动启停系统，如长安逸动、吉利帝豪 EC7、长城 C30 等。

**2. 自动启停系统的结构与工作原理是怎样的？**

（1）自动启停系统的结构。自动启停系统主要由发动机控制单元（ECM）、启停主开关、空挡传感器（或开关）、离合器踏板位置传感器（或开关）、AGM 低压蓄电池、电池传感器、增强型启动机和仪表显示等组成，如图 8-38 所示。在临时停车发动机关闭后需启动时，大容量的电池能使发动机迅速启动并达到正常转速，这样能够节省怠速以及普通启动时的燃油消耗。图 8-39 所示为典型手动变速器车辆启停系统组成结构。

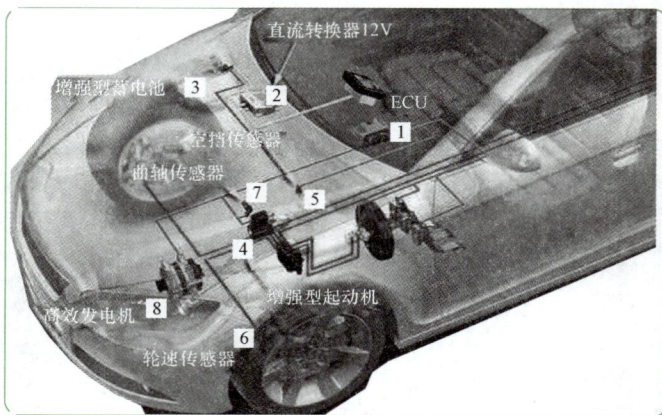

图 8-38　混合动力汽车自动启停系统组成

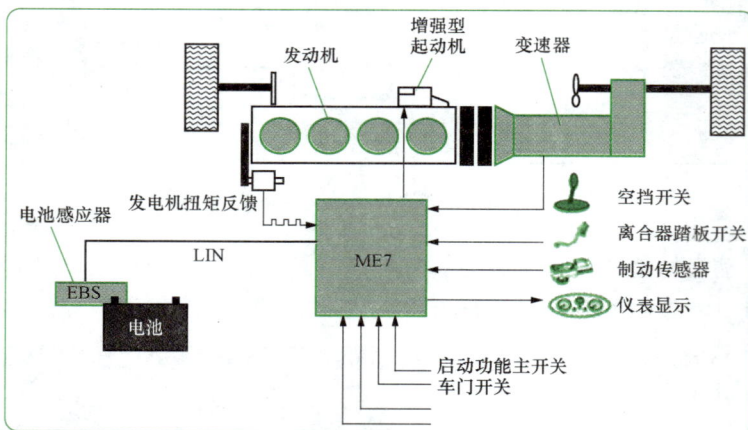

图 8-39　典型手动变速器车辆启停系统组成结构

1）增强型启动机（SSM）。汽车怠速启停系统由于发动机增加了启动次数，故需要更耐用、少冲击的增强型启动机，要求启动机设计允许通过很大的工作电流，但使用时间很短，可以反复使用启动机不过热损坏。一般采用加大磁极以及增强电机功率，优化电机轴承和行星轮系以增强寿命，增加电机结合缓冲弹簧以降低噪声。

2）增强型蓄电池（AGM）。汽车怠速启停系统由于发动机启动次数的增加，需要容量更大、更耐用的增强型蓄电池，一般采用 AGM（Absorbent Glass Matt）电池，正负极板中间衬有吸附性能好的白色柔软的玻璃纤维，具有更好的深循环性能，可以使电池寿命提高1倍，启动放电能力是一般电池的1.5倍以上。工作温度在−40～＋60℃，电池即使倾斜或者倒置也可正常工作。

（2）**自动启停系统的工作原理**。在运行启停系统时，控制模块主要是通过对整车安全状态（4门与机舱盖开闭状态等）、变速器挡位状态、电池电量、制动真空度、空调请求、行驶工况来判断是否怠速停机或启动。如手动变速器车型中，启停功能开启，车辆处于怠速时，ECM将对整车状态进行判断，在4门与机舱盖关闭、蓄电池电量高于50％、制动真空度高于设定值、启动机热状态满足限值、发动机冷却液温度在范围内、空调请求和车内温度满足条件（10℃＜车内温度＜33℃）、坡度小于2°时，发动机执行自动停机。停机过程中，若整车状态出现任一条件不满足或驾驶人踩下离合器踏板，则发动机自动启动。

**3. 混合动力汽车自动启停系统有哪些类型？**

混合动力汽车自动启停系统的类型主要有采用分离式启动机和发电机的自动启停系统、集成启动机/发电机的启停系统和马自达的SISS智能启停系统3种。

（1）**采用分离式启动机和发电机的自动启停系统**。该系统的启动机和发电机是独立设计的，发动机启动所需的功率是由启动机提供的，而发电机则为启动机提供电能。采用分离式启动机和发电机的自动启停系统包括高增强型起动机、增强型电池（一般采用AGM电池）、可控发电机、集成起动/停止协调程序的发动机ECU、传感器等，如图8-40所示。

目前全球已量产装有博世自动启停系统的车型已非常多，包括有宝马1、3、5系、X3，大众帕萨特、高尔夫、奔驰A、B、C、E系列（部分），奥迪A6、A8，雷诺Megane，欧宝Corsa、Astra等。2009年开始，我国一些汽车厂商也与博世合作匹配自动启停系统，2010年上半年上市的长安CX30就匹配该系统。长城、吉利、上汽、奇瑞等自主品牌也相继推出匹配车型。

图8-40　采用分离式启动机和发电机的自动启停系统

（2）**集成启动机/发电机的自动启停系统**。集成启动机/发电机是一个通过永磁体内转子和单齿定子来激励的同步电机，能将驱动单元集成到混合动力传动系统中。集成启动机/发电机的自动启停系统如图8-41所示，该系统的电控装置集成在发电机内部，在遇红灯停车时发动机停转，只要一挂挡或松开制动踏板汽车会立即自动启动发动机。它应用于标致—雪铁龙集团（PSA）的e-HDi车型上。

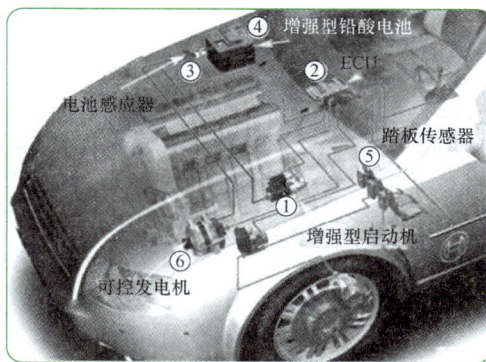

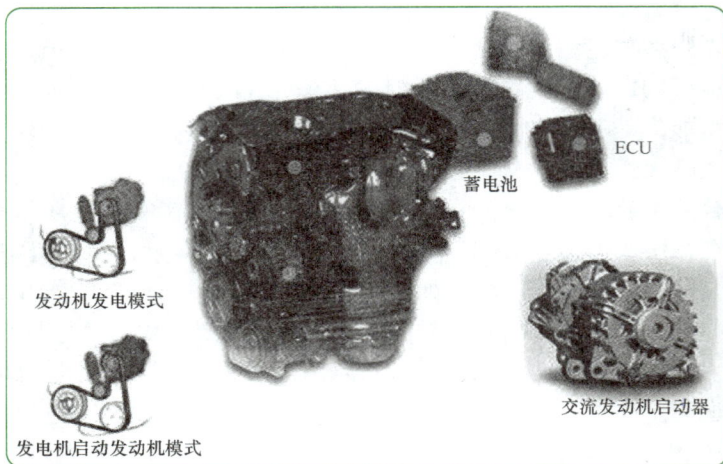

图 8-41　集成启动机/发电机的自动启停系统

（3）马自达的 SISS 智能启停系统。马自达的 SISS（现在称为 i-stop 技术）智能启停系统如图 8-42 所示。该系统主要是在气缸内进行燃油直喷，通过燃油燃烧产生的膨胀力来重启发动机的，发动机上的传统启动机在发动机启动时仅起辅助作用。与上述两种启停系统不同，SISS 智能启停系统控制智能、效率高，可以无需启动机就能实现自动启停的功能。该系统最早用于日本市场销售的 Mazda 2、Mazda 3 和 Mazda 6 部分车型上。

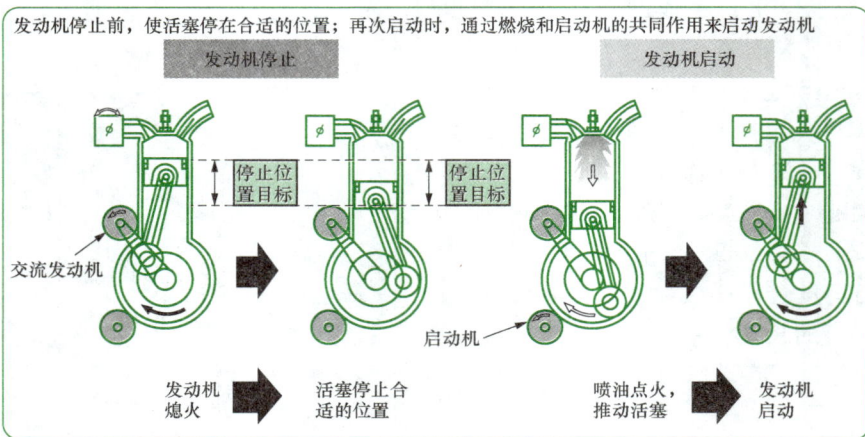

图 8-42　马自达的 SISS 智能启停系统

（4）滑行启停系统。目前现有的启停系统只能在车辆完全停下来时才关闭发动机，而滑行启停系统在车辆滑行时即可关闭发动机（如高速下坡道），同时，在自动挡车型中使用控制系统自动控制离合器，将发动机与传动系统分离，以延长滑行距离。当滑行中驾驶员操作油门或刹车踏板时，发动机会迅速启动。具备滑行功能的启停系统最大的创新之处在于，仅通过软件系统的提升即可采用现有的传感器数据实现滑行功能。与此同时，启动机

可承受更大的负荷并更快速地启动发动机。另一方面，这个系统几乎不需额外零部件，就可安装在绝大部分车型上。图 8-43 所示为发动机启停技术使用方法。

图 8-43　发动机启停技术使用方法

　　不同汽车厂家配备的发动机自动启停系统操作略有不同，但大体上是相同的。有的车辆行驶中只要直接踩制动踏板，车辆完全停止大概两秒钟后发动机就会自动熄火，一直踩着制动踏板，发动机就会保持关闭。只要一松开刹车，或者转动方向盘，发动机又会马上自动点火，立即又可以踩油门起步，整个过程都处于 D 挡状态。有的车辆则需要将挡位放在 P 挡。

# 第9章 电动汽车家族——插电式混合动力汽车

插电式混合动力汽车，又称为可外接充电式混合动力汽车，是介于混合动力车与纯电动车两者之间的一种车型。在常规情况下可以通过接入电网为系统中配备的动力电池充电，充电后可仅凭动力电池和电机驱动汽车以纯电动模式行驶。

## 一、插电式混合动力汽车的结构与原理

### 1. 插电式混合动力车的结构是怎样的？

插电式混合动力汽车又称可外接充电式混合动力汽车（简称 PHEV），它是介于混合动力车与纯电动车两者之间的一种车型。即在混合动力汽车上增加了纯电动行驶工况，并且加大了动力电池容量，优先在纯电动模式下行驶，在动力电池的剩余电量用完后，起动内燃机，采用混合驱动模式（串联式、并联式或者混联式）工作。在常规情况下可以通过接入电网为系统中配备的动力电池充电，充电后可仅凭动力电池和电机驱动汽车以纯电动模式行驶。

普通混合动力汽车的电池，仅在启/停、加速/减速的时候供应/回收能量，不能外部充电，不能用纯电模式较长距离行驶。加速和高速行驶时汽轴发动机和电机共同驱动，发动机为主要驱动力。

插电式混合动力汽车的结构如图 9-1 所示。它既有传统汽车的发动机、变速箱、传动系统、油路、油箱，也有电动车的动力电池、电机、控制电路。而且电池容量比较大，有充电接口。

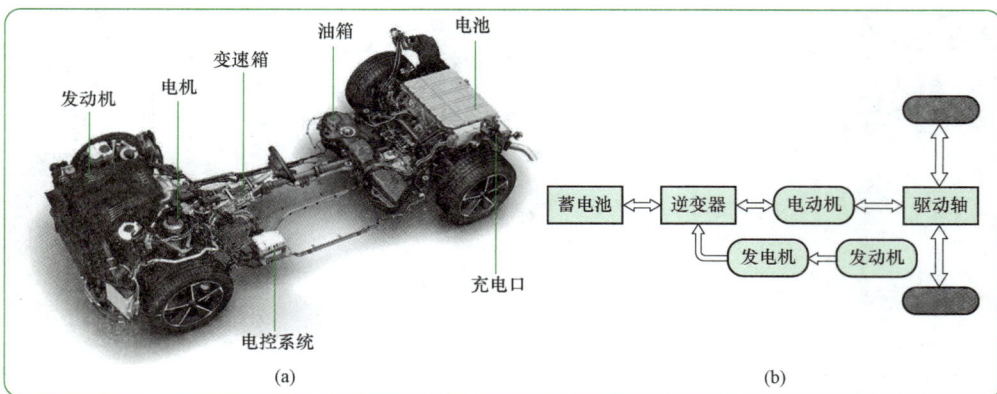

图 9-1 插电式混合动力汽车的结构
(a) 构造；(b) 构造示意图

• 广汽 GA3S-PHEV 插电式增程电动汽车。

广汽 GA3S-PHEV 插电式增程电动汽车如图 9-2 所示，它采用 130kW 的永磁同步电

机驱动,搭载 11kW·h 的锂电子电池。

(a)

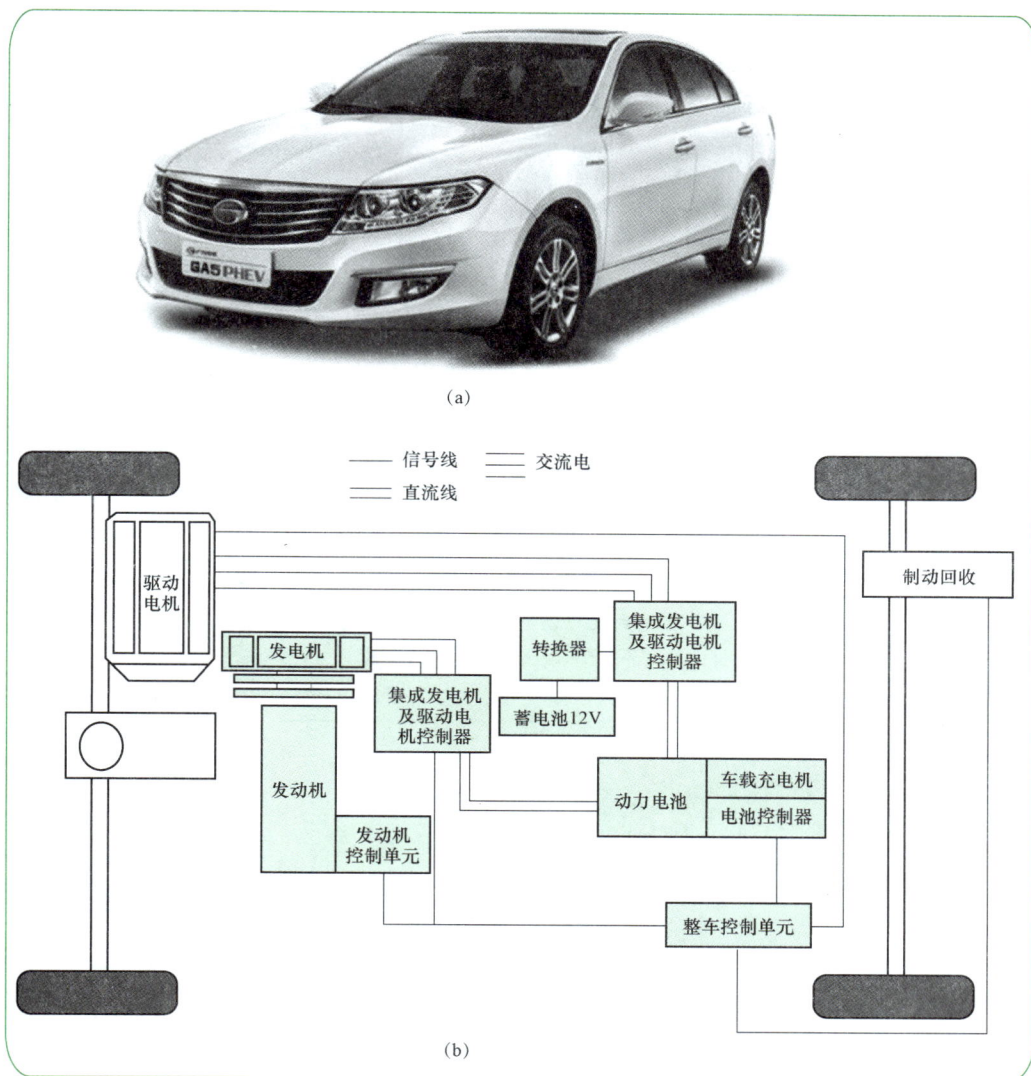

信号线 交流电
直流线

驱动电机

发电机

集成发电机及驱动电机控制器

转换器

集成发电机及驱动电机控制器

蓄电池12V

发动机

发动机控制单元

动力电池

车载充电机
电池控制器

整车控制单元

制动回收

(b)

图 9-2 插电式增程电动汽车 (广汽 GA3S-PHEV)
(a) 外形; (b) 构造示意图

• 奥迪 A3 e-tron 插电式混合动力汽车。

奥迪 A3 e-tron 插电式混合动力汽车如图 9-3 所示,其混合动力模块位于发动机与变速器之间,属于并联混合动力方式,电机和发动机都可以独立驱动汽车前进。在发动机单独运转时,可通过双质量飞轮绕开电机直接将动力传递给变速器;而在纯电动模式下,则仅将电机的动力传递给变速器。

奥迪 A3e-tron 车型动力系统构造如图 9-4 所示,主要由 1.4TFSI 涡轮增压汽油机(最大功率 110kW,最大转矩 250N·m)、一台输出功率为 80kW 的电机以及 6 速双离合变

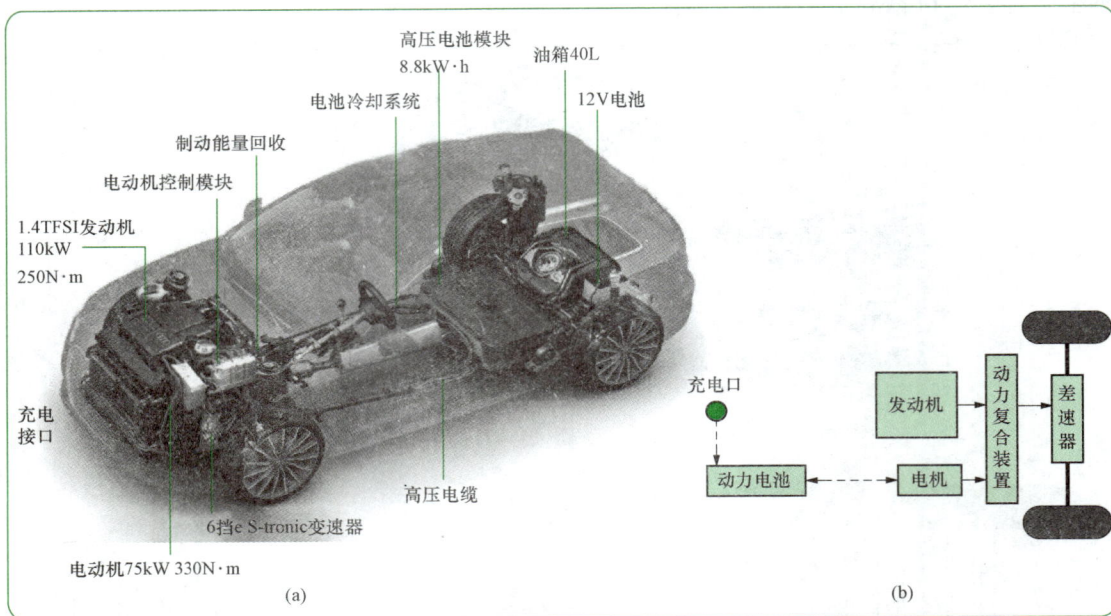

图 9-3　插电式混合动力汽车（奥迪 A3 e-tron）
（a）外形及构造；（b）构造示意图

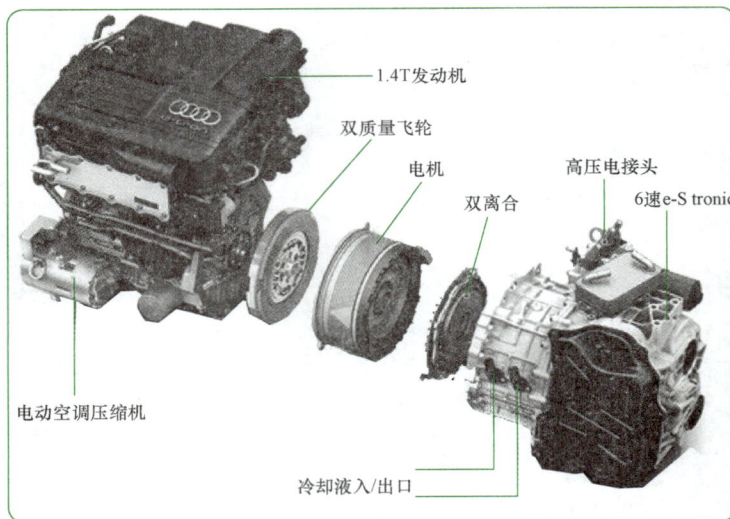

图 9-4　动力系统构造（奥迪 A3 e-tron）

速器组成。电机可以单独驱动车辆，也可与汽油机协同推动车辆（二者之间通过分离离合器进行分离和接合），还可实现制动能量回收。动力系统模块构造如图 9-5 所示。

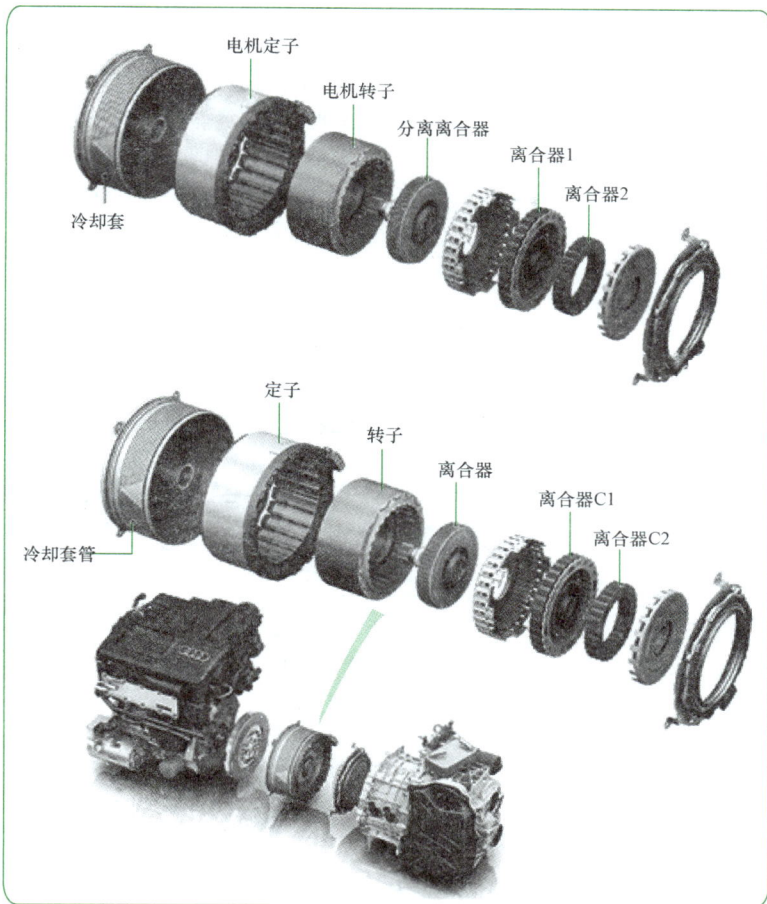

图 9-5  动力系统模块构造（奥迪 A3 e-tron）

**2. 插电式混合动力汽车的工作原理是怎样的?**

插电式混合汽车动力系统的工作原理基本与一般混合动力系统没有本质上的区别，如图 9-6 所示。

（1）纯电动模式（EV）。纯电动模式也称启动模式，见图 9-6（a），当动力电池内部电量充足时，整车进入纯电动模式（EV），能量直接来自于动力电池，仅靠电机 M2 驱动整车行驶，不会产生燃料消耗和排放。

（2）串联混合动力模式（HEV）。串联混合动力模式也称匀速模式，见图 9-6（b），当动力电池所储存电量无法满足纯电动工况时，整车进入串联混合动力模式（HEV），发动机启动，带动电机 M1 发电，对动力电池组进行充电，汽车仍由电机 M2 驱动行驶，驱动整车增加续驶里程，有适当的燃油消耗。

（3）加速混合动力驱动模式（HEV）。加速混合动力驱动模式见图 9-6（c），在需要较高动力输出的加速模式下，发动机起动，离合器吸合，与电机 M2 一起驱动汽车行驶，提供更高的输出功率。

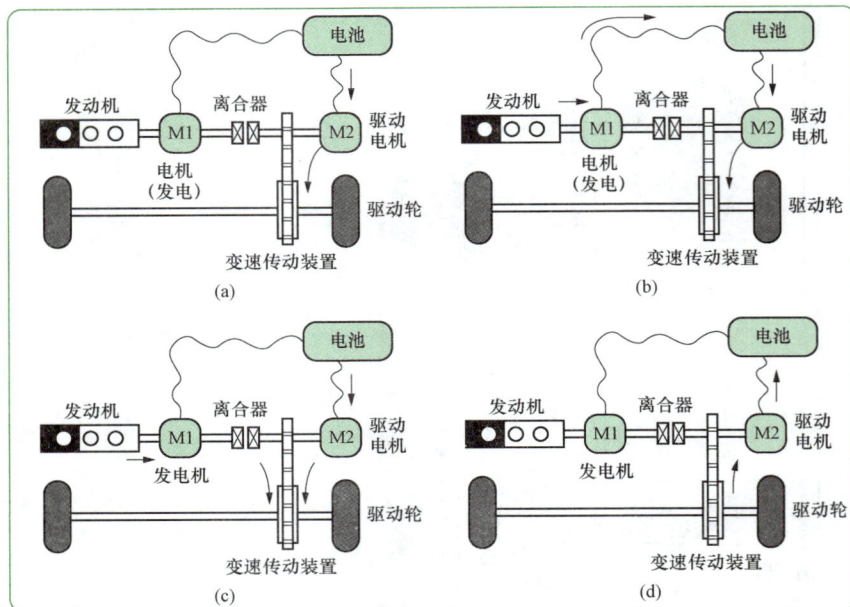

图9-6 插电式混合动力汽车的工作原理
(a) 纯电动 (EV) 模式；(b) 串联混合动力驱动 (HEV) 模式；(c) 加速混合动力驱动 (HEV) 模式；
(d) 减速混合动力驱动模式

（4）减速混合动力驱动模式。减速混合动力驱动模式也称制动模式，见图9-6（d），在汽车减速行驶时，电机M2作为发电机使用，将损耗的动能转化为电能储存在动力电池组中，尤其适用于频繁使用加、减速的市区行驶。

• 比亚迪秦插电式混合动力汽车。

比亚迪秦插电式混合动力汽车发动机舱部件如图9-7所示。

图9-7 混合动力汽车发动机舱部件（比亚迪秦）

从图9-7中可看出，比亚迪秦插电式混合动力汽车的发动机动力系统与电机动力系统是孤立分开的，也就是说插电式混合动力驱动原理及驱动单元与电动车相同，唯一不同的是车上装备有一台发动机。比亚迪秦插电式混合动力汽车所采用的双擎双模即DMⅡ代技术，是在比亚迪第一款双模电动车F3的DMⅠ代技术上全面整合而成。DMⅠ混合动力系统与DMⅡ混合动力系统分别如图9-8和图9-9所示。DM即Dual Mode，意思是纯电动（EV）以及混合动力（HEV）两种驱动模式。

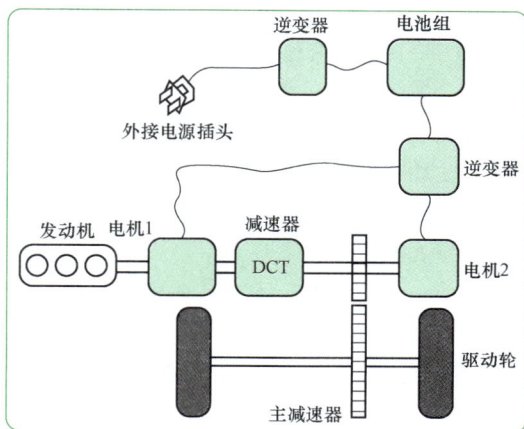

图9-8  DMⅠ混合动力系统

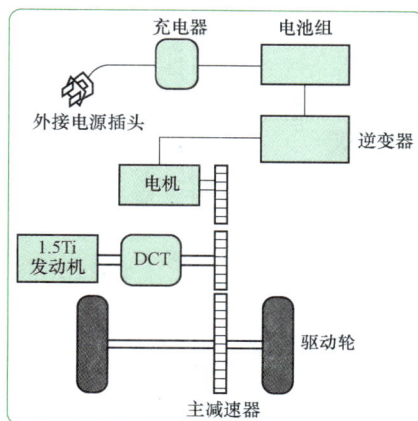

图9-9  DMⅡ混合动力系统

图9-10所示为DM双模混动系统组成。

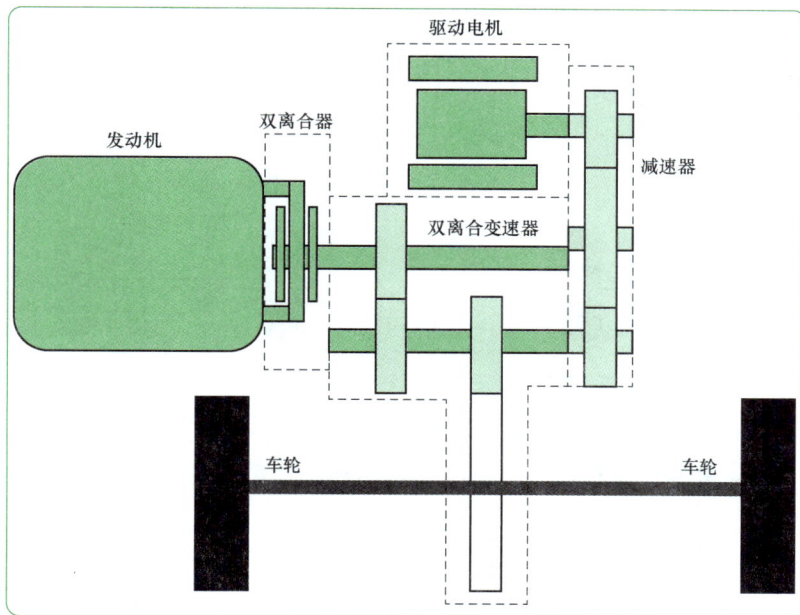

图9-10  DM双模混动系统组成

DM Ⅱ 混合动力系统的 5 种工作模式如下。

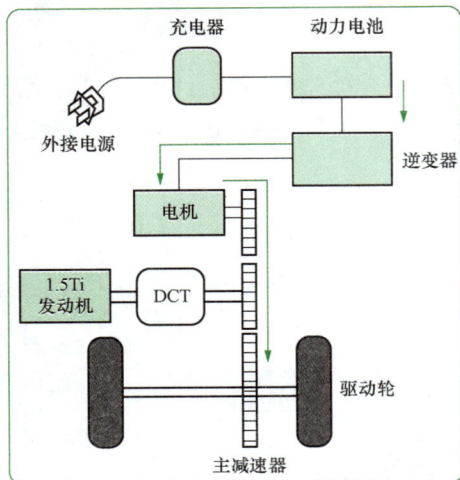

图 9-11　EV 纯电动工作模式

（1）EV 纯电动工作模式。与 DMI 混合动力系统相同，纯电动工作模式下，动力电池提供电能，供电机驱动车辆，可以满足各种工况行驶，如起步、倒车、急速、急加速、匀速行驶等。EV 纯电动工作模式如图 9-11 所示。

（2）HEV 稳速发电工作模式。当电量不足时，系统从 EV 模式自行切换到 HEV 模式，使用发动机驱动，在车辆以较稳定的速度行驶时，发动机输出的一部分转矩会驱动电机进行发电，对动力电池进行充电。HEV 稳速发电工作模式如图 9-12 所示。

（3）HEV 混合动力工作模式。当从 EV 模式切换到 HEV 模式后，车辆由发动机和电机共同驱动，实现了最佳的动力性，但仍能保证混合动力系统具有良好的经济性。HEV 混合动力工作模式如图 9-13 所示。

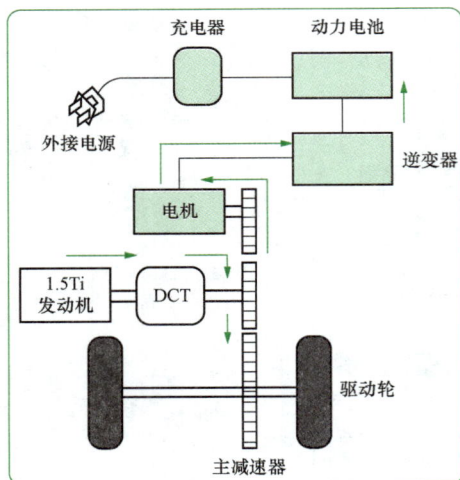

图 9-12　HEV 稳速发电工作模式

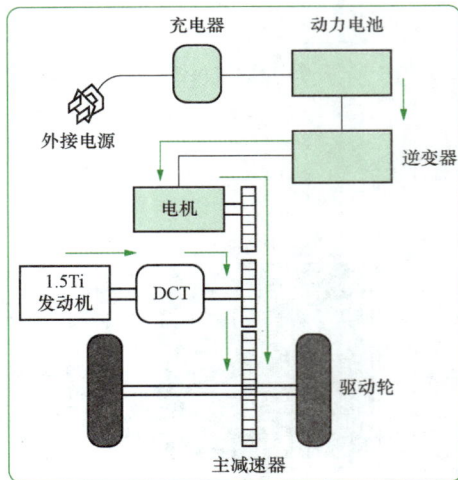

图 9-13　HEV 混合动力工作模式

（4）HEV 燃油动工作模式。当电量不足或高压系统故障时，可单独使用发动机驱动，实现了高压系统的独立性 HEV 燃油驱动工作模式如图 9-14 所示。

（5）能量回馈工作模式。与 DM Ⅰ 混合动力系统一样，在车辆减速时，DM Ⅱ 混合动力系统的电机可将车辆制动过程中的动能转化为电能储存在动力电池内，DM Ⅱ 的回馈效率比 DM Ⅰ 更高。能量回馈工作模式如图 9-15 所示。

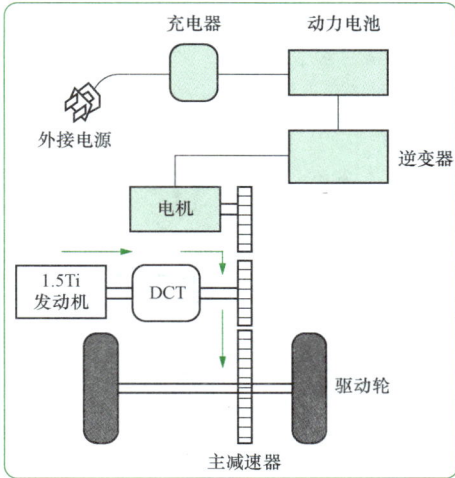

图 9-14　HEV 燃油驱动工作模式　　　　图 9-15　能量回馈工作模式

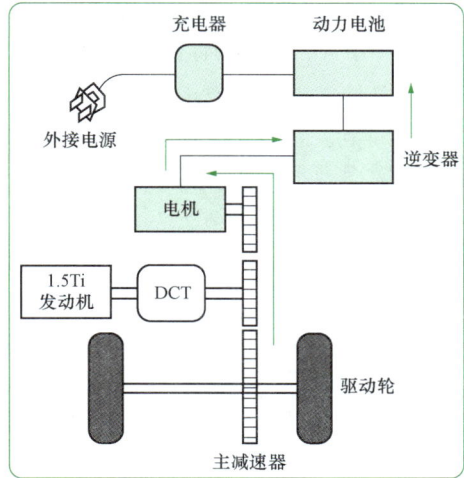

## 二、　插电式混合动力车的类型

　　插电式混合动力汽车与混合动力汽车类似，也有多种类型，按动力系统结构形式不同，可分为串联 PHEV、并联 PHEV 和混联 PHEV3 种，如图 9-16 所示。

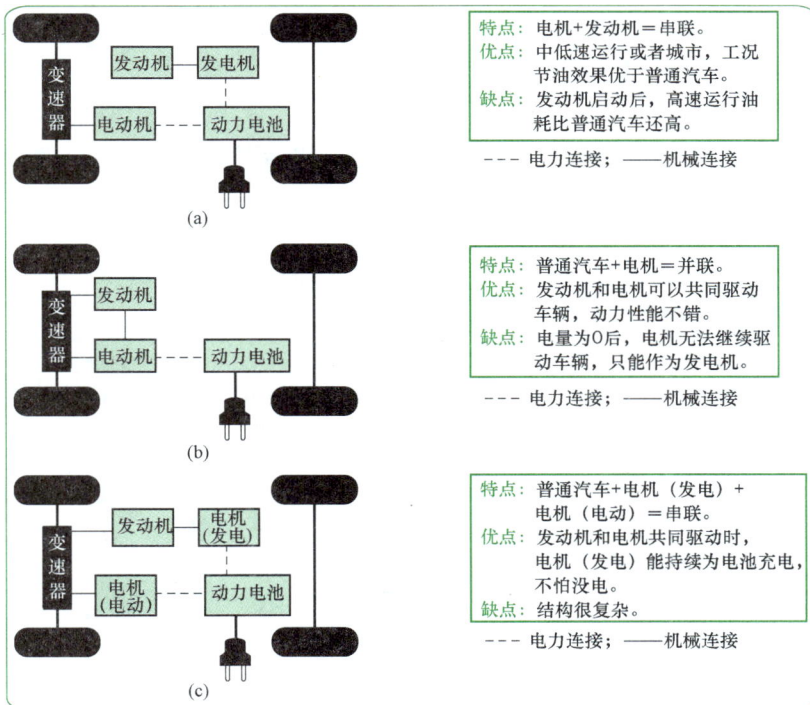

图 9-16　3 种形式的 PHEV 动力系统结构

（a）PHEV 串联式结构；（b）PHEV 并联式结构；（c）PHEV 混联式动力系统结构

**1. 串联式插电式混合动力汽车的结构原理是怎样的?**

串联式插电式混合动力汽车又称为增程型插电式混合动力汽车。该类插电混合动力车的增程器可以是发动机—发电机组，也可以是燃料电池等。发动机—发电机组发电直接供给电机驱动汽车，同时发出的多余电量给电池组充电；汽车车轮仅由电机独立驱动，纯电动模式下，增程器不工作；混合动力模式下，增程器启动运行。PHEV 串联式结构的典型框图如图 9-17 所示。

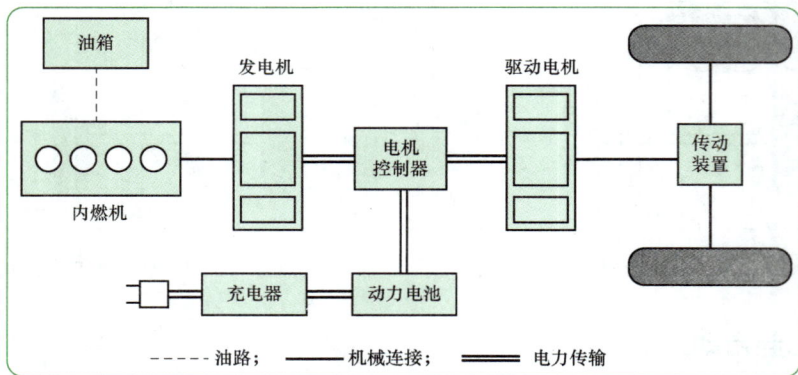

图 9-17　PHEV 串联式结构的典型框图

该类型的代表车型有宝马 i3 (可选装增程模块)，雪佛兰沃蓝达 (有隐藏的直接驱动模式)、Fisker 卡玛和奥迪 A1 e-tron。

**2. 并联式插电混合动力汽车结构原理是怎样的?**

并联式插电混合动力车内有两套驱动系统，大多是在传统燃油车的基础上增加电动机、电池、电控系统三大件而成，并联插电式混合动力汽车的发动机和电机分属两套相对独立的系统，一套是电机、控制器和蓄电池系统；另一套是燃油发动机系统。两套系统可以同时协调工作，既可实现纯电动行驶，又可实现发电机单独驱动行驶，在功率需求较大时还可以实现混合动力行驶。车内只有一台电机，驱动车轮的时候充当电动机，不驱动车轮给电池充电的时候充当发电机。PHEV 并联式结构的典型框图如图 9-18 所示。

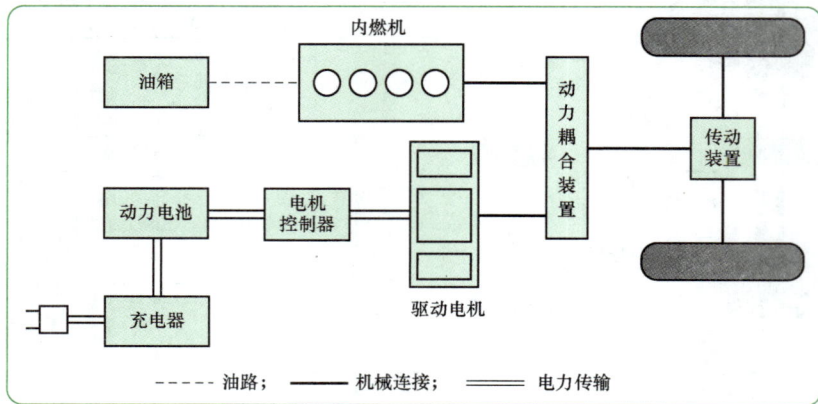

图 9-18　PHEV 并联式结构的典型框图

该类车的代表车型包括有奔驰 S500 插电版、比亚迪秦电动汽车等。

### 3. 混联式插电混合动力汽车结构原理是怎样的?

混联式插电混合动力是指同时具有增程式和并联式两种模式，与并联式插电混合动力一样，这种模式也有两套驱动系统，但不同的是，混联式有两个电机。行驶时优先使用纯电动模式；在电池组的荷电状态（SOC）降到一定限值时，切换到混合动力模式下行驶，在混合动力模式下，启动、低速时使用串联系统的发电机发电，电机驱动汽车车轮行驶，加速、爬坡、高速时使用并联系统，主要由发动机驱动汽车车轮行驶。发动机多余能量可带动发电机发电给电池组充电。PHEV 混联式结构的典型框图如图 9 - 19 所示。

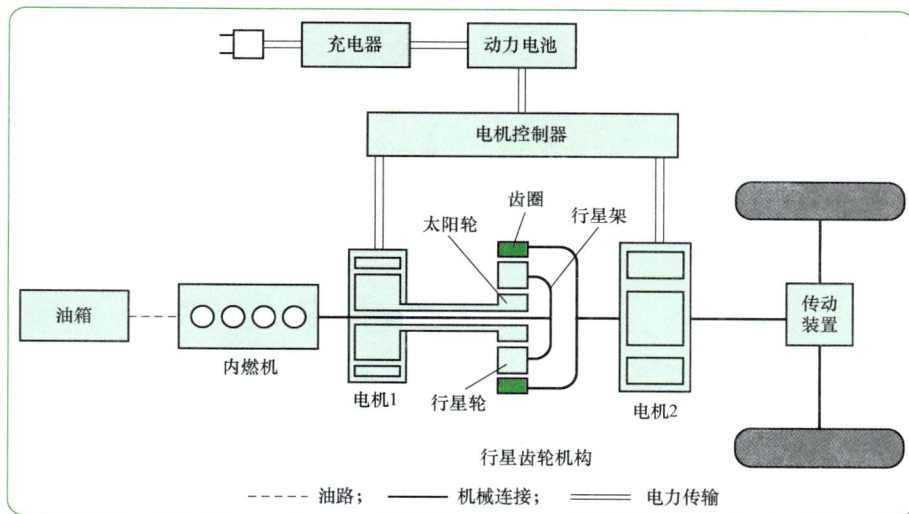

图 9 - 19　PHEV 混联式结构的典型框图

由于混联型插电式混合动力汽车还可再分前置和前后置两类。前置混联型插电式混合动力汽车的 2 台电机和 1 台发动机都在汽车前部，通过动力分配、离合器控制不同的工作状态。前后置混联型插电式混合动力汽车就是把兼职发电的电机与发动机放到一起，另外的纯电机（电动机）单独放置，可以在前轮驱动、后轮驱动、四轮驱动 3 种模式下切换。

### 4. 双模混合动力系统结构原理是怎样的?

插电式双模混合动力系统是由串联式、并联式和混联式这 3 种基本运行模式中的任意两种模式组合起来构成的，最典型的插电式双模混合动力系统由串联系统和并联系统组合而成，其结构原理如图 9 - 20 所示。

该插电式双模混合动力系统主要由主驱动电机、内燃机、ISG 电机、动力耦合机构、传动装置、电机控制器、动力蓄电池组和外部充电接口等几个部件组成。该类车运用了双离合器，通过双离合器的开合情况，可分别呈现出串联和并联的结构形式。

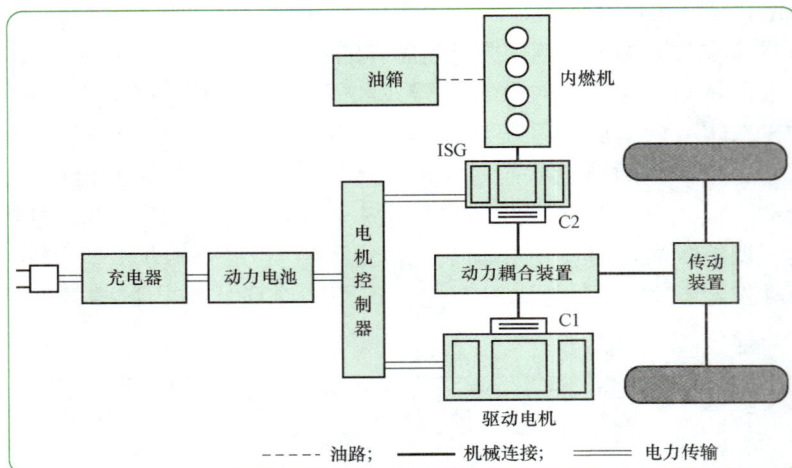

图 9-20  插电式双模混合动力系统结构原理

# 第10章 电动汽车家族——燃料电池电动汽车

> 与纯电动汽车比较，燃料电池汽车的外形和内部空间与燃油汽车基本相同，区别在于动力系统。而动力方面的不同在于燃料电池汽车用的电力来自车载燃料电池装置，是通过氢气和氧气的化学作用，而不是经过燃烧，直接变成电能。燃料电池汽车工作时只要加氢气即可，不需要外部补充电能。

## 一、燃料电池电动汽车的结构与原理

### 1. 燃料电池电动汽车（FCEV）由哪些部分组成？

与通常的电动汽车比较，燃料电池电动汽车（FCEV）的外形和内部空间与燃油汽车基本相同，区别在于动力系统。而动力方面的不同在于燃料电池电动汽车用的电力来自车载燃料电池装置，是通过氢气和氧气的化学作用直接变成电能，不用经过燃烧。电动汽车所用的电力则来自由电网充电的电池。燃料电池汽车工作时只要加氢气即可，不需要外部补充电能。

燃料电池电动汽车主要由高压储氢瓶、燃料电池、DC/DC直流电高低压转换器、锂离子动力电池组、DC/AC直流交流转换器、电机控制器和驱动电机等组成，如图10-1所示。其结构示意图如图10-2所示。燃料电池电动汽车总布置结构如图10-3所示。

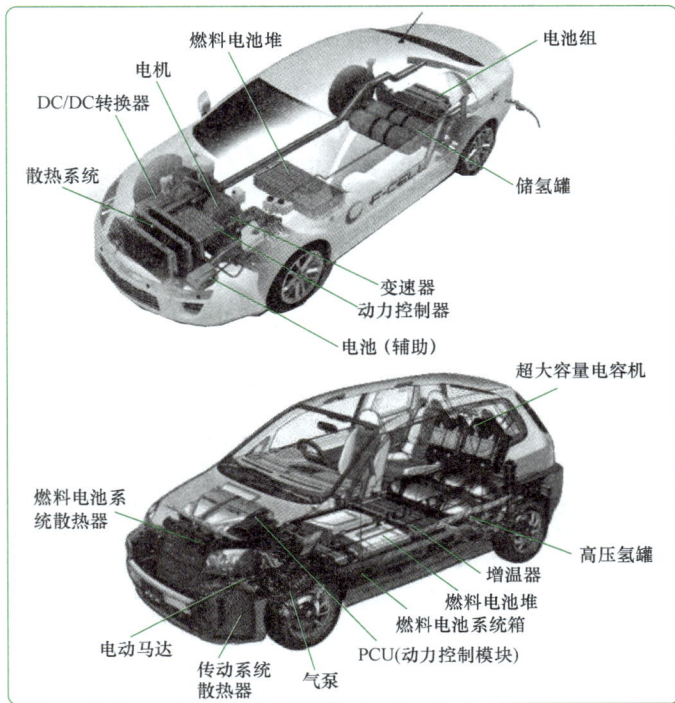

图 10-1　燃料电池电动汽车的组成

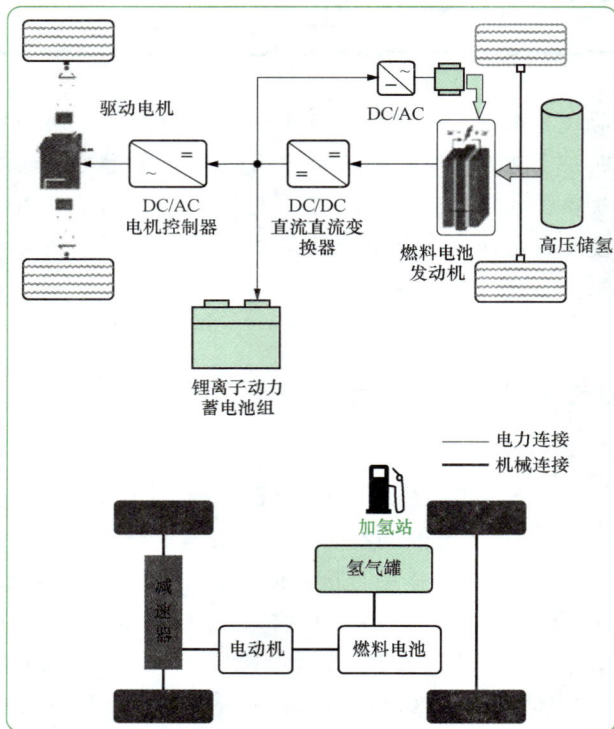

图 10-2　燃料电池电动汽车结构示意图

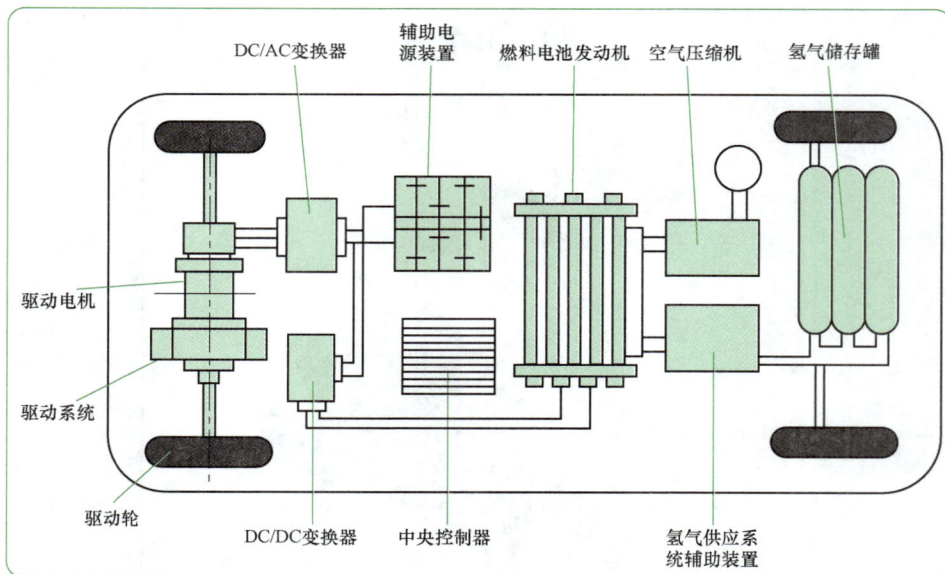

图 10-3　燃料电池电动汽车总布置结构

（1）燃料电池。燃料电池是燃料电池电动汽车的主要动力源，它是一种将储存在燃料和氧化剂中的化学能通过电极反应直接转化为电能的发电装置。

（2）高压储氢瓶。高压储氢瓶是气态氢的储存装置，用于给燃料电池供应氢气，如图10-4所示。为保证燃料电池电动汽车一次充气有足够的续驶里程，就需要多个高压储气瓶来储存气态氢气，一般轿车需要2～4个高压储气瓶，大客车上需要5～10个高压储气瓶。

图10-4 高压储氢瓶

（3）控制系统。控制系统用于控制燃料电池的反应过程（启动、反应、输出电能的调整、停止等）和电机的运行过程，所有工作状态由各种传感器采集，集中反馈到车载电控中心，由各监管控制块控制燃料电池组和电机安全运行。燃料电池电动汽车控制系统如图10-5所示。

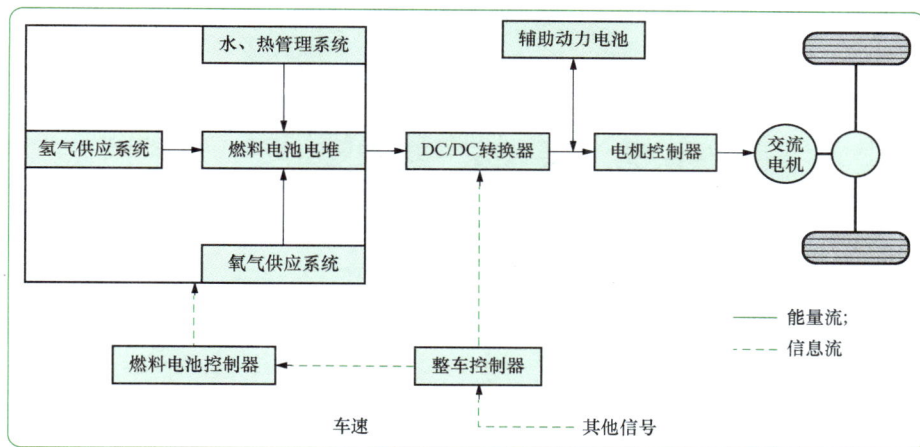

图10-5 燃料电池电动汽车控制系统

（4）驱动系统。需要经过专用的大功率动力DC/DC转换器，将燃料电池产生的直流电转换为稳压的直流电流，然后经过逆变器转换为交流电输送给驱动电机，驱动车轮转动。燃料电池电动汽车的燃料电池需要装置单向DC/DC转换器，动力电池和超级电容器需要装置双向DC/DC转换器。

（5）驱动电机。与纯电动汽车相同，燃料电池电动汽车上的电机用于将电源提供的电能转换成机械能，输出转矩用于驱动车辆。燃料电池电动汽车用的驱动电机主要有直流电机、交流电机、永磁同步电机和开关磁阻电机等。

（6）整车控制器。整车控制系统是燃料电池电动汽车的大脑，由燃料电池管理系统、电池管理系统、驱动电机控制器等组成，它一方面接收来自驾驶员的需求信息（如点火开关油门踏板、制动踏板、挡位信息等）实现整车工况控制；另一方面基于反馈的实际工况

191

（车速、制动、电机转速等）以及动力系统的状况（燃料电池及动力电池的电压、电流等）根据预先匹配好的多能源控制策略进行能量分配调节控制。

（7）**辅助动力系统**。除了以燃料电池为动力源，多数燃料电池电动汽车还配置了辅助动力源，常采用的是动力电池组、飞轮储能装置、超级电容等，它们构成燃料电池汽车的双电源系统。其作用是：①用于燃料电池电动汽车快速起动；②用于储存燃料电池电动汽车在再生制动时反馈的电能；③为电动汽车控制系统、照明系统等电气设备提供低压电源。

• 丰田 Mirai 燃料电池电动汽车。

丰田 Mirai 燃料电池电动汽车主要组件如图 10 - 6 所示。

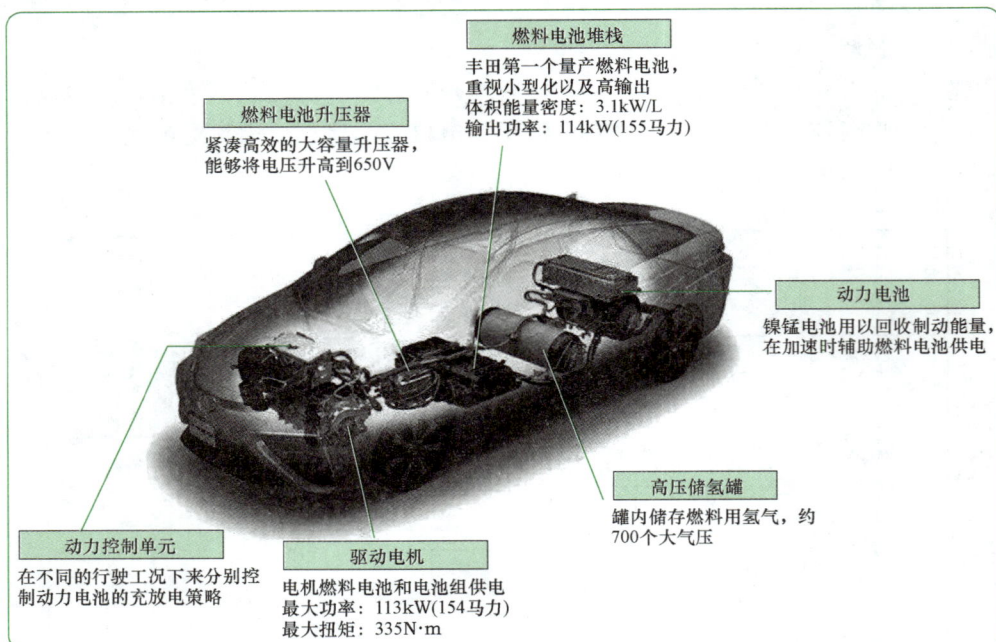

**燃料电池堆栈**
丰田第一个量产燃料电池，重视小型化以及高输出
体积能量密度：3.1kW/L
输出功率：114kW(155马力)

**燃料电池升压器**
紧凑高效的大容量升压器，能够将电压升高到650V

**动力电池**
镍锰电池用以回收制动能量，在加速时辅助燃料电池供电

**高压储氢罐**
罐内储存燃料用氢气，约700个大气压

**动力控制单元**
在不同的行驶工况下来分别控制动力电池的充放电策略

**驱动电机**
电机燃料电池和电池组供电
最大功率：113kW(154马力)
最大扭矩：335N·m

图 10 - 6 燃料电池电动汽车主要组件（丰田 Mirai）

• 奥迪 A7 Sportback h - tron 燃料电池电动汽车。

奥迪 A7 Sportback h - tron（以下简称 A7 h - tron）燃料电池电动汽车内部结构及关键部件位置如图 10 - 7 所示。奥迪 A7 h - tron 作为燃料电池插电式混合动力汽车，结构更复杂。它的发动机舱内布置了一个燃料电池堆栈，后备箱下面布置了 8.8kW·h 的锂电池组，前后轴各布置了一个电动机，形成了前后双电机的类似特斯拉 P85D 的"四驱"结构。锂离子电池组可以通过动能回收和充电装插电来补充电量，所以 A7 h - tron 被称为插电式混合动力燃料电池电动汽车。

燃料电池组外部还有一个额外的冷却循环系统，用来冷却燃料电池。一个热交换器和一个自动调节的电加热器用来充当暖风系统。燃料电池工作温度在 80℃，对冷却系统的要求比内燃机严格一些，但是能量利用效率却高达 60%，是内燃机的两倍。燃料电池组的冷

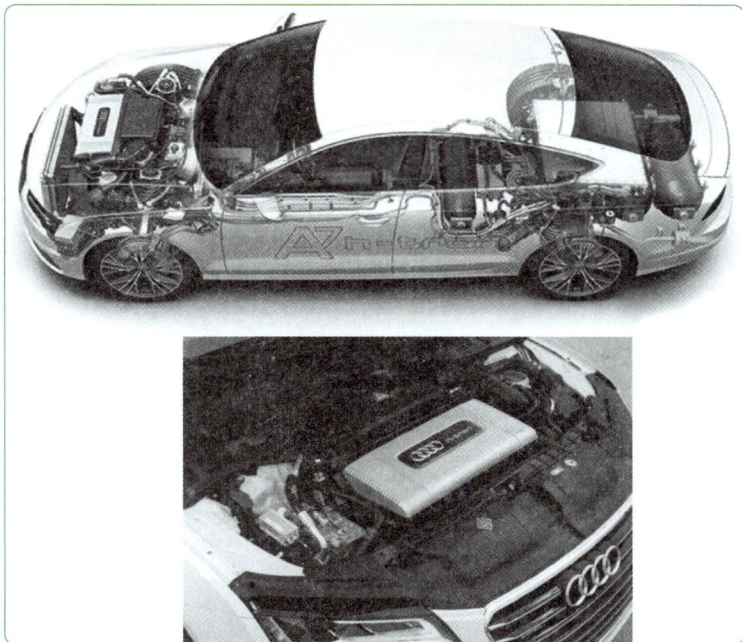

图 10-7　燃料电池电动汽车内部结构及关键部件位置（奥迪 A7 h-tron）

启动性能也不错，可以保证在零下 28℃正常工作。奥迪 A7 h-tron 电动系统视图如图 10-8 所示。

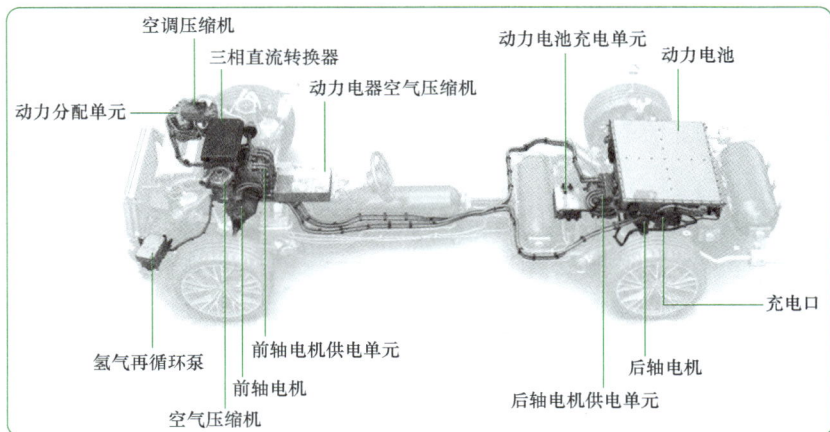

图 10-8　电动系统视图（奥迪 A7 h-tron）

　　除了基本的结构之外，燃料电池堆栈还需要一个涡轮增压器来强制输送空气进入电池中、一个用来循环多余氢气以提高利用效率的风扇和一个冷却用的泵。这些组建都由电力驱动并且直接从燃料电池堆栈中取电。奥迪 A7 h-tron 氢燃料系统视图如图 10-9 所示。

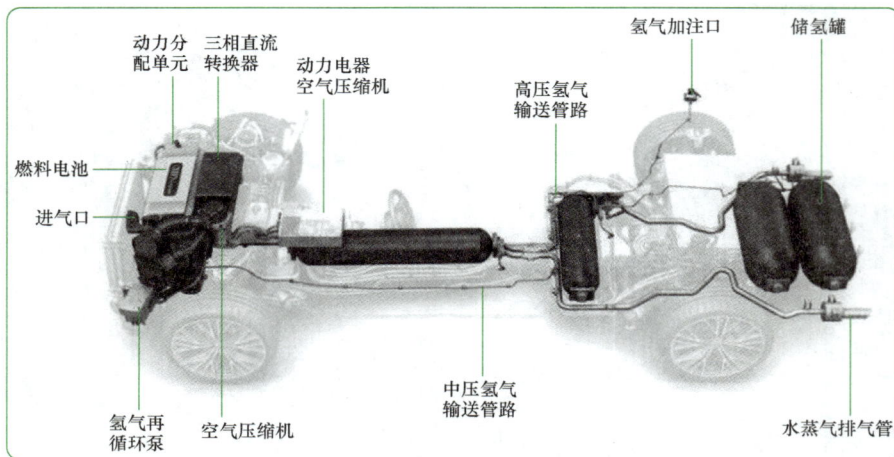

图 10 - 9　氢燃料系统视图（奥迪 A7 h - tron）

### 2. 燃料电池电动汽车的工作原理是怎样的？

燃料电池电动汽车的工作原理如图 10 - 10 所示，燃料电池工作时，高压储氢罐中的氢气和空气中的氧气在汽车搭载的燃料电池中发生氧化还原化学反应，产生的直流电经过控制器变为交流电后供入驱动电机，驱动电机产生的机械能经减速机构传给驱动轮，驱动汽车行驶。

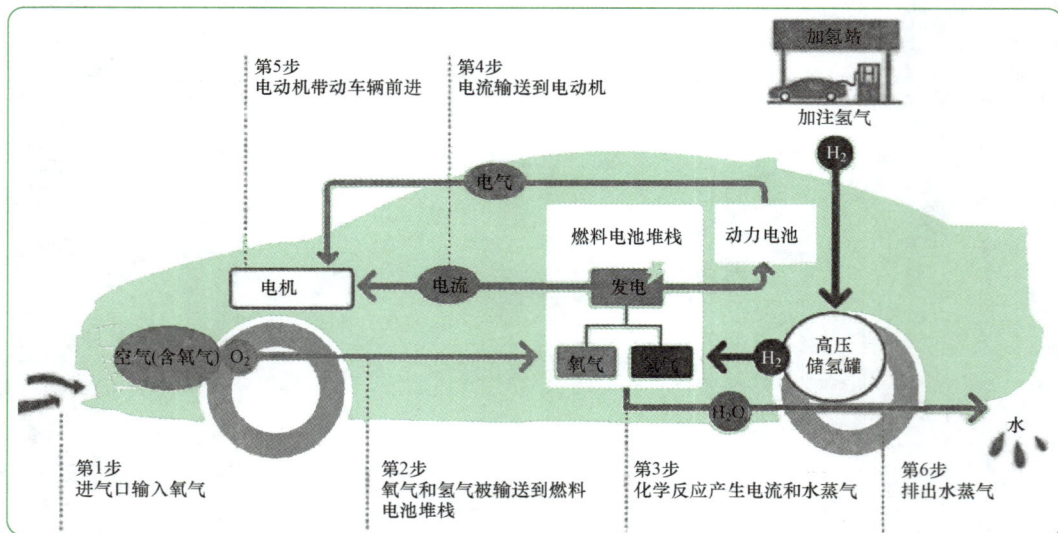

图 10 - 10　燃料电池电动汽车的工作原理

## 二、 燃料电池电动汽车 （FCEV） 类型

### 1. 燃料电池电动汽车的结构有哪些类型？

目前燃料电池电动汽车绝大多数采用的是混合式燃料电池驱动系统，主要有串联式和并联式两种，如图 10 - 11 所示。

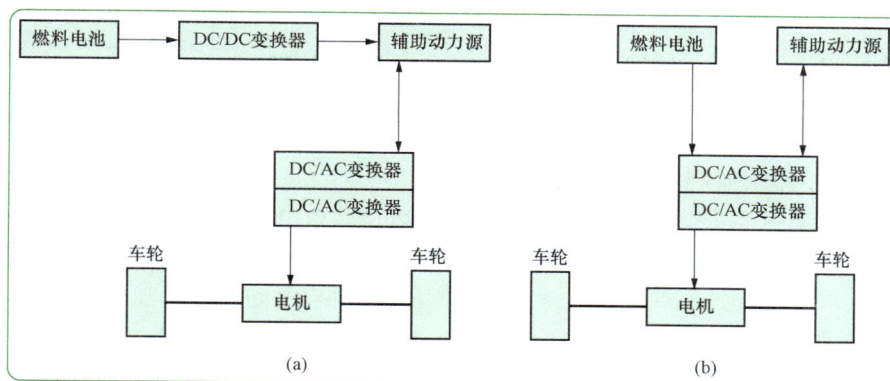

图 10 - 11　燃料电池电动汽车的结构类型
(a) 串联式；(b) 并联式

## 2. 燃料电池电动汽车是怎样分类的?

燃料电池电动汽车分类的方法如图 10 - 12 所示。

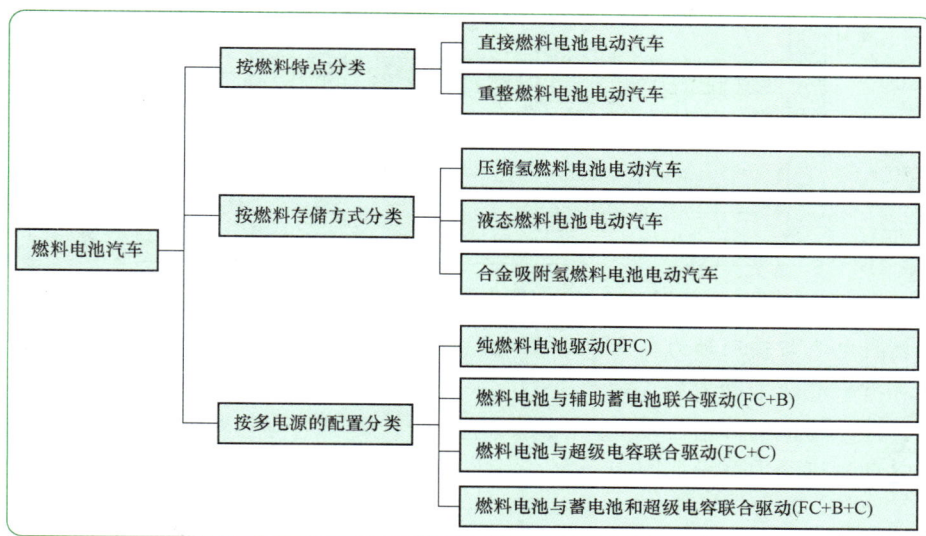

图 10 - 12　燃料电池电动汽车分类的方法

（1）按燃料特点，燃料电池电动汽车可分为直接燃料电池电动汽车和重整燃料电池电动汽车。直接燃料电池电动汽车的燃料主要是氢气；重整燃料电池电动汽车的燃料主要有汽油、天然气、甲醇、甲烷、液化石油气等。氢燃料电池电动汽车排放无污染，被认为是最理想的汽车。

（2）按氢燃料的存储方式，燃料电池电动汽车可分为压缩氢燃料电池电动汽车、液氢燃料电池电动汽车和合金（碳纳米管）吸附氢燃料电池电动汽车。

（3）按"多电源"的配置不同，燃料电池电动汽车可分为纯燃料电池驱动（PFC）的燃料电池电动汽车、燃料电池与辅助蓄电池联合驱动（FC＋B）的燃料电池电动汽车、燃料电池与超级电容联合驱动（FC＋C）的燃料电池电动汽车以及燃料电池与辅助蓄电池和超级电容联合驱动（FC＋B＋C）的燃料电池电动汽车。其中，采用燃料电池与辅助蓄电池联合驱动的燃料电池电动汽车使用较为广泛。

### 3. 燃料电池电动汽车的类型有哪些？

燃料电池电动汽车可分为纯燃料电池电动汽车和燃料电池混合动力汽车，而燃料电池混合动力汽车又可分为燃料电池与辅助动力电池联合驱动的燃料电池电动汽车、燃料电池与超级电容器联合驱动的燃料电池电动汽车、燃料电池与辅助动力电池和超级电容器联合驱动的燃料电池电动汽车。

（1）纯燃料电池电动汽车。纯燃料电池电动汽车是以燃料电池系统作为单一的动力源。燃料电池系统将氢气与氧气反应产生的电能通过 DC/DC 转换器和电机控制器传给驱动电机，驱动电机将电能转为机械能，经减速机构传给驱动轮，驱动汽车行驶。纯燃料电池电动汽车的动力系统如图 10-13 所示。

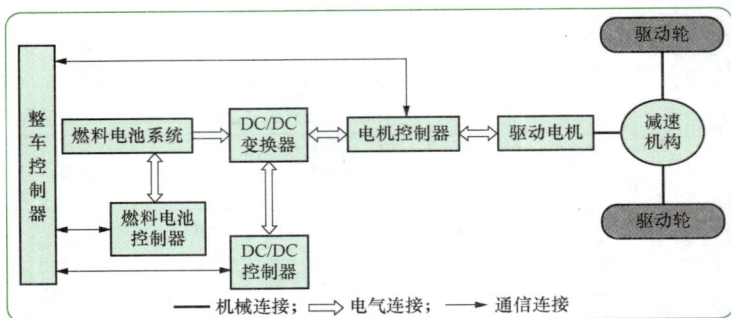

图 10-13　纯燃料电池电动汽车的动力系统

（2）燃料电池与辅助动力电池联合驱动的燃料电池电动汽车。这种燃料电池汽车带有燃料电池和蓄电池两个动力源。两个电力源一起为驱动电机提供能量，驱动电机将电能转为机械能，经减速机构传给驱动轮，驱动汽车行驶。燃料电池与辅助动力电池联合驱动的燃料电池电动汽车动力系统如图 10-14 所示。

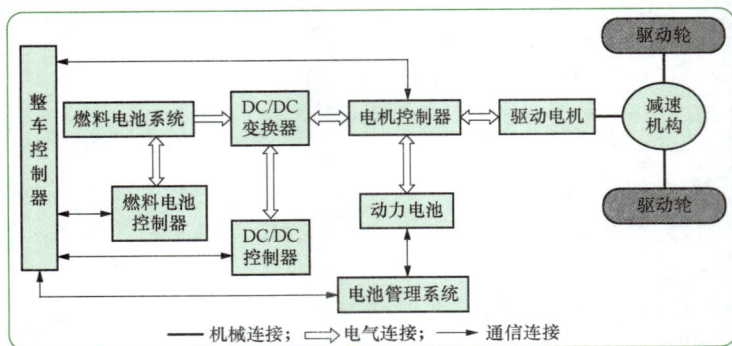

图 10-14　燃料电池与辅助动力电池联合驱动的燃料电池电动汽车动力系统

（3）燃料电池与超级电容器联合驱动的燃料电池电动汽车。这种燃料电池电动汽车是以燃料电池和超级电容器一起为驱动电机提供能量，驱动电机将电能转为机械能，经减速机构传给驱动轮，驱动汽车行驶。燃料电池与超级电容器联合驱动的燃料电池电动汽车动力系统如图 10-15 所示。

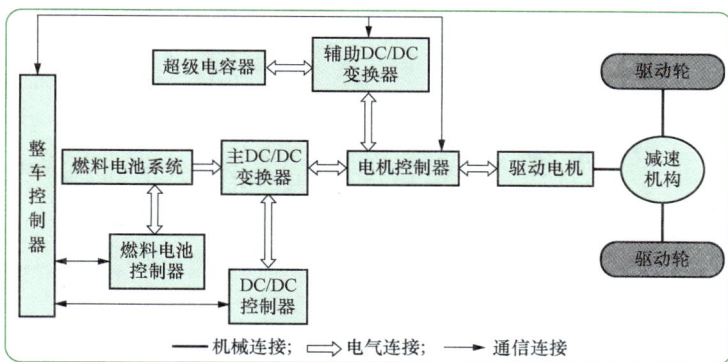

图 10-15　燃料电池与超级电容器联合驱动的燃料电池电动汽车动力系统

（4）燃料电池与辅助动力电池和超级电容器联合驱动的电源的燃料电池汽车。这种燃料电池电动汽车是以燃料电池、动力电池和超级电容器一起为驱动电机提供能量，驱动电机将电能转为机械能，经减速机构传给驱动轮，驱动汽车行驶。燃料电池与辅助动力电池和超级电容器联合驱动的燃料电池电动汽车动力系统如图 10-16 所示。

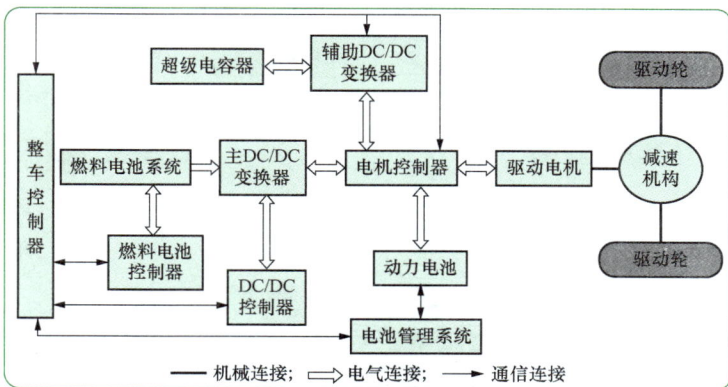

图 10-16　燃料电池与辅助动力电池和超级电容器联合驱动的燃料电池电动汽车动力系统

## 三、燃料电池

### 1. 燃料电池的结构原理是怎样的？

燃料电池是一种把燃料通过化学反应释放出的能量变为电能输出的能量转换装置。它由阳极、阴极和离子导电的电解质构成。在工作时必须有燃料输入才能产出电能，不需要向燃料电池充电。燃料电池的结构与原理如图 10-17 所示。燃料电池的结构及其在电动汽车上的布置如图 10-18 所示。燃料电池与动力电池串联的电动汽车布局如图 10-19 所示。

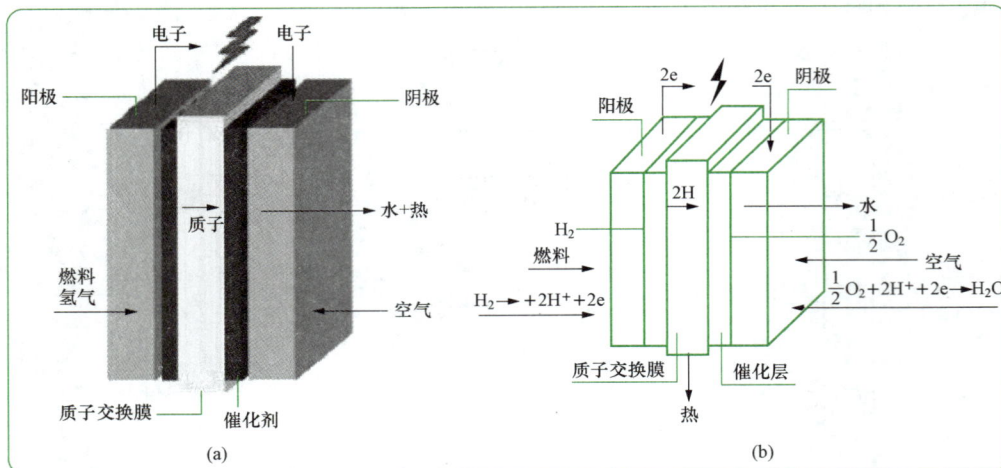

图 10-17　燃料电池的结构与原理

（a）结构；（b）原理

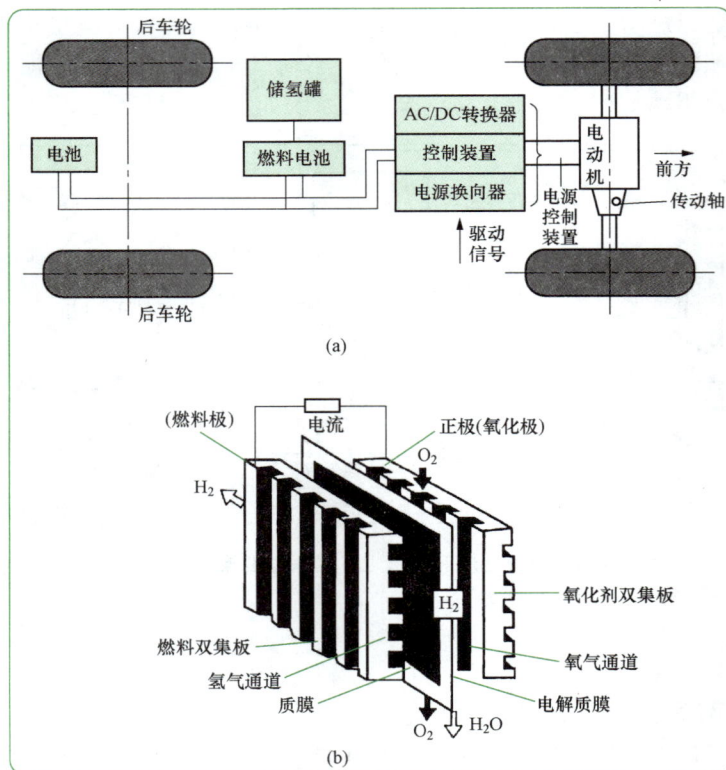

图 10-18　燃料电池的结构及其在电动汽车上的布置

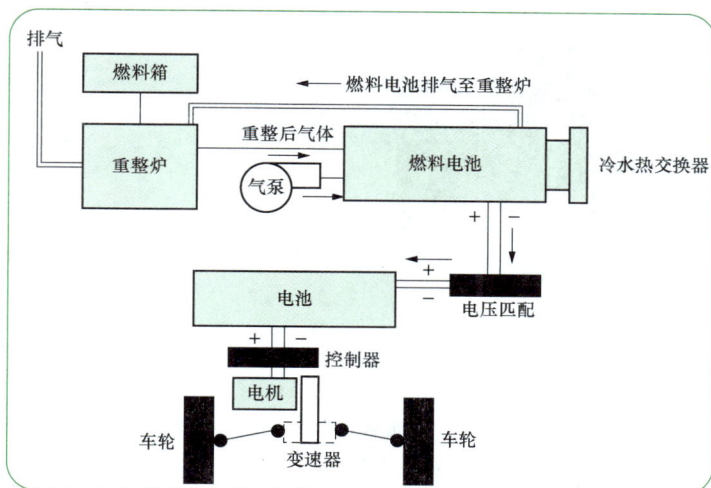

图 10-19 燃料电池与动力电池串联的电动汽车布局

## 2. 燃料电池有哪些类型?

根据使用电解质种类的不同,燃料电池可分为质子交换膜燃料电池(PEMFC)、碱性燃料电池(AFC)、磷酸燃料电池(PAFC)、熔融碳酸盐燃料电池(MCFC)、固体氧化物燃料电池(SOFC)等,如图 10-20 所示。

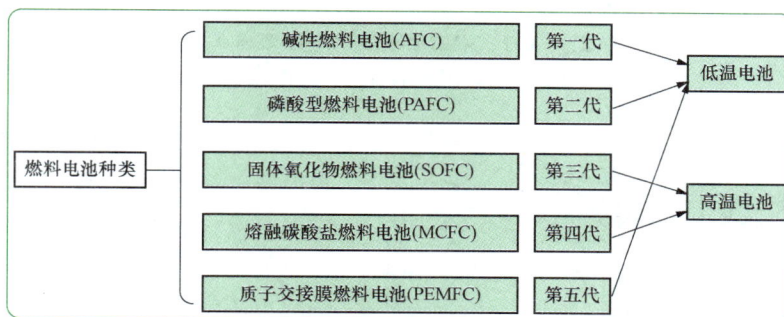

图 10-20 燃料电池的类型

(1)质子交换膜燃料电池(PEMFC)。质子交换膜燃料电池采用可传导离子的聚合膜作为电解质,所以也叫聚合物电解质燃料电池(PEFC)、固体聚合物燃料电池(SPFC)或固体聚合物电解质燃料电池(SPEFC),是目前应用最广泛的燃料电池。质子交换膜燃料电池的基本单元由质子交换膜、催化剂层、扩散层、集流板(又称双极板)等组成,其结构与工作原理如图 10-21 所示。

阴极和阳极发生的电化学反应分别为:

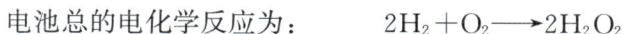

阴极:
$$2H_2 \longrightarrow 4H^+ + 4e^-$$

阳极:
$$4e^- + 4H^+ + O_2 \longrightarrow 2H_2O$$

电池总的电化学反应为:
$$2H_2 + O_2 \longrightarrow 2H_2O_2$$

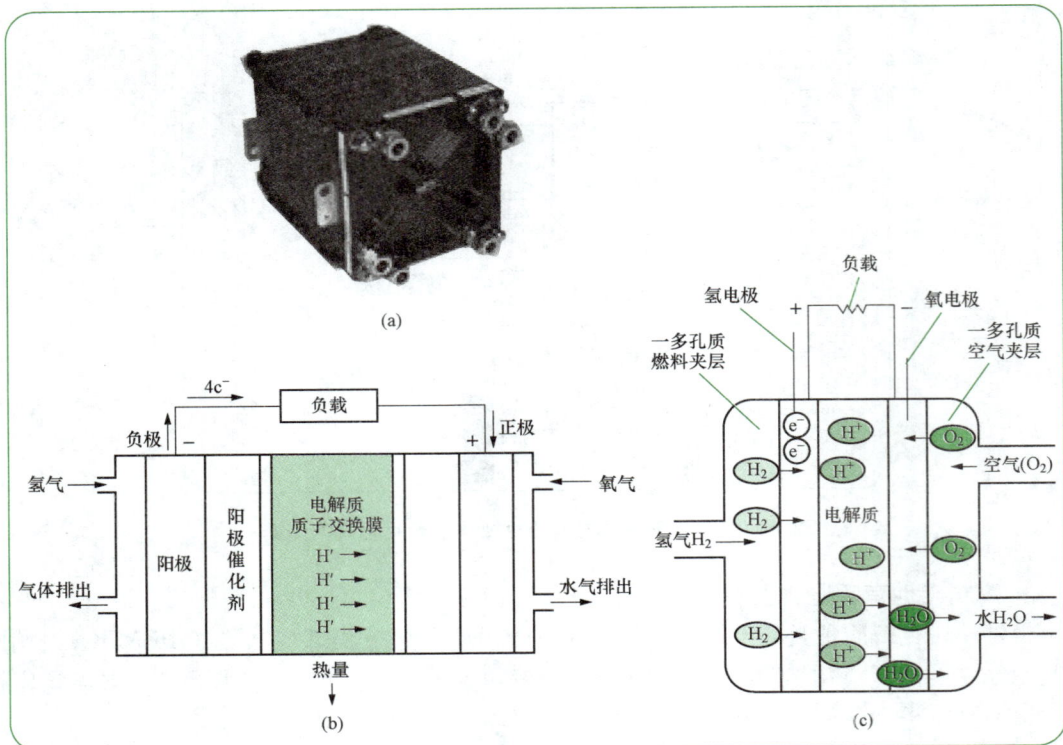

图 10-21　质子交换膜燃料电池的组成与工作原理
（a）实物；（b）组成；（c）工作原理

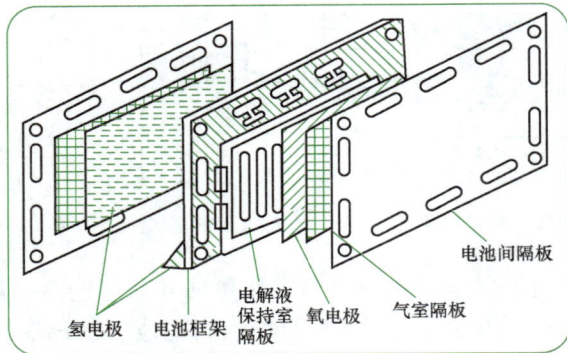

图 10-22　碱性燃料电池的结构

（2）碱性燃料电池（AFC）。碱性燃料电池的结构如图 10-22 所示。将电极以电解液保持室隔板的形式黏接在塑料制成的电池框架上，然后再加上隔板即构成单体电池。

碱性燃料电池的工作原理如图 10-23 所示。在阳极，氢气与碱中的 $OH^-$ 在电催化剂的作用下，发生氧化反应，生成水和电子，电子通过外电路达到阴极，在阴极电催化剂的作用下，参与氧的还原反应，生成的 OH 通过饱浸碱液的多孔石棉迁移到氢电极。阳极和阴极发生的电化学反应为：

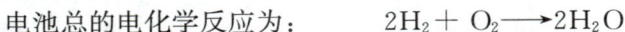

阳极：$H_2 + 2OH^- \longrightarrow 2H_2O + 2e^-$

阴极：$O_2 + 2H_2O + 4e^- \longrightarrow 4OH^-$

电池总的电化学反应为：$2H_2 + O_2 \longrightarrow 2H_2O$

（3）磷酸燃料电池（PAEC）。磷酸燃料电池是以液体磷酸为导电电解质，以氢气为燃

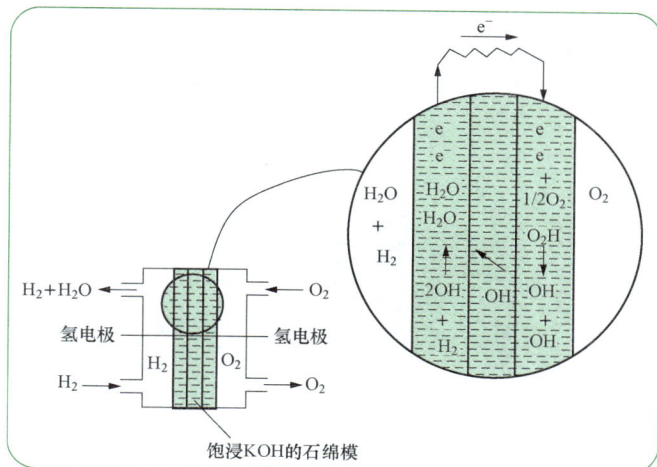

图 10-23　碱性燃料电池的工作原理

料，以氧气为氧化剂，在电池内产生电化学反应的发电装置。磷酸燃料电池的结构如图 10-24 所示，其工作原理如图 10-25 所示。

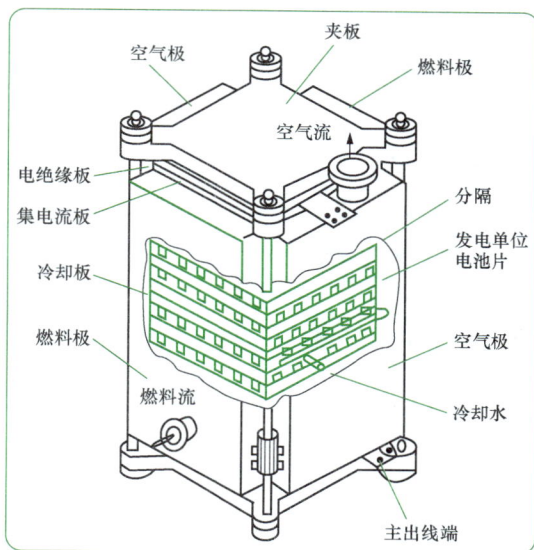

图 10-24　磷酸燃料电池堆结构

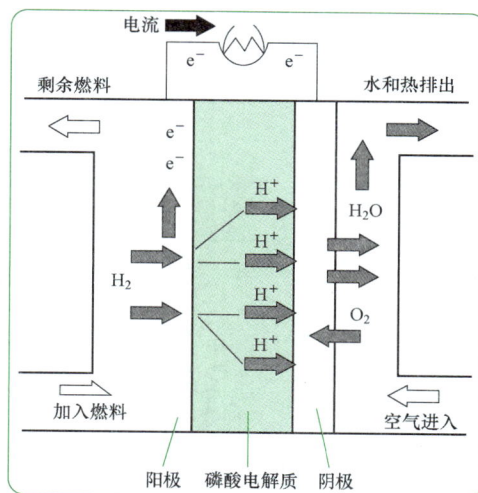

图 10-25　磷酸燃料电池的工作原理

阳极和阴极发生的电化学反应分别为：

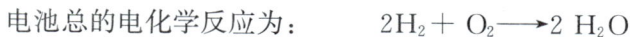

阳极：
$$H_2 \longrightarrow 2H^+ + 2e$$

阴极：
$$O_2 + 4H^+ + 4e \longrightarrow 2H_2O$$

电池总的电化学反应为：
$$2H_2 + O_2 \longrightarrow 2H_2O$$

（4）熔融碳酸盐燃料电池（MCFC）。熔融碳酸盐燃料电池是由多孔陶瓷阴极、多孔陶瓷电解质隔膜、多孔金属阳极、金属极板构成的燃料电池。单体的熔融碳酸盐燃料电池一般是平板型的，由电极—电解质、燃料流通道、氧化剂流通道和上下隔板组成，如图10-26所示。单体的上下为隔板/电流采集板，中间部分是电解质板，电解质板的两侧为多孔的阳极极板和阴极极板，其电解质是熔融态碳酸盐。熔融碳酸盐燃料电池的工作原理如图10-27所示。

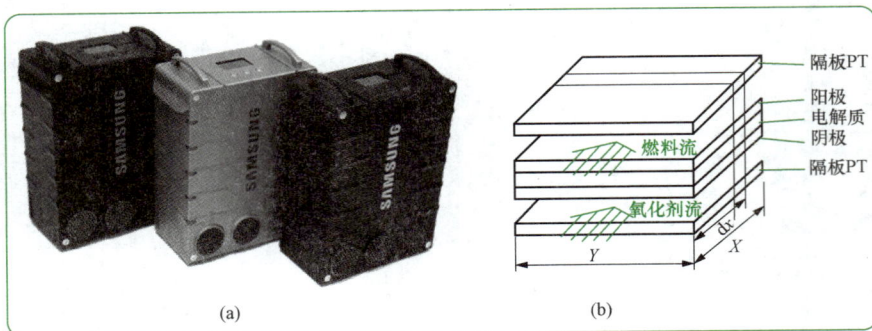

图 10-26  单体熔融碳酸盐燃料电池

（a）实物；（b）结构

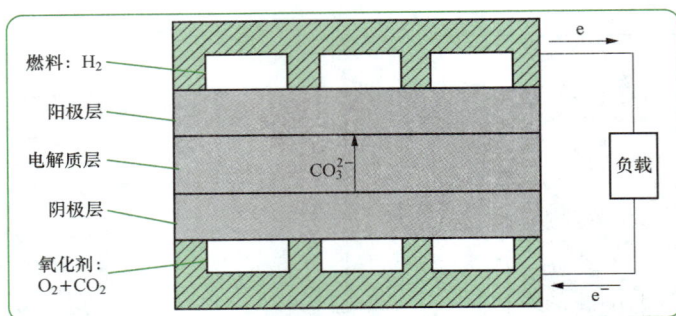

图 10-27  熔融碳酸盐燃料电池的工作原理

阳极和阴极产生的电化学反应分别为：

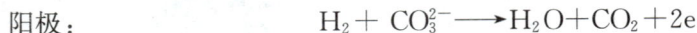

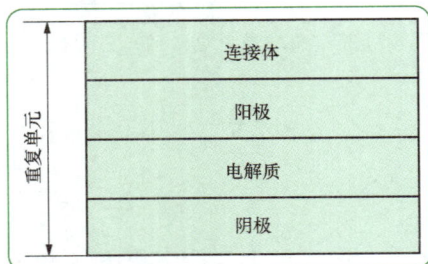

阳极：$H_2 + CO_3^{2-} \longrightarrow H_2O + CO_2 + 2e$

阴极：$O_2 + 2CO_2 + 4e \longrightarrow 2CO_3^{2-}$

电池总的电化学反应：$2H_2 + O_2 + 2CO_2 （c） \longrightarrow 2H_2O + 2CO_2 （a） + 2E^0 + Q^0$

图 10-28  固体氧化物燃料电池结构

（5）固体氧化物燃料电池（SOFC）。固体氧化物燃料电池是一种在中高温下直接将储存在燃料和氧化剂中的化学能高效、环境友好地转化成电能的全固态化学发电装置。固体氧化物燃料电池单体主要由电解质、阳极或燃料极、阴极或空气极和连接体或双极板组成，其结构如图10-28所示。

固体氧化物燃料电池的工作原理如图10-29所示。固体氧化物燃料电池工作时，电子由阳极经外电路流向阴极，氧离子经电解质由阴极流向阳极。

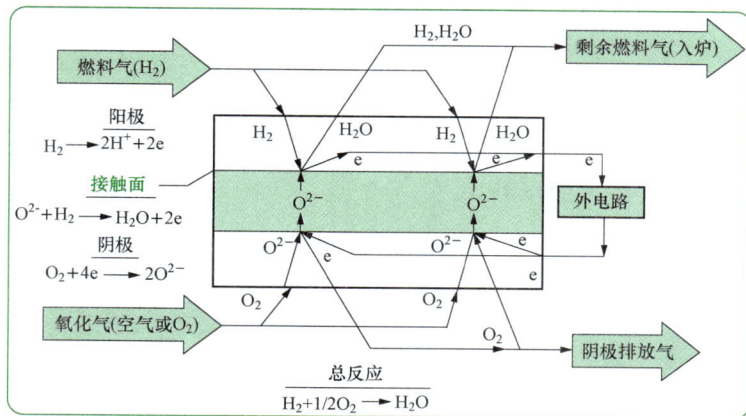

图 10-29　固体氧化物燃料电池的工作原理

阴极的电化学反应为：$O_2+4e \longrightarrow 2O^{2-}$

分别用 $H_2$、$CO$、$CH_4$ 作燃料时，阳极电化学反应分别为：

$H_2$：$H_2+O^{2-} \longrightarrow H_2O+2e$

$CO$：$CO+O^{2-} \longrightarrow CO_2+2e$

$CH_4$：$CH_4+4O^{2-} \longrightarrow 2H_2O+CO_2+8e$

以 $H_2$ 为例，电池的总电化学反应为：$2H_2+O_2 \longrightarrow 2H_2O$

（6）**直接甲醇燃料电池**（DMFC）。直接甲醇燃料电池属于质子交换膜燃料电池中的一类，是直接使用水溶液以及蒸气甲醇为燃料供给来源，而不需通过重整器重整甲醇、汽油及天然气等再取出氢以供发电。直接甲醇燃料电池主要由阳极、固体电解质膜和阴极构成。阳极和阴极分别由多孔结构的扩散层和催化剂层组成，通常使用不同疏水性、亲水性的炭黑和聚四氟乙烯作为直接甲醇燃料电池的阳极和阴极材料。直接甲醇燃料电池以甲醇为燃料，将甲醇和水混合物送至直接甲醇燃料电池阳极，在阳极甲醇直接发生电催化氧化反应生成 $CO_2$，并释放出电子和质子。阴极氧气发生电催化氧化还原反应，与阳极产生的质子反应生成水。电子从阳极经外电路转移至阴极形成直流电，工作温度为 $25℃\sim135℃$。

阳极和阴极产生的电化学反应分别为：

阳极：$CH_3OH+H_2O \longrightarrow CO_2+6H^++6e$

阴极：$3O_2+12e+6H_2O \longrightarrow 12OH^-$

电池总的电化学反应为：$CH_3OH+3/2O_2 \longrightarrow CO_2+2H_2O$

## 四、 燃料电池电动汽车的驱动模式

燃料电池电动汽车的行驶工况通常可分为：启动、一般行驶、加速行驶以及减速行驶 4 种。

**1. 燃料电池电动汽车的启动工况是怎样的?**

燃料电池电动汽车的启动工况如图 10-30 所示。车辆启动时,由车载蓄电池进行供电,此时,来自镍锰蓄电池的电源直接提供给驱动电机,使电机工作,驱动车轮转动,此时,燃料电池不参与工作。

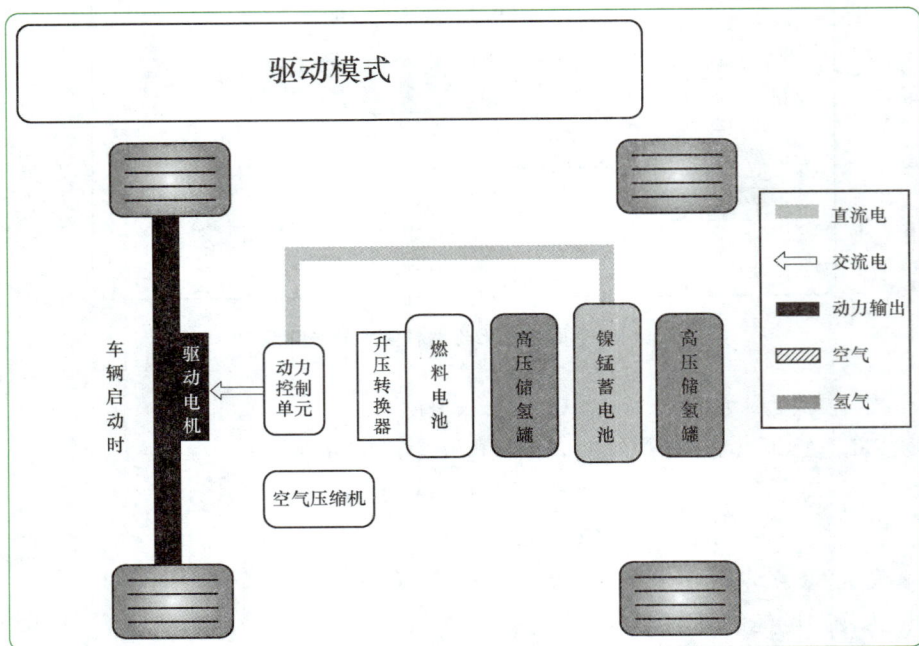

图 10-30 燃料电池电动汽车的启动工况

**2. 燃料电池电动汽车的一般行驶工况是怎样的?**

燃料电池电动汽车的一般行驶工况如图 10-31 所示。一般行驶工况下,来自高压储氢罐的氢气经高压管路提供给燃料电池,同时,来自空气压缩机的氧气也提供给燃料电池,经质子交换膜内部,产生电化学反应,产生大约 300 V 左右的电压,然后经 DC/DC 转换器进行升压,转变为 650V 的直流电,经动力控制单元转换为交流电提供给驱动电机,驱动电机运转,带动车轮转动。

**3. 燃料电池电动汽车的加速行驶工况是怎样的?**

燃料电池电动汽车的加速行驶工况如图 10-32 所示。加速时,除了燃料电池正常工作外,需要由车载蓄电池参与工作,以提供额外的电力供驱动电机使用,此时车辆处于大负荷工况下。

**4. 燃料电池电动汽车的减速行驶工况是怎样的?**

燃料电池电动汽车的减速行驶工况如图 10-33 所示。减速时,车辆在惯性作用下行驶,此时,燃料电池不再工作,由车辆减速所产生的惯性能量由驱动电机转换为发电机进行发电,经动力控制单元将其转换为直流电后,反馈回车载蓄电池进行电能的回收。

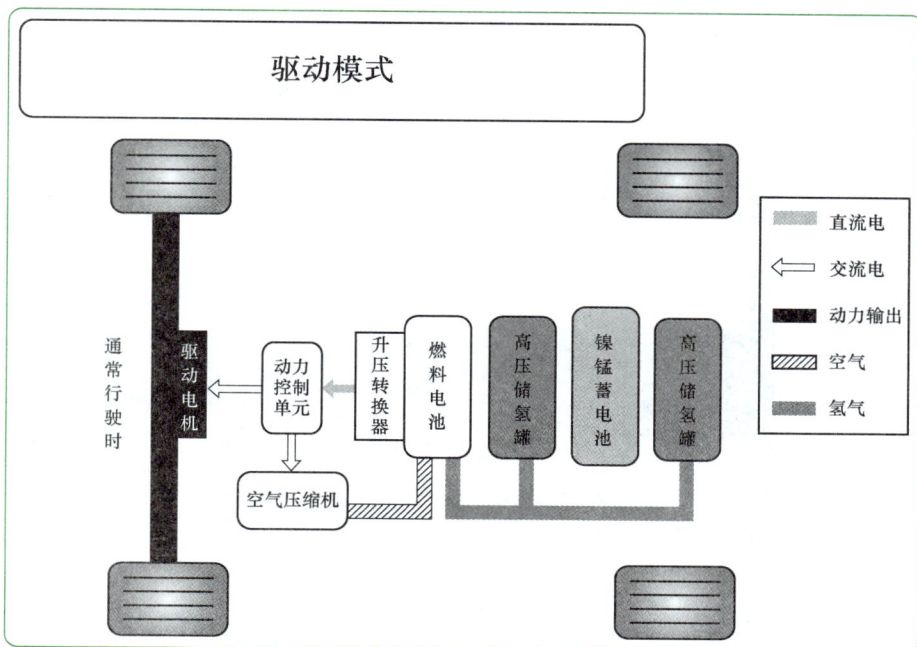

图 10-31 燃料电池电动汽车的一般行驶工况

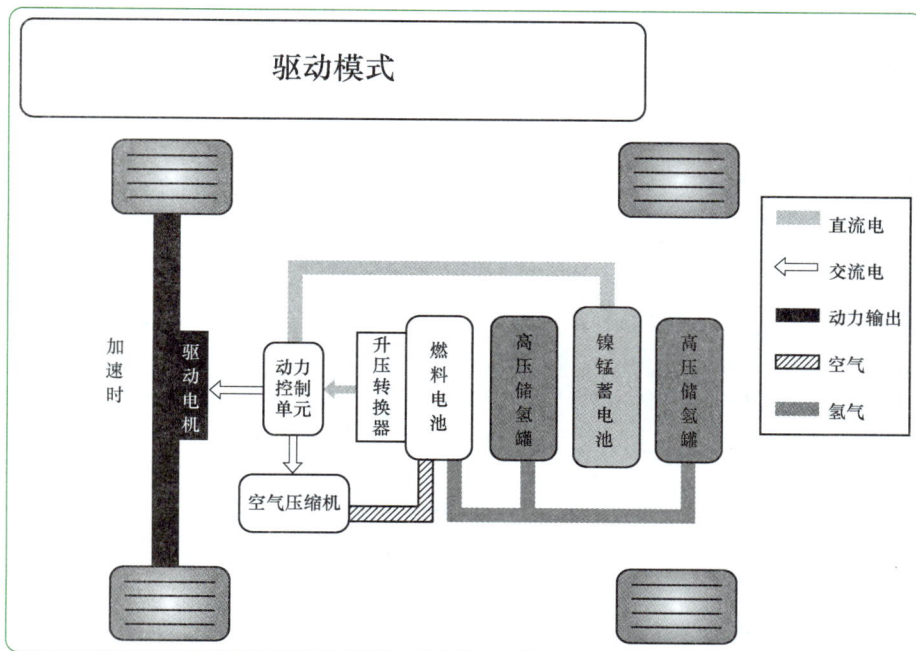

图 10-32 燃料电池电动汽车的加速行驶工况

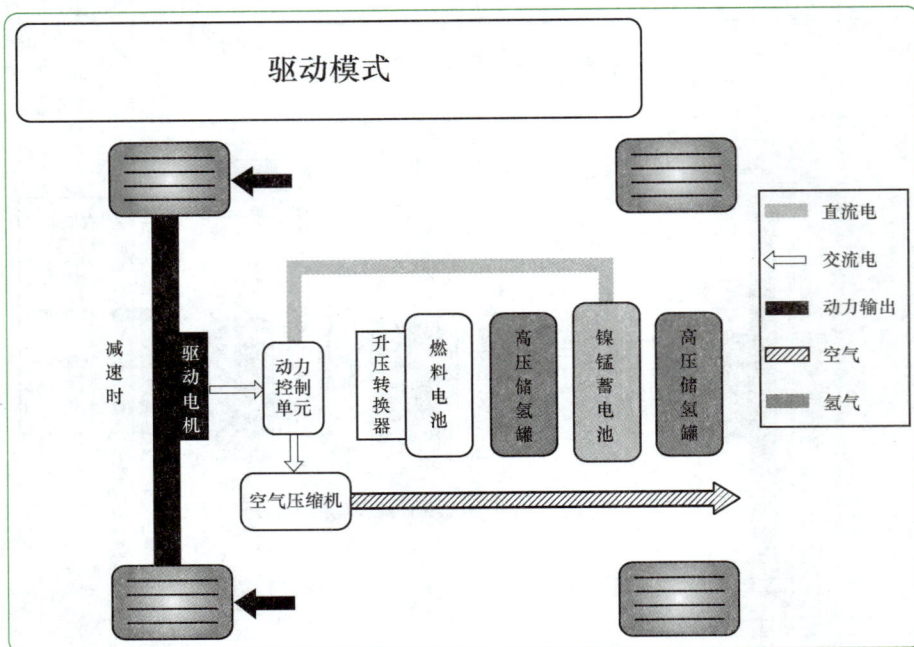

图 10-33　燃料电池电动汽车的减速行驶工况

# 第11章 注入清洁能源——为电动汽车充电

纯电动汽车和插电式混合动力汽车需要为车载储能装置补充电力，也就是充电。目前，电动汽车对使用的动力电池组采用补充充电或更换两种方式。家用车一般采用直流充电和交流充电方式，商用车一般采用更换动力电池组的方式。

## 一、电动汽车充电系统的组成与工作原理

纯电动汽车和插电式混合动力汽车需要为车载储能装置补充电力，也就是通常所说的充电。目前，电动汽车对使用的动力电池组采用补充充电或更换两种方式，电动汽车充换电技术类型如图11-1所示。

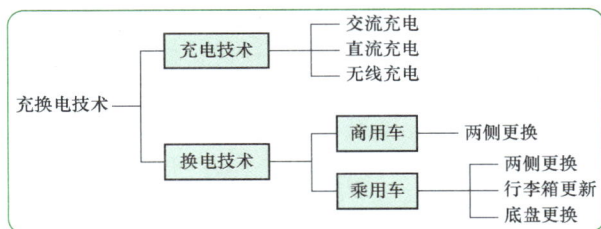

图 11-1 电动汽车充换电技术类型

家用车一般采用直流充电和交流充电方式，商用车一般采用更换动力电池组的方式。图 11-2 所示为电动汽车补充能量方式。

动力电池组快速更换，通过直接更换电动汽车的动力电池组来达到为其充电的目的，需要 5～10min。需要电动汽车的动力电池实现标准化，即动力电池的外形、容量等参数完全统一，同时，还要求电动汽车的构造设计能满足更换动力电池的方便性和快捷性。

对于更换下的动力电池组，可以进行维护和充电。动力电池归服务站或电池厂商所有，电动汽车用户只是租用其电池。

图 11-2 电动汽车补充能量方式

(a) 补充充电；(b) 更换电池组

### 1. 电动汽车充电系统由哪些部分组成?

电动汽车充电系统的作用是将电网的电能转化为电动汽车动力电池的电能。充电系统主要由充电接口（交流充电口、直流充电口）充电电缆、高压电缆、车载充电机、高压配电盒、动力电池包、电池管理系统等组成，如图11-3所示。

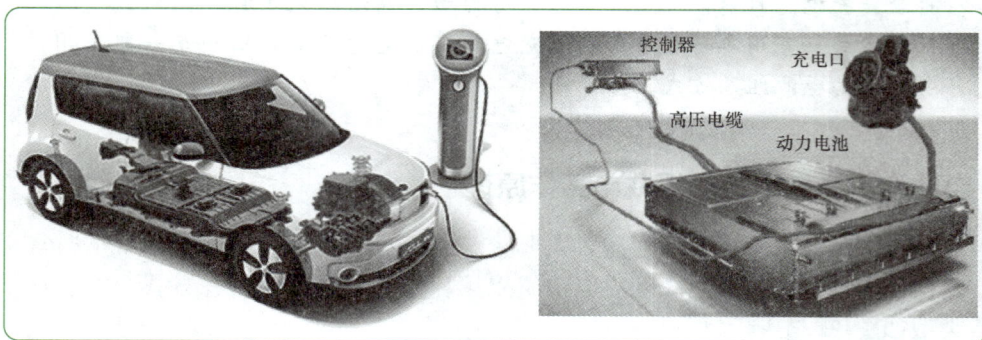

图 11-3　纯电动汽车充电系统的组成

- 比亚迪 e6 电动汽车的充电系统。

比亚迪 e6 充电系统主要由直流充电口、交流充电口、车载充电器、电池管理器和高压配电箱等组成，充电系统组成部件安装位置如图11-4所示。

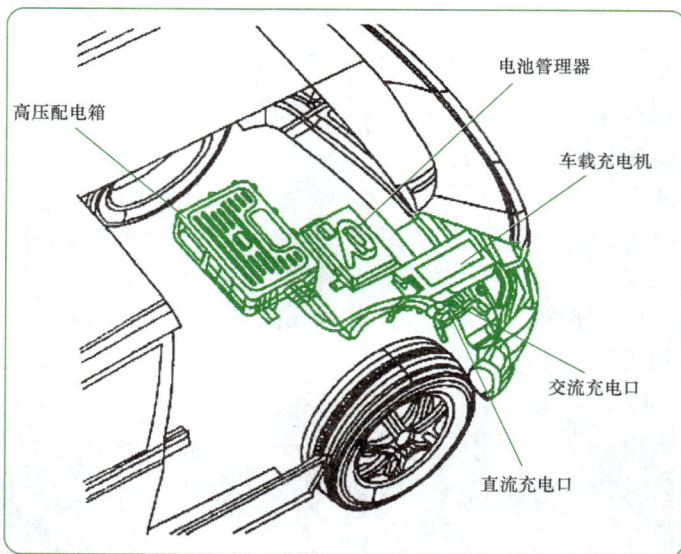

图 11-4　充电系统组成部件安装位置（比亚迪 e6）

- 吉利帝豪 EV 电动汽车充电系统。

吉利帝豪 EV 电动汽车充电系统部件安装位置及其系统控制原理如图11-5所示。

- 荣威 E50 电动汽车充电系统。

荣威 E50 电动汽车充电系统部件安装位置如图11-6所示。

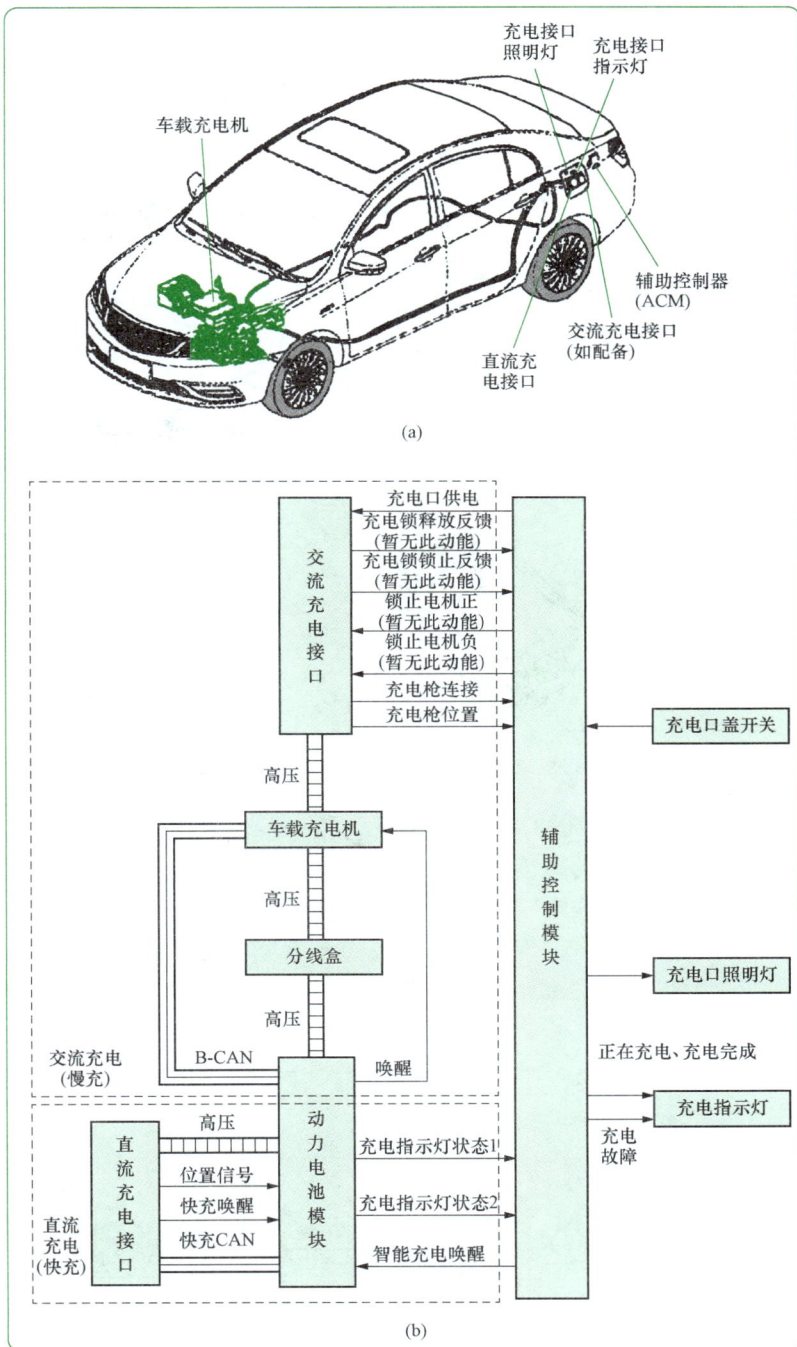

图11-5　充电系统部件安装位置及其系统控制原理（吉利帝豪EV）

（a）安装位置；（b）充电系统控制原理

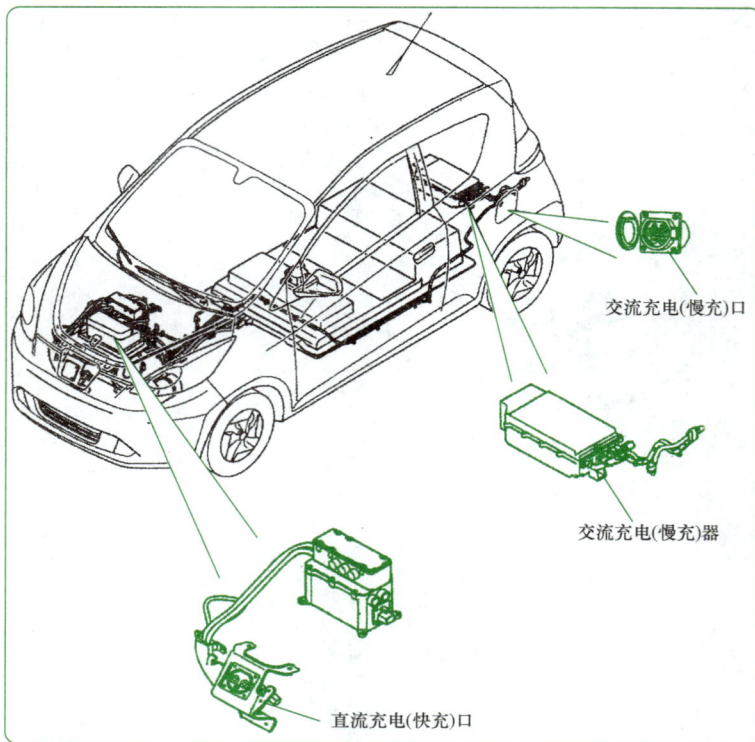

图 11-6　充电系统部件安装位置（荣威 E50）

**2. 电动汽车的充电方式有几种?**

电动汽车在充电时，输入的电能既可以来源于交流电源，也可以来源于直流电源。电动汽车的充电方式可分为交流充电（慢充方式）和直流充电（快充方式）两种，如图 11-7 所示。消费者在自家充电一般采用专业公司安装的充电墙盒进行交流充电，在公共停车场或充电站一般采用交流桩进行交流充电或采用直流桩进行直流充电。图 11-8 所示为电动汽车充电桩。

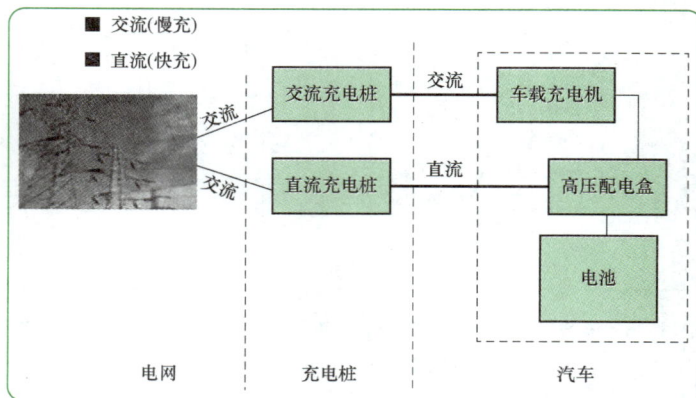

图 11-7　电动汽车的充电方式

（1）**交流充电（慢充方式）。**交流充电方式是以较低的充电电流对电动车进行充电。电动汽车交流充电系统示意图如图 11-9 所示，一般充电时间较长（多为 6～8h），也就是通常说的慢充。

交流充电（慢充）时，供电设备（交流充电桩或充电插接器）通过交流充电接口将家用交流电提供给车载充电机，车载充电机将其变成高压直流电之后，送入高压配电盒，然后给动力蓄电池进行充电。通过 CAN 总线对慢充系统工作状况进行监控。交流充电（慢充）系统主要部件有电源、慢充电缆、慢充接口、车内高压线束、高压配电盒、车载充电机和动力蓄电池等。也可使用厂家随车配送的充电宝

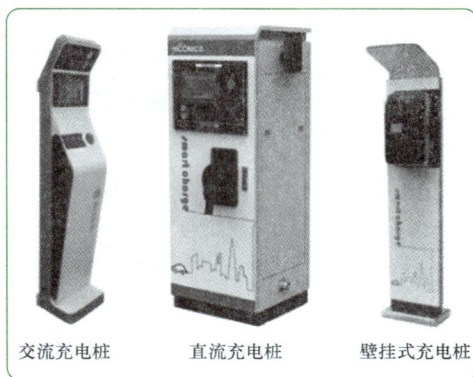

图 11-8　电动汽车充电桩

（见图 11-10）直接插在家用电源上进行充电，但要注意插座要使用 16A 以上。

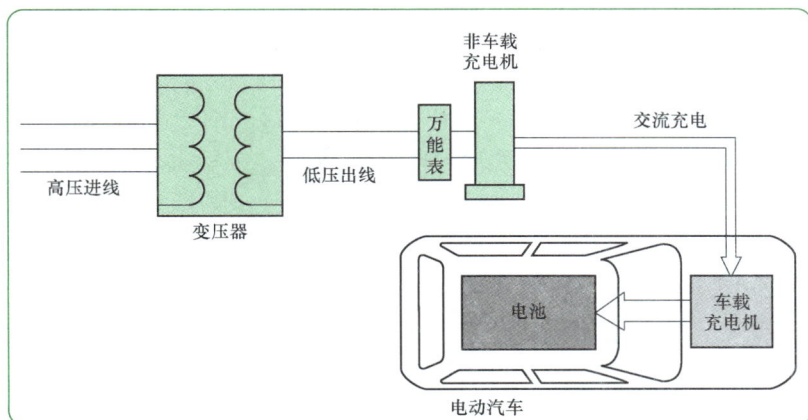

图 11-9　电动汽车交流充电系统示意图

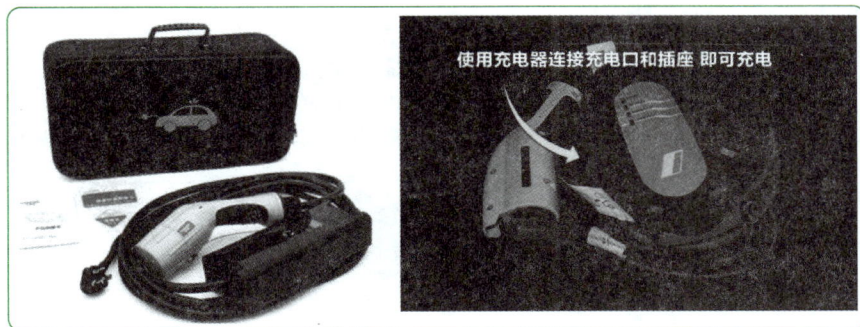

图 11-10　使用厂家随车配送的充电宝充电

比亚迪 e6 交流充电系统结构如图 11-11 所示。

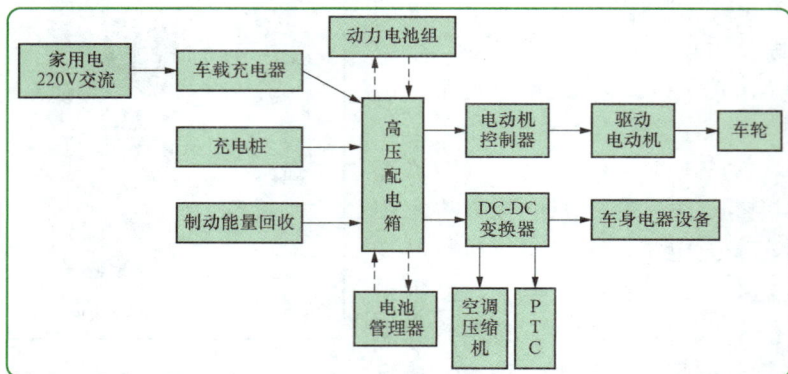

图 11-11　交流充电系统结构（比亚迪 e6）

（2）**直流充电（快充方式）**。直流充电又称为应急充电，汽车采用直流充电主要是通过充电站的充电柜将直流高压电直接通过直流充电口给动力电池充电。我国标准规定用于电动汽车充电的直流电源的电压最高为 1000V。直流充电一般使用工业 380V 三相电，供电设备（一般为直流快速充电桩）通过直流充电（快充）接口，将高压大电流（150～400A）提供给高压配电盒，高压配电盒通过高压母线（线束）直接给动力电池进行充电，在短时间内为电池充满电。电动汽车直流充电系统示意图如图 11-12 所示。快充系统不使用车载充电机，充电时间应该与燃油车的加油时间接近（5～10min），即可充满动力电池的 80%，大大缩短了充电时间；不过由于电流电压较高，短时间内对电池的冲击较大，很容易令电池发热和活性物质脱落，造成不可逆的损伤，对电池寿命会有一定的影响。

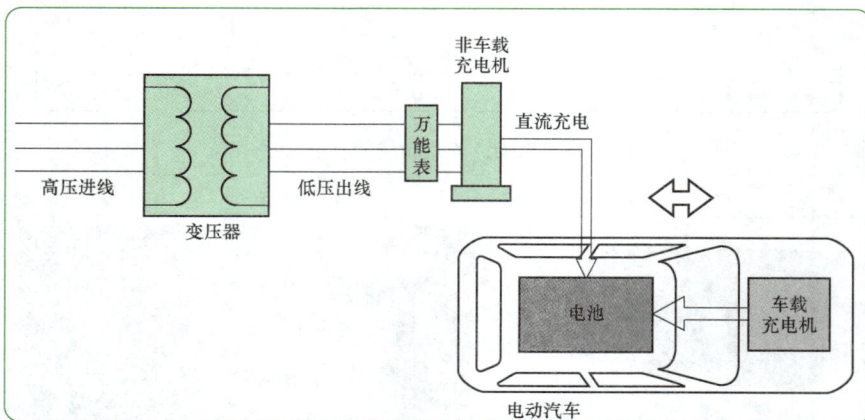

图 11-12　电动汽车直流充电系统示意图

### 3. 电动汽车充电的连接方式有几种？

将电动汽车和交流电网相连时，可以采用下述 3 种方式中的一种或多种。

（1）**连接方式 A**。将电动车辆和交流电网相连时，使用和电动车辆连在一起的供电电

缆（电缆组件是车辆的一部分）和插头。连接方式 A 如图 11 - 13 所示。

（2）**连接方式 B**。将电动汽车和交流电网连接时，使用带有车辆插头和供电插头的独立的活动电缆组件（可拆卸电缆组件不是车辆或者充电设备的一部分）。连接方式 B 如图 11 - 14 所示。

（3）**连接方式 C**。将电动汽车和交流电网连接时，使用和供/电设备永久连接在一起的充电电缆（电缆组件是充电设备的一部分）和车辆插头。连接方式 C 如图 11 - 15 所示。

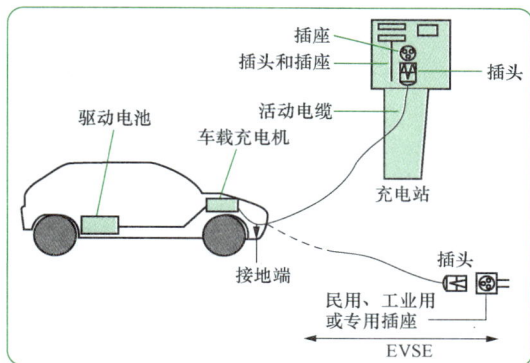

图 11 - 13　连接方式 A

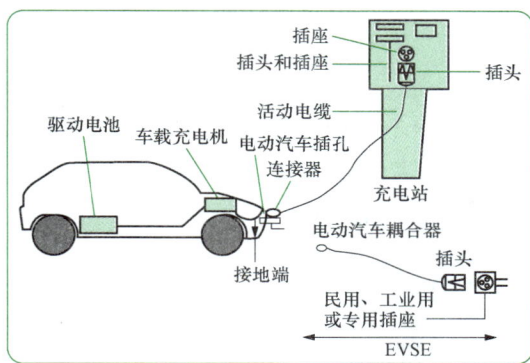

图 11 - 14　连接方式 B

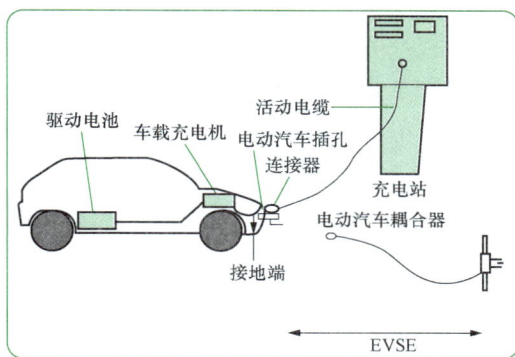

图 11 - 15　连接方式 C

## 二、电动汽车充电设备及充电设施

电动汽车充电设备的类型很多，一般分为非车载充电机、车载充电机、交流充电桩、直流充电桩和交直流充电桩等。车载充电机和交流充电桩是电动汽车最主要、应用最广泛的充电设备。

### 1. 什么是非车载充电机？

非车载充电机是指安装在电动汽车车体外，将电网的交流电能变换为直流电能，采用传导方式为电动汽车动力蓄电池充电的专用装置。

非车载充电机主要由充电机主体和充电终端两部分组成，其结构如图 11 - 16 所示。充电机主体通过三相输入接触器与电网相连，将交流电转换为输出电压，电流可调的直流电。输出经过充电终端的充电接口与电动汽车的动力电池相连。充电终端面向用户，并与整流柜控制系统、电池管理系统、充电站监控系统等实现通信。

### 2. 车载充电机的结构与工作原理是怎样的？

车载充电机是指固定安装在电动汽车上的充电机，它能将外部输入的交流电输（市电

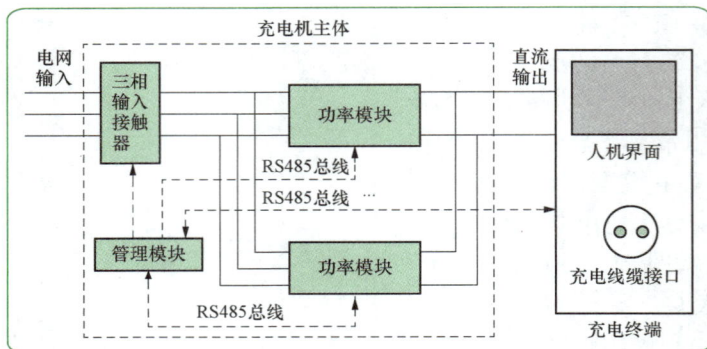

图 11-16　非车载充电机系统的结构

220V）交流电送给高压控制盒，通过整流、调压、滤波等之后，转化成高压直流电（如 DC400V）从而给动力电池进行充电，保证车辆正常行驶。车载充电机除了功率转换功能，还需与充电桩、电池管理系统等设备进行协调，为电动汽车动力蓄电池安全、自动充满电，防止出现过流、过充等安全隐患。

（1）车载充电机结构。车载充电机主要由交流输入端口、直流输出端口、低压辅助单元、功率单元及控制单元组成，其实物及连接示意图如图 11-17 所示。

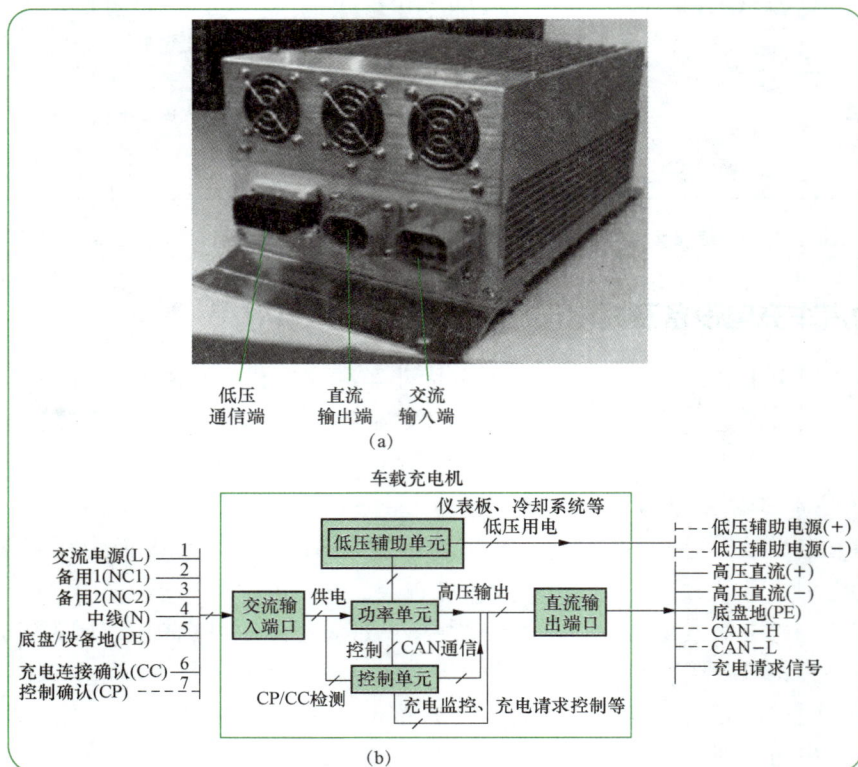

图 11-17　车载充电机实物及连接示意图
（a）车载充电机实物图；（b）车载充电机连接示意图

不同车型的车载充电机布置位置有所不同。纯电动汽车动力电池一般布置在下地板，同时前驱式的布置结构使得动力电池的电气接口也靠近车辆前部，因此大部分纯电动汽车的车载充电机布置在前机舱，可缩短充电电缆的长度，从而提高效率降低成本。具体位置可在前保险杠侧部、下部或者机舱内。插电式/增程式汽车的动力电池大部分布置在行李箱内，因此将充电机布置在行李箱，并将交流充电接口布置在加油口左右对称的位置，同样可缩短充电电缆的长度，达到提高效率降低成本的目的。

（2）车载充电机工作原理。目前，绝大多数的车载充电机都采用智能化的工作方式给动力电池充电，它通过充电电缆与前端的交流充电桩或充电电缆控制器等设备相连接并进行通信，从而获得交流电能的供给，经过整流稳压后，完成交流电转直流电的 AC/DC 转换；车载充电机的后端与电池系统（包括动力电池组及电池管理系统）相连并进行通信，得到剩余电量所需充电电压和充电电流等信息，并提供直流电能进行能量补充，从而对动力电池进行充电。车载充电机内部构造及电气原理如图 11-18 所示。

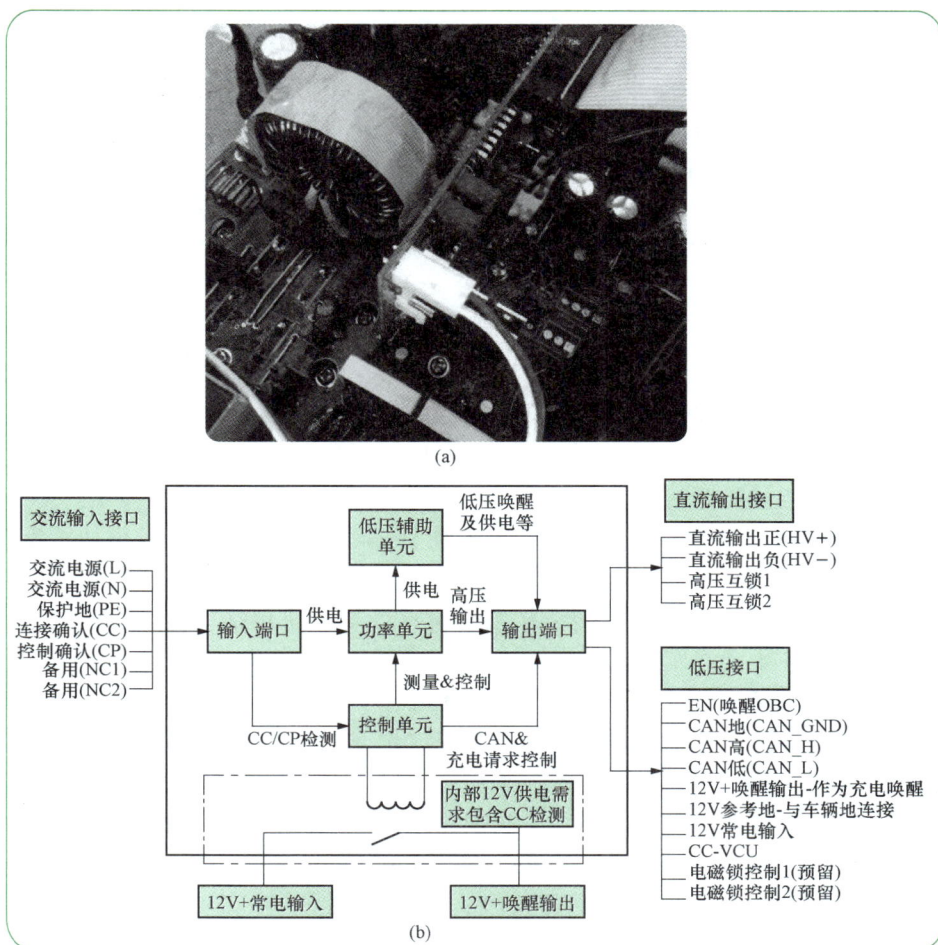

图 11-18　车载充电机内部构造及电气原理
（a）内部构造；（b）电气原理

1）调整充电参数。当车载充电机接上交流电后，并不是立刻将电能输出给动力电池，而是通过 BMS 电池管理系统首先对电池的状态进行采集、分析和判断，进而调整充电机的充电参数。

2）车载充电机的工作流程。充电时，首先连接交流充电桩给车载充电机供给交流电，在充电前低压唤醒整车控制系统，整车控制系统给电池管理系统信号去检测电源系统的充电需求，然后 BMS 先对电池电压进行检测，当检测电池深度放电等原因出现电压过低时，电池管理系统给车载充电机发送工作指令并闭合充电继电器。此时，车载充电机开始工作，进行充电。先要用小电流对其进行修复性充电；若检测电池电压在正常范围内，则可跳过涓充这一步，直接进入恒流充电模式。当电池管理系统检测电源系统充电完成后，给车载充电机发送停止指令，车载充电机接收该指令后停止工作，此时断开充电继电器。

3）通信方式。车载充电机和 BMS 电池管理系统均采用 CAN 总线通信方式，目前市场应用较多的为 CAN2.0 的协议。车载充电机除具备通信功能之外，还具备故障报警等机制。

4）车载充电机的工作状态。在车载充电机上有 3 个指示灯，在车辆充电工作时应有两个灯点亮。3 个指示灯分别如下：①POWER 灯为电源指示灯，接通交流电后该灯点亮；②RUN 灯为充电机工作指示灯；当充电机输入输出端完全接通，充电机进入工作状态后完全点亮，有的充电机在工作时该灯闪烁；③FAULT 灯为故障警告灯，当充电机内部出现故障时该灯点亮。在电动车辆充电正常时，POW ER 灯和 RUN 灯点亮，当电池充满时RUN 灯熄灭。

**3. 交流（慢充）充电桩结构与工作原理是怎样的？**

交流充电桩即交流充电装置，是指固定在电动汽车外、与交流电网连接，采用传导方式为具有车载充电装置的电动汽车提供交流电源的专用供电装置。交流充电桩只提供电力输出，没有充电功能，交流充电桩的输入端需连接输入电源，输出端通过交流充电接口连接至车载充电机为电动汽车的动力电池充电。

（1）交流充电桩的结构。交流充电桩一般由桩体、电气模块和计量模块 3 部分组成。桩体包括外壳和人机交互界面；电气模块和计量模块安装在桩体内部；电气模块包括充电插座、电缆、电缆转接端子排和安全防护装置等；计量模块包括电能表、计费管理系统、非接触式读写装置等。电动汽车交流充电桩实物及一般结构如图 11-19 所示。

（2）交流充电桩的工作原理。电动汽车交流充电（慢充）即普通充电，是将 220V 的居民用电通过充电电缆接入充电接口，利用车载充电机充电完成的。交流充电桩电气工作原理框图如图 11-20 所示。

交流充电桩的电气部分由主回路和二次回路组成。主回路输入断路器具备过载、短路和漏电保护功能；交流接触器控制电源的通断；连接器提供与电动汽车连接的充电接口。具备锁紧装置和防误操作功能。二次回路提供"启停"控制与"急停"操作；信号灯提供"待机""充电"与"充满"状态指示；交流智能电能表进行交流充电计量；人机交互设备则提供刷卡、充电方式设置与启停控制操作。

(a)

(b)

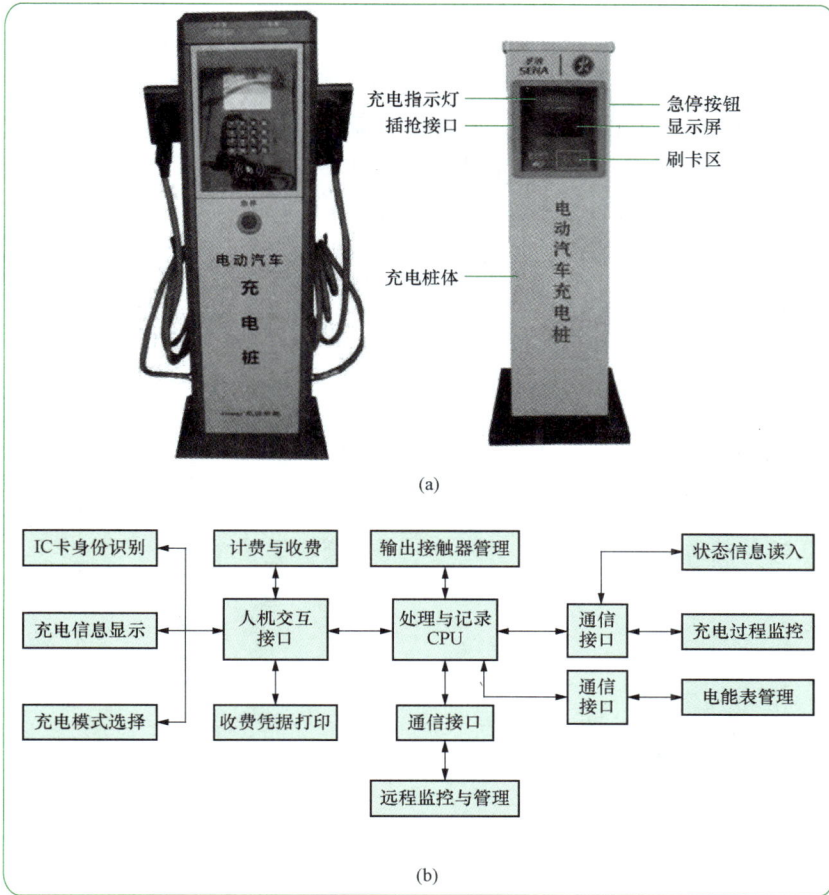

图 11-19 电动汽车交流充电桩实物及一般结构

（a）实物；（b）一般结构

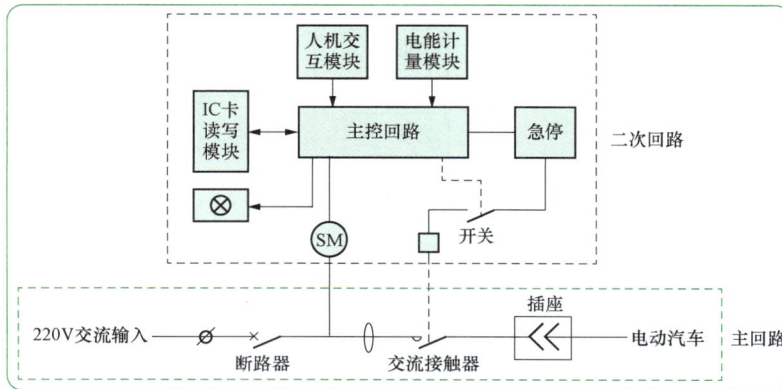

图 11-20 交流充电桩电气工作原理框图

### 4. 直流 （快充） 充电桩的结构与工作原理是怎样的?

直流充电桩（非车载充电机和直流充电桩整合成为一体）是指固定在电动汽车外、与交流电网连接，可以为非车载电动汽车动力电池提供小功率直流电源的供电装置。直流充电桩的输入电压采用三相四线 AC380V±15％，频率为 50Hz，直流输出，通过直流充电接口连接至电动汽车，电池管理系统自动对车载电池充电，也可以手动充电 触摸屏设有手动充电方式。

（1）直流充电桩（快充电桩）的结构。在国家能源局发布的直流充电桩相关的行业标准（NB/T 33001—2010）《电动汽车非车载传导式充电机技术条件》中指出，直流充电桩基本由功率单元、控制单元、计量单元、充电接口、供电接口及人机交互界面等组成，功率单元是指直流充电模块，控制单元是指充电桩控制器。直流充电桩的实物及系统结构如图 11 - 21 所示。

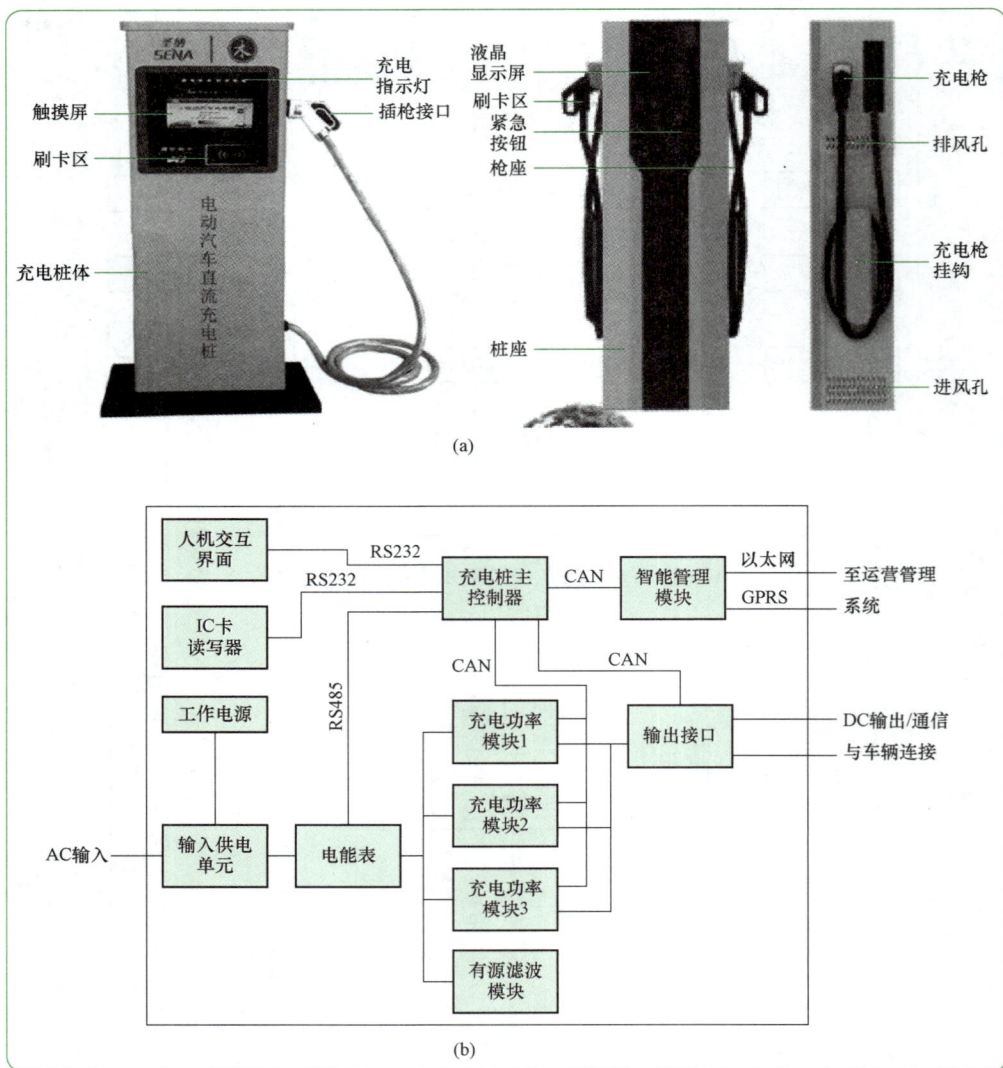

图 11 - 21　直流充电桩的实物及系统结构

（a）实物图；（b）系统结构

（2）直流充电桩的工作原理。直流充电桩电气工作原理框图如图 11-22 所示，直流充电桩的电气部分由主回路和二次回路组成。主回路的输入是三相交流电，经过输入断路器、交流智能电能表之后由充电模块（整流模块）将三相交流电转换为电池可以接受的直流电，再连接熔断器和充电枪，给电动汽车充电。二次回路由充电桩控制器、读卡器、显示屏、直流电表等组成。二次回路还提供"启停"控制与"急停"操作；信号灯提供"待机""充电"与"充满"状态指示；显示屏作为人机交互设备则提供刷卡、充电方式设置与启停控制操作。

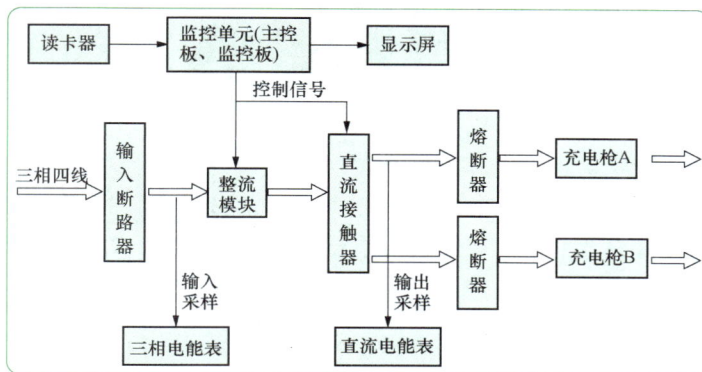

图 11-22 直流充电桩电气工作原理框图

### 5. 什么是交直流充电桩？

交直流充电桩实物及一般电气原理如图 11-23 所示，它是采用交直流一体的结构，既可实现直流充电，也可以交流充电。白天充电业务多的时候，使用直流方式进行快速充电，当夜间充电站用户少时可用交流充电进行慢充操作。

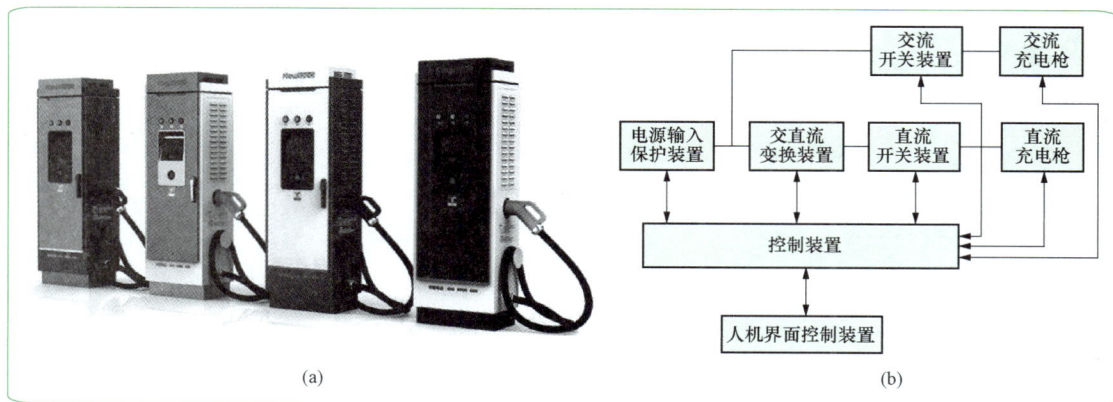

（a）                                （b）

图 11-23 交直流充电桩实物及一般电气原理
（a）实物；（b）电气原理图

### 6. 什么是电动汽车的充（换）电站？

电动汽车充（换）电站是指由 3 台及以上电动汽车非车载充电机和/或交流充电桩组成（至少有一台非车载充电机），可以为电动汽车进行充电和/或电池更换服务，并能够在充电过程中对充电机、动力电池进行状态监控的场所，如图 11 - 24 所示。

图 11 - 24　电动汽车充（换）电站

充（换）电站的主要功能决定其总体布局。一般来说，一个功能完备的充电站由配电室、监控室、充电区、电池更换区及维护区 5 个基本部分组成。根据充电站规模以及服务功能的差异，在功能区设置上也存在一定的差异。比如，不需要对电池进行更换的充电站，将不用设置更换区，也不用配备电池更换设备和大量电池的存储设备。作为功能拓展，充电站可拥有电池维护区和其他服务区城等。

### 三、 充电接口与连接装置

#### 1. 充电接口的类型有哪些？

电动汽车充电时，连接电动汽车和电动汽车供电设备的组件，除电缆外，还可能包括供电接口、车辆接口缆上控制保护装置和帽盖等部件。电动汽车充电用连接装置示意图如图 11 - 25 所示。

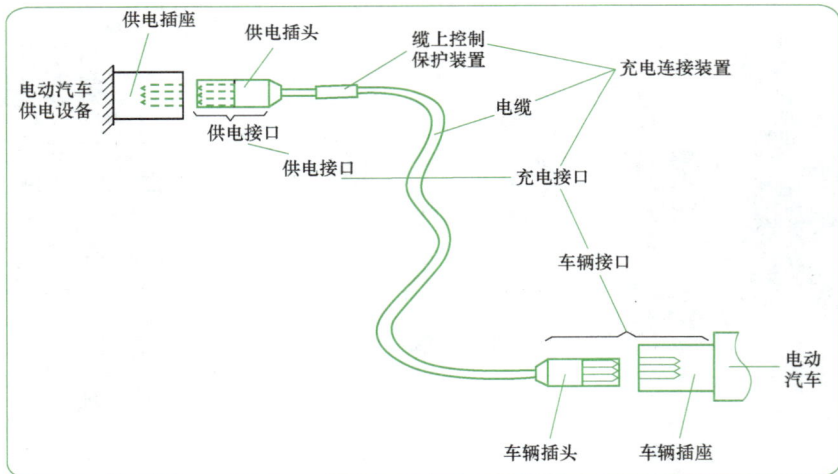

图 11 - 25　电动汽车充电用连接装置示意图

电动汽车随车都会配 16A 和 32A 两种充电线，分别满足家用电源充电和专用充电桩充电，家用电源必需使用 16A 的充电线。

充电接口的类型有单相交流充电接口、三相交流充电接口和直流充电接口 3 种。

（1）**单相交流充电接口**。单相交流充电接口主要是用于家庭用户充电设施和一些标准的公共充电设施，这类充电插头比较简单，供单相交流充电使用。一般插头有三个端子，分别是交流火线、交流零线和接地线。它与传统的电源插座类似，只是形体和额定电流较大。

（2）**三相交流充电接口**。三相交流充电接口和直流充电接口相对于单相交流充电接口要复杂得多，这类充电接口一般用于较大的充电站，为较大型的电动汽车进行充电服务，而且充电电流相对较大，外形也较大，其功能复杂。由于这类插头较大，设计的形状突似于枪，所以一般被称为充电枪。

（3）**直流充电接口**。直流充电接口与交流充电接口的区别之一是，交流充电桩输出由7根线组成，而直流充电桩输出由9根线组成。交流直流充电接口与充电枪如图11-26所示。

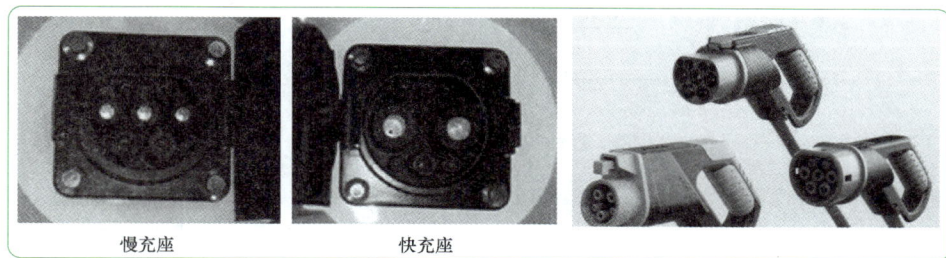

慢充座　　　　　快充座

图 11-26　交流、直流充电接口和充电枪

## 2. 交流（慢充）接口是怎样的？

不同品牌或车型的交流（慢充）接口的位置可能有所不同，常见于车辆的左后或右后轮穴上侧。交流（慢充）接口布置图如图11-27所示。交流（慢充）充电连接界面示意图如图11-28所示。

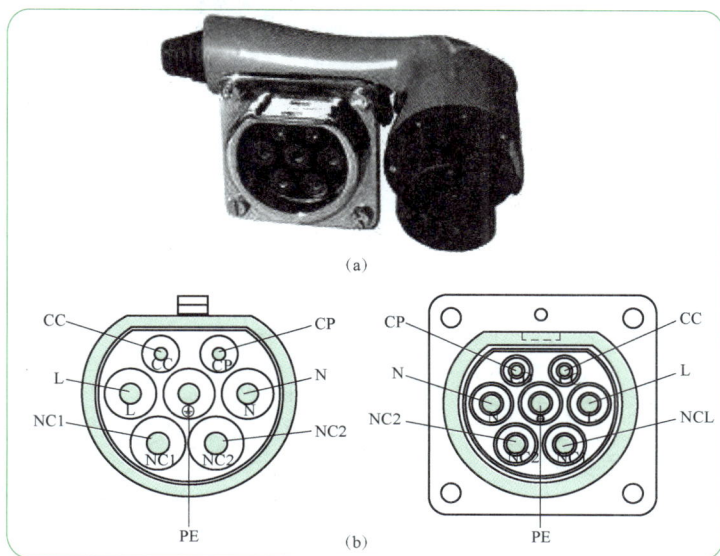

图 11-27　交流（慢充）接口布置图

（a）充电枪供电插头布置图；（b）车辆充电插座头布置图

车辆接口

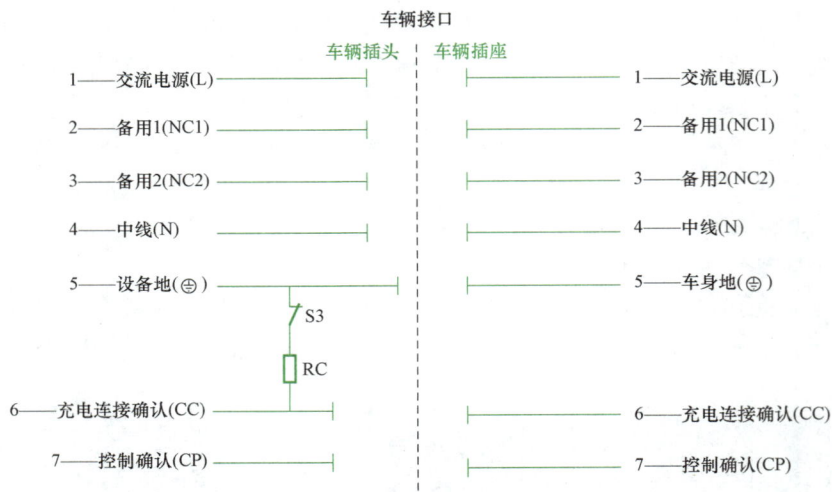

图 11-28  交流（慢充）充电连接界面示意图

### 3. 直流 （快充） 充电接口是怎样的?

电动汽车的直流快速充电接口分为插头和插座两部分，各部分分别包含 9 对触头。直流（快充）接口及触头布置图如图 11-29 所示。直流（快充）充电连接界面示意图如图 11-30 所示。

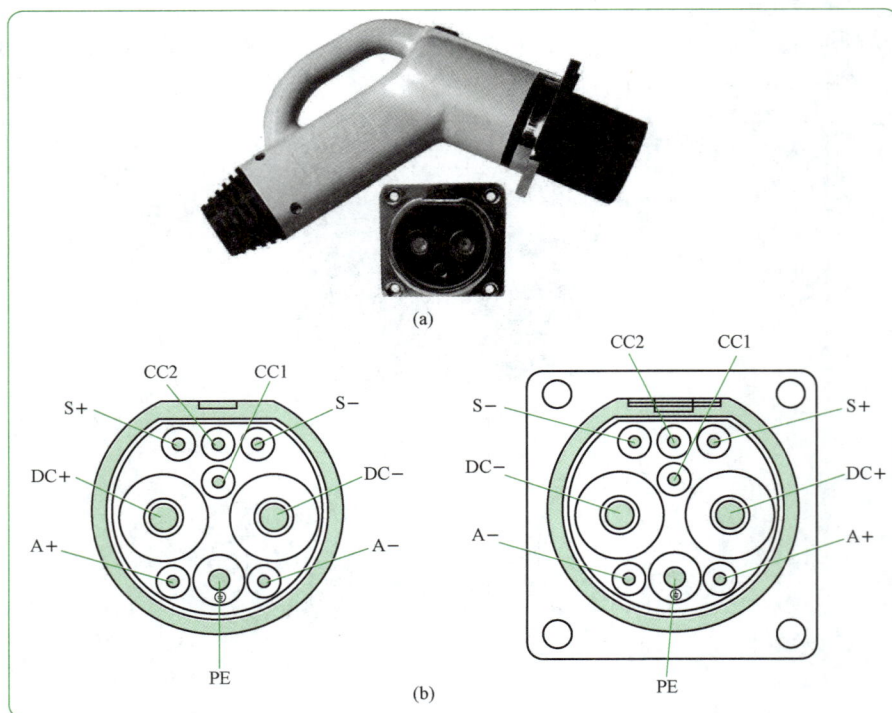

图 11-29  直流（快充）接口及触头布置图

（a）直流快速充电插头触头布置图；（b）直流快速充电插头和插座触头布置方式

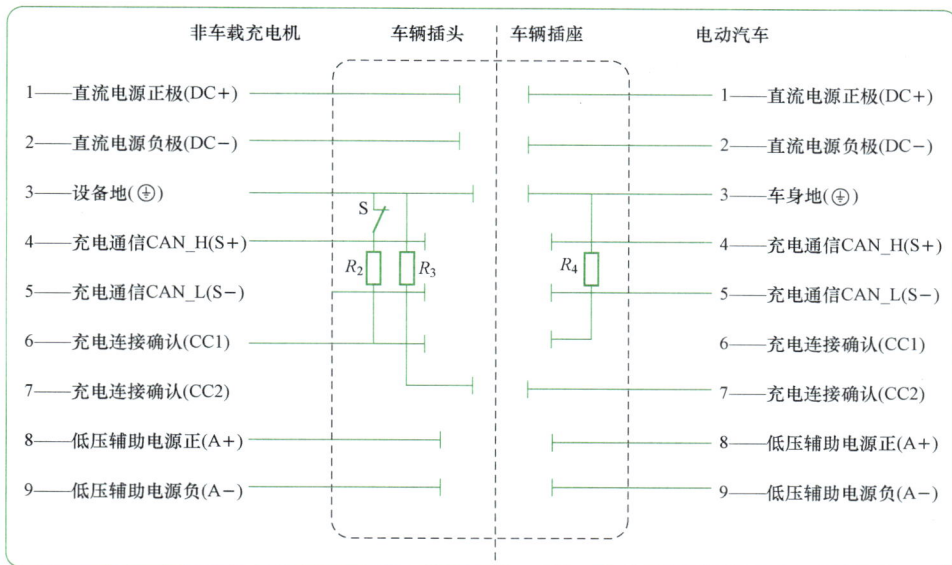

图 11-30 直流（快充）充电连接界面示意图

电动汽车直流（快充）充电系统与交流（慢充）充电系统相比工作电压高，工作电流大，对于充电接口和充电插座标准要求也较高。直流快速充电插头和插座的另外一个特点是体积大且成本高。

在电动汽车直流快速充电接口的插头和插座连接过程中，触头耦合的顺序依次为保护接地、充电直流电源＋、充电直流电源－、充电连接确认、低压辅助电源＋、低压辅助电源－、充电通信与供电段连接确认；在脱开过程中则顺序相反，依次为充电通信与供电段连接确认、低压辅助电源＋、低压辅助电源－、充电连接确认、充电直流电源＋、充电直流电源－、保护接地。

直流充电时，车辆插头应安装机械锁，供电设备应能判断机械锁是否可靠锁止。车辆插头应安装电子锁，如图 11-31 示。电子锁处于锁止位置

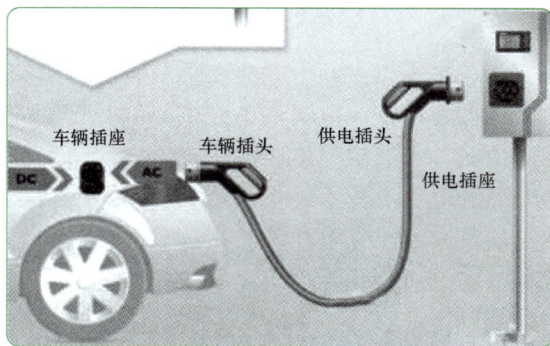

图 11-31 电子锁装置

时，机械锁应无法操作，机械锁与电子锁联动，供电设备应能判断电子锁是否可靠锁止。

# 第12章 电动汽车跑起来——电动汽车安全驾驶与维护

电动汽车用驱动电机取代传统燃油汽车的发动机,用动力电池取代燃油箱作为动力源。由于没有发动机,不需要定期更换机油、空气滤芯和燃油滤芯和火花塞等,只进行冷却液、制动液等的更换。但需要定期检查电气绝缘情况和维护动力电池组。

## 一、购买电动汽车

### 1. 怎样选择电动汽车?

购买电动汽车时需考虑的因素主要有:外观、价格、电池容量、续驶量程、最高车速、加速能力,最大坡度及电池寿命等。另外,还要注意以下事项。

(1) 续驶里程(电池)。对续驶里程要求高的车主,可选择锂电池电动汽车,或带有增程功能的电动汽车,但是锂电池电动汽车售价相对较贵。对续驶里程要求不高的车主,可选择铅酸电池、镍氢电池之类的电动汽车。

(2) 驱动电机。电机的功率直接决定电动汽车动力性能。

(3) 控制器。控制器作为电动汽车主要配件之一,控制协调电动汽车各配件直接协作运行。

(4) 品牌。电动车品牌较多。消费者应该挑选经营时间长、返修率低、质量好、服务好、有信誉、生产规模大的品牌。

(5) 配套设施。目前的充电站要比加油站难找,要了解是否赠送充电设施,或者是否有充电方案。

(6) 质保时间。动力电池和整车质保时间都是多少年或多少万千米,越长越好。

(7) 快速充电。电动汽车充电时间长,一定要注意是否支持快充,在紧急情况下,可以使用快充,当然应尽量避免快充。

常见的电动汽车不外乎纯电动汽车、混合动力汽车和插电式混合动力汽车这几种,其中纯电动汽车由于充电和续航里程的问题,只适合日常代步。对于一些上班族来说,纯电动汽车基本上可以满足需求;而插电式混合动力车型除了省油之外,还能提供更充沛的动力。

### 2. 中国主流车型有哪些?

我国生产纯电动车的企业较多,但就目前市场销售及技术水平来看,比亚迪及北汽系列纯电动汽车排在前列,中国主流车型见表12-1。

**表12-1** 中国主流车型

| 整车生产企业 | 重点车型 |
|---|---|
| 比亚迪股份有限公司 | 秦、e6、腾势 |
| 浙江吉利控股集团有限公司 | 帝豪EV、全球鹰 |

续表

| 整车生产企业 | 重点车型 |
|---|---|
| 奇瑞汽车股份有限公司 | eQ电动车、瑞麟Ml、艾瑞泽 |
| 众泰电动汽车有限公司 | 众泰E20、云100、众泰2008 |
| 康迪电动车集团有限公司 | 康迪熊猫 |
| 北京电动汽车股份有限公司 | 北汽E150、绅宝、北汽EV200、北汽ES210 |
| 上海汽车集团股份有限公司 | 荣威eRX5、荣威E50、荣威550 Plug-in |
| 安徽江淮汽车股份有限公司 | 江淮同悦、和悦iEV4 |

**3. 电动汽车的汽车号牌有什么特点?**

为了突出绿色环保的寓意,体现鲜明特点,电动汽车号牌式样底色以绿色为主色调,其中,小型电动汽车号牌底色采用渐变绿色,大型电动汽车号牌底色采用黄绿双拼色。电动汽车号牌式样如图12-1所示。

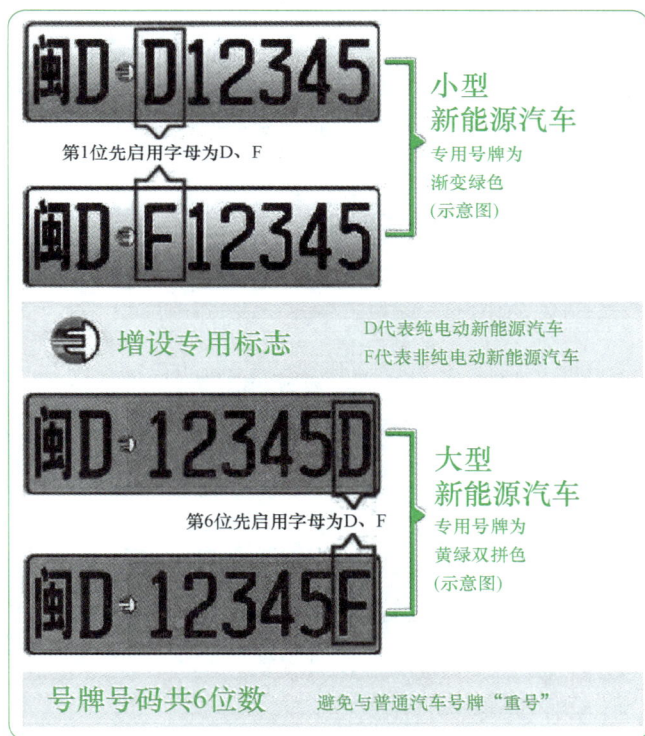

图12-1 电动汽车号牌式样

(1)新号牌采用全新的号牌字体,在号牌式样上增加电动汽车号牌专用标识,绿色圆圈中右侧为电动插头 图案,是英文字母"Electric"的开头字母"E"。

（2）与普通汽车号牌相比，号牌号码位数由 5 位变为 6 位，"D"为纯电动汽车，"F"为非纯电动汽车（包括插电式混合动力汽车和燃料电池汽车等）。

（3）小型电动汽车号牌中"D"或"F"位于号牌序号的第一位，大型电动汽车号牌中"D"或"F"位于号牌序号的最后一位。

## 二、电动汽车安全驾驶技巧

### 1. 电动汽车操纵件、指示器及信号装置的标志有哪些？

电动汽车操纵件、指示器及信号装置的标志见表 12 - 2。

表 12 - 2　　　　　　　　　电动汽车操纵件、指示器及信号装置的标志

| 序号 | 标志 | 装置 | | | 表示功能 | 信号装置颜色 |
| --- | --- | --- | --- | --- | --- | --- |
| | | 操纵件 | 指示器 | 信号装置 | | |
| 1 | | | ○ | ○ | 动力电池充电状态 | 黄色 |
| 2 | | | ○ | ○ | 动力电池液面高度（注：这个标志也可用在电池液加注盖上） | 红色 |
| 3 | | | | ○ | 动力电池故障 | 红色 |
| 4 | | | | ○ | 动力电池切断 | 黄色 |
| 5 | | | ○ | ○ | 电机及控制器过热 | 红色 |
| 6 | | ○ | | ○ | 充电线连接 | 红色 |
| 7 | READY | | | ○ | 运行准备就绪 | 绿色 |
| 8 | | | | ○ | 系统故障* | 红色 |
| 9 | | ○ | | | 动力电路熔断盒入口 | |
| 10 | | | | | 高压警告/电击危险 | |

注　"○"表示设有该装置。

### 2. 换挡方式和挡位是怎样设置的？

电动汽车的换挡方式有变速杆式和旋钮式电子换挡两种方式，如图 12-2 所示。北汽电动 E150EV 电动汽车使用的是变速杆式，EV200 电动汽车使用的是旋钮式。

（1）变速杆式。变速杆有 D、R、N 三个位置。

1）前进挡 D：用于正常行驶，在换 D 位之前，先踩制动踏板，否则挡位选择无效。

2）倒挡 R：在选择倒挡前，确保车辆处于静止状态，然后踩下制动踏板，轻轻压下手柄，再挂挡。

3）空挡 N：在选择空挡前，确保车辆处于静止状态。

图 12-2　电动汽车的两种换挡方式

（2）旋钮式。变速杆有 D、R、N、E 四个位置。

1）前进挡 D：在旋到 D 位之前，先踩下制动踏板，否则挡位选择无效。

2）倒挡 R：在选择到倒挡前，确保车辆处于静止状态，踩下制动踏板，将旋钮旋至 R 位。

3）空挡 N：在选择空挡前，确保车辆处于静止状态。

4）经济模式 E：旋至 E 位时踩下制动踏板，会有制动能量回收功能。左侧 E+ 和 E− 在 E 位有效，表示制动能量回收强度。

（3）注意事项。

1）当车辆静止时，驾驶人进行换挡操作必须同时踩下制动踏板才能换挡成功。如果未踩下制动踏板，仪表显示当前换挡旋钮的挡位并闪烁，此时需换至 N 位，重新进行换挡操作。

2）车辆运行中，当车速低于 5km/h 并不为 0 时，驾驶人进行换挡操作，D～R 位、E～R 位或者 R～D 位、R～E 位不需要踩制动踏板。但是除非必要，否则不要在行驶时按下换挡旋钮。

图 12-3　S 挡位

3）禁止在车辆行驶时，挂入 N 挡滑行，电驱动系统可能会受到严重损坏。

4）有的电动汽车设置有 S（sport 运动模式）挡位，让驾驶者感受拥有更强的动力表现，如图 12-3 所示，建议行驶在山路、高原等特殊路况时选择 sport 运动模式。有的混合动力汽车增加了 B 挡位，如图 12-4 所示。B 挡位是低速挡，常用于连续下坡路段（用于发动机制动）。

### 3. 电动汽车驾驶操作技巧有哪些？

（1）电动汽车的启动开关。电动汽车的启动

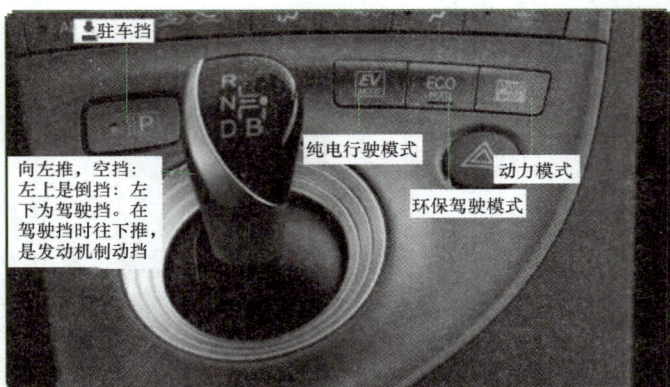

图 12-4　B 挡位

开关有采用点火锁开关和无锁匙起动按钮两种，如图 12-5 所示。

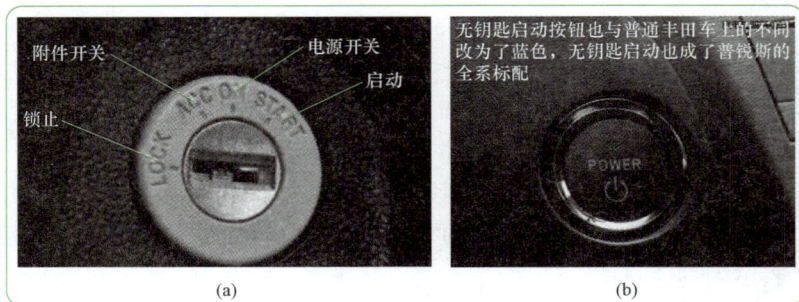

图 12-5　启动开关
(a) 点火锁开关；(b) 无锁匙起动按钮

1）点火锁开关。旋至 LOCK 拔下起动钥匙，锁转向盘锁止，此时大多数电路不能工作；旋至 ACC 转向盘解锁，个别电器和附件可以工作；旋至 ON 高压通电，所有仪表、警告灯和电路工作；旋至 START，READY 绿灯点亮，高压通电。

2）无钥匙起动按钮。按下按钮即可起动汽车。

(2) 电动汽车的启动。纯电动车的行驶、停车部分操作方法与传统汽车没有什么区别，但在起动和驾驶电动汽车时，一定要注意到它与燃油汽车的不同点，主要表现在电动汽车可无声起动、电动汽车行驶噪声小等方面，并且，大雨、暴雨天气应尽量减少出行。

1）当钥匙转动到 ON 挡时，至少停 3～5s 使整车通电并完成自检，系统自检后"READY 灯"点亮，表明车辆准备完毕，可以行驶。检查 SOC 电量表。电量表分为十个格，每格表示 10% 的电量。蓝色代表放电，绿色代表充电。

2）当钥匙打到 ON 的时候，报警灯会自检，自检完成以后如果系统正常，故障灯为熄灭状态。观察仪表显示正常后，再转动钥匙至 START 位置。应踩着制动踏板转动钥匙门

至 START 位置。

3）电动汽车刚起动时会有"嗡嗡"的响声，这是水泵的声音，不影响正常使用。

4）变速杆处于驻车挡或空挡（P/N）位置才能启动汽车，当变速杆处于其他位置时，车辆无法起动。

5）旋至 D 位，松开驻车制动。缓抬制动踏板，车辆即可行驶。不同品牌车型的电动汽车在仪表显示上也会有不同，比如同样是运动模式，有些车的仪表显示的是（SPORT），而有些显示的是（POWER）。

(3) 电动汽车的行驶。

1）在汽车行驶时不要拔出起动钥匙，否则将会导致方向锁啮合，不能转向。

2）当电动汽车行驶时，或插电式混合动力汽车以纯电模式行驶时，汽车发出的声响极小。而国内交通极为复杂，混行道路较多，因此遇到行人、骑自行车者等，要尽量离他们远些，必要时可鸣喇叭示意。

3）在雨天行驶时，涉水深度不能超过 150mm，且应低速缓慢通过。

4）驾驶时应尽可能地保持匀速行驶，若需要减速，则应轻踩制动踏板用电反馈制动进行减速。

5）在故障拖车时，应使驱动轮离地或将变速杆挂入前进挡，并接通上电开关，否则拖动运转会造成电机及控制器的烧毁。

**4. 怎样安全充电？**

电动汽车充电桩的分类如图 12-6 所示，电动汽车自动充电指南如图 12-7 所示。

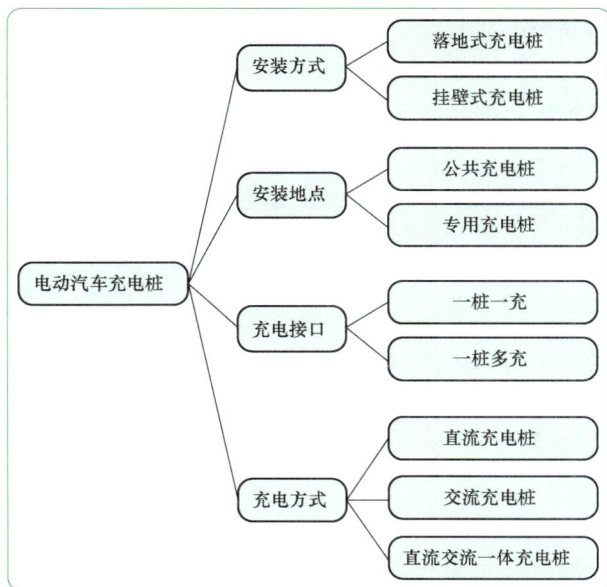

图 12-6　电动汽车充电桩的分类

(1) 当电动汽车电量接近 30% 时，应及时补电。若电量低于 10%，车辆会进入限速模

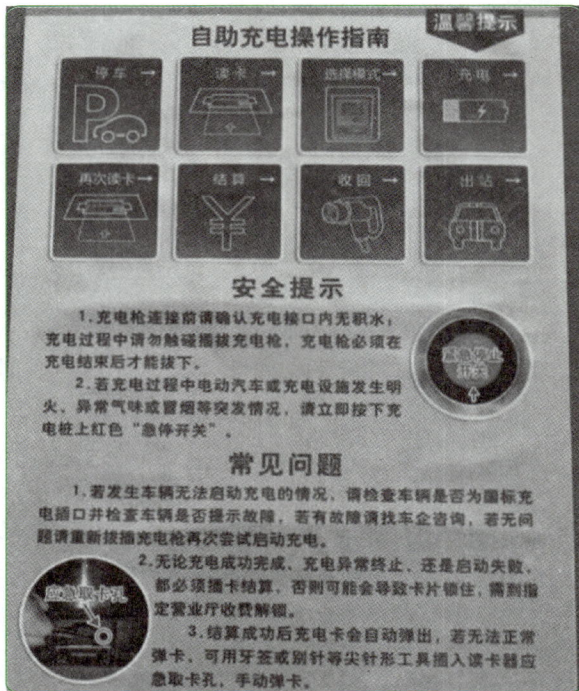

图 12-7 电动汽车自动充电指南

式，如继续行驶会造成动力电池过放，对于电池性能也会产生影响。此时应将车辆开到 4S 店进行保养。

（2）充电时，应将车辆停放在通风处。

（3）使用专用交流电路和电源插座（16A 插座），不允许使用外接转换接头，插线板等，且应确保 16A 电源插座接地良好。专用交流电路是为了避免线路破坏或者由于给动力电池充电时的大功率导致线路跳闸保护，如果没有使用专用线路，可能影响线路上其他设备的正常工作。

（4）如果发现充电桩站点被暴雨淹没或者存在积水情况，不要贸然靠近充电桩，以免发生触电事故。如果当暴雨积水达到车牌高度时，禁止充电。

（5）充电过程中，不建议人员停留在车辆内。不允许插入钥匙并进行启动操作。

（6）当充电桩出现故障时，立即通过相关专业人员进行解决，操作人员不可任意处置。

（7）停止充电时应先断开交流充电连接装置的车辆插头，再断开电源端供电插头。

（8）车辆行驶前请确保充电连接器从充电口断开。

（9）如果充电口舱门因天气等原因导致冻住，可使用热水或不高于 100℃ 的加热装置将冰融化后再开启充电口舱门，不可强行打开。

（10）下雨天也可进行充电，但在充电插拔过程中要注意对插拔充电手柄和充电器进行遮雨防护。下雨时，尽可能不要在户外充电，可以选择在地下充电桩进行充电，以保证充

电安全。如果遇到雷雨等极端天气，建议停止充电作业。

（11）如果车辆需要长期停放，首先要断开低压电池负极，建议在动力电池电量为 50%～80% 时进行停放，因为动力电池具有自放电特性，根据试验，平均停放 1 个月会有 4%～5% 的电量消耗。应每隔 1～2 月对动力电池进行一次充放电，避免长期停放造成电池性能下降。

（12）尽量不用快充，可避免对电池造成伤害。

（13）不要在充电插座塑料口盖打开的状态下关闭充电口盖板。

（14）不要用力拉或者扭转充电电缆。

（15）不要使充电设备承受撞击。

（16）不要把充电设备放在靠近加热器或其他热源的地方。

（17）不要将车辆搁置在超过 55℃ 以上环境下超过 24h，或低于 −25℃ 环境下超过一天。

## 三、　电动汽车的维护

### 1. 维护电动汽车的常识有哪些？

电动汽车用驱动电机取代传统燃油汽车的发动机，用动力电池取代燃油箱作为动力源。由于没有发动机，不需要定期更换机油、空气滤芯和燃油滤芯和火花塞等，只进行冷却液、制动液等的更换。但需要定期检查电气绝缘情况和维护动力电池组。

由于电动汽车有高压系统，在带电作业时必须穿戴高压防护用具，并使用绝缘工具；传统汽车不需要进行绝缘防护。

（1）严禁存放时亏电。在亏电状态下存放电池，很容易出现硫酸盐化，硫酸铅结晶物附着在极板上，会堵塞电离子通道，造成充电不足，电池容量下降。亏电状态闲置时间越长，电池损坏越严重。因此，当电池闲置不用时，应每月充电一次，这样能较好地保持电池技术状态。

（2）定期检查。在使用过程中，如果电动汽车的续驶里程在短时间内突然大幅度下降十几公里，则很有可能是电池组中至少有一块电池出现问题。此时，应及时进行检查、修复或配组。

（3）避免大电流放电。当电动汽车在起步、载人和上坡时，尽量避免猛踩加速，形成瞬间大电流放电。大电流放电容易导致产生硫酸铅结晶，从而损害电池极板的物理性能。

（4）正确掌握充电时间。在使用过程中，应根据实际情况准确把握充电时间，参考平时使用频率及行驶里程情况，把握充电频次。当正常行驶时，如果电量表指示灯红灯或黄灯亮，就应充电了；如只剩下红灯亮，应停止运行，尽快充电，否则电池过度放电会严重缩短其寿命。充满电后运行时放电和充电不足都会缩短电池寿命。一般电池平均充电时间在 10h 左右。充电过程中如电池温度超过 55℃，应停止充电。

（5）防止曝晒。电动车严禁在阳光下曝晒。温度过高的环境会使电池内部压力增加而使电池失水，引发电池活性下降，加速极板老化。

（6）**避免充电时插头发热。**200V电源插头或充电器输出插头松动、接触面氧化等现象都会导致插头发热，发热时间过长会导致插头短路或接触不良，损害充电器和电池，给用户带来不必要的损失，所有当发现上述情况时，应及时清除氧化物或更换插接件。

2. **维护电动汽车应注意哪些事项？**

（1）进行高压电路维护时，工作区域应用隔离栏隔离，并悬挂警示牌。

（2）进行高压电路维护的人员应经专业培训合格。

（3）进行高压电路维护时，应佩戴符合技术要求的绝缘手套、绝缘鞋，使用绝缘工具。

（4）进行高压电路维护时，应断开高压电路，直到整车维护作业完成后才能接通。

（5）进行动力电池组（超级电容组）维护时，应先断开低压电源。

（6）禁止同时接触动力电池组（超级电容组）的正负极。

（7）禁止用水直接清洗电气系统部件。

（8）进行高压系统绝缘检测时，应断开高压电路和重要总成。

3. **电动汽车电动系统专用装置的日常维护有哪些内容？**

（1）电动系统专用装置日常维护应在出车前、行车中和收车后进行。

（2）出车前、行车中和收车后，均应检查仪表显示屏主界面，发现故障报警信息及时报修。

（3）出车前和收车后，插电式混合动力汽车还应检查动力电池组（超级电容组）剩余电量，不足时应及时充电。

（4）收车后，还应检查设备舱门锁是否完好、有效。

4. **电动系统专用装置一级维护有哪些技术要求？**

电动系统专用装置一级维护的技术要求见表12-3。

**表 12-3**                        **电动系统专用装置一级维护技术要求**

| 序号 | 作业项目 | | 作业内容 | 作业要求 |
|---|---|---|---|---|
| 1 | 仪表 | | 检查仪表工作状态 | 1. 仪表工作正常，字迹清晰或指示准确；<br>2. 信号装置报警功能正常 |
| 2 | 驱动电机离合器 | | 1. 检查离合器工作状况；<br>2. 检查离合器电控系统 | 1. 离合器应分离彻底，不发抖、不打滑；<br>2. 离合器电控系统表面清洁，线路插件应连接良好 |
| 3 | 动力蓄电池组或超级电容组 | 壳体 | 1. 检查外观；<br>2. 检查紧固情况 | 1. 壳体应清洁，干燥，完好，无损坏；<br>2. 壳体固定支架应牢固，无松动 |
| | | 散热系统 | 1. 检查风扇工作状况；<br>2. 检查进风软管状况及固定情况；<br>3. 清洁防尘网 | 1. 风扇应工作正常，无老化、损坏；<br>2. 壳体进风软管应无破裂、凹痕，卡箍应牢固；<br>3. 防尘网应清洁，无杂物 |
| | | 管理系统 | 1. 检查模块插件固定情况；<br>2. 检查系统工作状况 | 1. 模块插件应接接牢固、无腐蚀；<br>2. 管理系统数据显示应正常 |

续表

| 序号 | 作业项目 | | 作业内容 | 作业要求 |
|---|---|---|---|---|
| 4 | 低压电气控制系统 | 低压电气控制器 | 1. 检查工作状况;<br>2. 检查固定情况;<br>3. 用风枪或毛刷进行清洁 | 1. 控制器应工作正常;<br>2. 控制器应连接规范,安装牢固;<br>3. 散热器、电线插头等应清洁、干燥 |
| | | 冷却风扇 | 1. 检查线路连接情况;<br>2. 检查固定情况;<br>3. 清洁外观 | 1. 线路插件应连接良好;<br>2. 风扇机体应牢固;<br>3. 风扇表面应保持清洁 |
| 5 | 高压电气控制系统 | 驱动电机 | 1. 清洁外观;<br>2. 检查线路连接情况;<br>3. 检查固定情况;<br>4. 检查工作状况;<br>5. 检查冷却系统 | 1. 电机表面应清洁、干燥;<br>2. 线路插件应连接良好;<br>3. 电机安装支架及减震垫应完好,牢固;<br>4. 电机运行时,应无异常振动和噪声;<br>5. 电机冷却系统应工作正常,无泄漏,冷却液充足 |
| | | 发电机 | 1. 清洁外观;<br>2. 检查线路连接情况;<br>3. 检查固定情况;<br>4. 检查工作状况;<br>5. 检查冷却系统;<br>6. 检查皮带工作状况 | 1. 发电机表面应清洁、干燥;<br>2. 线路插件应连接良好;<br>3. 发电机安装支架及减震垫应完好,牢固;<br>4. 发电机运行时,应无异常振动和噪声;<br>5. 发电机冷却系统应工作正常,无异常温度变化;<br>6. 发电机皮带应无松弛、老化现象 |
| | | 高压电气控制器 | 1. 检查工作状况;<br>2. 检查固定情况并紧固;<br>3. 用风枪或毛刷进行清洁 | 1. 控制器应工作正常;<br>2. 控制器应连接规范,安装牢固,接地良好,插头紧固;<br>3. 散热器、电线插头应清洁、干燥,控制器舱进、出风道应保持通畅 |
| | | 主开关 | 检查工作状况 | 主开关功能正常,通、断状态良好 |
| | | 断路器 | 1. 检查断路器规格;<br>2. 检查固定情况 | 1. 断路器规格应符合要求;<br>2. 断路器应接线牢固,无松动 |
| | | 变频器 | 1. 检查固定情况;<br>2. 清洁外观 | 1. 变频器应接线牢固;<br>2. 变频器应保持清洁、干燥 |
| 6 | 线束及充电插孔 | | 1. 检查工作状况;<br>2. 检查固定情况;<br>3. 清洁充电插孔 | 1. 电线、电缆应无松散、破损、老现象,且绝缘性能良好;<br>2. 线束捆扎合理,安装牢固;<br>3. 充电插孔应清洁,并接插牢固 |
| 7 | 汽车标志 | | 检查外观 | 汽车标志应符合 GB/T 19751 |

**5. 清洗电动汽车应注意哪些事项？**

清洗前应将车辆"熄火"，即断电。

清洗时应按照正常的洗车方法清洗，手工清洗时应在阴凉处进行，待车身温度降至40℃以下后，再进行清洗。用水管将松动的脏物冲掉，再用中性洗车剂清洗汽车，清洗剂的混合应根据制造厂的说明进行。用软布浸清洁液清洗，不要用力擦，以免损坏漆面。

清洗时，使用高压水枪对车身表面、轮辋、轮胎等进行冲洗不会造成触电、漏电等问题，但由于很多电动汽车的快充口安装在前格栅处，因此，在洗车时应尽量避免用高压水枪直接对准前格栅，避免水流入车体充电插座而造成车身线路短路。动力电池安装在车身的底部，高压水流的冲击可能会造成水渗入电池箱而影响绝缘，因此也应避免直喷底盘车身后部。

注意：由于机舱内布置了很多高压设备（见图12-8），因此禁止掀开机舱盖冲洗，否则会造成高压部件各插接件受潮，导致汽车出现绝缘故障，无法行驶。

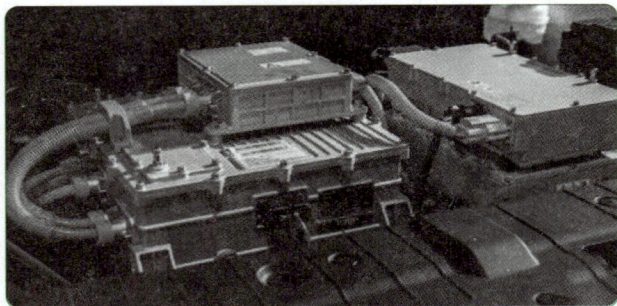

图12-8 电动汽车机舱内的高压设备